Regional Studies in the Glocal Age

グローカル時代の地域研究

伊東維年教授退職記念論集

伊東維年 編著
Tunatoshi Ito (ed.)

日本経済評論社

(2016年10月撮影)

まえがき

　私の住む熊本地域は、2016年4月14日21時26分、およびその28時間後の4月16日1時25分に最大震度7を記録する大地震に見舞われた。隣接する大分県でも4月16日と4月29日に震度5前後の地震が発生した。その後も強弱の地震が続き、今もって終息するには至っていない。気象庁では「4月14日21時26分以降に発生した熊本県を中心とする一連の地震活動」を「平成28年（2016年）熊本地震」（The 2016 Kumamoto Earthquake）と命名している。

　この熊本地震の発生によって、倒壊した住宅の下敷きになり、また土砂崩れに巻き込まれるなど直接被害により、熊本県において合計50人が死亡した。この中には、東海大学農学部の3名の学生と、現在私が特任教授として勤務する熊本学園大学経済学部の1名の学生が含まれ、若くして命を亡くした。

　被害は人的被害や住宅・建物被害にとどまらず、水道・電気・ガスといったライフラインが絶たれ、4月30日に都市ガスが全面復旧するまで、住民は非常に困難な生活を強いられた。また、土砂災害による阿蘇大橋の崩落、熊本市と阿蘇を結ぶ幹線道路である国道57号および熊本駅と大分駅を結ぶ幹線鉄道である豊肥本線の複数か所での寸断、高速道路・一般道の崩壊、九州新幹線の列車脱線、熊本空港の閉鎖など交通機関も麻痺状態に陥った。交通機関の復旧は進んできているが、阿蘇大橋の架け替えや国道57号阿蘇大橋地区、豊肥本線立野－赤水間の復旧の時期についてはいまだ目処が立っていない。

　阿蘇大橋の崩落、国道57号・豊肥本線の寸断、加えて熊本市観光のシンボルである熊本城の甚大な被害によって国内外からの県内への観光客数も大幅に減少している。

さらに、教育機関の被害も大きく、東海大学阿蘇キャンパスは多大な被害を受け、閉鎖されたままの状況にある。熊本学園大学もすべての建物で被害を受け、現在も復旧工事の最中である。

熊本地震が地域の産業経済に深刻な被害を与えたことは言うまでもない。その被害は、農業をはじめ、サービス業に至るまで第一次・第二次・第三次産業全般に及んだ。製造業を例に挙げると、熊本県の製造業における中核産業の一角を成す半導体産業では、車載用マイコン等を製造するルネサスセミコンダクタマニュファクチュアリング川尻工場（熊本市）、主にデジタルカメラや監視カメラ向けのイメージセンサーおよびディスプレイデバイスを製造する基幹工場であるソニーセミコンダクタマニュファクチャリング熊本テクノロジーセンター（熊本県菊池郡菊陽町）、エアコンを中心とした家電や自動車・鉄道・電力用のパワー半導体を製造する三菱電機パワーデバイス製作所熊本工場（熊本県合志市）といった拠点工場が4月14日の地震発生直後から操業停止に追い込まれ、最も被害が大きかったソニーの熊本テクノロジーセンターでは7月末になってようやく全工程で生産を再開するに至った。

ソニーでは、熊本地震の営業利益への影響額を、物的損失・復旧費用・機会損失等を含め合計800億円と試算しているが（「2016年度第1四半期連結業績概要」2016年7月29日）、もちろんその影響は自社内に留まるものではない。例えば、2014年に世界で発売されたデジタルカメラのうち、実に40％はソニー製のイメージセンサーを使っていると言われており、影響は国内外のカメラメーカーにも及んでいる。

これら半導体メーカーに製造装置・部材・資材を供給する関連産業のメーカーにおいても被害を被っている。半導体の製造過程で使用するフォトマスクを手掛けるHOYAマスク事業部熊本工場（熊本県菊池郡大津町）のように、4月16日の地震後に発生した火災により、クリーンルームや精密機器等の生産設備が甚大な被害を受けたことから生産再開を断念したところも出ている。

熊本県の製造業におけるもう一つの中核産業を成す輸送用機器産業をみて

も、本田技研工業の国内唯一の二輪車生産拠点である熊本製作所（熊本県菊池郡大津町）が地震の影響で建屋や生産設備が損傷し、4月14日に操業停止を余儀なくされた。翌15日の地震発生後、被害状況の確認、復旧作業に取り組み、5月6日より海外生産拠点向けの部品供給を再開し、被害の大きかった二輪完成車組み立てについては、6月6日より主要機種の組み立てを少量生産で再開し、段階的に生産量を増やしていった。同製作所の二輪車生産ライン3本のうち、6月13日にCOMライン（125cc以下の小排気量の二輪車を生産）、8月22日に大型モデルを生産するFUNライン、9月5日にはMULTIラインが復旧し、二輪車生産ライン3本すべての稼働によって1日当たりの二輪車生産台数は震災前の水準に戻った。これまでに5か月近くの期間を要した。同社によると、2016年9月13日時点で、熊本地震による被害総額を約251億円と見込んでいる。

　熊本地震による輸送用機器産業の被害に関して触れておかねばならないことは、トヨタ系自動車部品メーカー、アイシン精機の全額出資子会社であるアイシン九州の被害である。熊本市に本社兼工場を置くアイシン九州は、自動車部品としてドアフレーム・パワーシート・ドアチェック・ドアロック・アウトサイドハンドル・パワースライドドア等合計36品目の生産を行っていた。中でも、ドアの開閉を制御するドアチェックの生産は同社だけで年間1000万本を超え、トヨタ自動車の国内生産に匹敵する300万台近くに搭載される規模であった。熊本地震により、同社では建屋内の生産用付帯設備（配線、配管等）、敷地内の変電設備が被害を受け、4月14日の地震発生直後から生産活動を停止した。同社の生産停止によって、同社から部品供給を受けるトヨタ自動車・ダイハツ工業・日野自動車の組立工場や三菱自動車水島製作所などが一時稼働を停止した。

　トヨタ自動車では、アイシン九州とルネサスセミコンダクタマニュファクチュアリング川尻工場で生産する部品の調達が滞ったことから、ダイハツ工業、日野自動車を含む国内16の組立工場＝30の完成車組立ラインのうち、26ラインの稼働を4月18日から4月23日にかけて段階的に停止し、4月25日か

ら5月6日にかけて段階的に稼働を再開する措置をとった。このため、ダイハツ、日野を含むトヨタの2016年4月の国内生産台数は前年同月比17.3％減の25.8万台、輸出も前年同月比14.9％減の13.3万台と大きく落ち込んだ。

　熊本地震の自動車メーカーへの影響は国内の自動車メーカーに収まらず、アメリカの大手自動車メーカー、ゼネラル・モーターズ（GM）も熊本地震の影響で部品が不足したため、アメリカとカナダにある4工場で4月25日から2週間にわたり操業を停止した。

　以上のように、熊本地震の影響は地元熊本のみならず、国内外の広範囲に及んでいる。

　熊本地震についての言及が長くなってしまったが、それも、筆者が熊本学園大学に勤務するようになって36年余り暮らしてきた熊本への思い入れによるものである。

　無論、それだけではない。熊本地震の被害・復興も本書のタイトルに入っているグローカルな視点から捉え、取り組まなければならないと考えるからである。

　グローカル（Glocal）とは、グローバル（Global：地球規模の、世界規模の）とローカル（Local：地域の、地方の）を掛け合わせた造語で、「国境を越えた地球規模の視野と草の根の地域の視点でさまざまな問題を捉えていこうとする考え方」（『コンサイスカタカナ語辞典第4版』三省堂、2010年）と解されている。

　本書の執筆者の一人である大分大学経済学部の宮町良広教授は、グローカル化に関して「その起源については必ずしも詳らかではないが、1980年代にソニーが自社の国際戦略スローガンとして使用したのが最初のようである。次いで1988年の『日経ビジネス』誌に企業の国際展開を指す用語として登場し、学術書での使用としては伊丹敬之が1991年に出版した『グローカル・マネジメント』が最初である。英語圏では、1990年代前半から学術用語として使われ始めたが、普及したのは1990年代末以降である」（宮町良広「「グロー

カル化」とは何か」大分大学経済学部編『グローカル化する経済と社会』ミネルヴァ書房、2008年、1ページ）と述べ、もともと和製英語であったグローカルという用語が学術用語としてグローバルに広がっていることを論じている。

　The Oxford Dictionary of New Words（1991：p.134, glocal の項目）は、当時の事情を反映して、グローカルをビジネス用語として、地域の事情および条件を勘案しつつ地球規模でビジネスを企画することと説いている。要するに、当時、国境を越えてグローバル市場に進出していった日本企業が各ローカル市場に「土着化（*dochakuka*）」「現地化」（*global localization*）するという企業の国際的なビジネス展開を表す用語をグローカルと称している。

　このように国際戦略のスローガン、ビジネス用語として登場したグローカルという言葉も、グローバルに広がりを見せるに伴い、研究分野や論者によって、その定義・用法は多様なものとなっている。

　本書は『グローカル時代の地域研究』と題しているが、グローカルという概念に統一的な定義を用いているものではない。というのも、本書は、私が長年にわたって勤務していた熊本学園大学経済学部の定年退職を記念して出版された論文集であり、各論文は執筆者にあらかじめ「グローカル時代の地域研究」という表題を提示して各自の研究テーマに応じて書き著して頂いたものであるからである。従って、グローカルという概念も統一したものではなく、各執筆者に委ねられている。それでも、国境を越えた地球規模の視野と固有の歴史・実情・条件・思考様式等を有する地域の視点で物事を捉えていく考え方であるという点では共有していると考えたい。また、論文の研究テーマも各執筆者に委ねられている関係上、グローカルという視点を前面に押し出している論文ばかりではない。むしろ、グローカル時代という大枠の中で各執筆者が自らテーマを設定して書き著した論文集が本書であると解して頂きたい。

　なお、本書は「第1部　イノベーションと地域産業」「第2部　国内外のグローバリゼーション」「第3部　問題地域の活性化と地域政策」の3部構

成としているが、22篇の論文を概括的に分類したものであり、論文の中には各部の表題に相応していないものも含まれていることを断っておきたい。

　前述したように、本書は私の熊本学園大学定年退職を記念して編集・出版されたものである。論文を寄せて頂いた執筆者はそれぞれの分野において最前線で活躍されている研究者の方々である。御多忙にもかかわらず、浅学な私のために論文を御執筆頂いたことに厚く御礼を申し上げたい。

　本書の編集には、松山大学の鈴木茂先生、熊本学園大学の田中利彦先生、宮崎大学の根岸裕孝先生、東北学院大学の柳井雅也先生にお世話になった。いずれも長年にわたり親交を結んできた方ばかりである。論文の執筆に加えて面倒な編集作業に携わって頂き、心より感謝を申し上げたい。なかでも、柳井雅也先生とは、2007年8月9日に69歳で亡くなられた下平尾勲先生（佐賀大学経済学部助教授、福島大学経済学部教授、福島学院大学学長を歴任）のもとで学んだ間柄であり、多くの書物をともに著してきた。本書の出版に当たっては、発案から執筆者への原稿依頼、編集、「あとがき」の執筆に至るまで大変お世話になった。柳井先生なくしては、本書が世に出ることはなかったと言っても過言ではない。柳井先生の御心遣いとその労苦に対し衷心より御礼を申し上げる次第である。

　本書の出版を依頼する際に、即座に私の胸中に浮上したのが日本経済評論社の鴇田祐一氏であった。鴇田氏にお世話になったのは1998年に『テクノポリス政策の研究』を出版したのが最初である。以来、鴇田氏の真摯な人柄と質の高い仕事振りに魅かれ、幾度となく私共の出版に関わって頂いた。今回も私から鴇田氏にお願いし、出版の労を執って頂いた。当初の期限より原稿提出が大幅に遅れたため、出版が遅延したことに深謝するとともに、原稿を辛抱強く待って頂き、本書が出来上がるまで丁寧に対応して下さった鴇田氏に深甚なる謝意を表したい。

　最後になりましたが、私の退職記念論集を公刊できたのも皆様の御尽力と御厚情の賜物であり、嬉しさとともに感謝の念に堪えません。重ねて皆様に

御礼を申し上げます。

　2016年10月

　　　　　　　　　　　　　　　　　　　　今なお地震が続く書斎にて

　　　　　　　　　　　　　　　　　　　　　　伊東維年

目　次

まえがき　i

第1部　イノベーションと地域産業

第1章　九州の中小半導体設計企業の実像 …………………… 伊東維年　2
　　　はじめに　2
　　1　創業間もない小規模半導体設計企業　4
　　　（1）　株式会社シュハリシステム　4
　　　（2）　メイビスデザイン株式会社　7
　　2　25年以上の半導体設計歴を有する中規模の半導体設計企業　10
　　　（1）　株式会社日出ハイテック　10
　　　（2）　九州電子株式会社　14
　　3　半導体設計業界の重層構造と半導体設計企業の多様性　18

第2章　希少糖産業クラスターによる地域経済振興 ……… 田中利彦　21
　　　はじめに　21
　　1　希少糖研究と事業化の進展　22
　　2　希少糖産学官共同研究の展開　25
　　3　「かがわ希少糖ホワイトバレー」プロジェクト　27
　　4　希少糖含有シロップの事業化とそれを利用した製品開発　29
　　5　希少糖産業クラスターの成功要因　32

第3章　ハイブリッド産業・本格焼酎産業と酒造法 ……… 中野　元　37
　　　はじめに　37
　　1　焼酎甲類と本格焼酎　37
　　2　酒税法による本格焼酎の定義　39
　　3　「焼酎甲類」と「焼酎乙類」の命名　40

 4 本格焼酎・酒造法～イノベーションの表現～ 41
 5 歴史的形成過程における残された問題～アジア市場への展望～ 43
  （1） 歴史的形成期におけるアジアからの技術伝播と日本独自のイノベーション開発 43
  （2） 本格焼酎・泡盛の再評価とアジア市場 45

第4章 福山市の産業集積と革新的企業 ……………………………………… 友澤和夫 47

 はじめに 47
 1 工業の発展過程と産業集積の現況 48
  （1） 発展過程 48
  （2） 産業集積の現況 49
 2 革新的企業の特性 52
  （1） 革新的企業の概要 52
  （2） 企業の創設と事業の変化 52
  （3） 企業規模 53
 3 上場企業にみる事業展開と革新性 57
  （1） 機器製造系 57
  （2） 非機器製造系 58
  （3） 革新性 59
  （4） 産業風土が反映された企業家組織 60
 むすび 61

第5章 有田焼産地におけるイノベーションと域内小産地の復活 ……………………………………… 山本健兒 64

 はじめに 64
 1 有田焼産地の地理的構成 65
 2 陶磁器産地の成長と衰退 68
 3 衰退時代のイノベーション形成の試み 71
  （1） 長崎県波佐見産地の事例 71
  （2） 佐賀県伊万里市大川内産地の事例 74
  （3） 佐賀県有田町産地の事例 76
 おわりに 80

第6章 児島ジーンズ産業のイノベーション ……………… 豆本一茂　84

1　地場産業・産地が抱える問題　84
2　ジーンズの生産工程　85
　（1）デニム生地の紡績・織布　85
　（2）ジーンズ縫製・洗い加工・出荷　88
3　児島地区のジーンズ産業の歴史　89
　（1）綿花生産から足袋、学生服へ　89
　（2）輸入中古ジーンズから国産ジーンズへ　90
　（3）ジーンズ産業の拡大と苦境　92
4　ヴィンテージ・ジーンズ・ブームと新興ブランドの誕生　94
　（1）ヴィンテージ・ジーンズ・ブーム　94
　（2）新興ブランドの誕生　96
　（3）児島ジーンズストリート構想　97
5　イノベーションを生み出す環境　98

第7章 地域イノベーションシステムと紙産業クラスター
　……………………………………………………… 鈴木　茂　101

　はじめに　101
1　紙パルプ産業のイノベーション　103
　（1）日本における紙パルプ産業の歴史的発展　103
　（2）紙パルプ産業の特徴と地位　104
　（3）素材革命と紙パルプ産業のイノベーション　106
2　紙パルプ産業の地域集積とクラスターの形成　107
　（1）日本における紙パルプ産業の地域集積　107
　（2）日本一の紙パルプ産業クラスターの形成　111
　（3）紙パルプ産業クラスターの特徴　112
3　紙パルプ産業のイノベーションとR&D　115
　（1）紙産業研究センター　115
　（2）機能紙研究会　116
　（3）化学産業の発展と繊維状新素材　117
4　地域固有の企業家精神とイノベーション　118
　（1）工業用特殊紙のトップメーカー──三木特種製紙㈱　118
　（2）総合包装資材メーカー──福助工業㈱　119

（3）大人用紙おむつのトップメーカー──㈱リブドゥコーポレーション
　　　120
　（4）シール原紙のトップメーカー──マルウ接着㈱　121
　（5）生理用品のトップメーカー──ユニ・チャーム㈱　122
　（6）事業組合による古紙再生──愛媛パルプ協同組合　123
　　おわりに　124

第8章　地域資源と地域振興 …………………………………… 根岸裕孝　129
　　はじめに　129
　1　近年のワインブームと全国のワイナリー建設の動向　130
　（1）我が国のワイン消費の動向　130
　（2）全国のワイナリーの動向　132
　2　五ヶ瀬ワイナリーの建設と経済波及効果　133
　（1）五ヶ瀬ワイナリーの歴史　133
　（2）五ヶ瀬ワイナリーの経営再建　135
　（3）五ヶ瀬ワイナリーと地域経済循環　137
　3　五ヶ瀬ワイナリーの課題　139
　　おわりに　140

第9章　現代日本の都市鉱山戦略 ……………………………… 外川健一　142
　　はじめに　142
　1　都市鉱山論の登場　143
　2　都市鉱山論の展開　146
　3　レアメタル・レアアース　151
　　おわりに　戦略的都市鉱山戦略　154

第2部　国内外のグローバリゼーション

第1章　グローバル化のもとでの産業立地
　　　　──関西とアジアとの関係を中心に …………… 鈴木洋太郎　160
　1　グローバル化のもとでの産業立地の視点　160
　2　関西企業のアジア立地展開について　161
　（1）関西企業のアジア立地展開の概要　161

（2）　日系アジア現地法人のサプライチェーン　161
　　（3）　関西企業のアジア立地展開のケース　163
　3　関西とアジアとの国際分業進展について　164
　4　サプライチェーンの現地化と今後の国際分業進展のあり方　166
　5　産業集積間ネットワークの構築に向けて　167

第2章　日本鉄鋼業のグローバル化と国内再編
　　　　──グローバル化のもとでの産業立地 ……………柳井雅人　169
　1　世界の鉄鋼生産の概況　169
　2　日本鉄鋼企業の戦略と動向　173
　3　鉄鋼業の地域的再編　178

第3章　外資系企業の受け入れと地域経済 …………………宮町良広　183
　1　問題意識と研究目的　183
　2　対日直接投資の現状　185
　　（1）　統計で見る対日直接投資　185
　　（2）　対日直接投資が少ない理由　187
　3　外資系企業が地域経済に及ぼす影響　188
　　（1）　資本注入　188
　　（2）　地元企業への刺激　189
　　（3）　知識の伝播　189
　　（4）　雇用創出　190
　4　外資系企業の立地と九州経済　190
　　（1）　外資系企業の立地　190
　　（2）　九州地方の外資系企業の概要　192
　　（3）　九州地方の経済に果たす外資系企業の役割　193
　　おわりに　199

第4章　タイ、インドネシア、ベトナムの日系企業 ………久野国夫　203
　　はじめに　203
　1　タイ　205
　　（1）　N. I.（タイ）株式会社　205
　　（2）　シアン・リックス工業株式会社　206

（3）　カルソニック・カンセイ（タイ）株式会社　209
　2　インドネシア　210
　（1）　PTアストラ・ダイハツ・モーター　210
　3　ベトナム　213
　（1）　キヤノン・ベトナム株式会社　213
　（2）　Hue Foods Company Limited　214
　　おわりに　216

第5章　ドイツの日系化学企業とデュッセルドルフ市の拠点性
　……………………………………………………………………柳井雅也　219
　　はじめに　219
　1　日系製造業の海外進出の実態　220
　2　日系企業の進出形態の類型化とその事例　222
　3　日系化学企業の概要と立地状況等　225
　（1）　進出企業の概要　225
　（2）　日系化学企業の立地状況と進出時期、業態、進出目的、従業員数　226
　4　デュッセルドルフの日系化学企業の実態　231
　（1）　A社（機能樹脂、炭素製品販売）　231
　（2）　B社（潤滑油販売）　232
　（3）　C社（自動車部材販売等）　233
　（4）　D社（農薬等の輸出入）　233
　（5）　E社（工業用ゴム製品）　235
　5　考察　235

第3部　問題地域の活性化と地域政策

第1章　日本の食糧政策と経済地理学…………………荒木一視　240
　　はじめに　240
　1　日本の農業政策と食糧政策　241
　（1）　1890年代〜日露戦争〜第一次世界大戦：外国依存の始まり　242
　（2）　第一次世界大戦末〜1920年代：帝国の領域内での自給を目指して　242
　（3）　1930年代〜第二次世界大戦開戦：食糧需給の逼迫　243
　（4）　第二次世界大戦：「大東亜共栄圏」内自給とその崩壊　243

（5）　戦後：国内自給と食糧増産　244
　（6）　高度経済成長：食糧の海外依存の拡大と工業発展　245
　（7）　1970年～：減反政策と食糧自給　245
　2　経済地理学のとりくみ　247
　（1）　戦前・戦中　247
　（2）　戦後　248
　（3）　高度経済成長期以降　249
　おわりに　249

第2章　農業振興計画と棚田保全………………………………鈴木康夫　253
　はじめに　253
　1　山間農業地域の条件不利性と農業振興　253
　2　農業振興計画と農地保全　255
　3　文化的景観としての棚田の保全
　　　——村まるごと棚田博物館構想による地域づくり　259
　おわりに　264

第3章　転換期の中山間地域問題と生活関連サービス……岡橋秀典　267
　はじめに　267
　1　中山間地域の構造変化と政策対応　269
　（1）　戦後における中山間地域の変化　269
　（2）　中山間地域問題と政策対応のあり方　270
　2　生活関連サービス問題———フードデザート問題を中心に　272
　（1）　高齢者をめぐる生活関連サービス問題の浮上　272
　（2）　東広島市豊栄町のフードデザート問題　273
　（3）　豊栄町のアクセス環境と中心集落　277
　（4）　広域市町村合併と生活関連サービス　278
　おわりに　279

第4章　商店街活性化と社会的企業・社会的資本の役割
　　……………………………………………………………出家健治　282
　1　商店街活性化理論の進展とNPO・社会的企業・社会的資本について

　　　　　　282
　2　商店街活性化に関する理論の潮流と新たな社会的企業・社会的資本の動き　283
　3　新たなまちづくりに重要な役割を果たす社会的企業・社会的資本とは何か？　285
　4　新たな商店街活性化と社会的企業・社会的資本の重要な役割――「ガバメント」から「ガバナンス」へ熊本城東マネジメントによるまちづくりの取り組み　290

第5章　ポストバブル期における日本電気機械工業の地域的変動
　　　　　　　　　　　　　　　　　　　　　　　　　　　鹿嶋　洋　298
　はじめに　298
　1　市町村別にみた電気機械工業の分布変化　299
　2　産業細分類ベースでみた電気機械工業の地域差　304
　　（1）産業細分類業種の全国的動向　304
　　（2）産業細分類業種の分布変化　306
　　むすび　310

第6章　日本のテクノポリス政策の今日的意義　……　松原　宏　314
　1　テクノポリス政策の研究　314
　2　テクノポリス地域における工業の変化　315
　　（1）テクノポリスに関する統計分析結果　315
　　（2）テクノポリス地域における製造品出荷額等の推移　316
　　（3）類型地域における業種別工業構成の変化　318
　3　テクノポリス地域の新展開と地域イノベーション　323

第7章　国土計画と観光　……………………………　米浪信男　328
　はじめに　328
　1　「全国総合開発計画」と観光　328
　2　「新全国総合開発計画」と観光　333
　3　「第三次全国総合開発計画」と観光　334
　4　「第四次全国総合開発計画」と観光　335

5　「21世紀の国土のグランドデザイン」と観光　336
　6　「国土形成計画」と観光　338
　7　新「国土形成計画」と観光　340
　　　むすび　342

第8章　東日本大震災・原子力災害と地域経済
　　　———県民経済計算による経済活動別の地域動向から
　　　……………………………………………………………… 山川充夫　345
　　　はじめに：東日本大震災による経済的被害推計　345
　1　震災原災の経済的被害・復旧のとらえ方　346
　　（1）　震災復旧のマクロ指標による復旧状況分析　346
　　（2）　パネルデータの活用による震災原災の影響分析　346
　　（3）　原子力災害の地域経済連関的波及　347
　2　東日本大震災復興予算執行と原災賠償額　348
　3　震災原災前後での経済活動別総生産への影響（2010年度〜2012年度）
　　　350
　4　福島県：地震・津波・原発事故の複合災害　351
　5　宮城県：女川原発の稼働停止が総生産回復の足かせ　353
　6　岩手県：復興需要で総生産が2年連続の増加　353
　　　まとめにかえて：震災原災復興と日本経済の地域構造　354

伊東維年教授　略歴・社会貢献・研究業績　359
あとがき　369

第1部　イノベーションと地域産業

第1章
九州の中小半導体設計企業の実像

伊東維年

はじめに

　半導体業界において「いかに作るか」から「何を作るか」「いかに設計するか」へと事業構造が転換するなかで[1]、シリコンアイランドと称される九州においてシステムLSIの設計開発拠点の構築に注力してきたのが福岡県であり、その推進プロジェクトが「シリコンシーベルト（Silicon Sea Belt；SSB）福岡プロジェクト」である。SSB福岡プロジェクトは、「福岡、北九州地域における大学等の頭脳資源や半導体関連企業の集積、及び自動車産業の集積等地域ポテンシャルを最大限に活用し、世界最大の半導体産業・消費地に成長したシリコンシーベルト地域（韓国、九州、上海、台湾、シンガポール等を結ぶ地域）の核となる、世界レベルの先端半導体開発拠点の構築を目指す」[2]構想である。その推進組織として2001年2月に産学官で構成される福岡県システムLSI設計開発拠点推進会議（2007年9月に福岡先端システムLSI開発拠点推進会議へ改称）が設立された。

　SSB福岡プロジェクトの推進に当たり、福岡県では文部科学省の知的クラスター創成事業第1期（2002年度～2006年度）・第2期（2007年度～2009年度）の選定を受け、知的クラスター創成事業をSSB福岡プロジェクトの中核事業として位置づけ、同省の支援を受けつつ、各種の研究開発を行うとともに、人材育成、ベンチャー育成・支援、交流・連携促進、そして集積促進に取り組むことにより、世界をリードする先端システムLSIの開発拠点

第1章　九州の中小半導体設計企業の実像　3

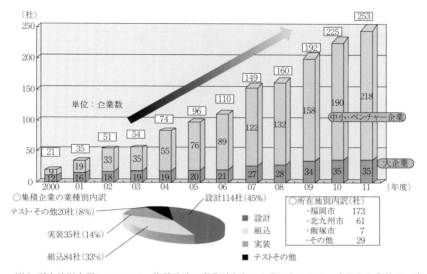

図1－1－1　福岡県内のシステムLSI設計関連の企業集積

（注）所在地別内訳については、複数地域に事業所をもつ企業があるため、内訳と企業数は一致しない。
（出所）「福岡県内システムLSI設計関連の企業集積」福岡システムLSI総合開発センターのホームページ（http://www.ist.or.jp/lsi/pg02_04.html、2015年12月25日アクセス）を一部修正して掲載。

構築を目指してきた。

　その結果、図1－1－1に示すように、福岡県では福岡市を中心にシステムLSI設計関連の企業集積が形成されている。また、福岡県以外の九州各県においても半導体設計企業が展開している。そこで筆者は、九州の半導体設計企業の実態を把握するため、2007年8月から10月にかけて九州の半導体設計企業を対象としたアンケート調査を実施し、その調査結果をもとに2008年3月に「九州の半導体設計企業の分析」と題する論文を著した[3]。

　それから相当の年月が経過したので、改めて2015年10月から11月にかけて九州の半導体設計企業を対象にヒアリング調査を行った。調査対象としたのは九州の半導体設計企業の大半を占める中小規模の半導体設計企業である。この小論では、筆者が調査を行った企業のうち、創業間もない小規模な半導

体設計企業2社、半導体設計を手掛けて25年以上の経歴を有する中規模の半導体設計企業2社を取り上げ、各社の事業活動の考察を通して、半導体設計業の構造と九州の半導体設計企業の実像についてその一端を著すことにしたい。

1 創業間もない小規模半導体設計企業

(1) 株式会社シュハリシステム

シュハリシステムは、現社長の山内宏道氏が2014年4月に資本金300万円を投じて設立した半導体設計企業である。同社は、SSB福岡プロジェクトの中核施設として福岡市早良区百道浜に建設された福岡システムLSI総合開発センター内のインキュベーションルームに所在している。2015年10月26日現在、同社の従業員数は17名、うち設計関連技術者は15名で、残りは営業社員、事務のアルバイト各1名である[4]（表1-1-1）。

表1-1-1 シュハリシステムの概要

会社名	株式会社シュハリシステム
本社所在地	福岡市早良区百道浜3丁目8番33号 福岡システムLSI総合開発センター
設立	2014年4月
代表取締役社長	山内宏道
資本金	300万円
株主	山内宏道1名
事業内容	1．半導体に関する設計（派遣、請負、受託）・検証・開発 2．ITシステム（ハード／ソフト）の設計・開発・製造・販売 3．機械・電気・ソフト系の設計・開発 4．上記に付随する業務全般
売上高	4,000万円弱（2015年3月期）
従業員数	17名　うち設計関連技術者15名（2015年10月26日現在）

（出所）シュハリシステムのホームページ（http://www.shuharisystem.com/site/top/p2.html、2015年12月22日アクセス）、「㈱Shuhari System 業務紹介」（シュハリシステムより2015年10月26日取得）、シュハリシステム山内宏道社長からのヒアリング（2015年10月26日）より作成。

島根県生まれの山内社長は、1984年3月に福岡大学理学部応用物理学科を卒業後、日立マイクロコンピュータエンジニアリング㈱に入社、同社の合併・社名変更により㈱日立超LSIシステムズに勤務し、半導体の設計業務に携わっていた。その後、2009年度に行われた日立超LSIシステムズの組織建直しに伴う早期退職優遇制度の実施に応募し、2010年3月に同社を退職した[5]。退職後は、日立超LSIシステムズが使用していた人材派遣会社から招請され、同社の営業コーディネーターとして勤務していた。日立超LSIシステムズは、親会社の日立製作所が情報・通信機器向け半導体製造事業から撤退するのに伴い、2013年3月に大量の早期退職者を出した。これらの退職者が派遣会社に勤務し、半導体設計企業などに派遣されるのを見て、また山内氏が勤務する派遣会社が人材派遣業に徹し、新たな事業展開を図る様子が看取されなかったことから、同氏が半導体設計サービスの会社を起こそうと考えたのがシュハリシステム設立の発端である。幸いに2014年に入り半導体の市況が好調に推移していたことから、山内氏は同年4月にシュハリシステムを設立し、代表取締役社長に就任した。同社を福岡システムLSI総合開発センター内のインキュベーションルームに開設したのは、何よりも居室の賃料が安く、設計ツールから検証ツールまでを安価に利用できるという理由に依るものであった。

　会社設立後、山内社長が最初に取り組んだのが人材の確保である。2014年度には5名の従業員を採用し、翌2015年度には10月までに12名を新たに採用しており、同年度末までに新規採用者20名を予定している。山内社長は、今後従業員を徐々に増員していき、50名規模にすることを一応の目安と考えている。2015年10月26日現在の設計関連技術者15名のうち、6名が日立超LSIシステムズの早期退職者で、その他はルネサスマイクロシステム（現ルネサスシステムデザイン）、富士通マイクロソリューションズ（現ソシオネクスト）、NECなどの早期退職者である。

　シュハリシステムは、自社の事業内容として、(1)半導体の設計・検証サービス、(2)ITシステムの設計開発、(3)機械・電気・ソフト系の製品開発等を

挙げている。しかし、これまでのところ、実際の業務としては半導体の設計サービスと検証サービスに留まっている。その半導体の設計サービスにしても派遣・受託までの段階であり、設計関連技術者15名のうち12名までが福岡・東京・神奈川などの半導体設計企業に派遣され、on-site 業務に携わっている。設計サービスの大半が CMOS イメージセンサーの設計であり、一部にマイコンの設計を行っている。ヒアリング調査を行った2015年10月時点での取引先は5社である。創業年度に当たる2014年度の年商は4000万円弱、その約8割が LSI 設計サービス、約2割が検証サービスによる売上である。

創業開始から2年目の同社にとって最大の課題は顧客の確保であるという。大手半導体メーカーやその系列の大手半導体設計企業は、半導体設計の外注に関する新規契約を締結する際、予備審査の段階で相手企業に対して審査資料として過去3年間の決算書を要求する。だが、シュハリシステムのような創業間もない半導体設計企業にとっては、そのような実績がない。従って、有益な特許や懇意な間柄を有しない限り、予備審査の段階でふるい落とされる。このような事由から、現在の同社の取引先は、山内社長が日立超LSI システムズに勤務していた時代に懇意にしていた半導体設計企業に留まっている。従って、今後、いかにして顧客を確保・拡大していくかが同社の最重要課題となっているのである。

次いで同社の主要課題となっているのは人材の確保である。これは、半導体設計企業の共通の課題でもある。半導体の設計は、EDA（Electronic Design Automation；電子設計自動化）ツールを用いてコンピュータ上で行われるが、その実態は、多種の EDA ツールをうまく選択して、フローを組み立て、最適に、しかも効率的に使いこなすことであり[6]、最終的には設計技術者に負うところが依然として大きい。これが創造的な人材が求められる所以である。シュハリシステムでは、このような人材を求めて、LSI 設計経験者、プログラム開発経験者、FPGA 開発経験者等のキャリア採用を進める一方、LSI 設計、ボード設計、組込みソフトなど技術系業務に興味があり、新しいことへのチャレンジを試みたい新卒者の採用に力を入れている。

シュハリシステムの山内社長は、現在の半導体設計の派遣・受託、半導体検証サービスから、今後は半導体設計の請負へ、さらにはITシステムの設計開発、機械・電気・ソフト系の製品開発へと事業を拡張し、「看板」通りの事業内容にする計画である。このため、社内に人材を確保し、設計開発のチーム作りに努めている。なお、同社においてファブレス半導体ビジネスを手掛けることは想定されていない。

（2） メイビスデザイン株式会社

メイビスデザインは、大手半導体メーカーのルネサスエレクトロニクス㈱の半導体設計子会社、ルネサスマイクロシステム㈱の九州事業所の閉鎖（2013年9月30日）に伴い同社を退職した野﨑暁弘・村本公男の両氏が、同社の札幌事業所の閉鎖（2012年9月30日）と同時に退職した山田英明氏を誘い、熊本県の創業者支援資金の融資を受けて2013年11月に設立した半導体設計企業である。会社設立時にこれら3名がそれぞれ250万円を出資し、資本金750万円で、また山田氏が代表取締役社長に、野﨑・村本の両氏が取締役に就任し、半導体設計事業を開始した。会社設立後、新たに出資者1名が加わり、現在は資本金1000万円、取締役3名となっている。会社設立時は本社を熊本市中央区萩原町のテナントビルに置いていたが、利便性を考慮し2014年11月に同市中央区南熊本のくまもと大学連携インキュベータに移転、さらに経営規模拡大のため2016年6月に同じ中央区南熊本にあるテルウェル熊本ビルに再移転した。同社は、本社のほかに、2015年4月に横浜市港北区新横浜において新横浜営業所を開設している[7]（表1-1-2）。

従業員数は会社設立時7名であった。その後、受注増加に対応したキャリア採用、新卒採用によって、筆者が同社を訪れた2015年10月29日には23名へ増加している。このうち、事務職員1名を除く22名が半導体設計技術者である。

同社の組織は3部体制を敷いている。本社内に、総務と企画を担当する事業支援部と、ルネサスエレクトロニクスから請負った半導体設計をメイン業

表1-1-2　メイビスデザインの概要

会社名	メイビスデザイン株式会社
本社所在地	熊本市中央区南熊本5丁目1番1号 テルウェル熊本ビル3階
設立	2013年11月
代表取締役社長	山田英明
資本金	1,000万円
株主	山田英明社長ほか3名
事業内容	1．半導体素子、集積回路等の電子部品の研究開発・設計・製造および販売、その他の処分 2．電気機器、電子機器、通信機器の部品および材料の研究・開発・設計製造、その他の処分
売上高	2億2,566万円（2015年10月期）
従業員数	23名　うち設計技術者22名（2015年10月29日現在）
新横浜営業所	横浜市港北区新横浜2-12-8 扶桑ビル3階A号室

（出所）メイビスデザインのホームページ（http://www.maviss-design.com/company.html、2016年7月8日アクセス）、メイビスデザイン山田英明社長からのヒアリング（2015年10月29日）より作成。

務とする第1技術部を置き、新横浜営業所内に海外企業から受注した業務を受け持つ第2技術部を置いている。各部には、それぞれ役員を含め3名、13名、11名の人員が配属されている。同社は派遣業務を行わないということを原則としており、従業員は総て社内にて業務に従事している。

　メイビスデザインは、事業内容として、(1)半導体素子、集積回路等の電子部品の研究開発・設計・製造および販売、その他の処分、(2)電気機器、電子機器、通信機器の部品および材料の研究・開発・設計製造、その他の処分を掲げている。しかしながら、現在のところ、同社の事業は請負設計業務に留まっている。もっとも事業は順調に推移している。

　同社の事業は、ルネサスエレクトロニクス等で製造する半導体デバイスの設計を行っている九州電子㈱から受注を得てルネサスエレクトロニクスの半導体デバイスの設計業務を行うことからスタートした。同社がこのような設計業務を得ることができたのは、山田社長、野﨑・村本の両取締役がかつて

勤務していたルネサスマイクロシステムと九州電子が業務上の提携関係にあり、人的交流があったという縁に恵まれたからであり、またキャリア採用によってルネサスマイクロシステムの早期退職者など優れた半導体設計実務経験者を揃えていたからに他ならない。同社は、半導体設計について、2014年8月にはルネサスエレクトロニクスの半導体設計子会社、ルネサスシステムデザイン㈱との間で請負契約を締結し、翌2015年4月にはルネサスエレクトロニクスとの間で請負契約を締結してルネサス本体と直接取引を行うに至っている。小規模な半導体設計企業が、創業後、これほど短期間のうちに大手半導体メーカーとの間で請負契約を締結するということは、日本の半導体業界では特異な事例と言ってよい。

　また、ルネサス関連1社のみの請負設計では経営の安定性が保たれないため、同社は2014年10月から他社からの設計受注を得るための営業活動を開始した。その際、派遣業務を行わないという原則に基づいて受注先は海外企業とし、なかでも最先端の技術としっかりとした組織を有する台湾企業に狙いを定め、営業活動を行った。その結果、2015年3月に台湾のファブレスICベンダー、ファラデーテクノロジー（Faraday Technology Corporation）との間で秘密保持契約を結び、トライアルを経て同年7月に半導体設計の請負契約を締結することができた。この設計業務は新横浜営業所にて行われている。

　これらの半導体設計の請負業務は、いずれも受注先企業のEDAツールと通信ネットワークで繋いだ社内のパソコンを用いて行っている。

　前述のような事業展開によって、同社の年間売上高は第1期（2013年11月～2014年10月）の5950万円から第2期（2014年11月～2015年10月）には一躍2億2566万円と第1期の3.8倍にも急増している。

　メイビスデザインは、現在、ASIC（application specific integrated circuit：特定用途向けIC）の請負設計を行っている。請負設計だけでは売上高、利益に限界があるため、今後、中長期的には、医療・工作機械等の競合の少ない、ニッチな分野でASICの設計開発の実績を積み上げ、デザインハ

ウスとしての基盤を固めたうえで、同社が事業内容に掲げているように、ファブレス半導体メーカーとして自社開発製品の製造・販売へ、さらには電気機器、電子機器、通信機器の部品および材料の研究・開発・設計製造へと事業を展開していくことを企図している。この方向性に添って、同社では差し当たりここ3年間で設計技術者数を50名に引き上げることを目指している。

　従って、設計技術者等の人材の確保と定着を図るうえで、さらには新たな事業に踏み出すうえでも資金が必要であり、この資金の調達・確保が創業間もない同社にとって最も大きな課題であるという。このため、同社では、資金調達・確保の一手段として公的な助成制度を有効に活用している（2014年度・2015年度熊本県起業支援型地域雇用創造事業一時金受給、2015年度熊本県海外展開支援事業費補助金採択）。

2　25年以上の半導体設計歴を有する中規模の半導体設計企業

（1）　株式会社日出ハイテック

　大分県速見郡日出町に本社を置く日出ハイテックは、同町に日出工場（1973年11月操業開始、2013年6月閉鎖）を配置していた米系半導体メーカー、日本テキサス・インスツルメンツ㈱（日本TI）の代表取締役社長であった石川明氏の誘いを受け、日出町役場が大分銀行、豊和相互銀行（現豊和銀行）などと共同出資により第三セクター方式にて1986年7月に設立した半導体設計・半導体製造（後工程）の兼業企業である[8]（表1-1-3）。

　会社設立時の代表取締役社長は伊藤政雄日出町長、資本金は6150万円、業務開始時（1986年10月）の従業員数はキャリア採用者を含め18名であった。同社では、従業員18名のうち、1名を事務職に充て、4名の正社員を東京都に所在する日本TIのデザインセンターへ、3名の正社員を日本TI杵築事業所（大分県杵築市）へ送り、ICの設計、評価・解析の技術指導を受けさせ、残り10名のパート従業員を日本TI日出工場に派遣してIC製品の梱包・出荷・検査業務を請負い、当面の収入を確保するという形で業務を開始

表1−1−3 日出ハイテックの概要

会社名	株式会社日出ハイテック
設立	1986年7月
代表取締役社長	岩尾出男
資本金	1億6,150万円
株主	13名 アイシン精機、日出ハイテック従業員持株会、日出ハイテック役員持株会、大分銀行、豊和銀行等
事業内容	1．IC設計・評価・解析 2．テストプログラム開発 3．基板設計 4．IC組立・検査 5．システム開発
売上高	12億31百万円（2015年3月期）
従業員数	83名（2015年）
主要販売先	アイシン精機、ラピスセミコンダクタ、安川電機、マックシステムズ、オムロン阿蘇、富士通九州ネットワークテクノロジーズ
事業所	本社（管理・設計）：大分県速見郡日出町大字大神8133番地 大神工場（組立・検査）：大分県速見郡日出町大字大神1357番地 東京営業所：東京都江東区有明3丁目7番26号 　　　　　　有明フロンティアビルB棟9階

（出所）日出ハイテックのホームページ（http://www.hht.co.jp/company/index.html、2015年12月29日アクセス）、『株式会社日出ハイテック会社概要』2015年、『2016　第96版　帝国データバンク会社年鑑』帝国データバンク、2015年および日出ハイテック岩尾出男社長からのヒアリング（2015年11月13日）より作成。

した。

　会社設立の翌年に当たる1987年3月に、日出ハイテックは、日出町藤原にコンピュータ等の機器を整備した本社工場を建設し、町役場の隣に設けていた仮本社から本社業務を移すとともに、本社工場内にてICの設計・評価・解析業務を行うこととなった。その後、ICを使ったシステム、マイコン応用機器等へと業務を拡大し、1990年度には売上高8億5千万円を上げ、「5年で通期黒字」という当初の目標を達成した。1991年11月には、業務拡大に伴い、同町大神字野地に新本社工場を竣工し、本社を移転するとともに、資

本金を1億円増額し、1億6150万円へ引き上げた。翌92年4月には従前のASICの設計業務に加えてFPD（Flat Panel Display）ドライバICの設計業務を開始した。

　2000年に入り、同社は3月に民営化に向けて従業員持株会を設立し、従業員が日出町役場の持つ同社の株式を購入する制度を導入した。同年7月には、日出町大神地区において進めていた新本社社屋の建設と従来の本社工場（大神工場）のクリーンルーム増設工事が完了し、新本社社屋に本社業務とともに、IC設計部門や応用システム開発部門などを移転した。また、従業員持株会は2001年度以降日出町役場から順次同社の株式購入を進め、2008年10月に町役場が保有していた残りの同社株式100株を一括購入し、同社は完全な民間企業となった。その後2012年6月に、トヨタグループの大手自動車部品メーカーであるアイシン精機㈱が日出ハイテック株式の33.4％を取得して筆頭株主となり、日出ハイテックはアイシン精機の持分法適用会社となった。

　日出ハイテックでは、他社に貸与していた大神工場を自社用に改装し、生産設備を整え、2015年4月に生産拠点を藤原工場から大神工場へと移転した。これによって現在、同社は、本社業務およびICの設計・評価・解析等を行う本社、IC製造の後工程（組立・テスト）を担う大神工場、営業を担当する東京営業所の3事業所体制を敷いている。これら3事業所に、2015年11月13日現在80数名の従業員が働いている。このうち、正社員60名余りが設計開発グループに属し、ICの設計・評価・解析等に従事しており、残りの20名ほどはパート従業員で、大神工場においてオペレーターとして勤務している[9]。

　前記のごとく、日出ハイテックはICの後工程工場を有する兼業型の半導体設計企業であり、2014年度の総売上高12億31百万円のうちICの設計・解析・評価の売上高が5割以上を占めている。従業員・売上高構成比にみるように、兼業型であってもICの設計・評価・解析を主軸事業としていることは同社の設立以来変わらぬ経営スタイルである。

ICの設計については自社内に設計ツールを保有し、業務に当たっている。同社では1986年の業務開始以来、ASIC開発サポートからIC設計に着手し、DRAM、通信向けIC、LCDドライバICの設計開発等、着実に実績を積み重ねてきており、現在はデジアナ混載IC（車載用ICなど）を主軸に、FPDドライバIC、通信向けICの設計を行っている。かつてIC設計の受注はTI社の設計に重心を置いていたが、日本TIがIC設計を終息させたことから、現在ではアイシン精機、ラピスセミコンダクタ㈱、富士通九州ネットワークテクノロジーズ㈱等から受注を得ている。

日本TIのIC設計の終息・日出工場の閉鎖、アイシン精機の資本参入を受けて、現在、同社は、TI社からの受注に重心を置いていた事業構造から、アイシン精機からの受注、すなわち車載用半導体の設計・製造を中心とした事業構造への移行期にある。2015年4月からは、自社で設計した、自動車のドアハンドルに内蔵されるセンサについて、前工程をイスラエルの半導体ファウンドリ企業、タワーセミコンダクター（Tower Semiconductor

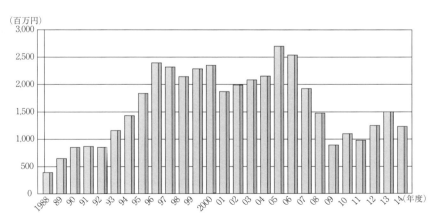

図1-1-2　日出ハイテックの売上高の推移

（出所）「第2工場着工　業務の拡大進む日出ハイテック」『大分合同新聞』1991年5月16日（朝刊）および『帝国データバンク会社年鑑』（第75版〜第96版）帝国データバンク、1994年〜2015年より作成。

Ltd.）に委託し、後工程（組立・検査）を自社の大神工場で行う車載用半導体の設計・製造の一貫体制に着手している。今後は、車載用半導体以外の分野も継続して取り組みながらも、車載用半導体の設計開発・製造に注力し、図1-1-2に示すように2000年代半ば以降落ち込んでいる売上高を引き上げ、成長軌道に乗せる方向性を有している。このような方向性に基づき、同社では、自動車部品メーカーから提示される車載用半導体チップの仕様に従って設計を行うだけでなく、自動車のメカニズムを十分理解したうえでその仕様に対して自社から提案するだけの能力を備えていくことが最大の課題であると考えている。

（2） 九州電子株式会社

　熊本県宇城市不知火町に本社・工場を置く九州電子は、日本電気㈱半導体事業部の部品加工を行っていた玉川電器㈱の関連会社として同社の株式所有者の出資により1973年9月に設立された半導体製造（後工程）・半導体設計の兼業企業である。74年2月の操業開始当時は、日本電気から受注した光半導体デバイス（LED、受光素子、フォトカプラ等）の組立・加工を中心とし、それに九州日本電気㈱から受注したIC製造の後工程（選別、端子切断、マーキング等）を加えた事業内容であった[10]（表1-1-4）。

　その後、日本電気の半導体事業の拡大に伴う受注量の増加や新製品の生産追加などに対応して、1976年5月から95年3月にかけて六つの工場棟を新設している。新製品の生産としては、90年9月から光通信用デバイスの生産を、94年6月から光デバイス（受光IC）の生産を、2006年4月から車載向けフォトカプラの出荷を開始している。現在ではIC製造の後工程については行っておらず、ルネサス滋賀工場などで処理した光デバイス（光通信用レーザーダイオード、フォトセンサ、フォトカプラ等）の後工程を行っている。

　光半導体デバイス・IC製造の後工程から出発した九州電子が半導体の設計に関わるようになったのは、操業開始後10年を経過した1984年からであ

表1-1-4　九州電子の概要

会社名	九州電子株式会社
設立	1973年9月
操業開始	1974年2月
代表取締役社長	北澤永通
資本金	8,000万円
株主	8名 北澤蕄、宮越久子、北澤永通ほか
事業内容	1．光半導体の設計開発・製造（後工程） 2．LSIの設計
売上高	129億27百万円（2015年3月期）
従業員数	580名（2015年10月）
主要販売先	ルネサスエレクトロニクス、ルネサスシステムデザイン、マイクロンメモリジャパン、ソニーLSIデザイン
事業所	本社工場：熊本県宇城市不知火町長崎89 LSIシステムセンター：熊本県上益城郡甲佐町豊内2020 LSIシステムセンター辛島分室：熊本県熊本市中央区辛島町5-1 　　　　　　　　　　　　　　　日本生命熊本ビル4階 LSIシステムセンター花畑分室：熊本県熊本市中央区花畑町12-28 　　　　　　　　　　　　　　　アペックスビル5階

（出所）九州電子のホームページ（http://www.qdk.co.jp/jp/company/、2016年1月12日アクセス）、『九州電子株式会社（QDK）会社案内』2015年、『2016　第96版　帝国データバンク会社年鑑』帝国データバンク、2015年より作成。

る。日本電気の半導体設計子会社であった日本電気アイシーマイコンシステム㈱（NIMS）からLSIの設計業務を行うことを打診され、それを受けて九州電子は社員6名を84年4月からNIMS本社に派遣し、LSIの設計研修に当たらせた。同社では2年間の設計研修を終えた社員を引き戻し、86年4月から本社構内において設計業務に本格的に取り組むこととなった。

　設計業務の拡大に伴い、1990年9月には熊本県上益城郡甲佐町にLSIシステムセンターを開設し、LSIの設計業務を移転した。当時は、専ら日本電気系列の半導体工場で製造される半導体（ASIC、DRAM, マイコン等）の設計に携わり、2001年4月からは光デバイス用ICの設計業務を加えた。

2002年11月に日本電気が半導体事業部門を分社化し、NECエレクトロニクス㈱を設立した後は、NECエレクトロニクス系列の半導体工場で製造される半導体の設計を行っていた。

日本電気から受注していたDRAMの設計については、1999年12月に日本電気と日立製作所のDRAM事業部門の統合によりNEC日立メモリ㈱（2000年9月にエルピーダメモリ㈱に商号変更）が設立され、2000年4月からDRAMの設計開発業務を開始したことから、九州電子ではDRAMの設計を中止した。しかし、2003年にエルピーダメモリからDRAMのレイアウト設計の受注を得てDRAMの設計を再開することとなった。2007年1月には熊本市内にLSIシステムセンター辛島分室を新設し、そこへDRAM設計業務を移転した。

エルピーダメモリは業績不振により経営破綻し2013年3月に会社更生法の適用を受け、同年7月に米半導体メーカー大手のマイクロン・テクノロジー（Micron Technology, Inc.）により買収され、2014年2月にマイクロンメモリジャパン㈱に商号変更するが、九州電子はこのマイクロンからも受注を得て現在まで継続してDRAMの設計を行っている。

先のNECエレクトロニクスは、2010年4月に㈱ルネサステクノロジと合併し、新商号をルネサスエレクトロニクスに変更しており、九州電子はこのルネサスエレクトロニクスの半導体設計子会社から継続してオーダーを受け、半導体の設計を行ってきている。

さらに九州電子は、2013年7月からソニーの半導体設計子会社であるソニーLSIデザイン㈱から受注を得てCMOSイメージセンサーの設計請負業務を開始した。その2年後の2015年7月に、同社は熊本市内にLSIシステムセンター花畑分室を新設し、そこでソニーのCMOSイメージセンサーの設計業務を行うようになった。

1984年4月にNIMSから受注を得てASICの設計から開始した九州電子の半導体設計業務は、現在、LSIシステムセンターにて光デバイス設計とルネサスのマイコン設計を、LSIシステムセンター辛島分室にてマイクロンの

DRAM 設計を、LSI システムセンター花畑分室にてソニーの CMOS イメージセンサー設計を行うまでに至っている。設計業務はレイアウト設計から開始し、現在では回路設計・レイアウト設計・パッケージ設計・評価の一貫設計の形態をとっている。また、LSI システムセンター 3 事業所の従業員数は間接部門の人員を含め160名に達し、同社の総従業員580名の 3 割近くに及んでいる。2014年度の同社の売上高129億27百万円のうち、半導体設計業務の売上高は25％を占め、光デバイス製造の売上高が落ち込むなかで同社の売上高を下支えする形となっている（図1-1-3）。

同社は、光半導体デバイス製造・半導体設計で培った生産技術力と設計技術力をもとに、2012年 2 月から OEM・ODM の形で光半導体デバイスの生産受託サービスに乗り出している。このため、委託先企業の仕様に準じ、自社で光デバイスの設計を行い、その後の生産については前工程を国内外のファウンドリに委託し、後工程を自社工場で行って完成品に仕上げるという一

図1-1-3　九州電子の売上高の推移

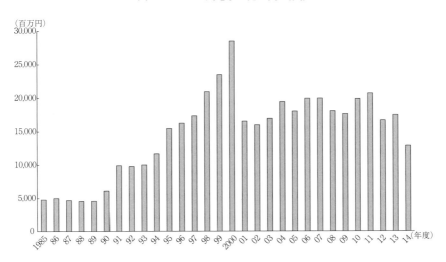

（出所）『くまもと企業白書』('87～2015) ㈱地域経済センター、1987年～2014年および九州電子からのヒアリングより作成。

貫体制をも築いている。現在のところ、5社のメーカーとの間で生産受託サービスを行っており、海外のメーカーを含め60数社と受注交渉を進めている。

同社では、受託設計や受託生産サービスの顧客の獲得・業務拡大を図り、落ち込んでいる売上高・利益を引き上げることが当面の主要課題となっており、このため顧客への最適なQuality、Cost、Deliveryサービスの提供、ソリューション提案力の強化に努めている。

3　半導体設計業界の重層構造と半導体設計企業の多様性

以上、4社の半導体設計企業について考察してきた。この小論を締め括るに当たって、本考察を通して抽出される点を挙げることにしたい。

まず第1は、既述のことからも解されるように、国内の半導体設計業が重層的な企業間構造を形成していることである。その企業間構造は、簡略化すれば、国内の大手半導体メーカーのもとにその全額出資子会社としての半導体設計企業があり、その直系の半導体設計企業のもとに一次請けの半導体設計企業、二次請けの半導体設計企業が存在し、さらにこれらの半導体設計企業に設計人材を派遣する半導体設計企業・人材派遣会社があるという構造である。そこでは、大手半導体メーカー、あるいはその直系の半導体設計企業が下層の半導体設計企業をマネージしながら半導体デバイスの設計を完成させるのである。そのような構造のほかにも、半導体のユーザー企業と直接的な取引関係を持つ半導体設計企業が下請けの半導体設計企業や人材派遣会社を活用して半導体デバイスの設計を完成させるという構造もある。前者の構造のもとでは、かつては大手半導体メーカーの囲い込みが強く、いわゆる系列外取引は困難であった。しかし、現在では半導体設計企業の取引関係は複数の取引先との多面的な取引関係となっており、大手半導体メーカーの直系の半導体設計企業でさえも、大手半導体メーカー間における新製品の共同開発や事業提携の進展により同様な取引関係を有している。

第2は、半導体設計企業といっても一様ではなく、多様であるということである。前記のような重層的な企業間構造のなかでのポジションによって、半導体設計企業の果たす役割や仕事の内容も異なってくることは言うまでもない。また半導体設計企業には設計専業型の企業と兼業型の企業があり、兼業型の半導体設計企業には設計を主業とする企業と副業とする企業がある。設計と製造（後工程）の兼業型の企業においては、半導体のユーザー企業から受注を得て半導体の設計を行ったあと、半導体製造の前工程を海外のファウンドリに委託し、後工程を自社内で終え、完成した半導体をユーザー企業に納入する一貫体制を築いているところも現れている。紙幅の関係で詳論できなかったが、半導体設計企業のなかには、自社内にEDAツールを保有している企業と、保有していない企業がある。後者の企業にあっては、社内のパソコンと前者の企業のEDAツールとを通信ネットワークで結んで設計業務を行うケースや、福岡システムLSI総合開発センターのような財団などが提供する設計環境を利用して設計業務を行うケースがある。このように半導体設計企業の形態は実に多様である。

　第3は、創業間もない小規模な半導体設計企業においては顧客や人材、資金の確保が、中規模の半導体設計企業においてはソリューション提案力の強化などが主要な課題となっていることである。なかでも優れた設計人材の確保は、筆者が2007年に行ったアンケート調査においても回答事業所の6割余りが挙げており、半導体設計企業に共通した課題でもある。

　第4は、大手半導体メーカーの再編のなかで、その直系の半導体設計企業の合併、事業所の統廃合、従業員の削減が進む一方で、退職者による新規半導体設計企業の創設が続いていることである。このような起業や創業間もない半導体設計企業の成長を支援していくことは、九州の半導体産業のリバイタリゼーションを図っていくうえで今後とも必要なことである。

　半導体業界において「何をつくるか」「いかに設計するか」が重要性を増しているにもかかわらず、半導体設計業・半導体設計企業に関する調査研究はいまだ進んでいない。こうした調査研究を積み重ねていくことが、九州の

みならず、日本の半導体産業のリバイタリゼーションを進めていくために不可欠なことであることを最後に強調し、この小論を終えることにしたい。

注

1) 社団法人日本電子機械工業会ICガイドブック編集委員会編集・著作『ICガイドブック（第8版／2000年版）』社団法人日本電子機械工業会、2000年、37ページ。
2) 福岡先端システムLSI開発拠点推進会議「シリコンシーベルト福岡　世界をリードする先端的なシステムLSIの開発拠点を目指して」財団法人福岡県産業・科学技術振興財団システムLSI部、2013年、「シリコンシーベルトとは？」福岡システムLSI総合開発センターのホームページ（http://www.ist.or.jp/lsi/pg02_01.html、2015年12月25日アクセス）。
3) 伊東維年「九州の半導体設計企業の分析」『熊本学園大学経済論集』熊本学園大学経済学会、第14巻第1・2・3・4合併号、2008年3月、41〜97ページ参照。なお、本論文については加筆修正し、2015年3月発行の著書、伊東維年『シリコンアイランド九州の半導体産業　リバイタリゼーションへのアプローチ』（日本評論社）のなかに第4章「半導体設計企業の集積とファブレスベンチャーの育成」として掲載したので、それも併せて参照されたい。
4) シュハリシステムについては、同社のホームページ（http://www.shuharisystem.com/site/、2015年12月22日アクセス）、「㈱Shuhari System業務紹介」（同社より2015年10月26日取得）、同社山内宏道社長からのヒアリング（2015年10月26日）などに基づいて著した。
5) 「日立超LSI　群馬の開発拠点閉鎖　半導体不振で事業構造改革　早期退職200人募集」『日刊工業新聞』2009年11月5日参照。
6) 社団法人電子情報技術産業協会ICガイドブック編集委員会編集・著作『ICガイドブック（第10版／2006年版）』社団法人電子情報技術産業協会、2006年、108ページ。
7) メイビスデザインについては、同社のホームページ（http://www.maviss-design.com/index.html、2015年12月22日、2016年7月8日アクセス）、同社山田英明社長、野﨑暁弘取締役、村本公男取締役からのヒアリング（2015年10月29日）などに基づいて著した。
8) 日出ハイテックについては、同社のホームページ（http://www.hht.co.jp、2016年1月10日アクセス）、『株式会社日出ハイテック会社概要』2015年（同社より2015年11月13日取得）、同社岩尾出男社長、野口啓一LSI設計部マネージャーからのヒアリング（2015年11月13日）、『大分合同新聞』をはじめとする各種新聞の記事などに基づいて著した。
9) 日出ハイテックは、経理等の事務を外注に出し、間接部門を極力スリム化している。
10) 九州電子については、同社のホームページ（http://www.qdk.co.jp、2016年1月18日アクセス）、『九州電子株式会社　会社案内』2015年、「九州電子株式会社　会社概要」（同社より2015年10月15日取得）、同社北澤永通社長、宮越和之専務取締役、藤田誠執行役員・LSIシステムセンター長からのヒアリング（2015年10月15日）などに基づいて著した。

第2章
希少糖産業クラスターによる地域経済振興

田中利彦

はじめに

　四国の玄関口として支店経済で発展してきた香川県は、2000年代に入っても経済不振が続くなか、産学官連携によって新産業創出を強力に推進する方針を打ち出した。香川県には、希少糖研究の国際的拠点及び、糖結合たんぱく質によるがん診断キットやムコ多糖類による化粧品の大学発ベンチャーがあったことから、糖質バイオクラスターをターゲットとする構造改革特区の指定を受けた。中でも、希少糖産業は次世代のリーディング産業として大きな成長を遂げる可能性が高かったことから、知的クラスター創成事業を始めとする国の大型産学官連携プロジェクトなどに次々と応募し、2010年代に入ってこれらの共同研究成果をもとに希少糖含有シロップの事業化に成功した。

　そこで本章では、かつて何の役に立つのか分からないと言われてきた希少糖に狙いを定めた、香川県における希少糖産業クラスターの形成に向けた取り組みを取り上げる。すなわち、長期にわたって産学官が忍耐強く努力を続けてきた結果、花開くことになった希少糖産業クラスターの成功要因の分析を試みる。

　まず第1節では、希少糖研究と事業化の進展について時系列的に概略を述べる。第2節では、国の大型産学官連携プロジェクトにおける共同研究について実態と成果を明らかにする。続いて第3節では、希少糖産業クラスター

形成に向けた「かがわ希少糖ホワイトバレー」プロジェクトについて具体的に事業内容をみていく。第4節では、希少糖含有シロップの事業化への取り組みと、それを利用した製品開発の動向について検討する。最後に第5節では、希少糖産業クラスターの成功要因を摘出する。

1　希少糖研究と事業化の進展

　希少糖とは、国際希少糖学会によって、自然界に微量にしか存在しない単糖とその誘導体と定義されている。図1-2-1に示すように、自然界に多量に存在する単糖はブドウ糖、果糖など7種類だけで、残りのものは全て希少糖である。希少糖は自然界に約50種類存在すると言われているが、その総量は糖全体の1％にも満たないほど微量である[1]。

　生物は不要なものは作らないことから、希少糖に顕著な生理活性はなく、希少糖を作る研究は必要ないと考えられてきた。この見捨てられていた希少

図1-2-1　自然界の糖の存在量イメージ

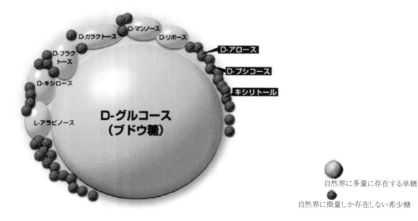

（出所）『香川大学希少糖研究センターパンフレット（第3版）』2013年3月による。

糖の生産に挑戦したのが、香川大学農学部の何森健教授であった。希少糖を生産するための設計図である「イズモリング」を発明し、自然界に多量に存在する単糖を原料として希少糖を作ることを可能にした。

様々な希少糖について様々な機能が発見されてきているが、特にＤ－プシコース、Ｄ－アロースの機能解明が進んでいる。Ｄ－プシコースは甘さが砂糖の70％でカロリーゼロである上、血糖上昇抑制効果、脂肪蓄積抑制効果などを持つことが確認されている。Ｄ－アロースは甘さが砂糖の80％でカロリーゼロである上に、活性酸素産生抑制作用、癌細胞増殖抑制作用などを持つことが確認されている。そのため希少糖は、加工特性に優れた食品、機能性食品、健康・医療分野への利用が開始・検討されている。

何森教授が「希少糖を作る」と意識して最初に生産した希少糖がＤ－タガトースであり、この年（1984年）に希少糖研究は実質的に始まった（表１－２－１）。しかし、希少糖を作ることが何の役に立つのか示すことができない状況のなか、希少糖の研究に関し苦しい時期が続いた。91年になり、農学部の土壌から分離した微生物から見つけ出した新酵素 DTE によって、希少糖Ｄ－ソルボース、Ｄ－プシコースが生産できることが分かり、希少糖の生産に決定的な役割を果たす酵素の発見につながった。2000年には、希少糖Ｄ－プシコースが大量生産可能となり、希少糖研究は大きく前進することになった。

2001年に、フィンランドのヘルシンキ工科大学のレイソーラ教授（キシリトール研究の第一人者）と共に、本部を香川大学に置く国際希少糖学会を設立し、何森教授は会長に就任した。また同年、希少糖の生産方法、生理活性、用途などの研究を体系的に進めるため、香川大学に希少糖研究センター（センター長に何森教授）が設立された。2002年には、何森教授が希少糖の生産戦略「イズモリング」を国際誌に発表し、全希少糖（六炭糖）を生産するための設計図を明らかにし、全希少糖の大量生産への道を切り拓くことになった。このような実績のもと、2002年度から５年間の大型産学官連携プロジェクトである知的クラスター創成事業に採択され、多様な分野の研究者に

表1-2-1 希少糖研究・事業化の歩み

年	内容
1984年	希少糖D-タガトースの、ガラクチトールからの生産について論文発表
1991年	農学部の土壌中から分離した微生物から、希少糖の生産に決定的な役割を果たす新酵素DTEを発見
1992年	希少糖D-ソルボースの、酵素DTEを用いた生産について論文発表
1995年	希少糖D-プシコースが酵素DTEによって安価なD-フラクトースより生産できることを論文発表
2000年	希少糖D-プシコースを実験室レベルでkg単位の生産が可能に
2001年	香川大学に本部を置く国際希少糖学会を設立 香川大学に希少糖研究センターを設立
2002年	希少糖生産戦略「イズモリング」を国際誌に論文発表 知的クラスター創成事業を開始
2006年	香川大学大学院農学研究科希少糖科学専攻を設置 香川大学発ベンチャー企業、希少糖生産技術研究所を設立 香川大学に希少糖生産ステーション完成
2007年	三木町希少糖研究研修センターを開所
2008年	都市エリア産学官連携促進事業を開始
2010年	希少糖D-プシコースを特定保健用食品に申請 希少糖含有シロップを松谷化学工業(株)が香川県内の企業にサンプル出荷
2011年	希少糖含有シロップを(株)レアスウィートが香川県内事業者向けに先行販売
2012年	希少糖含有シロップを(株)レアスウィートが全国事業者向けに販売
2015年	希少糖含有シロップが2014年の「日経優秀製品・サービス賞」の最優秀賞を受賞(供給先約200社400品目)

(出所) かがわ希少プロジェクトWebページ(2014年10月取得)、何森健『希少糖話』(株)希少糖生産技術研究所、2013年1月、『日本経済新聞』2005年5月26日、2010年12月21日、2011年6月14日、2012年2月24日、2015年1月5日による。

希少糖を配布し、用途開発の研究が進められた。

2006年には、香川大学大学院農学研究科に希少糖科学専攻が新設される一方、地元企業などが出資し、希少糖を開発・販売するベンチャー企業である(合)希少糖生産技術研究所[2](高松市、後に香川県三木町、株式会社化)が設立された。希少糖研究センターとの共同研究により、希少糖の有効性の研究や生産技術の確立を目指した。また同年、香川大学に希少糖生産ステーションが完成し、希少糖の生産能力が格段に向上することになった。2007年

には、三木町希少糖研究研修センターが、香川大学農学部・医学部のある三木町の、山奥にある廃校を町が改修して開所した。希少糖の研究開発・人材育成事業等を目的としたもので、希少糖生産技術研究所が入居し、高校生を対象とした希少糖甲子園（希少糖を用いて実験を競う）がこのセンターで毎年、開催されている。

　2008年度から3年間にわたり、再び、比較的大型の産学官連携プロジェクトである都市エリア産学官連携促進事業に採択され、希少糖の事業化が進められた。その結果、2010年には希少糖Ｄ－プシコースの特定保健用食品への申請と、松谷化学工業（株）（兵庫県伊丹市）による希少糖含有シロップのサンプル出荷に漕ぎ着けた。その後、販売会社（株）レアスウィート（香川県三木町）による、希少糖含有シロップの県内事業者向け先行販売（2011年）、全国事業者向け販売（2012年）、さらに続いて県内一般家庭向け、全国一般家庭向け販売が行われた。そして2015年には、希少糖含有シロップが「日経優秀製品・サービス賞」の最優秀賞を受賞するに至った。

　この希少糖含有シロップ（商品名レアシュガースウィート）は、ブドウ糖・果糖の液糖を異性化して作られるもので、ブドウ糖、果糖に加え、Ｄ－プシコース等の希少糖を13～15％含有している。Ｄ－プシコースには、砂糖が体内で消化されるのをブロックし、ブドウ糖、果糖が小腸から吸収されるのを抑えるため、肥満抑制効果がある。松谷化学工業は、2013年に希少糖含有シロップの量産工場を完成させ、月産1000トンを供給する体制を整えた。完成した番の洲工場（香川県宇多津町）は総投資額が約26億円、生産棟と事務所棟を合わせた延べ床面積3510㎡、従業員数約20名であった。

2　希少糖産学官共同研究の展開

　希少糖研究は、科学技術庁の地域先導研究により、国の支援を受けた産学官共同研究がスタートし、その後、経済産業省の地域新生コンソーシアムから農林水産省のイノベーション創出基礎的研究推進事業に至るまで、ほぼ切

れ目なく国の産学官共同研究に採択された。中でも、文部科学省の大型産学官共同研究である第1期の知的クラスター創成事業（予算年5億円）、都市エリア産学官連携促進事業（予算年2億円）に採択されたことが、希少糖研究及びその事業化を加速化するのに大きかった。

知的クラスター創成事業において、県は「希少糖（生理活性単糖）をライフサイエンスの新素材とする糖質バイオ産業の創出のための基盤技術の研究開発」を対象とする特定領域とし、（財）かがわ産業支援財団を中核機関として、香川大学を研究機関の核に事業を実施した。希少糖を核とした糖質バイオクラスター構想のもと、事業実施の司令塔となる知的クラスター本部の本部長、副本部長には真鍋武紀知事、近藤浩二香川大学学長、研究総括に何森健教授、事業総括に辻坂好夫氏（（株）林原参与）が就いた。辻坂氏は戦後、でんぷんからブドウ糖を作ることに成功し、林原（岡山市）の基礎を築いた研究者であった[3]。

何森教授が発明した希少糖の生産工程図「イズモリング」のもと、希少糖の大量生産システムの開発、希少糖の生理活性等を明らかにすることを目指した。そのため、「新しいライフサイエンス（糖生命科学）の創出」と「希少糖を活用した糖質バイオ産業の創出」を二大目標に掲げた。したがって共同研究テーマは大きく三つに分かれ、「希少糖の基礎的研究基盤の確立」（研究代表者：何森健教授、サブテーマ四つ）、「希少糖の大量生産技術の確立」（研究代表者：（株）伏見製薬所開発本部長高橋武雄氏、サブテーマ三つ）、「希少糖を用いた医薬品・食品等の開発」（研究代表者：香川大学医学部徳田雅明教授、サブテーマ三つ）に設定された。

その結果、「イズモリング」に基づき、六炭糖（ヘキソース）の希少糖の生産技術を確立し、数kg～数百kgの各種希少糖を保有するに至った。希少糖の大量生産技術の確立により、研究者グループに研究用希少糖を潤沢に供給できるようになり、特にD‐プシコース及びD‐アロースについての生理活性に関する研究が加速化した。D‐プシコースには血糖値上昇抑制効果や動脈硬化の予防改善、植物でのエリシター効果などが顕著であることが、

D‐アロースには活性酸素の発生抑制・消去や神経変性の予防改善、がん細胞の増殖抑制などに対する顕著な効果が確認された。これらの成果をもとに、2005年11月に伏見製薬所（香川県丸亀市）が試薬としてD‐プシコース、アリトール、タリトールの3種の希少糖の販売を開始した。

　一方、都市エリア産学官連携促進事業では、「特徴ある糖質の機能を生かした健康バイオ産業の創出」を事業名に、知的クラスター創成事業と同様にかがわ産業支援財団を中核機関とし、香川大学を核となる研究機関として事業を実施した。かがわ産業支援財団の産学官連携アドバイザーである谷内田一忠氏（大手化学系企業等で経営に関与）、粟原正章氏（京都大学名誉教授）がそれぞれ事業総括、研究総括に就いた[4]。

　希少糖に関係するテーマは、二つのサブテーマA「健康機能を高めた希少糖プシコース製品の開発」（研究代表者：早川茂教授）、サブテーマB「D‐プシコースを中心とする希少糖ヘキソースの生理機能（抗糖尿病、抗動脈硬化、抗肥満効果）の解明）」（研究代表者：徳田雅明教授）で構成された。ただし、実際にはもう一つ希少糖に関係するテーマがあったが、何森教授の研究シーズと直接、関連するものではなかった。

　その結果、2010年3月にはD‐プシコースを、食後における血糖値の上昇抑制効果のあるテーブルシュガーとして製品化し、希少糖食品（4節で後述）が消費者庁への特定保健用食品（トクホ）の申請を行った。同時に、希少糖D‐プシコース等を使った商品の販売等を行うレアスウィートを設立し、社長には近藤浩二氏（香川大学元学長）が就いた。また、同年12月に松谷化学工業が番の洲臨海工業団地に希少糖含有異性化糖（希少糖含有シロップ）の製造工場建設を計画し、県及び立地先の宇多津町と進出協定を締結した。

3　「かがわ希少糖ホワイトバレー」プロジェクト

　県では、2013年度に香川県産業成長戦略を発表し、地域の強みを生かし

た、新たな活力や付加価値を生み出す成長産業を育成するための重点プロジェクトの一つとして、「かがわ希少糖ホワイトバレー」プロジェクトを推進している。「希少糖といえば香川、香川といえば希少糖」と呼ばれる希少糖産業クラスターの形成・発展を目指し、これまでの産学官連携による成果のもと、研究開発から生産、販売に至るまで総合的に支援することを狙いとしていた。10年後のプロジェクトの目標として、世界的に求心力のある希少糖の「知の拠点」の形成、産学官一体となった「希少糖産業」の創出、世界に通じる「香川の希少糖」ブランドの確立の三つを掲げた[5]。

　実施事業の内容をみると、「知の拠点」の形成では希少糖研究支援事業、希少糖拠点機能強化事業を実施した。希少糖研究支援事業は、希少糖の事業化に向けた研究開発を加速するため、2013年度から4年間にわたって香川大学の希少糖研究部門に対して寄附（年2000万円）を行うものである。2013・2014年度において農学部6テーマ、医学部4テーマ、希少糖研究センター1テーマの研究が行われ、研究テーマにおいてD−アロースを対象としたものが5件となっていた。希少糖拠点機能強化事業は、香川県産業技術センターに希少糖研究開発支援プロジェクトチーム（4名体制）を2014年度より設置し、香川大学等との共同研究や希少糖を使った新商品開発等に関する県内企業への技術支援を行うものである。2014年度において、産業技術センターは希少糖を使った製品開発に関する技術相談50件、製品化6件の支援を行った。

　「希少糖産業」の創出では、まず2013年度に、希少糖の生産や試験研究を行う施設・設備を設置する企業を対象とした、企業誘致助成金の助成率の引き上げを行っている。投下固定資本額（県有地については土地代含む）に対する助成率を15％から30％に引き上げ、限度額を5億円とした。そのほか、糖質バイオ商品開発支援事業、ネットワーク等形成事業を実施した。糖質バイオ商品開発支援事業は希少糖食品開発支援事業と糖質バイオ活用支援事業の二つで構成され、希少糖食品開発支援事業は希少糖含有シロップを使った商品開発を支援するものである。補助限度額100万円、補助率3分の2

で、2013年度4社、2014年度6社の支援を行った。ネットワーク等形成事業は、希少糖戦略会議、かがわ糖質バイオフォーラムの開催により、産学官が連携した希少糖の普及、事業展開を推進するものである。

なお、上記の希少糖食品開発支援事業は2015年度から、新たな希少糖生産に係る研究開発支援事業と希少糖商品開発支援事業の二つに衣更えしている。前者は大量生産技術がまだ確立されていない希少糖や希少糖生産酵素の生産技術の開発などを行う県内企業に対し、補助限度額が年1500万円で、最長3年間の補助、補助率3分の2で研究開発経費を補助するものである。また、後者はD－プシコース（純品）の県内先行販売に対応し、D－プシコースを用いた商品開発を行う県内企業に対し、補助限度額100万円、補助率3分の2で支援を行うものである。

「香川の希少糖」ブランドの確立では、「うどん県発、世界に広げよう希少糖」キャンペーン事業を実施した。マスメディア向けセミナーの開催、国際見本市への出展、さぬきうまいもん祭り（東京、大阪）、さぬきうまいもん広め隊（県内）の活用により、希少糖の全国的認知度の向上と普及拡大を図った。また、「かがわ希少糖フェア2014」を国際希少糖学会と同時開催した。2015年度からは、香川の希少糖ブランド化推進事業と名称変更し、新たに希少糖商品ブランド化推進事業として県内中小企業等が行う希少糖関連商品の販路拡大のため、専門家のコンサルティングやデザイン開発、広告宣伝等の経費に対し、補助限度額300万円、補助率3分の2で支援を開始した。

4 希少糖含有シロップの事業化とそれを利用した製品開発

希少糖産業クラスターの形成へと導いた、総合でん粉メーカーである松谷化学工業の果たした役割は大きかった。知的クラスター創成事業に参加していた林原グループが希少糖の事業化から撤退し、それに代わって事業化を担ったのが知的クラスター創成事業に後から加わった松谷化学工業であった。その決断を行ったのが同社の二代目社長松谷英次郎氏（2006年より会長）で

あった[6]。

　松谷社長は、2003年にニュース番組で何森教授のことが取り上げられた時、「これはもしかするとすごい商品になる」と直感し、何森教授から詳しい説明を聞くため、すぐに技術担当責任者である研究所長の大隈一裕氏を派遣した。何森教授も「希少糖にこれほど強く関心を持ってくれた企業は松谷化学が初めて」と喜んだ。しかし、県外企業の松谷化学工業を参加させることには躊躇する雰囲気があったが、県内には糖を製造する能力のある企業はなく、ましてや健康食品路線を進めるにしても特定保健用食品のノウハウがないことから、2004年に松谷化学工業は知的クラスター事業への参加が認められた。

　1919年創業の松谷化学工業は元々、衣服の糊を作るでん粉業者であったが、戦後、食品会社に業態転換し、国内初の結晶ブドウ糖を製造するイオン交換樹脂法設備を完成させた。砂糖の輸入自由化により、ブドウ糖市場が急激に縮小するなか、再びでん粉事業に鞍替えし、1988年に難消化性デキストリン「パインファイバー」を開発し、1992年にトクホの食品素材として認証された。難消化性デキストリンはトウモロコシ由来の水溶性の食物繊維で、整腸作用、食後血糖の上昇抑制作用、食後中性脂肪の上昇抑制作用等があり、"トクホの素"として全トクホの約3割に使われている。

　このような実績のもと、希少糖の事業化において松谷化学工業は中心的な役割を担うようになった。実際、D‐プシコースのトクホ申請は希少糖食品が行ったものであるが、同社は伏見製薬所、帝国製薬、隆祥産業（域内の3社）と松谷化学工業が出資して資本金2千万円で設立された会社であり、職務執行者は松谷化学工業の生産本部長兼生産技術部長山田晃士氏が務めた。また、希少糖を使った甘味料を販売するレアスウィートは希少糖食品、希少糖生産技術研究所、松谷化学工業が出資して資本金1千万円で設立された会社であるが、松谷化学工業がそのうち7割を出資した。2010年には松谷化学工業（松谷晴世社長）と希少糖生産技術研究所（2012年より、何森健社長）が、希少糖含有シロップの開発に世界で初めて成功するという快挙を為し遂

げた。これにより、前に述べたように、希少糖含有シロップのサンプル出荷、それに続いてレアスウィートを通して事業者向け販売を開始している。

　松谷化学工業は、資本金1億円、従業員数400名で、加工でん粉・でん粉糖化品の製造・販売を事業内容とし、売上高は556億円に達している。売上構成は加工でん粉41％、でん粉糖化品27％、その他27％となっている[7]。新たな事業として開始した希少糖含有シロップについては、すでに大手の飲料・食品メーカーなど国内200社、450品目以上で採用され、大ヒット商品となっている。また、2014年にD-プシコースが米国FDA（食品医薬品局）よりGRAS認証（一般に安全と認められれる食品素材）を取得し、米国での生産・販売の足掛かりを確保している[8]。2015年時点において、D-プシコースのトクホ申請（食後血糖の上昇抑制作用）について消費者庁での認可に係る審査が長引いているが、GRAS認証とトクホ認証の両者が得られれば、二つの国際的な安全基準を満たした食品素材として大きくアピールできることになる。

　一方、希少糖含有シロップを利用して商品を開発した企業は、新聞等で発表された主な県内企業でみると、23企業に上っている[9]。そのうち、洋菓子・和菓子業が7企業と最も多く、次いで醸造関連業（佃煮・漬物含む）が5企業となっている。これを反映して、希少糖を用いて開発された商品は洋菓子、和菓子、甘味飲料等が一番多くなっているが、味噌、醤油、漬物、肉製品、こんにゃく製品、さらにはうどん、パスタにまでに及んでいる。

　特にユニークなのが、ハイスキー食品工業の各種こんにゃく製品で、食物繊維を多く含み、腸内で糖類の吸収を抑えるこんにゃくと、希少糖とを組み合わせた健康食品を次々と発売している。同社は、こんにゃく独特の臭みの原因であるアルカリ成分を取り除く独自技術を活用して菓子材料を開発したほか、こんにゃくを使った各種代替品、カップ麺、スムージーを開発した。また、さぬき麺業は香川県の特産であるオリーブの葉の粉末を練りこんだ讃岐うどん、パスタを開発し、鉄分やビタミンEを豊富に含むオリーブの葉と、希少糖とを組み合わせて健康を前面に押し出した製品を開発した。

さらに、香川県食肉事業協同組合連合会は県のブランド和牛「オリーブ牛」を使い、希少糖と醤油で味付けしたビーフジャーキーを発売した。「オリーブ牛」は県産黒毛和牛に県特産のオリーブの搾りかすを与えて育てた牛である。一方、菓子製造のルーヴとこんにゃく製造のハイスキー食品工業はコラボレーションにより、ハイスキー食品工業の希少糖入り菓子材料を用いたマンゴープリンのパフェを販売している。マンゴープリンにはこんにゃく素材が約40％含まれているが、食感は通常のものと変わらないものを開発した。

5　希少糖産業クラスターの成功要因

　香川県における、極めて特色ある希少糖産業クラスターの形成は、前述してきたように、希少糖含有シロップの事業化とそれを用いた希少糖利用産業の拡大により、成功へ向けて第一歩を漸く踏み出したといえる。産学官の地道でかつ粘り強い取り組みによる、第一段階の成功に対し、五つの要因を挙げることができる[10]。

　一つ目は、希少糖の世界的権威と言われる何森教授のスーパーサイエンティストとしての研究姿勢が大きく貢献したことである。「誰も思いつかない、個性ある発想を世界へ発信するのが"世界的研究"であり、世界中で研究している研究が"世界的研究"ではない」との考えのもと、長年にわたって希少糖の研究を行ってきた。言い換えれば、「落ち穂拾い的研究」により、流行の研究を横目で見ながら皆が見逃している研究をじっくりやり、「枚挙の精神」で、少しの構造の違いしかない、似通った数多い希少糖を次から次へと作り続け、その全体像を明らかにすることができた。

　また、外国の研究者との交流において、直接会ってフェースツーフェースのコミュニケーションを行うことを厭わず、積極的に情報発信する姿勢を貫いたことである。D-プシコースの大量生産に成功した自信のもと、この姿勢がフィンランドに出かけることを決意させ、キシリトール研究で著名なヘ

ルシンキ工科大学のレイソーラ教授との面会につながった。現地においてレイソーラ教授と完全に意気投合し、国際希少糖学会の設立へと突き進むことになったのである。国際希少糖学会の本部が香川大学に置かれ、学会の会長に何森教授が就いたことにより、香川大学は最先端の研究の中心地となった。また希少糖研究は、国際的に認知されたものとして、専門家以外の多くの人々に受け入れられ、一躍脚光を浴びることになった。

　二つ目は、将来の成長が大きく期待できる産業化のシーズが他になかった香川県において、歴代の真鍋武紀前知事（1998年から3期）、浜田恵造知事（2010年より）によって、希少糖産業の事業化が県経済活性化の重要な柱と位置づけけられてきたことである。

　両知事のリーダーシップのもと、県はかがわ産業支援財団、香川県産業技術センター等を巻き込みながら、産学官連携による希少糖研究とその事業化を長期にわたって粘り強く推進してきたことにより、希少糖産業クラスターの成功へと導くことができた。実際、国の産学官共同研究に対し積極的に応募を続け、第2期の知的クラスター創成事業では不採択であったものの、夢を諦めずに都市エリア産学官連携促進事業に採択されるに至った。また、第1期の知的クラスター創成事業を契機として、香川県における産学官連携がより強固となり、都市エリア産学官連携促進事業ではそれを発展させ、事業化へと結びつけることができた。

　三つ目は、希少糖の産学官共同研究への松谷化学工業の参加である。当時、社長であった松谷英次郎氏のビジネスに対する鋭い嗅覚と、オーナー経営のもと素早い決断と実行による共同研究への参加が、希少糖含有シロップの開発へと実を結んだといえる。2003年に何森教授もとに技術担当責任者の大隈一裕氏を派遣してから、2010年に希少糖含有シロップの開発に成功するまでの間、希少糖生産技術研究所に対する資本参加によって資金面でその研究開発を支えながら、希少糖の事業化へ向け忍耐強く共同研究を進めてきた結果が希少糖含有シロップの製品化に至った。

　松谷化学工業は、香川県が域内に糖を大量に製造する技術力を持つ企業を

持っていなかったことから、域外企業でありながら新参者として知的クラスター創成事業に加わることができた。このような役割は同じ域外企業である林原が果たすことができたが、希少糖の事業化には関心を示さず撤退してしまったことを考えると、希少糖含有シロップを開発し工場を県内に建設したことの貢献は大きい。

　四つ目は、希少糖の大量生産の道が開けたことで、何森教授が言う「希少糖という"もの"が組織の壁を乗り越える」[11] ことによって、多くの研究者が研究に参加することになったことである。その結果、農学部内において専門分野の違いを乗り越え、多数の研究者が各自の専門分野の立場から希少糖に関する研究を行うようになっただけでなく、学部の壁まで乗り越え、医学部を中心に数多くの研究者が希少糖に関する研究に参加した。例えば知的クラスター創成事業において、香川大学内では15教室（研究組織）の50〜60人に希少糖が配布され、それを用いて研究が行われている。さらに希少糖は大学の壁を乗り越え、知的クラスター創成事業において最終的に参加機関数が合計32に上り、内訳は産14機関、学9機関（国外3機関を含め）、官9機関となった。

　何森教授の所属した農学部における希少糖研究への主な参加者には、松尾達博教授（希少糖の生理機能）、早川茂教授（希少糖の食品への応用）、秋光和也教授（希少糖の植物への利用）を挙げることができる。希少糖含有シロップの事業化との関連でみると、松尾教授はトクホの申請に際しても貢献するなど、希少糖の生理機能の解明に対する貢献（特許も含めて）が非常に大きかった。

　五つ目は、四つ目とも関連するが、医農連携を推進する役割を果たした徳田雅明教授と、希少糖の事業化へとつなげた近藤浩二氏の二人のキーパーソンの存在である。

　徳田教授は、医学の観点から希少糖の生理機能について、1999年の地域先導研究に参加することにより研究を開始している。神経系の研究を主に行っていたが、当時の学長の近藤浩二氏から帝國製薬の関係者を通して声がかか

ったとのことである。2002年に香川医科大学（現香川大学医学部）希少糖応用研究センター長、2008年からは香川大学希少糖研究センター長に就き、また2013年より希少糖戦略会議の会長も務めている。徳田教授は、（社）農林水産・食品産業技術振興協会の長谷川潤一氏が指摘するように、医学的御墨付を与える医農連携の立役者であったといえる。希少糖産業クラスターの取り組みの初期において、医農連携を推進するコーディネート役を果たしたことにより、医農連携の成功に導いている。

　元学長の近藤浩二氏は学長時代（1997年～2003年）、その後も、希少糖生産技術研究所、レアスウィート、希少糖普及協会等を通して希少糖研究とその事業化に対し、大学のトップあるいは企業・団体の長として関与してきた。学長時代から継続して知的クラスター本部の副本部長を務め、知的クラスター創成事業に対し、2004年に文部科学省より事業化について厳しい評価が下されるなか、「事業化にチャレンジできるベンチャーを作ろう」と希少糖生産技術研究所の設立に動いた。2007年より2012年まで同社の社長（代表社員）を務め、2010年に希少糖関連商品の販売会社であるレアスウィートの社長、そして12年に希少糖普及協会の会長に就いている。したがって近藤浩二氏は、専門外の希少糖研究での貢献はできなかったが、産学官連携による希少糖の研究・事業化を推進するに当たって、連携の要としての役割を果たしてきたといえる。

注
1）本節以降のより詳細な内容については、田中利彦「希少糖産業クラスターと地域経済活性化」『産業経営研究』熊本学園大学産業経営研究所、35号、2016年3月を参照。以下において希少糖の研究・事業化については、何森健『希少糖秘話』（株）希少糖生産技術研究所、2013年1月、『香川大学希少糖研究センターパンフレット』2013年3月、かがわ希少糖プロジェクトWebページ（2014年10月取得）、香川大学希少糖研究センター資料（2015年9月入手）、『レアシュガースウィートパンフレット』松谷化学工業（株）2015年5月、『日本経済新聞』2005年5月26日、2006年8月22日、2006年10月31日、2007年10月3日、2010年12月21日、2011年6月14日、2012年2月24日、10月6日、2013年7月20日、2015年1月5日、香川大学希少糖研究センターWebページ（2015年8月取得）、ビジネス香川Webページ（2015年9月取得）による。

2）資本金730万円で、（株）伏見製薬所、松谷化学工業（株）、関係者個人が出資。社長には順に辻坂好夫氏（知的クラスター創成事業の事業総括）、2007年に近藤浩二氏（香川大学元学長）、2012年に何森教授が就いているが、何森教授の技術シーズをもとに設立された会社である。2011年に資本金を10倍に増資して株式会社化した。
3）以下において香川県における知的クラスター創成事業については、『知的クラスター創成事業　自己評価報告書［公開版］』香川県、2007年3月、『平成21年度知的クラスター創成事業パンフレット』文部科学省による。
4）以下において都市エリア産学官連携促進事業については、『高松エリア事業成果集』（財）かがわ産業支援財団、2011年3月、『平成22年度地域イノベーションクラスタープログラムパンフレット』文部科学省、（公財）かがわ産業支援財団Webページ（2015年9月取得）による。
5）以下において「かがわ希少糖ホワイトバレー」プロジェクトについては、『香川県産業成長戦略〜力強く着実に成長していく香川の経済社会を目指して〜』香川県、2013年7月、『第1回香川県希少糖戦略会議資料』香川県、2013年9月、『第2回香川県希少糖戦略会議資料』香川県、2014年4月、『第3回香川県希少糖戦略会議資料』香川県、2015年3月による。
6）以下において松谷化学工業については、「決断のとき―人―松谷英次郎氏［松谷化学工業会長］　夢の甘味料を実用化」『日経ビジネス』2011年2月14日、『日本経済新聞』2007年7月4日、2010年3月30日、2012年10月6日、2013年7月26日、2015年1月16日、3月9日、5月30日、9月12日、松谷化学工業Webページ（2015年10月取得）、松谷化学工業ニュースリリース（2014年7月1日）による。
7）日経会社プロフィル2014年11月情報（日経テレコン、2015年9月取得）による。
8）松谷化学工業はＤ－プシコースを1ポンド（453.6g）当たり5ドル以下で生産できる（*Newsweek*　03/06/2015）。
9）日本経済新聞、日経産業新聞、日経MJの2011年7月から2015年8月の記事及び『新・さぬき野』香川県、2014年冬号、2014年12月による。
10）以下において希少糖産業クラスターの成功要因については、前掲『希少糖秘話』、前掲『香川県産業成長戦略〜力強く着実に成長していく香川の経済社会を目指して〜』、前掲『知的クラスター創成事業　自己評価報告書［公開版］』、『農林水産・食品産業分野における産学官連携コーディネーションマニュアル』（社）農林水産・食品産業技術振興協会、2012年3月、近藤浩二『希少糖事業の概要』プレゼン資料、2015年9月、香川県Webページ（2015年12月取得）、香川大学Webページ（2015年12月取得）、科学技術振興機構Webページ（2015年9月取得）、前掲ビジネス香川Webページ、『日本経済新聞』2001年4月11日、2002年6月7日、8月27日、2006年8月29日、2011年6月23日、2014年9月2日、何森健教授聞き取り調査（2015年10月）、徳田雅明教授、近藤浩二氏、香川県庁、かがわ産業支援財団聞き取り調査（共に2015年9月）による。
11）何森教授によれば、「希少糖という"もの"が動くことで、それが連携を促進した」とのことである。

第3章
ハイブリッド産業・本格焼酎産業と酒造法

中野　元

はじめに

　本格焼酎は、カビ（麹菌）文化の上に醸造・蒸留された日本を代表する蒸留酒である。専業醸造所の多くが九州・沖縄に集中している本格焼酎は、2000年代における第3次ブームによって、日本の「蒸留酒」としての地位を確立した。2014年では、本格焼酎の課税移出数量47万6千kl、税額1140億円、製成数量50万7千klという水準に達している。ただ2007年のピーク時から漸減傾向となり、ブームは落ち着いている。

　本格焼酎産業が一定の水準に達した現在、これからは新たなイノベーションや新たな産業発展の仕方が問われている。ただ、本格焼酎とはどのような酒をいうのか、それは依然として不明瞭なままである。だからこそ、まず本格焼酎の定義そのものが現在抱えている問題点・課題を明らかにする。そして、アジア史の中で生成、発展してきた経緯・伝播の未解決問題や日本の伝統的蒸留酒とアジア市場との関連について言及したい。

1　焼酎甲類と本格焼酎

　本格焼酎とは何か。まず、このことを酒類区分の相関図（図1-3-1）によって[1]、焼酎甲類との比較から明らかにする。まず確認できることは、第1に本格焼酎は麹文化圏、焼酎甲類は麦芽文化圏と、それぞれ文化圏がまっ

図1-3-1　酒類区分の相関図

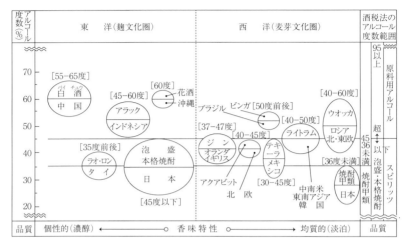

（出所）西谷尚道「日本の焼酎―その税制と技術史について」『酒史研究』酒史学会、第25号、2010年2月。

たく異質な酒だということである。次に品質面では、本格焼酎は醪(もろみ)を1回蒸留することによって原料が放つ芳香や風味（個性的で濃醇な味わい）を特徴とする。それに対して、焼酎甲類は何回も蒸留を連続して繰り返すことで造られ、原料の持つ成分は純粋なアルコール（均質的淡泊性）へと近づく。原料を味わうというよりは、果実などを混入してその風味を味わう飲み方が一般的になる。

　本格焼酎は、麹菌や酵母菌によって醪(もろみ)を造り、それを蒸留することによって抽出されたものである。他方、焼酎甲類は糖分を含んだ原料であれば、それを分解する酵母菌を加え連続して蒸留し、均質的なアルコール成分を生産してできたものである。これは西洋型文化圏に基礎をおいた近代的生産方式である。実際に、日本で初めて連続式蒸留機が輸入されたのは1895年で、板橋と宇治の火薬製造工場で使用された。このアルコールを水で薄めて焼酎にすることを考えたのが、日本酒精（株）だった。1910年、愛媛県宇和島の工

場で蒸留酒が初めて造られた。この焼酎は在来の焼酎と区別するために新式焼酎・酒精式焼酎などと呼ばれた[2]。後の焼酎甲類である。甲乙混和焼酎も、当初は主に粕取焼酎との混和からはじまり、現在では麦焼酎や芋焼酎などとの混和へと広がっている。

　ある酒類に他の酒類（又は物品）を混和した場合、通常それは新たな酒類とみなされる。グレーンアルコールに杜松の実で香味を漬けた場合には「ジン」と命名される。ここでは、「甲乙混和焼酎」という酒類は通常理解困難な規定であることを、まず確認する。

2　酒税法による本格焼酎の定義

　2006年に一部改定された現在の酒税法では、まず第2条第2項で酒類を発泡性酒類、醸造酒類、蒸留酒類、混成酒類の四つの種類に分ける。次に法第3条第5号で、その蒸留酒類では、ウイスキー、ブランデー、スピリッツと並んで連続式蒸留焼酎と単式蒸留焼酎が分類される。そして、連続式蒸留焼酎は、「アルコール含有物を連続式蒸留機により蒸留したもの（アルコール分が36度未満のもの）」として定義され、単式蒸留焼酎は「アルコール含有物を連続式蒸留機以外の蒸留機により蒸留したもの（アルコール分が45度以下のもの）」と定義される。2006年の改正酒税法では、従来前者を「焼酎甲類」、後者を「焼酎乙類」としてきた表現から、連続式蒸留焼酎と単式蒸留焼酎という文言に改正された。

　酒税法第3条第10号で製法の規定が示される。ここで、単式蒸留焼酎を例外的に本格焼酎と泡盛と表示してよいことが規定される。そして、本格焼酎は「次に掲げる原料を単式蒸留機で蒸溜した酒類で、アルコール分が45度以下のもの」とし、「イ　穀類又はいも類、これらの麹及び水」「ロ　穀類の麹及び水」「ハ　清酒粕、米、米麹及び水」「ニ　砂糖（黒糖に限る）米麹及び水」「ホ　穀類又はいも類、これらの麹及び政令で定める物品」に該当するものと定義される。また、泡盛については、黒麹菌を用いた米麹と水を原料

としたものと定義される。

　本来、本格焼酎とは澱粉質あるいは糖を含む原料を、麴菌と酵母菌を用いて発酵させた醪(もろみ)を単式蒸留機で蒸留したアルコール分45％以下の蒸留液をいう。発酵は並行複発酵方式であり、西洋（麦芽文化圏）型発酵と全く異なる。本格焼酎には米焼酎、芋焼酎、麦焼酎など様々ある。この洗練された製品群は日本の職人・技術者などによるイノベーションの成果である。しかし、上の簡単な文言の酒税法の定義から、伝統的な「日本ブランドの蒸留酒」を本格焼酎・泡盛と読み取ることはむずかしい。

3　「焼酎甲類」と「焼酎乙類」の命名

　なぜ連続式蒸留焼酎は焼酎甲類として「焼酎」と認識されるようになったのか。その根拠は、1953年制定の酒税法で、連続式蒸留によって造られた蒸留酒を「焼酎甲類」、連続式蒸留以外の方法によって蒸留されたものを「焼酎乙類」と定義したことによる。その後1962年の一部改正の酒税法では、「焼酎乙類」とは「アルコール含有物を蒸留した酒類で、他の蒸留酒（ウイスキー類、スピリッツ類、焼酎甲類）に該当するものを除いた酒類」と定義された。つまり、消去法によって最後に残った「その他の蒸留酒」と定義されたのである[3]。

　当時、本格焼酎業界は本格焼酎が独立した固有の酒格さえ与えられず、いろんな酒類からの残りの酒、顔の見えない酒とされたこと、「乙類」という差別的なイメージさえ残す定義になったことに大きな不満を抱いた。1966年に、九州本格焼酎協議会を中心に、業界は「焼酎乙類」ではなく「本格焼酎」への名称変更を要求する。そして1971年、酒税の保全及び酒類業組合等に関する法律に基づいて「本格焼酎」という名称の表示を実現した。最終的に、酒税法のなかで「焼酎乙類」という用語は、2006年の一部改正によって削除された。ごく最近のことである。

4 本格焼酎・酒造法〜イノベーションの表現〜

　酒類の法令には、①酒税法、②酒造法、③表示法が必要であるといわれる。まず、酒税法に文字通り酒税の確保を目的とする。具体的には、酒類別の税率区分の確定、免許制度の適用、徴税の効率化を図る。この法令に従属し補完するものとして、酒造法と表示法がある。酒造法は生産者の保護を目的とする。具体的には、生産する製品の分類と定義の確定であり、その製法・品質の保証、製品の伝統と技術性を規定する。最後に、表示法は消費者の保護を目的とする。そのために、表示基準の設定、消費者による商品選択の利便性、各種情報の正確な伝達性が推進されるべきとする[4]。

　しかし、現在日本には②の酒造法がない。酒類の生産、品質、技術、伝統などを定義する法令がない。原材料と製法の歴史的伝統的特徴、技術そして製品の特性を包括的に規定した定義がないのである。このため、本格焼酎の製品特性や技術特性は、説明する人、原料の種類、さらには銘柄の数によって多様に説明・表現される。説明に要する表現が多岐で複雑な分、聞く方は分かりにくい。海外で初めて本格焼酎を見る人はなおさらである。

　本格焼酎の定義を関氏の見解をもとにまとめたのが表1-3-1である。あえてこれに加えるとすれば、泡盛のような古酒（クース）表示＝高品質製品

表1-3-1　本格焼酎の定義

生産地	日本国内で湧出された水を使用したものに限り、「本格焼酎」の名称を用いることができる。
原　料	澱粉質を含有しアルコール発酵をする穀類及び芋類、黒糖、又は酒粕を原料とする。
製　法①	麹の酵素による澱粉質分解作用と糖化（複雑な香味の生成）。
製　法②	麹の作用と酵母菌の働きによる並行複発酵（濃厚な香味の生成）。
蒸　留	単式蒸留機による1回の蒸留。2回以上蒸留したものはその他の単式蒸留焼酎とする。
品　質	芳香、風味は原料に含有される豊富な香味成分と製法から生み出される。
添加物	水以外一切添加をしていないものである。

（出所）関久人『スコッチウイスキーと本格焼酎の比較研究』を参考にして作成。

の規定があげられる。「古酒」とは、カメあるいは樽で3年以上貯蔵したものをいう。

　ちなみに、イギリス・スコットランドにおけるウイスキーの酒造法に当たるものが、スコッチウイスキー法である。この法は1909年に定義され、その後1989年にはEU法のなかで認められた。いくつかの改訂作業が行われた後、今日では2009年の法的定義（Legal Definition of Scotch Whisky）が最も新しい（表1-3-2）。この定義には、スコッチ・ウイスキーについて製品別、グレイド別などの説明が加わる。製品範疇別には、Blended Whisky、Single Malt Whiskies、Single Grain Whiskies、そしてBulk Blend、Blended Malt（以前のVatted Malt）がある。ブランド別では、Standard Brands、De Luxe Brands、Secondary Brandsがある。De Luxe Brandsのボトルで表示されている年数は、ブレンドのうち最も若い年数を示す。さらに、

表1-3-2　スコッチウイスキー法

生産地	スコットランドの蒸留所で蒸留、熟成されたものしか「スコッチウイスキー」と称せない。
原　料	水及び麦芽（発芽した大麦麦芽）のみ。但し、グレーンウイスキーについては原料の一部に発芽させた大麦が使用されているならば、それ以外の穀物（発酵させていない大麦、ライ麦、とうもろこしなど）を用いることができる。
糖　化	麦芽が含有する酵素作用によって糖化されたもの。
発　酵	イースト菌のみを加えて発酵したもの（化学的なものは一切使用してはならない）。
蒸　留	もろみ状の穀物（マッシュ）を蒸留したものであること。蒸留に際しては芳香と風味を失わせないため、アルコール度94.8%以内で蒸留すること。
品質香味	原料や製造方法、熟成から引き出された色、芳香、風味があること。
添加物	水とスピリッツ・カラメル以外のものは一切加えられていないもの。
樽容量	700ℓを超えない木樽に詰めて貯蔵したもの。
貯蔵期間	最低3年間は当局が認めた保税倉庫で熟成しなければならない。
製品表示	熟成年数を表示する場合は最も低い（若い）熟成年の年数を表示しなければならない。
その他	スコットランドではスコッチ以外のウイスキーの製成、ブレンド目的の保管はできない。

（出所）関久人『スコッチウイスキーと本格焼酎の比較研究』などより作成。

Standard Brands（中心的な瓶詰め製品）、Secondary Brands（ときにバルクで船積み、海外で瓶詰め。価格的には Standard Brands より低価格）などの規定がある。

　本格焼酎・泡盛は、これからますます伝統的かつ斬新な日本の蒸留酒にふさわしい酒造法・定義が求められる。それは、原料、醸造・発酵法、蒸留法、ブレンド技術、古酒熟成など複合的な工程の統合生産・ハイブリッド産業を特徴づけるものでなければならない。

5　歴史的形成過程における残された問題
　　〜アジア市場への展望〜

(1)　歴史的形成期におけるアジアからの技術伝播と日本独自のイノベーション開発

①麹菌

　琉球に伝来した黒麹菌は、アジアでは中国の曲、タイのルクパン、韓国の曲子などの餅麹（粉砕した生穀類に水を加えて固めて製麹したもの）に利用されてきた。琉球のものは散麹（粉砕した穀粒の表面に糸状菌を生やしたもの）である。この伝来の関連・事情は不明なままである。ただ、中国南部には千年以上前から蒸米に紅麹菌を繁殖させてつくる紅曲という散麹があった。現在は烏衣紅曲といい、それは紅麹菌と黒麹菌が共生している表面の黒い麹である。その黒麹菌は琉球では泡盛の製造に使われ、他方紅麹菌は伝統的発酵食品の「豆腐よう」の製造に生かされている[5]。その伝播の仕方はナゾのままである。

②発酵法

　沖縄では、1960年頃まで「シー汁」（乳酸菌が生育し酸性になった米のとぎ汁のこと）浸漬方式で泡盛原料米の処理が行われてきた。それで外国産硬質米の蒸煮と製麹のときの黒麹菌の生育を容易にし、酵母の増殖を盛んに促した。このシー汁方式による製麹法は浙江省の黄酒の製造でも行われてき

③固体発酵法から液体発酵法へ

現在、中国の白酒は固体発酵であり、日本の本格焼酎は液体発酵である。当時、沖縄では初期の製造では餅麹を使った固体発酵法で製造されていた[7]。その後、アルコール濃度を高めるためにある程度水を加えての液体発酵による蒸留酒生産へと変わった。液体発酵による醪(もろみ)発酵はタイなどの東南アジアや中国雲南省の少数民族、中国南部で行われていた。この技術連関は不明である。その後、液体発酵法は鹿児島はじめ九州の本格焼酎生産の基本となり、独自な進化を遂げた。

④蒸留器

蒸留器はアラビア人によってアランビックと命名され、蒸留された酒はアラックと呼ばれた。これは中国・元朝期には南蛮(中国の西南周辺地域;雲南、タイなど)に伝わっていた[8]。元朝の支配勢力圏の拡大と交易の発展によって、蒸留器と製法が東アジア各地に伝播したといわれる。焼酎と蒸留器の伝播は、基本的には東アジアの海上交易路に沿う形で行われ、なかでも兜釜式蒸留器が多い。その伝播の経路・経緯やツブロ式蒸留器との関連については史料的に不明である。

⑤技術者・生産者

琉球に製法を伝えた技術者は、史料的には確定していない。東南アジア交易や14世紀後半頃の中国・明朝との活発な交流の影響についても定かではない。琉球では、泡盛の製法は母から嫁に伝える「家」の秘法だった[9]。その後、首里王府は「焼酎・同古酒」の任務職を設置し、製造管理を強化した[10]。ただ、九州の杜氏への系譜は不明である。

⑥九州への伝播と独自発展

ドンブリ仕込み法(米麹と水の仕込み)はそのまま九州各地に普及した。17世紀以降、熊本・球磨地方で球磨川取水の灌漑事業が盛んになり、米の増産・米焼酎生産が活性化した。18世紀には、琉球から伝わった甘藷の生産が鹿児島で普及し、芋焼酎生産が活発となった。麹菌は当初は清酒の黄麹菌を

使用していたが、1914年頃から笠沙黒瀬杜氏と阿多杜氏の技術者集団が黒麹菌を使って芋焼酎の品質を向上させた[11]。同じ頃、鹿児島式二次仕込み法が定着し、本格焼酎生産は独自な発展を遂げた。この製法は1940年代に熊本・球磨地方で応用され、今日では一般的製法となっている。

他方、17世紀後半頃より大名達が国元で刀傷の消毒などのために粕取焼酎を造らせ始めた。同時期に、灘・上方から江戸への「下り酒」輸送中の腐食を防ぐために、「柱焼酎」(粕取焼酎)を添加し清酒のアルコール分を補強した[12]。清酒製造者は一般的に兜釜式蒸留器を使った。これが本格焼酎製造とどのように技術連関していたのか、明確ではない。

(2) 本格焼酎・泡盛の再評価とアジア市場

生成・発展期には、その地方独自の生活文化を基礎に、製法は磨かれ、製品は生み出された。その製品の利用は、滋養強壮、疲労回復などの健康面、接待・交際・交流面、ブランド嗜好の生活様式など広範囲に及ぶ[13]。アジアの歴史文化の中で息づきイノベーションが達成されてきた本格焼酎・泡盛の存在意義については、今後はもっとより多面的に再評価すべきと痛感する。

第2は、東アジア、東南アジアから発生・伝播し、日本で独自な発展を遂げた本格焼酎・泡盛だからこそ、今日でもアジアの人々に十分受け入れられる可能性を秘めている。アジアの中の蒸留酒という見方は、今後のアジア交流・交易の拡大を見据えながら、検討しておくべきテーマと考える。

注
1) 西谷尚道「日本の焼酎-その税制と技術史について」『酒史研究』酒史学会、第25号、2010年2月、5ページ。
2) 菅間誠之助編『焼酎の事典』三省堂、1985年、41ページ。
3) 関久人『スコッチウイスキーと本格焼酎の比較研究』2010年、138ページ。
4) 西谷尚道、前掲論文、6～7ページ参照。
5) 同前、9ページ。
6) 小川喜八郎・中島勝美『本格焼酎の来た道』金羊社、2007年、20ページ。
7) 同前、16ページ。
8) 菅間誠之助編、前掲書、18～19ページ参照。

9） 同前、170ページ。
10） 同前、73ページ。野間重光・中野元編著『しょうちゅう業界の未来戦略』ミネルヴァ書房、2003年、27ページ参照。
11） 鹿児島県本格焼酎技術研究会『鹿児島の本格焼酎』（株）醸界タイムス社、2004年、67〜69ページ参照。
12） 小泉武夫『銘酒誕生』講談社、1996年、211〜212ページ参照。
13） 中野元・境章・野間重光・豊田謙二『本格焼酎新時代』西日本新聞社、2012年、40〜46ページ参照。

第4章
福山市の産業集積と革新的企業

友澤和夫

はじめに

　日本経済は脱工業化と言われて久しく、事業所数・従業者数・製造品出荷額等（以下、出荷額等）など工業活動に関わる指標は低下の一途を辿っている。このような状況下にあっても、革新的な技術・製品により特定の市場・分野において競争力を確立することで、オンリーワン、ナンバーワンとして存立している中小企業がある。経済地理学でもこうした企業およびその集積に関心が向けられてきた。大澤勝文は東大阪市の「トップシェア企業」を対象として、それらの革新性を流通面から論じている[1]。柳井雅也は米沢市の産業集積を構成する企業のオンリーワン戦略を、製造技術、製品の利便性、製品品質、特殊仕様製品、マーケティング、人材育成、の六つに分けて整理している[2]。本章においても、オンリーワン、ナンバーワン企業を革新的企業と位置づけ、日本工業の将来において重要な役割を果たすものと考える。

　本章では、そうした革新的企業が多数集積している広島県福山市を取り上げ、産業集積としての特徴、代表的企業の事業動向を明らかにすることを目的とする[3]。革新的企業は大都市をはじめ全国各地に分布するが、地方圏においてその役割はより大きいと考えるからである。そして、事例企業に共通する革新性を抽出するとともに、それらを育む産業風土の一端にも触れたい。

1 工業の発展過程と産業集積の現況

(1) 発展過程

　福山市は人口46.5万人（2015年）の中核市である。単一の製鉄所としては国内最大の製鋼量を誇るJFEスチール西日本製鉄所福山地区（前身は日本鋼管福山製鉄所）が立地している関係から「製鉄のまち」として知られる[4]。しかし、市内には外来の大企業とは直接の取引関係を有さずに、独自の存立基盤をもつ多数の工業が存在していることは余り知られていない。こうした特性は、福山市の工業化の経路依存性に基づく。

　福山市が所在する瀬戸内地域は、江戸時代から各藩によって干拓事業や製塩業、殖産事業が進められてきた。福山藩においても、潮待ち港として栄えてきた鞆では鍛冶が発達し錨や船釘が盛んに生産された。備後表として知られる畳表製造の歴史も古く、16世紀に遡る。また、日本三大絣の一つである備後絣の生産も江戸時代後期に始まる。このように近世において既に福山では全国に知られる工業製品が存在し、それが今日の産業集積の基礎を形成した。

　明治期は繊維工業の発展に著しいものがあった。明治初期には製糸業が勃興したほか、1893年には地元の資本を集めて福山駅前に近代的な設備をもつ福山紡績が創立された。神辺平野部では備後絣が大量生産指向を強め、さらに縫製業も盛んとなり、備後地方一帯は繊維産地として隆盛をみた。大正期から昭和初期にかけては、ゴム製品や漁網地、カラメルなどの生産が伸びた。しかし、日中戦争が始まると自由な経済活動が制限され、これら工場も軍需への転換を余儀なくされた。福島紡績福山工場は三菱電機に売却譲渡され、航空機などの生産を行う軍需工場に転用された。縫製業者も軍服の生産のために集団化された。

　第二次世界大戦後から1955年頃にかけては、軍需から民需への転換が進められ、生産の回復が図られたほか、新規に事業を興す者も増えた。この時期には、衣服、家具、ゴム製品、一般機械、金属などの生産が伸びたが、地場

産業中心の産業構造に変わりはなかった。

　福山の工業化の画期は、1961年の日本鋼管福山製鉄所の進出決定である。1963年には備後工業整備特別地域の指定を受け、鉄鋼を中心とする工業化への道を邁進することになった。福山製鉄所は1973年には五つ目の高炉が稼働し、当時では世界最大級の生産能力を有するに至った。しかし、同年に生じたオイルショックにより、粗鋼生産量は1974年をピークに低下した。

　福山工業の全体動向を1980年以降についてみると、出荷額等は1980年代の中頃に落ち込みがあるものの、後半には急速な成長を示し、1991年にピークを迎える。この間の事業所数と従業者数は、多少の振幅をみせながらも微増傾向にあり、出荷額等と同様に1991年に過去最高を記録した。それ以降は2002年に至るまで、バブル経済の崩壊による不況を背景に、大幅な縮小をみた。

　2002年から2008年には、そうした状況にやや変化が生じた。事業所数の減少は継続したものの、従業者数は若干ではあるが回復した。また、出荷額等は増加に転じて2008年にはついに1991年のピークをわずかではあるが上回った。しかしながら、2009年にはリーマンショックによる世界同時不況の影響を受け、いずれの指標も大幅に低下した。その後は、出荷額等は回復しつつあるものの、事業所数と従業者数の減少が続いている。

（2）　産業集積の現況

　福山市産業集積の現況を、広島県における相対的な位置づけから明らかにする。2013年において広島県には5194の製造業事業所があり、そこでは20.6万人の従業者が雇用され、出荷額等は8.6兆円に及んでいる。市町別の内訳をみると、広島市、福山市、東広島市、呉市、尾道市の5都市が、上の3指標において上位5位を占めており、これら5都市を核として瀬戸内側に帯状に工業が発達している。

　工業の集積量という点では、広島市と福山市の2都市が傑出しており、東西の二大拠点となっている。広島市には1279事業所が所在し、従業者数は5

万3294人、出荷額等は2兆3693億円であり、県全体の24.6％、25.9％、27.7％をそれぞれ占めている。福山市内には1252事業所が立地し、従業者数は3万8484人、出荷額等は1兆8284億円であり、同様に24.1％、18.7％、21.4％を占めている。大まかには広島市は県工業の2.5割を、福山市は2割を構成しており、人口や商業活動等にみられる両都市間の格差（広島市が福山市の約2.5倍）は工業では認められず、接近している。この点は福山の工業都市としての性格を端的に物語っている。

表1-4-1は広島県と先の5都市の1事業所当たりの規模を示している。広島県の1事業所当たり従業者数は39.7人、出荷額等は16.5億円、付加価値額は4.7億円であるのに対して、福山市はそれぞれ30.7人、14.6億円、3.1億円であり、いずれの指標においても県の平均を下回る。同時に3指標ともに5都市の中では最も低く、福山の工場は平均的には小規模である。事実、従業者数30人未満の小規模事業所の割合は82.3％であり、県の78.4％を上回る。こうした工場の小規模性については、福山市は工業化の歴史が長く伝統工業や地場企業が多いことに由来する。そして、小規模ながらも独立して事業を営もうとする産業風土があることも深く係わっている。

図1-4-1には、広島県と福山市の業種別出荷額等構成比を全国のそれで除した特化係数を示している。まず広島県では、鉄鋼（2.6）、木材・木製品

表1-4-1　広島県と主要5都市の1事業所当たり特性（2013年）

	従業者数（人）	製造品出荷額等（億円）	付加価値額（億円）	小規模事業所の割合（％）
広島県	39.7	16.5	4.7	78.4
広島市	41.7	18.5	5.6	79.4
福山市	30.7	14.6	3.1	82.3
東広島市	45.8	19.9	5.8	71.5
呉市	44.1	21.6	7.5	76.0
尾道市	34.9	14.6	5.0	82.5

（注）小規模事業所とは従業者数30人未満の事業所を指す。
（出所）経済産業省「工業統計表」より作成。

図1-4-1 特化係数からみた福山市の工業の特性（2013年）

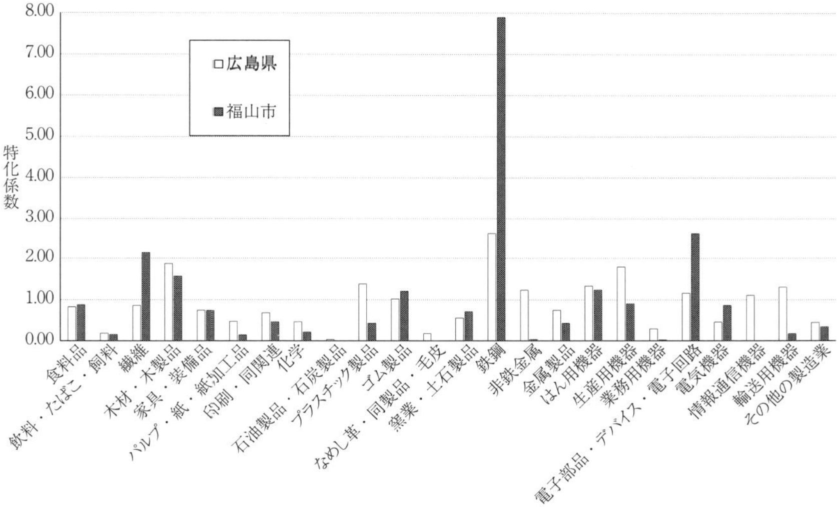

（出所）経済産業省『工業統計表』2013年版により作成。

(1.9)、生産用機器（1.8）、プラスチック製品（1.4）、輸送用機器（1.3）の特化係数が高い。福山市では、鉄鋼（7.9）の特化係数が傑出している。他の業種の中で特化係数が1.0を超えるものは、鉄鋼のウェイトが高いために、電子部品・デバイス・電子回路（2.6）、繊維（2.1）、木材・木製品（1.6）、はん用機器（1.2）、ゴム製品（1.2）の5業種に限られる。このうち大企業の分工場（シャープ福山工場）とその関連企業からなる電子部品・デバイスを除くと、残りの業種は主に地元企業が主体である。これらの業種の構成比自体は小さく見落としがちであるが、特化係数に変換することによりその相対的地位の高さを見出すことができる。一方、生産用機器（0.9）、食料品（0.9）や輸送用機器（0.2）の出荷額等は一定の規模にあるが、特化係数にみる相対的な地位は低い。このように福山の工業は鉄鋼と電子部品・デバイスによって牽引されるとともに、繊維と木材・木製品の産地形成をみている点に特徴がある。

2 革新的企業の特性

(1) 革新的企業の概要

　以上により産業集積としての福山工業の特徴が明らかになったが、これ以降はその構成主体であるオンリーワン、ナンバーワン企業に着目する。こうした企業は地域経済にとって重要であるため、地元の公的機関により独自に把握がなされている[5]。ここでは、福山市によってオンリーワン・ナンバーワン企業として紹介されている企業の中から、非製造業企業および福山市以外に本社をもつ企業、基本情報が以下に記す方法から得られない企業を除いた86社を革新的企業とみなすこととし[6]、これら企業の創業・設立年、資本金、従業者数等の情報を、まずは各社のWebサイトから収集し、補足的に福山市産業技術マップ[7]に掲載されている企業データで補った。その概要は表1-4-2に示す通りである。

　産業中分類別には、生産用機器が21社と最多であり、繊維12社、食料品9社、金属製品と電気機器が各7社と続く。食料品を除けば、多くの企業は産業・事業所向けの資材・部品・機器を製造している。特に、加藤厚海が当地域を製造装置産業の集積地と捉えたように[8]、半導体製造装置に関わる企業が複数ある点は特筆される。しかし、それにとどまらない業種構成面での多様性が認められる。本節では、これら企業群の全体的な特徴を捉える。

(2) 企業の創設と事業の変化

　設立年（会社組織化された年）についてみると、日東製網の1910年が最も古く、広島化成の子会社として設立されたマイナス600ミリボルトの2006年が新しい。設立年の平均は1968年であり、会社の年齢としてみれば40歳代後半であり必ずしも若くはない。時期別に設立件数をみると（図1-4-2）、戦後の1945～1954年が18社と最も多いが、それ以降の4時期もそれぞれ13社以上の件数があり、継続的な企業設立がなされている。ただし1995年以降の設立は少なく、いわゆるベンチャービジネスに位置づけられる企業は限られ

る。

　創業年（創業者が事業を始めた年）と併せてみると、創業が1950年以前に遡るものが29社を数える。業種別には、食料品や繊維といった軽工業に該当する企業が多い。食料品を除けば、これらが創業当初に営んでいた事業は、福山の工業化過程と密接な関わりを持つ傾向がある。たとえば、備後絣の生産に関連していた企業は3社（坂本デニム、カイハラ、サンエス）ある。これらに加え、ユニフォームやジーンズ・もんぺを生産する企業（自重堂、日本デリバリーサービス、細川センイ）もある。備後絣は元来作業着用の生地であり、その伝統が受け継がれている。また、工作機械を生産するシギヤ精機製作所は、絣の織機工場として創設された。地場産業として発展した備後絣を創業の原点とする企業が、その後製造品目を変えながら今日において革新的企業として存続しているのである。

　また、当地はかつて畳表の産地であったほか、製塩業や海運も盛んであった。三和製作は製塩製造、マナックは製塩組合からの独立、中村機械製作所は畳表織機により創業した。また、常石造船は海運業、関西工業は船舶金具、というように地域のニーズと結びついて創業した点において共通する。

　1955年以降に創業された企業についても現在の事業内容と比べると、当初から先端の技術を有しそれによって創業したケースは少なく、事業を行う中で顧客の要請や市場の動向を読んだ製品開発を推進した結果、革新的企業の地位を掴んだものが多い。また、卸売から関連する製品の製造に展開した企業（深江特殊鋼、ポエック）、測量・設計から製造に転換したもの（広和エムテック、永和国土環境）もある。そして、企業の一部門が独立して設立された企業もある（岡本工機、エクセル、バクテリアン化学研究所）。以上のように、第2、第3の創業によって、オンリーワン・ナンバーワン企業となったものも多い。

(3)　企業規模

　続いて資本金をみると、エフピコが131.5億円と傑出しており、同社を含

54　第1部　イノベーションと地域産業

表1-4-2　福山市の革新的企業の概要

番号	企業名称	分類	創業年	設立年	主要事業・製品	創設時の事業等	資本金（万円）	従業者数
1	アサムラサキ	09	1910	1949	かき醤油	醤油醸造	3,600	66
2	天野実業	09	1940	1947	フリーズドライ	染料等の販売	6,750	679
3	カネソ22	09	1916	1949	ティーバッグ式だしの素	削り節・花かつお製造	2,250	88
4	こだま食品	09	1961	1961	乾燥野菜加工	青果販売	5,000	90
5	寺岡有機醸造	09	1887	1972	寺岡家のたまごにかけるお醤油	醤油醸造	2,000	60
6	徳永製菓	09	1869	1950	竹炭豆	雑穀類販売	3,000	35
7	虎屋本舗	09	1620	1952	木物そっくりスイーツ	和菓子製販	4,000	80
8	ピーターパン	09	1899	1927	明牛乳抜き未来の食パン	パン製販	1,000	40
9	マイナス600ミリリボルト	10		1996	水素水・水素入り化粧品	32の子会社として設立	1,000	7
10	カイハラ	11	1893	2006	デニム織物	手織正藍染小幅絣製造	15,100	768
11	川崎熱糸	11		1951	紙系の製造	撚糸	1,000	4
12	クレビアフク	11	1927	1942	ツナギ服の製造	作業服割売販売	1,000	25
13	坂本デニム	11	1892	1957	芯白染色デニム	染色加工業	9,500	75
14	**自重堂**	11	1924	1960	ワーキングウェア	作業服用小倉地の製織	298,200	292
15	中村金網工場	11	1927	1954	金襴	普通叙網製造	300	31
16	**日東製網**	11	1910	1910	無結節網	輪人繊維品の配送検品	137,882	272
17	日本デリパリーサービス	11		1987	ニュージーランド産マツ製材	すべり止め付き手袋	3,000	29
18	備後産業	11	1927	1968	滑り止め付き手袋	すべり止め手袋販売	7,000	69
19	備後煕吉	11	1892	1963	水熱り製法によるも糸	撚糸	2,500	20
20	細川ヤマト	11	1924	1979	特殊農業資材	もんぺ	1,500	20
21	美希則織工芸	11	1927	1987	刺繍技術	刺繍	1,000	17
22	**オーミ**	12	1959	1959	ニュージーランド産マツ製材	国産アカマツ製材	68,498	178
23	東亜林業	12		1956	未松平角天然乾燥材	住宅用木材販売	4,800	140
24	東洋額装	13	1973	1979	掛け軸・和額・屏風・衝立	表装	5,000	81
25	河村産業	14		1980	特殊段ボール	n.a.	5,000	25
26	オキノ	16	1954	1964	有機農業資材	n.a.	3,600	55
27	ケンユー	16		1976	携帯トイレ	建材販売	1,500	39
28	**マナック**	16		1948	臭素化技術	松永製塩組合から独立	175,750	177
29	協同アイシン産業	18	1980	1983	発泡品のCAD/CAM加工	発泡品	1,200	24
30	**エフピコ**	18	1962	1962	コントレー	簡易食品容器製造	1,315,063	757
31	早川ゴム	19	1919	1947	環境負荷低減させたゴム製品	ゴム履物製販売	49,433	350
32	広島化成	19		1947	コンクリート用誘発目地材	早川ゴムより独立	20,000	364
33	福川ゴム工業	19		1947	エアポスタイヤ	早川ゴムより独立	4,680	150
34	ミスミ化学	21	1964	1969	造船用強化硝子ガラス	研磨専門商社	1,000	11
35	深江特殊鋼	22	1959	1964	特殊鋼材	特殊鋼製販	2,000	110
36	関西工業	24		1943	連結金具	船舶金物製造	5,000	55
37	キンタック	24	1966	1984	プラスマ切断	金属材料販売	2,000	105
38	協同金機	24		1973	粉体塗装	大型粉体塗装	1,000	20
39	寺田鉄工所	24	1917	1951	真空管式太陽熱温水器	n.a.	1,500	67
40	日本管洗工業	24	1974	1974	金属管表面処理	n.a.	1,000	24
41	福山熱煉工業	24	1965	1969	金属熱処理加工	金属処理加工	1,000	303
42	山崎刃工	24		1964	超硬合金刃物	n.a.	2,400	15
43	キンタパーツ	25		1964	ロストワックス精密鋳造品	ミシン部品製造	14,000	362
44	テラル	25	1918	1950	鈴木ポンプユニット	ポンプ製販	7,800	731

第 4 章　福山市の産業集積と革新的企業　55

45	福山鍛鋼製造機	25		各種フック	フック	5,000	55
46	ボエック	25		電気不型消火装置	ポンプ卸売	29,475	76
47	ワールド熱学	25		RG型バイオマスボイラ	焼却炉	400	9
48	アデル	25	1963	草上ロボット・搬送装置	―	1,000	15
49	**石井表記**	26		プリント基板研磨ライン	ネームプレート製販	30,000	302
50	永和国土環境	26	1973	排水再利用処理装置	測温・建築機械の設計	5,000	25
51	大宮工機	26	1982	精密測定機器	回転機械の設備診断	9,000	318
52	岡木工機	26	1975	軽輸車	岡木工作機械より独立	32,200	220
53	光陽機械製作所	26	1951	クリーム充填機	n.a.	900	41
54	広和エムテック	26	1947	表層液吸引装置	機械の設計製図	1,000	15
55	五敬工業	26	1970	精密鈑金加工	業務用ステンレス製販	1,000	46
56	サンジェネリック	26	1971	半導体製造装置エッチング	衣料品製販	4,000	45
57	シーエス精機製作所	26	1984	自動平盤打抜機	製塩機械製造	4,000	100
58	ジェー・エス・チューキ	26	1947	原木仕分装置・製材機	木工機械製販	4,000	90
59	シマヤ精機製作所	26	1935	研削盤を中心とする工作機械	織物機製造	10,000	279
60	三和産業	26	1960	バイオ環境機器	n.a.	6,500	8
61	中村機械製作所	26	1911	中村式長幅自動織機	畳表織機製造	1,000	8
62	ナムックス	26	1979	一枚切り柄合せ自動裁断機	省力化専用機の設計製作	2,000	6
63	日本機器開発	26	1950	プラスチックのパリ取り機	冷凍機械製作販売	1,000	11
64	備南工業	26		光硬機	醸造用機攪拌機製造	1,500	17
65	フジ機械	26	1947	水中撹拌機	鋳物製作	1,100	30
66	ホーコス	26	1957	微少潤滑剤供給システム用マシル工作機	木型生産	8,500	716
67	御池鉄工所	26	1940	廃棄物リサイクル用プラント	コントロール基盤開発・制御	9,486	120
68	明和工作所	26	1953	歯本式ベットボル減容器	織物機製造	9,500	37
69		26	1925	非接触電気検査装置	正規工作機より営業権譲渡	4,200	63
70	**アドベックプラズマテクノロジー**	27		プラズマ用高周波電源装置		83,559	121
71	サンエス	28		空箱開位／フラッシュメモリ	モールシリンダ製造	9,700	800
72	JPテック	29	1932	精密貼付装置	n.a.	6,000	14
73	エタセル	29	2004	LEDダウンライト	電気はんだごて製販	1,000	71
74	逸坂電子機器	29	1986	表面防電位計測装置	モータ制御機器の開発	350	6
75	コスミ工エル	29	1985	大型昇降装置	金属製造	4,400	120
76	ジェーエーエル	29	1970	基板製作販売	海運業	7,457	116
77	太洋電機産業	29	1993	はんだごて		3,000	110
78	**ローツエ**	29	1985	ウェーハ搬送ロボット	琴製造	98,200	180
80	柿原工業	31	1959	鋼フリーめっき技術	コルク栓類の製販	9,000	240
81	常石造船	31	1917	ばら積み貨物船等の造船	ウルド王冠	10,000	710
82	アサヒフィルターサービス	32		ブネモフィルタ	小型遊具・体育器具製造	600	7
83	小川楽器製造	32	1962	福山琴	n.a.	1,000	35
84	柏コルク王冠製作所	32	1942	ウルド王冠	ワタナベ産業より独立	300	13
85	タカオ	32	1996	オートメインジン防犯カメラ		8,000	151
85	ブロテック	32	1981			2,000	47
86	パクテリアン化学研究所	32	1986	微生物肥料		1,300	10

(注) 1. 番号と名称がゴチの企業は上場企業である。
2. 分類の番号は，産業中分類番号である。
(出所) 各社のWebサイト，福山市のWebサイト，福山市産業技術マップなどにより作成。

図1-4-2 革新的企業の設立年

期間	企業数（社）
～1924	1
1925～1934	1
1935～1944	3
1945～1954	18
1955～1964	17
1965～1974	13
1975～1984	14
1985～1994	13
1995～2004	5
2005～	1

（出所）表1-4-2に同じ。

め自重堂、マナック、日東製網の計4社が10億円以上の規模にある。1億円～10億円未満の企業は12社、5千億円～1億円未満が19社、それ未満が31社と、資本金規模からみた企業構成はピラミッド構造を呈している。資本金規模の大きい企業の中には、株式市場への上場に至っているものもある。

　従業者は合計で1.2万人を超えており、その全員が福山で勤務する訳ではないが、地域経済にとって意味のある数値と言える。最大はサンエスの800人であり、同社を含めてカイハラ、エフピコ、テラル、ホーコス、常石造船、天野実業の7社が500人以上の規模にある。平均従業者数は143.2人であるが、資本金と同様に規模の小さい企業が多く、ピラミッド構造が見出せる。資本金と従業者数の間には0.371という弱い相関関係がある。資本金の規模は従業者数に一定の影響はもつが、装置型か労働集約型かという生産上の特性なども関係するため、決定的なものではない。

3 上場企業にみる事業展開と革新性

　福山の多様な革新的企業すべての事業展開を捉えることは困難であるので、ここでは上場企業8社に焦点をあてる[9]。これらの企業を、機器製造系と非機器製造との二つに分けて事業展開を説明し、それらにみられる革新性を抽出する。

（1）機器製造系

　石井表記、アドテックプラズマテクノロジー（以下、ADTEC）、ローツェの3社が該当する。

　石井表記は、ネームプレート製造から出発し、1980年代にその技術を応用してプリント基盤製造装置、半導体製造装置を開発した。2000年代には太陽電池ウェハーおよび同製造装置の製造販売にも乗り出した[10]。これらの装置は半導体産業などで広く使用され、基盤研磨ラインの世界的メーカーの地位を確立した。創業時より素材の表面加工に特化した技術・製品開発を実行している点が特徴的である。フィリピン、中国にも生産拠点を有する。

　ADTECは、各種コントロール基盤の開発製造により創業し、1990年代以降は半導体製造装置に搭載するプラズマ用高周波電源装置、半導体製造工程で使用されるフロンガスなど地球温暖化ガスを無害な物質に分解し排出する装置などを開発している。プラズマ技術を得意とし、プラズマ用高周波電源装置では世界第3位の販売額を誇る。生産は1990年代後半から外部委託され、ファブレス企業として開発部門に特化していることや、主な市場が海外であることに対応して従業員の約2割が外国籍であることに特徴がある。

　ローツェは、半導体ウェハー搬送ロボット分野では世界のトップメーカーである。搬送時の自動化と無発塵化をコアコンピタンスとする。同社のロボットが組み込まれた半導体製造装置は、世界の半導体工場で稼働している。アメリカ合衆国、ベトナム、台湾、韓国に生産拠点を有する。

（2）　非機器製造系

　自重堂、日東製網、オービス、マナック、エフピコの5社が該当する。

　自重堂は作業服生産で全国首位にあるが、それは流通機能の革新による所が大である。作業服は1970年代に多品種少量生産の時代を迎え、小規模な産地問屋では在庫管理が困難となった。同社は1980年に物流センターを稼働し、1992年には製品備蓄配送システム・オペレーションセンターを完成させた。これにより、衣類の入庫から出庫までの全工程をコンピュータ管理とし、分散していた倉庫も集約化した。販売店は、問屋を介さずに自重堂に直接発注することになった。市場動向や売れ筋の把握、迅速性といった点でこの仕組みは優れており、価格決定権も握って、同社は1980年代後半には作業服業界の中で抜きん出た存在となった。作業服の自社ブランドも有しており、販売力に強みを持っている。

　日東製網は東京と福山の複数本社体制を採っている。同社の主力製品は1925年に開発した無結節網である。無結節網は結び目のない高強力な網であり、世界16か国で特許を得ている。漁業用を中心に、スポーツ用、産業資材、農業用などに用途が拡がっている。同社では、無結節網を編む機械を自社開発してきた点（現在は別会社化）を強みとしている。近年では、人工衛星の軌道上にある宇宙ゴミを除去するシステム開発に宇宙航空研究開発機構と共同で取り組む。タイとチリに生産拠点を有する。

　オービスはニュージーランド松製材では国内首位の座にある。同社の強みは、自社船（グリーンホープ・3万5千トン）の保有にあった[11]。2002年からニュージーランドのタウランガ港との間で年に9往復運行させてきた。自社船のメリットは運行日程のずれや船賃の変動の影響を受けないことである。2000年代には海運市況が好況であったが、それによる運賃コスト高騰を回避することができた。また、同社はハウス事業を有するほか、カラオケ店やゴルフ場などのレジャー施設を展開する子会社があり、グループとして事業を多角化している点に特徴がある。

　マナックは、臭素化合物の生産で国内トップの地位にある。現在は原材の

臭素を供給する東ソーが筆頭株主である。プラスチックを燃えにくくする難燃剤を中心としつつ、ファインケミカル、医薬向けに生産を伸ばしてきた。広島大学や宇宙航空研究開発機構等との産学官連携により、新素材の開発を進めている。

エフピコは、食品用トレーのナンバーワン企業である。同社では納品トラックの帰り便を利用して使用済みトレーを回収し、リサイクル工場で選別・洗浄・粉砕・溶融してペレット化し、それを再商品化するビジネスモデルを1990年に日本で最初に築いた。現在は三つのリサイクル工場と16のトレー工場を組み合わせた全国的なトレー生産およびリサイクルシステムを構築している。障がい者雇用率も約15％であり、この面でも先駆的である。

(3) 革新性

上場企業8社の例をみてきたが、それらの革新性を抽出したい。第1には、企業創設期の技術基盤を発展させ、当該の事業分野で確固たる地位を築いていることである。事例とした8社のみならず、革新的企業はいずれもこれに取り組んでいるが、製造技術・製品技術の継続的なイノベーションを必須とする。特に、技術の進歩が速い機器系では研究開発が重視され、ADTECのようにファブレス化し、それに特化する企業すらあった。一方、日東製網や石井表記では、自社製品用の生産設備を社内で開発し、コスト面や迅速な改良が可能という点で優位性を築いている。

次いで、流通面の革新を挙げ得る。自重堂の問屋機能を取り込んだ物流システム、オービスの自社船所有による効率的な原木調達、エフピコのトレーリサイクルシステムが具体例である。これらは、原材料調達あるいは製品の受発注段階のコストおよび時間の削減につながり、さらにシステム化することで当該企業に競争優位性を付与している。

第3には、市場の開拓である。機器系企業には、大手の半導体メーカーとの取引に至るまでの苦労話がある。製品技術が優れていても地方の無名メーカーが開発した装置は、なかなか採用には至らないという内容である。そう

した状況を打開し取引に至る過程にも、技術開発とは質的に異なる革新性が必要なのである。一方、新しい市場ニーズを読み、それに向けての製品開発も行われている。多くの革新的企業が指向する方向であるが、市況が予測から外れると、損失を被る場合がある。そうした危機に対応する能力も必要になっている。

そして、いずれの企業も程度の差はあれ、多角化に取り組んでいる。多くは関連分野・応用分野への展開という形での多角化であり、先の新たな成長市場の開拓と一括りにすることもできる。一方、全くの異業種を組み合わせる企業もあった。事業が製材、住宅建設・販売、レジャーの3分野に及ぶオービスである。これは、サンエス（繊維と電子部品）、常石造船（造船、海運、レジャー）などでも認められ、コア事業の好不況の変動を吸収するための異分野展開と言える。

（4） 産業風土が反映された企業家組織

最後に、福山の産業風土の一面に触れたい。マーシャルの産業集積論を解説した山本健兒は、産業集積形成の第3の要因として、「人々の理想」を挙げる[12]。ここでは、その一端が具体化されたと考えられる「びんごIPO倶楽部（以下、BIC）」を取り上げる。

IPOとは、未上場会社の株式を株式市場に上場し売買可能にすることを指す。BICは、備後地域の株式公開を目指す企業に対して総合的な支援を行うことを目的としている。いわばBICは次の上場企業を発掘しようとするもので、1990年代半ばに福山を中心とする備後地域の企業経営者有志が立ち上げたものである。BICの活動は上場を目指す企業の発掘と資金提供、販路や技術面のサポートである。

その仕組みを述べると、一次審査の書類審査を通過した企業に対して二次審査である投資説明会が持たれ、そこでのプレゼンテーションを経て会員個人が自分の判断により投資の意志決定を行うというものである。すなわち申請企業に対してBICとして出資を行うのではなく、会員個人が100万円単位

で株主になる点に特徴がある。先の8社の中では自重堂、石井表記、ADTEC、ローツェの経営者が参加している。また、表1-4-2の中では、永和国土環境が資金提供を受け増資に至っている。

　BICは企業家として成功した個人が、次なる企業家を発掘・育成しようとする、産業地区としての一種の理想が反映されていると見ることができる。こうした組織は管見の限り国内他地域には存在せず、福山ならではの起業家精神や産業風土の一端が読み取れよう。

むすび

　福山の工業は、JFEスチール西日本製鉄所福山地区が大きく、その内部経済のスケールは傑出している。ただし、自動車工業のように広範な取引連関を形成し、自社の生産システムに他企業を包摂するものではない。福山の革新的企業は大企業に頼ることなく、独立独歩で製品の開発や技術の革新、市場の開拓を進めてきた、あるいはそうせざるを得なかったのである。こうした革新的企業からなる福山産業集積の特徴は、地方の中小企業中心という点では局地化経済が強調される「マーシャル型」に近いが、構成業種の多様さに着目すれば「ジェイコブス型」の都市化経済の要素も持ち合わせていると捉えられよう。

　各社の事業の展開をみると、創業時の製品・技術の延長線上にあるものばかりでなく、それを大きく転換し第2、第3の創業に至ったものも多い。また、複数の異なる事業の組合せにより経営の安定化を図っているものもあるなど、多様な方向性が看取される。

　こうした独自性や多様性は、備後絣などの産地形成過程において生まれた独立不羈の起業家精神が未だに地域に継承されていることを物語る。起業を支える支援組織をみても、びんごIPO倶楽部など、福山ならではのユニークなものがある。ただし、そうした独自性や競争意識の強さの裏返しとして「備後の企業はまとまりがない」といった評価もよく聞かれる。新しい技

術・製品を創出するためには、自社資源の最大限の活用は言うまでもないが、外部資源との組み合わせがより有効である場合も多く、地域内外での連携形成がさらなる工業の発展のためにも求められよう。

　ところで福山で発祥した地場企業であっても、自社の製品市場が全国に拡大するにつれ、東京や大阪などの主要な都市に支社・営業所を展開することが珍しくない。また、海外への事業展開を進め多国籍化しているものがある。このような状況にあって、今後も福山が本社の所在地としての役割を果たしていけるのかという疑問も生じよう。工場についても、1990年代以降には国内の他地域あるいは海外にも相次いで設立されており、生産地としての意味も薄れつつある。企業発祥の地という理由以外の本社・工場の立地条件を、これからも福山が地場企業に対して提供できるのであろうか。都市としての利便性や魅力向上に引き続き取り組む必要があろう。

注

1) 大澤勝文「流通機能からみた東大阪産業集積の革新性」『経済地理学年報』第51巻、2005年、312～328ページ。
2) 柳井雅也「東北地方における産業集積とオンリーワン戦略」『東北開発研究』第144号、2007年、2～12ページ。
3) 本章は、以下の論考を基にしたものである。友澤和夫「工業」福山市史編さん委員会『福山市史　地理編』、2010年、315～387ページ。本章執筆に際してデータを最新のものとすると同時に、別の観点からも考察を加えている。
4) 友澤和夫「城下町から製鉄の町へ」平岡昭利編『中国・四国　地図で読む百年』古今書院、1999年、15～20ページ。
5) 福山市については、三つの機関によってWebサイト上で紹介されている。広島県商工労働総務課による「広島県の「ものづくり」～オンリーワン・ナンバーワン企業～」（https://www.pref.hiroshima.lg.jp/site/onlyonenoonezigyou/1173088481190.html、2016年1月12日最終閲覧）、福山市産業振興課による「オンリーワン・ナンバーワン企業」（https://www.city.fukuyama.hiroshima.jp/soshiki/sangyou/56573.html、2016年1月12日最終閲覧）、さらには福山商工会議所の「福山が誇るオンリーワン・ナンバーワン企業」（http://www.fukuyama.or.jp/only1-number1/、2016年1月12日最終閲覧）がある。
6) 三つのWebサイトのいずれかに掲載されている102社から、本文に記した基準に合わないものを除外すると、結果的にはすべての企業が福山市のサイトに掲載されている。
7) 福山市の商工課によって2007年4月から整備されている（http://fukuyama-gijutumap.jp、2016年1月12日最終閲覧）。ただし、最新の登録情報は2013年であるので、本章では各社のWebサイトの情報を優先することとした。

8）加藤厚海「備後地域の製造装置産業の形成プロセスに関する研究」『RIETI Policy Discussion Paper Series』13-P-008、2013年5月、19ページ。
9）これらについては、福山市史作成時に聞き取り調査を実施している。最近の情報は、有価証券報告書で補った。
10）太陽電池ウェハー関係は市況の変化により事実上失敗し、現在は大幅に縮小している。
11）同船は財務体質の強化を図るため2014年5月に売却された。
12）山本健兒『産業集積の経済地理学』法政大学出版局、2004年。

第 5 章
有田焼産地におけるイノベーションと
域内小産地の復活

山本健兒

はじめに

　本章の目的は、後掲の図1-5-2で明らかなように1990年代初め以降長期的衰退傾向にあるわが国陶磁器地場産業の中で、有数の産地である有田においてイノベーション形成のためにどのような取り組みがなされてきたかを描くことにある。本章と問題意識を共有する論文はすでにいくつかある。その中で初沢は、益子と笠間の両産地を事例にして、新製品の開発とその基盤をなす技術・技能の習得システムが重要であると指摘している[1]。他方、青木は、美濃、四日市、九谷の3産地を事例に有効な対策が打たれないでいる状況を提示した[2]。さらに米光は関連文献のレビューと工業統計表品目編から得られるデータの分析によって、量産型の産地の顕著な縮小に対して小規模かつ観光と連関する産地での縮小は相対的に軽微であることを指摘した[3]。

　これらの先行研究に対して本章では、結局のところ陶磁器の使い手である最終消費者の需要をどのようにして把握するか、ということがイノベーションの基礎をなすという考えを、有田焼産地を事例にして論ずる。また本章の問題設定と上の筆者の主張の背後には、国よりも小さなスケールでの「地域」という地理的領域を形成する重要な要因が何かという問題を考えてみたいという筆者の問題意識がある。その意味をあらかじめ述べるならば、有田焼産地とは、遅くとも日本経済の高度経済成長期以降、佐賀県有田町という領域を大きく上回るもっと広い地理的空間に対応するようになっていたが、

近代化以前に形成されていた小産地への分解傾向を、縮小期に入ってから示すようになったし、その背後には関係者の地域意識がある。しかし他方において、イノベーション形成のためには地域内だけにこだわるわけにはいかない、という事実があることも具体例で示したい。

ところで既によく知られているように、有田焼産地に関する先行研究[4]によって、その形成と産地内分業については十分明らかにされている。これらに対して筆者がここで論じようとするのは、有田焼産地の分解傾向であって、この傾向を理解する必要性がある限りにおいて、この産地の形成についても概説することになる。結論を先取りしていえば、陶磁器製造に関わるイノベーション形成の試みが、有田焼産地を構成している各小産地で独自に追求されてきた結果として、経済地域としてまとまりがあった有田焼産地が、より伝統的な小産地に回帰する動きが鮮明になってきている。

以上のことを明らかにするために筆者がとった研究方法は、産地にある各種組合の理事長または専務理事、有力企業の経営者またはマネージャ、公的機関の陶磁器産業支援担当者への詳細なインタビューである。これは2008年9月以降、特に2009年8月から2010年7月にかけて行った[5]。

1 有田焼産地の地理的構成[6]

有田焼産地は、佐賀県有田町よりも広い範囲に分布する陶磁器生産に関わる多種多数の事業者の分業関係から構成されている。その概要を描けば次のようになる。

豊臣秀吉の朝鮮侵略を契機として、九州北西部の諸大名が朝鮮半島から連れてきた陶工たちが、陶磁器業を各領内に移植した。その結果、すでに江戸時代に、鍋島藩の領域に属する有田、大村藩の領域に属する波佐見、平戸藩の領域に属する三川内に陶磁器和飲食器の産地が形成された。さらに鍋島藩窯が現在の有田町域から佐賀県伊万里市大川内地区に移転させられた結果として、有田とは異なる陶磁器産地が大川内にも形成されていた。これら4つ

の陶磁器産地の中で、大川内、有田、三川内では高級陶磁器が生産されていたのに対して、波佐見では大衆向けの低価格和飲食器が生産されていた。これらの4産地のほかにも、佐賀県内の武雄市山内町や嬉野市吉田地区に小産地が形成された[7]。

　江戸時代にオランダ東インド会社を通じて欧州に輸出された陶磁器は当然のことながら高級品であったが、当時の積出港が伊万里であったために、どの小産地で生産される陶磁器であろうとも、それらは伊万里焼として知られるようになった。それが有田焼という名前で日本全国に知られるようになったのは、肥前各地の陶磁器産地から日本各地に出荷する際の拠点が、伊万里から鉄道駅が設けられた有田に移転した1898年以降のことである。そのため、伊万里に立地していた陶磁器流通業者、即ち産地問屋（商社）の多くが伊万里から有田に移転してきた。

　これらの小産地は図1-5-1から明らかなように、江戸期には異なる藩領域に、明治以降は異なる県や市町に分布していたが、そして地理的には相互の間に丘陵や低山とはいえ峻険な山地が介在しているが、空間距離的には近接していた。自動車交通が盛んになっている現在では、相互の間の時間距離は、せいぜい30分前後程度である。

　上記の有田町以外の産地は、山内町を除いてもともと独自の産地名をもつ陶磁器を生産していたが、第二次世界大戦以降の有田焼の隆盛に伴って、その製造販売に関わる分業関係に組み込まれるようになった。特に陶土の生地成形は波佐見町の零細企業が担当し、これを各産地の窯元が焼成するという分業が発達したし、絵付けに特化する零細企業も有田町や波佐見町に多数立地した。日本全国の旅館や料亭に有田焼を販売する商社は有田町に多数存在するようになったが、デパートなどに卸す比較的大規模な商社は波佐見町で発達した。有田町の窯元は、産業用陶磁器製品をも生産するいくつかの相対的大企業を除けば、その多くが中小零細企業であり、旅館や料亭のための和飲食器生産に特化する傾向があり、したがって少品種少量生産の傾向を示した。これに対して波佐見町の窯元は、結婚披露宴などの引き出物として用い

第5章　有田焼産地におけるイノベーションと域内小産地の復活　67

図1-5-1　広義の有田焼産地の地理的範囲

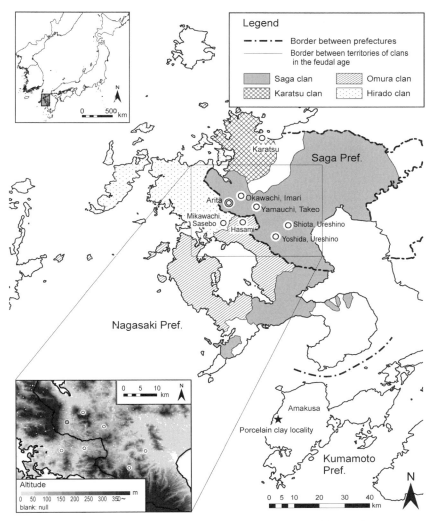

（出所）原図コンセプトは山本健兒、作図は小柳真二（現九州経済調査協会研究員）による。

られる相対的低価格の有田焼和飲食器を大量生産する傾向を示した。それゆえ、波佐見町に立地する窯元の方が有田町に立地する窯元よりも概ね大規模であった。

　また、各産地で利用する陶土は、当初各産地の土地資源が利用されたが、近代化以降、上記の小産地すべてで製造される陶磁器の原料が天草陶石となった。天草陶石を陶土に加工する仕事は、主として塩田町（現嬉野市）の業者が担当した。したがって、有田焼産地は実態として佐賀県と長崎県にまたがって形成されるようになったし、その原料産地も含めれば熊本県の天草をも含むものとなっていたと言える。

2　陶磁器産地の成長と衰退

　本章の冒頭で陶磁器地場産業は長期的衰退傾向にあると述べたが、日本経済高度成長期における成長と、1990年代以降の衰退傾向とを工業統計表品目編で確認しておく。図1-5-2の折れ線グラフは、1977年以降の陶磁器製の和飲食器・洋飲食器・置物の生産に携わる日本全国の事業所数（従業者4人以上）の推移をみたものである。この図から、第1に高度成長期だけでなく低成長期においても飲食器や置物などの陶磁器生産事業所数は増加していたこと、第2に従業者4人以上の窯元の数は1980年代に入ってから減少傾向に入ったが、1980年代半ばから1990年代初めまではその減少傾向を食い止めたこと、しかし1990年代初め以降に再び減少傾向が顕著となり、2010年代には1980年代半ば頃と比べて半減以下になっていることが分かる。

　陶磁器の中で最も重要なのは、生産事業所数と出荷額のいずれの指標でみても和飲食器であり、日本各地に存在している陶磁器産地は、和飲食器の生産を主要製品としている。そうした産地を擁する各県の中で最大の岐阜県と比較した佐賀・長崎両県の陶磁器製和飲食器の出荷額と事業所数の推移を見たのが図1-5-3である。この図からその3県において1980年代以降に従業者4人以上の事業所数が減少してきたこと、そして出荷額も1990年代初め以

図1-5-2 日本の陶磁器飲食器・置物に関する製造品出荷額と生産事業所数（従業者4人以上）の変化 1977～2013年

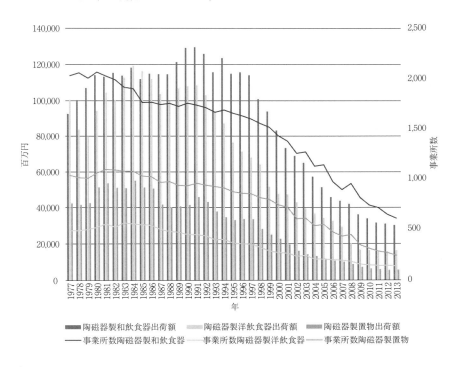

■陶磁器製和飲食器出荷額　■陶磁器製洋飲食器出荷額　■陶磁器製置物出荷額
――事業所数陶磁器製和飲食器　――事業所数陶磁器製洋飲食器　――事業所数陶磁器製置物

（注）従業者4人以上の事業所の数値。
（出所）工業統計表　1981年版、1983年版、1987年版、1991年版、1995年版、1999年版、2003年版、2007年版、2015年版。

降、つるべ落としと形容できるほどに減少してきたことが明らかである。

このような陶磁器製和飲食器等の生産衰退の理由は、陶磁器への需要低下にある。この原因として外国からの安価な陶磁器の輸入もあるが、それ以上に日本人の生活スタイルの変化と旅館や料亭などの低迷による業務用和飲食器需要の減退が影響している[8]。生活スタイルの変化で最も重要なのは、結婚披露宴等での引き出物に陶磁器が利用されなくなってきたことである。よく知られているように、引き出物は、様々なアイテムを収録しているカタロ

図1-5-3 陶磁器製和飲食器の出荷額と事業所数の変化に関する岐阜県、佐賀県、長崎県の比較 1979〜2013年

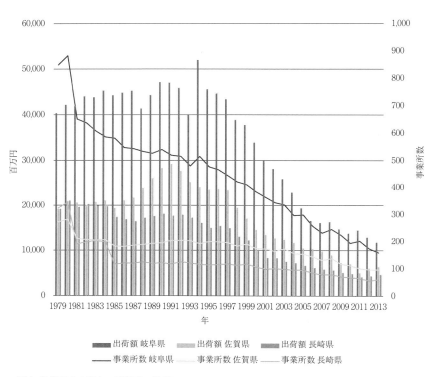

（注）従業者4人以上の事業所の数値。
（出所）工業統計表 1981年版、1983年版、1987年版、1991年版、1995年版、1999年版、2003年版、2007年版、2015年版。

グが披露宴招待客に配られ、招待客はその中から自分のほしいものを選んで後日宅配便で送り届けてもらうという方式に変わった。そのカタログに掲載されている贈答品の中に有田焼もありうるが、それはワンノブゼムでしかなく、必然的に陶磁器製和飲食器への需要は減少したと言える。もちろん、少子化の故などによって結婚披露宴の開催数も、第2次ベビーブーマー世代が結婚適齢期を終えて以降、減少傾向にあることが陶磁器需要減少の一因となっている。

有田焼はもともと、旅館や料亭などの業務用に、有田の産地問屋が全国でそうした和食提供業者に直接営業攻勢をかけることによって成長してきた。ところが、1990年代初めのバブル経済崩壊以降、そうした旅館や料亭などのビジネスが低迷してきたことによっても、陶磁器製和飲食器に対する需要が減退した。ホテルのみならず観光地のホテル形式をとる旅館においても朝食をバイキング方式で提供するスタイルが普及すると、和飲食器への需要はますます減少せざるを得なくなった。大きな平たい洋皿で各種のバイキング料理を泊り客が自由に取る方式になったからである。場合によっては、中がいくつかに分割されているプラスチック製のトレーを用いる宿泊施設もあり、その傾向が強まればますます陶磁器製飲食器への需要が減ることになる。

　しかし、最大の陶磁器産地を擁する岐阜県の衰退傾向に比べて、わが国第2の産地ともいえる肥前、すなわち佐賀県と長崎県における衰退傾向は、相対的に緩やかであったことも図1-5-3から見て取れる。その理由の一つは、肥前の各産地でのイノベーションへの取り組みに求めることができる。そこで、以下、どのようなイノベーション形成への取り組みがあったか、主として関係企業等からの聞き取りに基づいて紹介する。

3　衰退時代のイノベーション形成の試み

(1)　長崎県波佐見産地の事例

　波佐見でのイノベーションの最適例は、白山陶器（株）の再生であろう[9]。同社は陶土の生地成形から完成品まで一貫生産している窯元である。このような企業は波佐見では少ないという。また、同社はすでに1960年代に陶磁器のデザインを考案するデザイナーを専属で雇用したという点で、先駆的な企業だった。そのデザイナーとは、後に九州産業大学芸術学部教授ともなる森正洋である。森のヒット作として、醤油差しの注ぎ口が弧状の嘴のような形をしているもので、Gマークを受賞したものがある。森の活躍もあって、白山陶器は波佐見町内で有数の陶磁器食器製造企業へと成長した。

白山陶器は1980年当時の年間売上高が10億円に達しており、従業員が約230名いた。しかし、1990年代には100名にまで減少し、さらにそのうち約20名を占めていた60歳台の従業員が退職したのち、60数名規模で経営を維持してきた。同社の業績が落ち、かつ低迷した要因の一つとして、同社オリジナル商品の類似品が百円ショップや文具通信販売企業などによって販売されたりすることがあった。陶磁器製食器は、たとえ意匠登録していても、その知的資産が忠実に守られるという保証はなく、また新しいデザインが市場でヒットしても、すぐに模倣品が表れる世界であるという。

　白山陶器の事業は特に1997年頃に落ち込んでいたが、この逆境を挽回する大きな転機となったのは、1998年初めに東京ドームで開催されたテーブルウェア・フェスティバルへの出展である。出展したのは、吉田焼産地のある窯元が誘ってくれたことによる。テーブルウェア・フェスティバルの入場料は当時1800円、9日間の開催で合計30万人の来場者があったという。テーブル・コーディネートを競う文化イベントである。これへの出展は吉田焼窯元などとの共同出展だったが、ブースに立ち寄る人たちが、「初めての出展ですね」と聞いてきたという。これは、その人たちが毎年フェアを訪問するリピータであり、その人たちは初めてみる白山陶器の製品に、自分の記憶が間違えていないことを確認するために「初めてですね」と聞いてきたのである。この経験によって、産地問屋依存での販売には限界があること、この限界を打破するためには、目の肥えた消費者がリピータとして見に来るテーブルウェア・フェスティバルでの出展を目指して新作開発に励むというやり方がある、ということに気がついたという。

　翌1999年にも出展し、フェスティバルが終わって波佐見に帰ってくると、東京方面から電話が次々とかかってきた。その多くはインテリア関係の企業であったり、ブティックなどの小売店だったりした。決して最終消費者というわけではないが、それまでの白山陶器の商品購入者とは異なるマーケットがあることに気がついた。そうした問い合わせに対してカタログを送りましょう、というと、いやカタログは東京ドームで手に入れてあるという返事だ

った。むしろ、白山陶器の品物を実際にもっとたくさんみてみたいが、どこに行けば見ることができるのか教えて欲しいという問い合わせだった。同様の問い合わせをしてきた最終消費者も多かった。当時すでに白山陶器は、東京のデパートにも製品を卸していたので、デパートならば同社製品のコーナーがあると伝えたが、それは余りに小さなコーナーなので、電話で問い合わせをしてきた人たちは不十分であると言うのが常だったという。

そこで、白山陶器は、東京の青山に赤字覚悟で直営店を出すことにした。本来、同社製品を売るためというよりもむしろ、製品紹介のための直営店だったが、ここでの販売も順調に伸び、2年で黒字になったという。直営店の個人客の中には、自分用の陶磁器というだけでなく、例えば還暦祝いというような個人的な贈り物として購入する消費者がかなりいるという。直営店での売り上げは、2009年時点で一か月約500万円に達するようになっていたが、その約50％がギフト用であるという。

松尾社長によれば、陶磁器が売れないとすればその理由は二つあるという。一つは商品価格に見合う価値がないという理由である。もう一つは客の目に入らないという理由である。後者の問題を克服して波佐見焼をもっと売れるようにするために、最終消費者の目に直接とまるような仕掛けが必要であるという考えから、波佐見焼産地16社で、テーブルウェア・フェスティバルに2000年代半ば頃から出展するようになった。かつて波佐見焼の窯元にとっての展示会とは、地元で盆と正月の年2回開催し、これを産地問屋がみて買付注文を出すというものだけだった。陶磁器は春と秋に売れたが、夏と冬には売れないという季節商品だったという。これを、目の肥えたリピータである最終消費者や、店舗の装飾品などとして陶磁器を考える小売店などが来場する東京でのテーブルウェア・フェスティバルに出展することによって、打開したのである。

白山陶器はテーブルウェア・フェスティバル出展が成功して以来、エンドユーザーの声を同社デザイナーが受け止め、デザイナー独自の感性を踏まえて消費者に対して提案するという形で新製品を開発している。同社の業績は

回復し、従業員規模も約100名に回復した。そのなかでデザイナーが7名、その卵が約5名に達している。ただしデザイナーもまた、陶磁器製造の各工程の仕事を担当する。

（2） 佐賀県伊万里市大川内産地の事例

　伊万里市大川内でのイノベーションは、ツーリズム振興と一体となったものである[10]。1967年の大水害によって、大川内の窯元は大きな被害を受け、その多くが伊万里市内の平場に造成された窯業団地に移転した。しかし、その後大川内は復興し、1976年には伊万里鍋島焼協同組合が結成され、毎年4月初めに、観光客を呼び込むための陶器市を開催するようになった。1970年代にNHKの「新日本紀行」という30分番組が、「秘窯の里」というタイトルでこの村の陶磁器生産を取り上げてくれたことがある[11]。その影響もあってのことであろう、5日間の陶器市には大勢の客が押し寄せてきたが、伊万里市街地から大川内に通ずる道路は未舗装1車線の道だったので、渋滞で車が動けなくなるほどだったという。しかし、その経験からかえって、観光客相手に大川内の窯元はやっていけるという気持ちが出てくるようになったという。

　そのために、道路拡幅や駐車場整備だけでなく、観光地としての大川内の景観整備が、1980年代初めから佐賀県と伊万里市によって、国からの補助金も活用して進められた。伊万里有田焼伝統産業会館、鍋島藩窯公園などが1980年代前半期のうちに整備され、1990年代に入ってからも景観整備事業が続行された。1980年から2000年までに投資された施設や景観整備のための金額は13億5千万円に上る[12]。伊万里鍋島焼協同組合も、観光客向けの土産物店と軽食コーナーを併設する独自の会館を建設した。

　伊万里鍋島焼協同組合は、1984年から11月にも5日間の藩窯窯元市という陶器市を開催するようになり、春の陶器市とともに大繁盛しているという。さらに2005年以降、6月から8月にかけて風鈴祭りを、2006年以降、2〜3月に雛祭りを開催するようになった。風鈴も雛人形も陶磁器製であり、和飲

食器以外の新しい商品を開発し、年間を通して観光客を引き付ける事業に取り組んできたことになる。また、県庁や大使館、由緒ある城などのある地方自治体に、色鍋島を献上する催しを、1980年代末以来、毎年行ってきている。その際には、組合員が羽織袴の和服正装の姿で、献上式を賑々しく行う様子がテレビ放映されてきた。このようなイベントによって、有田焼とは異なる、より高級な鍋島藩窯の伝統を引き継ぐ「伊万里鍋島焼」という新しいブランドの創造に成功した。

大川内の窯元も、ここが観光地化する以前は、有田や波佐見の商社に全面的に依存して製品を出荷していた。しかし、観光地としての成功以来、産地商社に依存する状況ではない。組合員24社のうち約半数は、観光客等の最終消費者への直販が売上高の90％以上に達しているという。肥前の他の陶磁器産地からは、大川内の窯元が日銭を稼げるということでうらやましがられている、とのことである。

ただし、大川内産地の陶磁器生産額も1989年頃をピークとして落ち込んできているという。しかしそれは生産数量であり販売額のことであって、各窯元の利益が落ち込んでいるわけでは必ずしもないという。商社に100個納めたときと同じだけの利益を、30個生産して直販するだけで稼ぐことができるというのである。このことは、商社に対して窯元は小売価格の4分の1以下で納めていたことを意味する。各窯元の従業員数は、かつての20人規模から4〜5人に減少したのがほとんどであるとのことだが、利益は減っていないというのである。

とはいえ、大川内産地には、1990年代初め以来、約20名の従業員数が増減しないという窯元もある。その窯元での聞き取りによれば、約20名の従業員は大川内産地を継承する人というわけでは必ずしもなく、むしろ佐賀県有田窯業大学校の1年コース修了者が弟子入りの形で入社する者がおり、有田窯業大学校入学者は全国から来るので、その窯元での修業の後、各自の地元に帰ってゆくという。また、この窯元は観光客相手に直販もするが、その高度な技術による高級品が、まとまった贈答品用として最終消費者から直接購入

依頼がなされることもある。

　この窯元によれば、エンドユーザーのニーズ把握が重要であり、単に昔のものを継承するだけで伝統工芸を存続させることができるものではないという。時代時代にあったものを生産する必要がある。そこでこの窯元は、例えば香水メーカーと協力して香水用容器を開発したり、フランスへの流通ルートに詳しい人の支援を得てフランスにその陶磁器製香水容器を輸出したりしている。香水用容器の開発は極めて難しく、それに成功していた2009年時点でも、生産歩留まり率が30％台にしかならないほどだったという。

　この窯元は、産業（技術者を育てる）、伝統（江戸期の鍋島藩窯の技能を踏まえる）、工芸（芸術性を高め、美術品を作る、新しさも追求する）の三つを追求し、高級品の生産に特化しているのである。同社にとっての取引先としての商社の数は、1990年代半ば頃には約200社にも達していた。しかし、2000年代半ば頃に3社に整理した。これは、窯元の要求する価格が有田焼産地問屋によって大幅に下げられてしまうので、そのような要求に応じることなく、卸売価格を大幅に引き上げることを貫いた結果だという。

　この窯元の地域帰属意識は極めて高い。その場合の地域とは、もはや1990年代初め頃まで強固に存在していた肥前スケールでの有田焼産地ではもはやない。かつて産地問屋に依存していたが、現在ではそれへの依存から脱却し、新たなブランド名である伊万里鍋島焼を確立した大川内が、この窯元にとって帰属意識を持つ地域である。大川内産地が残れないと、この窯元も企業として残れないという考えでいる。だからこそ、伊万里鍋島焼の名前を広めるための仕掛けを工夫してきたというのである。登り窯保存会を大川内に設立したのも、地域を残すためである。歴史を作ろうという考えでやっているというのである。

（3）　佐賀県有田町産地の事例

　波佐見町と伊万里市の陶磁器製造に関するイノベーションが、産地問屋への依存からの脱却であり、最終消費者と窯元とが結びつくことにその契機を

第 5 章　有田焼産地におけるイノベーションと域内小産地の復活　77

持っていたのに対して、有田焼産地の本拠である有田町では、産地問屋を中心とするイノベーションが実現した。それは、有田焼卸団地青年部による「匠の蔵」シリーズの開発生産販売である[13]。

　百田陶苑代表取締役は20代のときから京都の料亭等を歩いて顧客開拓をした経験を持つ。顧客となった料亭から、食器というものは料亭の部屋の作りや床の間のたたずまい、部屋の中の調度品などとの関係を踏まえて、食器を取り巻く全体状況の中で生きてくる、という考え方を学んだ。器だけを考えるのではなく、いうなればインテリア全体の中で総合的にどのような器ならば映えるのか、という考え方に基づいて新しい陶磁器を生産しなければならないと考え、その立場から窯元に対して具体的な作品を提案して制作を依頼し、出来上がった陶磁器を料亭等に販売する、というやり方をしてきたという。しかし、1990年代半ば頃から有田焼は超長期にわたる衰退に陥り、その衰退は業務用和飲食器の販売が落ち込み、回復しないことに起因していることは明らかだった。そこで百田氏は、業務用とは別の販路を、産地として開拓することが必要と考えるに至った。

　それを具体的にどのように考えればよいのか妙案が浮かばなかったが、たまたま有田焼卸団地組合青年部会長となり、団地としての2005年11月の茶碗祭りにあわせた新作発表を企画しなければならない立場に遭遇した。ちょうどそのころ、道楽座という有田の窯元の一グループが、香酒杯という焼酎グラスを作って売りだし、注目されていた。その当時は焼酎ブームでもあったので、百田氏自身もまず焼酎グラスを茶碗祭りの新作に出そうと心に決めたが、どのような焼酎グラスがよいのか、そのアイデアが浮かんでくるというものでもなかった。そこで、百田氏とそのほか数人の青年部会員で、どのようにやるべきか、どんなものを作るべきか、どの窯元に作ってもらうか、などということを議論し、最終的な決断を百田氏自身が行ってこの事業を推進した。

　だから、この企画が成功するか否かは、あげて百田氏自身の責任となる、という雰囲気もあったという。結果的に百田氏自身が、これはと思う窯元5

社を選び、商社側と窯元側とが対等の立場で企画を進めるという工夫をした。商社側の代表は百田氏自身、窯元側も代表を1社決めて、決断は代表同士の話し合い、決断で進めるという方式をとった。ただし、他の人の意見は聞くし、その意見が妥当であれば取り入れたのであり、議論が分かれれば最終的な判断を下す責任の所在をはっきりさせたということである。窯元側の代表は、単に窯元としての技術力というだけでなしに、むしろそれ以上に人を引っ張っていく力があるか否かを百田氏自身が見極めて指名したとのことである。

こうして、有田焼卸団地組合青年部で4月にアイデアを出し、方向性を決めるのに6月までかかった。新しいタイプの焼酎グラスを生産する以上、焼酎のこともよく知らなければならないと考えた。この点で、青年部の会議で、焼酎を含めて酒のことならば有田にある井上酒店が非常によく知っているし、また焼酎を語らせたならば右に出る者がいないというほどに熱く語るという情報を誰かが出した。そこで、焼酎のための陶磁器グラスにはどんなものがよいのか、という教えを井上酒店に乞うた。焼酎を美味しく飲むためのポイントを懇切丁寧に教えてもらい、最終的に現在の形状のものを作ることにした。焼酎はロックで飲むのがよいというのが井上酒店の主張であり、香りを楽しみながら飲むというものではない、という。香りではなく、美味しさを追求した。グラスの形状もすんなり決まったわけではなく、試作を繰り返して決めた。

焼酎グラスをつくるには削る部分もあり、簡単に作れるというものではないとのことである。実は、機械製造で簡単に模倣されるようなものではまずいと最初から考え、製造プロセスの中に手作業の部分も組み込んで開発した。生産という点で、窯元だけが重要なのではなく、生地成形業者も重要だった。5社の窯元のうち1社が出資して操業している生地屋に焼酎グラスの生地成形を依頼した。窯元5社の役割は絵付けであり、焼成である。9月初めにはプロトタイプが完成し、絵柄に関しては5社の窯元で200種類ほど考案した。その中から32の絵柄を選定した。その絞り込みは9月の1か月間で

やった。そして月産１万5000個の生産体制を築いた。

　絵柄の選定作業などで、百田氏は青年部副会長と一緒に窯元各社を訪問し、窯元の意見も聞きながら、むしろ商社側の意向で具体的な生産すべき絵柄を決めていった。これは、商社側のイニシャチブで窯元に対して生産すべきものを指示していく、というやり方を百田氏なりに副会長へ伝授するためでもあった。焼酎グラスの創作は有田焼卸団地の企画であり、ヒットさせなければならないという使命感と、ひとたびヒットしたならば続けていくしかないし、その後は毎年新しい創作品を出していくことを考えれば、そして青年部の執行部も交代していく以上、百田氏が常に引っ張っていけるというわけではない、ということを意識していたからであるという。

　ヒット商品は模倣されるのが当たり前であり、これを不可能にさせる、あるいは非常に困難にさせるための工夫として手作りの部分を含み、機械だけの生産では不可能な形状を追求した。絵柄にはプリントもあるが、手描きのほうが多い。

　実は陶磁器は、１種類100個売れるか売れないか、というのが普通だとのことである。1000個売れればまずまず成功といわれるし、１万個も売れれば成功と言える状況だったが、茶碗祭りのときに卸団地理事長が５万個を売ろうという途方もない目標を提案した。茶碗祭りのときには、金額で200万円分売れた。これはそれまでの企画物の売れ行きと比べて20倍の売れ行きだった。そして販売数５万個突破に１年間とかからなかった。デパート、専門店、ネット販売、業務用ということでスナックや居酒屋などからのまとまった注文、ギフト用という注文など、さまざまな販路で売れた。2010年３月のデータで30万個の売れ行きとなり、これほど売れたのは有田焼始まって以来ではないかという。「匠の蔵」シリーズでの創作活動はその後も続けられている[14]。

おわりに

　有田産地でのイノベーションは、上に紹介したものですべて、というわけではない。ほかにも例えば、有田焼とは無縁であった人が、配偶者との関係で事業を手伝うべく有田に移住してきた後に、万華鏡や万年筆に有田焼を応用するというアイデアを思いつき、それまでの有田焼とは異なるアイテムの開発生産に、万華鏡作家や万年筆メーカーと地元の著名窯元とのコラボレーションを実現させて成功した事例がある[15)]。また波佐見では、東京の雑貨店や、上場企業による顧客へのギフト用陶磁器の開発生産を請け負う、東京に本拠を置くプレミアム商品企画開発企業などとのコラボレーションがなされるようになってきているし、その結果として従来の有田焼や波佐見焼のイメージとは全く異なる新商品開発生産に従事する企業などが、いずれも波佐見町中尾地区の景観と結びついてツーリズムの振興につなげる動きを展開している[16)]。これらの動きや、本章で紹介した三つの小産地での事例から、以下のことが言える。

　陶磁器産地でのイノベーションの中には、個別窯元企業あるいは産地問屋をプロモータとする新製品開発もあるが、新製品考案の知的交流の仕組みとこれに関連する流通経路の革新が重要である。それが継続的に推進されることによって、産地の維持が可能となる。

　産地の各種組合の弱体化の一方で、有田焼産地の中にあるより小規模な産地単位で、あるいは組合単位でツーリズムと結合しようとする動き[17)]もまた、従来の流通経路を破壊し革新するという意味でイノベーションの一つに数えられる。

　有田町では陶磁器産業で「肥前は一つ」という運動が成長時代末期に展開した。また衰退時代には有田町だけでの産地ブランド運動が起こるというように紆余曲折があったが、現在は有田焼という名称とは別に、伊万里市大川内地区の伊万里鍋島焼、長崎県波佐見町の波佐見焼、佐世保市三川内地区の三川内焼を前面に出す動きが顕著になりつつある。これらはいずれも小産地

単位でのツーリズムと結合させての産地振興へと進んでいる。つまり、各小産地の商品を小産地名で再生・復権あるいは普及させようとする動きが活発化してきたのがここ10数年の動きである。したがってかつての有田焼産地は、幕藩時代に形成された小産地へと分解する傾向にあるといえる。今後、有田焼産地は縮小を余儀なくされるであろうが、各小産地でのイノベーションへの努力によって、小産地は、あるいは企業単独でのブランドを確立した企業は存続する可能性が高い。

　付記：本章は、九州大学経済学会の機関誌『經濟學研究』第82巻5／6合併号、pp.81-104に掲載されたIndustrial district of *Arita* porcelain in southwestern Japan: Its struggle for revitalization under the long-term stagnation of Japanese economyのダイジェスト版である。なお、本章は、2009～2012年度の日本学術振興会科学研究費補助金基盤研究（C）を得て推進した「企業と産業集積地域のイノベーション・知識創造からみた九州経済研究」（課題番号：21520798）の成果の一部である。

注
1 ）初沢敏生「地場産業産地における革新の特徴―益子陶磁器産地と笠間陶磁器産地を例に―」『経済地理学年報』第51巻第4号、2005年12月、348～367ページ。
2 ）青木英一「わが国陶磁器産地における生産減少への対応―産地間比較を通して―」『人文地理』第60巻第1号、2008年2月、1～20ページ。
3 ）米光靖「陶磁器和飲食器産業の縮小の特徴―事業所規模別・地域別分析―」『九州産業大学商経論叢』第52巻第1号、2011年10月、19～40ページ。
4 ）その代表的な研究は、下平尾勲『経済成長と地場産業―最近の有田焼の経済構造分析―』（新評論、1973年）である。同じ著者による有田焼産地に関する研究に下平尾勲『現代伝統産業の研究―最近の有田焼の経済構造分析―』（新評論、1978年）、下平尾勲『現代地場産業論』（新評論、1985年）の第3章「地域経済と地場産業」（195～343ページ）、下平尾勲『地場産業―地域からみた戦後日本経済分析―』（新評論、1996年）がある。下平尾は明治以降の有田焼産地の正史と位置づけることのできる有田町史編纂委員会『有田町史　商業編II』（有田町、1988年）の執筆者でもある。なお、それ以前については有田町史編纂委員会『有田町史　商業編I』（有田町、1988年）、有田町史編纂委員会『有田町史　陶業編I』（有田町、1985年）、同じく同年発行の『有田町史　陶業編II』（有田町）がある。いずれも下平尾とは別の執筆者による有田焼の近世における商業と有田陶業に関する概説である。
　　そのほかにも数多くの先行研究があるが、有田焼成長時代に関する研究として主要なものは下記の諸論考である。
　　九州産業大学産業経営研究所「波佐見焼実態調査報告書」『産業経営研究所報』No.14、1982年3月、1～183ページ。

高津斌彰「地方中小企業の存立形態とその基盤―肥前陶磁器工業の場合―」『経済地理学年報』第15巻第2号、1969年12月、1～27ページ。

山本喜代治「長崎県における地場産業の現状と課題」『調査と研究』(長崎県立大学国際文化経済研究所)、第11巻第1号、1980年3月、25～40ページ。

山本喜代治「波佐見焼産地の現状と課題」『調査と研究』(長崎県立大学国際文化経済研究所)、第16巻第1号、1985年3月、1～18ページ。

河野義隆「地場産業と社会開発―波佐見焼産地の実態から―」『調査と研究』(長崎県立大学国際文化経済研究所)、第15巻第1号、1984年3月、1～23ページ。

大矢野栄次「佐賀県の陶磁器生産と伊万里焼」『地域経済研究センター年報』(佐賀大学経済学部地域経済研究センター)、創刊号、1990年3月、36～56ページ。

また、有田焼を初めとする肥前陶磁器産業の記録としての意味を持つ文献に下記のものがある。

佐賀県陶磁器工業協同組合『佐賀県陶磁器工業協同組合設立50周年記念』1999年。

肥前陶磁器商工協同組合『肥前陶磁器商工協同組合創立50周年記念誌』2001年。

中山成基『有田焼窯業の流れとその足おと―香蘭社百年の歩み―』香蘭社、1980年。

山田雄久『香蘭社130年史』香蘭社、2008年。

羽田新「伝統工芸の現代化に関するヒヤリング記録(3)―陶磁器産地を中心として―」『明治学院論叢 社会学・社会福祉学研究』87号、1991年10月、31～55ページ。

羽田新「伊万里鍋島焼の産地構造と窯元」『明治学院論叢 社会学・社会福祉学研究』95号、1994年11月、19～65ページ。

長崎県商工部工鉱課『ながさきの陶磁器』1963年。

長崎県『波佐見焼産地診断報告書』1984年。

長崎県『波佐見焼産地診断報告書』1998年。

波佐見焼振興会『ながさきのやきもの波佐見焼 Handbook』2009年。

福重菊馬『近世波佐見の陶業―工組の歩み―』波佐見陶磁器工業協同組合、1989年。

波佐見史編纂委員会『波佐見史 第3巻』(波佐見町教育委員会、1993年)の「第四編 窯業」。なお、上巻(1976年)と下巻(1981年)にも第2次世界大戦以前の波佐見焼に関する章節がいくつかある。

(財)伝統的工芸品産業振興会『平成17年度 伝統的工芸品産地調査診断事業報告書―三川内焼―』2006年。

三川内地区生涯学習推進会『三川内地区郷土史』1991年。

以上のほかにも、下記の文献がある。

米光靖「伝統的工芸品産業の振興についての考察：有田焼、博多織、京都の伝統的工芸品産業全般を事例として」『經濟學研究』(九州大学経済学会)、第73巻第1号、2006年6月、51～74ページ。

Tolliday, S. and Y. Yonemitsu. "Microfirms and Industrial Districts in Japan: The Dynamics of the Arita Ceramic-ware Industry in the Twentieth Century."*Journal of Japanese Studies*, Vol.33, No.1, 2007, pp.29-66.

柴田淳郎「企業間協働と会社制度――有田焼産地の事例分析」『国民経済雑誌』第19巻第2号、2008年2月、95～112ページ。

5）その数は、12企業、8つの産地組合（有田焼卸団地協同組合2008年9月29日、佐賀県陶磁器工業共同組合2009年11月9日、肥前陶磁器商工協同組合2009年11月19日、有田焼直売協同組合2009年10月13日、波佐見陶磁器工業協同組合2009年10月13日、伊万里鍋島焼協同組合2009年8月20日、三川内陶磁器工業協同組合2009年11月26日、大有田振興協同組合関係者2009年11月9日）、2つの公設試（佐賀県窯業技術センター2009年8月18日、長崎県窯業技術センター2009年8月19日）、1つの専門教育機関（佐賀県有田窯業大学校2009年11月9日）、4つの公的機関（佐賀県庁、有田町役場、波佐見町役場、伊万里市役所）における陶磁器産業支援担当部署の職員である。
6）本節の叙述は、注4）に掲げた諸論考のうち、下平尾によるものと九州産業大学産業経営研究所（1982年3月）などをもとに、山本なりにとりまとめたものである。
7）山内町は有田町に隣接しており、また山内町にある窯元は有田町に近い位置にあるので、有田からの影響を徐々に受けたものと推測される。吉田町は有田からやや離れているので有田からの影響かどうかはっきりしない。いずれも産地としての実態をなしたのがいつであるか、筆者は確認していない。
8）以下の需要減少要因に関する説明は、筆者が聞き取りをした産地組合や窯元、商社のほとんどにおいて話されたことである。
9）2009年8月19日に同社代表取締役の松尾慶一氏からの聞き取りに基づく。なお、白山陶器については次の文献が参考になる。上野透・宇田川元一・近藤隆史「波佐見焼の窯元、白山陶器の経営革新」DISCUSSION PAPER SERIES（長崎大学経済学部）No.2009-07、2009年6月。
10）大川内産地に関する本節の記述は、2009年8月20日に実施した伊万里鍋島焼協同組合理事長や、この産地で活躍する窯元への聞き取りに基づく。
11）この番組の概要は、次の文献に文字資料として記録されている。岩本健一郎「秘窯の里—佐賀・伊万里」NHK報道番組班編『NHK新日本紀行　第四集　民芸に生きる』新人物往来社、1978年、223～243ページ。
12）伊万里市建設部都市開発課「秘窯の里づくり（大川内山環境整備事業）」2010年。
13）「匠の蔵」シリーズ開発の仕掛け人は、産地問屋の百田陶苑である。同社代表への聞き取りは、2010年6月22日に実施した。
14）「匠の蔵」シリーズについては、次のWebsiteが参考になる。http://www.arita.gr.jp/takumi.html、2016年1月2日閲覧。
15）このアイデアを得て斬新な有田焼アイテムの開発に取り組んだ石川氏に筆者は2009年11月9日にインタビューを行ったが、その詳細は割愛する。なお、次のWebsiteが参考になる。http://www.arita-mangekyo.jp/、2016年1月2日閲覧。
16）このことを筆者は、2009年10月13日に行った波佐見陶磁器工業協同組合専務理事へのインタビューや、2010年2月に行った波佐見焼窯元へのインタビュー等で知った。
17）2009年11月26日に行った三川内陶磁器工業協同組合理事長への聞き取りによれば、長崎県佐世保市の三川内でも、ツーリズムと結びつくこと、そのために伝統的な三川内焼の技術復興が目指されているとのことである。

第6章
児島ジーンズ産業のイノベーション

豆本一茂

1　地場産業・産地が抱える問題

　地域経済の維持・成長には、域外から所得を獲得する移出産業の存在が欠かせない。日本の地方圏において戦後長らくその役割を担ってきたのは、農林水産業を除くと、地場産業・産地や誘致工場（企業）であったと言えよう。しかし、1980年代後半以降、賃金上昇と円高が進み、国内生産コストが高騰するなかで、日本の製造業は賃金水準の低い海外生産の比率を高めていった。その結果として、日本企業が国際競争力を有する自動車産業のような産業であっても、国内での工場立地や新規雇用は伸び悩むようになっている。つまりグローバル化が進んだ現在、企業（工場）誘致をしようとしても、既存産業では、誘致すべき対象（新規工場立地）そのものが減少しているのである。

　企業誘致に頼らずに地域経済を成長させるには、新たな成長産業を生み出すか、既にその地域にある産業をアップグレードしていくしかない。その意味で地域産業の代表格たる地場産業・産地の高度化には大きな期待が寄せられている。しかしながら、全国の地場産業・産地は、バブル崩壊以降、長期に渡って衰退傾向が続いている。

　地場産業・産地が抱える問題は、産地によって様々である。しかし多くの産地に共通する課題として指摘されているのが、産地に独自の自社ブランドがなく、「モノづくりにおいて主導権が取れない」という問題である。例え

ば、福井県鯖江市は眼鏡フレームの一大産地であるが、OEM（相手先ブランド）生産が中心であり、自社ブランド製品を持つ企業は極一部に限られている。海外製品・産地との競合により、加工賃は引き下げられ、受注量の減少により鯖江市の工業製造品出荷額は、ピーク時の約4割程度にまで落ち込んでいる[1]。

　こうしたなか、地域の企業が主導権を持ってモノづくりに取り組み、独自のブランドを確立している稀有な例として、岡山県倉敷市児島地区のジーンズ産業がある。ジーンズ産業もまた、他の繊維産業と同じく海外との厳しい価格競争にさらされており、国内のジーンズ生産額は縮小傾向にある[2]。しかし同地区には、社会的分業体系のもとで200社以上の関連業者が集積し、30～40の独自ブランドを持つ企業が存在している。各地の地場産業・産地が独自ブランドの確立に苦労している一方で、同地区はいかにして独自ブランドの確立に成功したのか。本章では、倉敷市児島地区のジーンズ産業の事例分析を通じて、各地の地場産業・産地が抱える課題に対する解決の一助となることを目的としている。

2　ジーンズの生産工程

（1）　デニム生地の紡績・織布

　分析に入る前に、まずはジーンズの生産工程およびその特性について見ておきたい。

　ジーンズに用いられるデニム生地の特徴としては、まず強靭さと耐久性を満たすために太番の原糸を用いていることにある。14オンスクラスの厚手の生地糸は綿番で10～8番手を用いる。またデニム生地は、経糸（たていと）に先染めの色糸を使い、緯糸（よこいと）には白色の糸を使用する。経糸の染色には、通常、ブルージーンズであれば、インディゴが用いられる。インディゴは天然染料であるが、現在では石油から精製された合成インディゴ染料が使われている。インディゴ染料には、他の染料に比べて繊維への染着力

が弱く、何回も染めなければ濃く染めることができない。そのため糸の中心まで染まらず、糸の表面だけが染まった状態になる（中白：なかじろ）。これによってデニム生地のジーンズは、洗濯や使用によって経糸の表面が削られ、白色の生地面が出てくるが、これをアタリと呼ぶ[3]。

　ジーンズ用のデニム生地に使用される綿糸は、通常用途のものに比べて太く、これらの太番手の紡績には、特殊な紡績機械を必要とする。そのため投資金額の大きさや歴史的経緯もあって、デニム用途の紡績メーカーの数は、日本でも数社に限定されている。日本ではコスト性に優れた「空気精紡」よりも風合いや強度の面で有利な「リング式紡績」が好まれる。

　通常の織物は、経・緯の糸を交錯させて織り上げた後に染色機で色づけ染色を行う（生地染め、後染め）が、デニム生地の場合は、先に糸を染める（糸染め）方法を取る。染色方法には、経糸を細い糸のまま数百本重ねた状態で、インディゴ染料などに浸して紺色に染色する「ロープ染」と糸を筒状のビームに巻き、それを1本1本分離した状態で染色する「スラッシャー染」があるが、日本では色合いの良いロープ染色法が好まれる。

　デニムの製織には、一般には「革新織機」といわれる無杼織機が使われる。一方で、杼（シャトル）を使う伝統的な「力織機」も、独特の手織り感や耳の部分に識別用の赤糸（セルビッチ）が現れるなど根強い人気があり、一部で使用され続けている[4]。

　日本で好まれている「リング紡績」と「ロープ染色」の組み合わせは、「空気紡績」と「スラッシャー染色」に比べコスト面で割高であることもあり、欧米諸国では1980年代以降、既に廃れてしまった工法であるといえる。しかしながら、「リング紡績」と「ロープ染色」は生地に高級感を出せるため、日本ではこの工法にこだわる工場が残り続けた。その結果、現在では諸外国にはない工法の組み合わせとして、日本のデニムが高い国際的評価を受ける要因の一つとなっている[5]。

　日本のデニム生地メーカーは、岡山県井原市と広島県福山市に集積しており、その多くが紡績と染色、織布を一貫して行う一貫デニム生地メーカーで

ある。なかでもカイハラは、1970年にロープ染色機を自社開発し、現在では国内50％のシェア、輸出においてもトップシェアを占めており、国内外のナショナルブランド、有名ブランドの多くにデニム生地を供給している。

表1-6-1 デニム生地メーカー

社名	本社	工場	デニム設備
カイハラ㈱	広島県福山市	広島県福山市、三次市、府中市、神石高原町	紡績から一貫
クラボウ（倉敷紡績）㈱	大阪府中央区	香川県丸亀市、愛知県安城市、徳島県阿南市	紡績から一貫
日清紡テキスタイル㈱	東京都中央区	徳島県吉野川市	紡績から一貫
クロキ㈱	岡山県井原市	岡山県井原市	染色、織布
日本綿布㈱	岡山県井原市	岡山県井原市	染色、織布
坂本デニム㈱	広島県福山市	広島県福山市	染色、織布

（出所）甲賀一郎「ジーンズ流通の仕組みを学ぶ」『新訂9版ジーンズハンドブック』繊維流通研究会、2010年、109ページをもとに筆者加筆修正。

図1-6-1 ジーンズの生産・流通経路

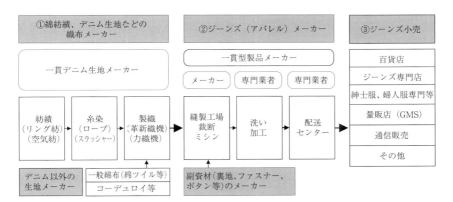

（出所）甲賀一郎「ジーンズ流通の仕組みを学ぶ」『新訂9版ジーンズハンドブック』繊維流通研究会、2010年、108ページをもとに筆者加筆修正。

（2） ジーンズ縫製・洗い加工・出荷

　ジーンズ縫製については、まずはデザインなどの①商品企画と、パターンメイキングなどの②試作・設計段階がある。最近では、原型パターン作りはCAD化によって、自動化が進みつつある。その後、③縫製準備段階としてマーキング（型入れ）、延反、裁断、仕分けが行われる。マーキング（型入れ）とは、身ごろやポケット、ベルト部分などのパーツを生地上に隙間なく並べることであり、できるだけ生地に多くのパーツを配置することが求められる。最近ではこの工程もコンピューター上で行われる。延反は丸巻きされた原反を規定枚数（通常は40～60枚程）延反台の上に平面上に解反して（延ばして）広げる工程である。裁断は、延反台上の生地をマーキングに沿って電動裁断機にて裁断する工程である。この工程も最近では機械化されており、完全自動で行われる。④縫製工程では、ミシンでパーツを縫い合わせるが、一般に1本のジーンズを縫い上げるのに20数人が分業作業し、流れ作業により組立完成させる[6]。

　次に縫製されたジーンズは洗い加工に回される。縫製したばかりのジーンズは、織布糊の影響のため非常に固く、また水分を含むと縮むためサイズが安定しないなどの問題がある。そのため洗い加工によって未染着の染料や合成織布糊を落とし、水洗いによって縮ませるだけ縮ませることで、初めて素肌に履くことができる製品になる。現在では、洗い加工は、水洗いだけでなく湯や酸化剤、還元剤などの薬品類や石、砂、樹脂などの固形物と一緒に水洗機のなかで洗濯することで商品の付加価値を高める工程にもなっている。さらにはヤスリやサンドブラスト、スプレー、レーザー加工などによって着古した感じの「ユーズド」加工や破れた「ダメージ」加工が行われる[7]。

　日本のジーンズ産業の特徴の一つは、縫製工程と洗い加工が別個に独立し、委託関係にあることである。縫製と洗い加工を同一企業内で行うメーカーを一貫型製品メーカーと呼ぶ。欧米や中国などでは縫製工程と洗い工程が同じ企業、同じ工場の敷地内に存在する一貫型製品メーカーがほとんどである。これに対し日本の場合、ジーンズメーカーの企画、デザイン部門との協

第6章 児島ジーンズ産業のイノベーション　89

表1-6-2　主要なジーンズ洗い加工企業

社名	本社	社名	本社
小田デニム洗業㈱	広島県福山市駅家	㈲タグチ	広島県深安郡神辺
クワダ染業㈱	広島県福山市新市	難波染工㈱	岡山県倉敷市児島
㈱晃立	岡山県倉敷市児島	㈱西江デニム	岡山県井原市高屋
㈱サーブ	神奈川県平塚市	㈱ニッセン	岡山県倉敷市児島
㈱四川	広島県福山市加茂	㈱ブルーメイト	岡山県倉敷市児島
㈱第一ドライクリーニング	東京都品川区	豊和㈱	岡山県倉敷市児島
㈱京浜流通センター	神奈川県川崎市	宮武㈱	岡山県倉敷市児島
タカヤ繊維㈱	岡山県井原市高屋		

（出所）甲賀一郎「ジーンズ流通の仕組みを学ぶ」『新訂9版ジーンズハンドブック』繊維流通研究会、2010年、113ページをもとに筆者加筆修正。

業により、洗い加工業者は「ストーンウオッシュ」や「ケミカルウォッシュ」「バイオウォッシュ」などの様々な新基軸を生み出してきた[8]。表1-6-2にあるように洗い加工企業の多くが広島県福山市、岡山県井原市、および岡山県倉敷市児島地区に集積していることが見て取れる。

　こうして製造されたジーンズは、百貨店やジーンズ専門店、紳士服・婦人服専門店、量販店などの小売店に出荷され消費者のもとに届けられることになる。

3　児島地区のジーンズ産業の歴史

(1)　綿花生産から足袋、学生服へ

　岡山県倉敷市児島地区は、かつては瀬戸内海に浮かぶ島であった。古くから岡山や倉敷から干拓が進められ、1618（元和4）年に堤防が延長され、陸続きの半島になったとされている。江戸時代に入ってからも池田藩による積極的な干拓が進められ、さらに明治以降になっても大規模な干拓が引き続き行われてきた土地である。干拓地である児島地区の土は塩分を含んでいることから米作には向いておらず、その代わりに盛んになったのが綿花栽培であ

る。児島地区では江戸時代中期以降の1770年から綿花栽培が盛んになり、児島地区で生産された綿花は、児島や下津井港から船で大阪や京都に出荷された。やがて児島地区でも綿花を加工して綿製品を作るようになり、真田紐や小倉織の帯地などの製品を中心に備中における木綿の主要産地に成長していった。やがて江戸後期から明治にかけて、児島地区では帆布（平織りで織られた厚手の布）や足袋の生産が盛んになり、大正期には足袋生産は生産量1000万足を超えて日本一の生産量を誇った[9]。

　大正から昭和初期にかけては、児島地区では学生服の生産が盛んになった。その理由は、素材の木綿が地元で簡単に入手できたこと、岡山県にしかない足袋の裁断技術を持っていたことなどから、地元企業の参入が容易であったことにある。1937年頃には岡山県の学生服生産量は、全国の9割を占めるまでになった。しかし戦時中は、綿の統制が行われ、業者の多くが軍需工場に指定され、学生服の生産は減少していった。戦後になり1950年には綿の統制は解除されたが、その頃から素材の革新が起こり、ナイロンなどの合成繊維が使われるようになった。大手の合成繊維メーカーの力が強まり、児島地区における学生服の製造も減少していった[10]。それでも、学生服生産は児島地区の主要産業としての地位を保ちつづけ、現在でも全国の6割のシェアを誇っている。

　このように児島地区では、足袋から学生服、作業服などの被服製造業が中心となり、これによって、紡績業、撚糸業、染色業、織物業、ミシン業者、ボタン製造業など多くの繊維関連業種が児島地区に集積することになったとされている[11]。

（2）　輸入中古ジーンズから国産ジーンズへ

　日本でジーンズが流通するようになったのは終戦後である。占領軍であるアメリカ兵たちが着ていたチノパンツやデニム・ジーンズが古着として出回り、そこにアメリカ軍の放出品が加わった。当時は衣料品も配給制が残っており、丈夫なジーンズはアメリカ文化へのあこがれもあり、大きな需要があ

った。1950年頃には、アメリカから中古ジーンズを輸入して販売するビジネスが広まり始めた[12]。1957年には既成服の輸入制限が大幅に緩和され、リーバイスやリーなどの新品ジーンズの輸入が始まった。しかし新品のジーンズは固く、はき心地が悪かったため、洗い加工を行って柔らかくしたものが流通するようになった。

1960年代に入り高度成長期になると、ジーンズへの需要はさらに増した。需要の増加を見込んで国内でもジーンズを生産したいという小売業の要求を受けて、日本国内でもデニムの縫製に取り組む試みが始まった[13]。学生服から脱却し、新しい商品開発に取り組もうとしていた岡山県倉敷市児島地区にあるマルオ被服（現ビックジョン）が、アメリカから輸入したデニム生地を入手し、同じくアメリカから中古のユニオンスペシャル社のミシンを輸入して縫製を行ったのが国産ジーンズの第１号と言われている[14]。

1960～70年代はジーンズが大衆化した時代であり、岡山県井原市や倉敷市児島地区の学生服、作業服業者がジーンズに参入する事例が相次いだ。1963年にはカネワ被服（現ジョンブル：倉敷市児島）が設立され、1967年には鎌倉被服興業（現ブルーウェイ：広島県府中市）がジーンズの生産を開始し、1971年には、山尾被服工業（現ボブソン：岡山市）、大島被服（現ベティスミス：倉敷市児島）、内田被服産業（現ドミンゴ：倉敷市児島）がジーンズの生産を開始した。

1970年前後には、井原市を中心とする備中地区に自社ブランドを持つジーンズ生産者が30前後あったとされている[15]。また、1970年代中頃までにデニム素材や副資材は、デニム生地ではカイハラやクラボウ、ジッパーではYKK、ミシンはブラザー工業やJUKIといったように、ほとんどが国産のものに置き換わっていった[16]。

注目すべき点として、日本のジーンズ産業は、第二次大戦後に新たに生まれた商品であり、それ以前の繊維製品の流通経路とは異なる発展をたどってきたことである。そのためジーンズ製品の多くは、糸や製品の中継ぎ機能の問屋を介在しない「直接取引」が主流となっている[17]。日本各地に存在する

地場産業・産地の多くは、産地問屋・消費地問屋を経由した取引を行っており、そのため地場産業・産地にある生産者の多くは生産機能に特化し、商品企画やマーケティングといった機能を問屋に依存する形となっている。その意味でジーンズ産業は、多くの地場産業・産地とは対照的な流通構造となっている。

(3) ジーンズ産業の拡大と苦境

1970年代も後半になると、ジーンズの寡占化が進み、ラングラー、マルオ被服（ビッグジョン）、ホブソンで40％のシェアを占め、次いでエドウィン、リーバイスなど大手企業が大半のシェアを占めるようになった。ジーンズ産業は、その後も何度かの繊維不況を乗り越えながら成長し、1980年代の「ケミカル・ジーンズ」ブームや1990年代の「ビンテージ」ブームなどを経て、1996年には生産量は約8000万着の水準にまで拡大した。

この間に、小売では、1980年代中頃からナショナルブランドを中心に扱うジーンズ専門店がチェーン展開を進め、1980年代後半には郊外のロードサイドに進出し始めた。その一方で、原宿や大阪アメリカ村では中古衣料やセレクトショップにおいてメジャーではないジーンズブランドを扱う動きも続いていた。また、百貨店では、バブル景気の支えもあって海外ブランドのインポート・ジーンズがブームとなった。GMS（量販店）では1970年代の前半からプライベートブランドを展開しており、それらの生産を担ったのが広島や岡山の縫製・洗い加工業者であった。しかし1985年のプラザ合意以降は、円高の影響もあり、より労賃の安い発展途上国からの輸入に順次切り替わっていった[18]。

1990年代の後半になるとユニクロに代表されるSPAが急速に台頭してきた。2009年には、ユニクロのセカンドブランド「g.u.（ジーユー）」が、それまでの常識を覆す激安の990円ジーンズを発売し大ヒットした。この成功を受けて、イオン、西友などプライベートブランドの超低価格ジーンズが次々に登場した。日本でのジーンズはファッション衣料の性格が強く、比較的高

価格な製品（5000〜7000円）が中心だったが、超低価格ジーンズのヒットにより、大手ナショナルブランドメーカーの業績が急速に悪化し、日本三大ブランドの一つであったボブソンが2012年に倒産した（現在、経営再建中）。また、2015年にはブルーウェイも倒産している。

　日本ジーンズ協議会の生産調査推移を見ると（図1-6-2）、1996年以降、減少傾向にあるが、2010年以降は下げ止まっている。しかしこの統計は、協会加盟企業分のみで、ユニクロなど大手SPA系は加盟しておらず、専業メーカーでもボブソン、ブルーウェイ、ドミンゴ、ジョンブルなども加盟していないことに注意が必要である。

　また、児島地区におけるジーンズの生産量については、ジーンズのみに関する統計はない。そこで倉敷市における繊維工業の推移を見ると（図1-6-3、図1-6-4）、従業者数は1980年代前半以降、一貫して減り続けており、製造品出荷額等については、1992年をピークに減少を続けているが、同じく2010年以降、下げ止まる傾向が見られる。ちなみに児島地区の2013年の繊維工業の従業者数は4029人で、倉敷市が5687人であることを考慮すると、7割近くが児島地区に集積している計算になる。

図1-6-2　ジーンズ（ボトムス）の生産量

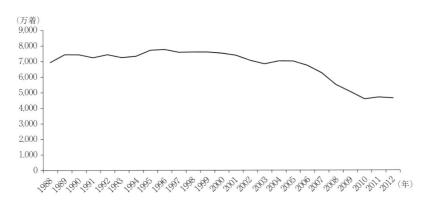

（出所）日本ジーンズ協議会の生産調査推移より筆者作成。

94 第1部 イノベーションと地域産業

図1-6-3 倉敷市の繊維工業の従業者数の推移

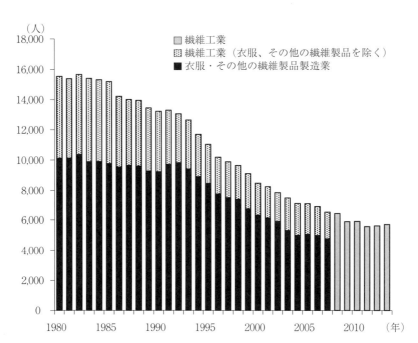

(注) 2008年から日本標準産業分類の改定により、産業中分類で衣服・その他の繊維製品製造業と繊維工業（衣服、その他の繊維製品を除く）は繊維工業に統合された。
(出所) 経済産業省「工業統計表（市町村編）」より筆者作成。

4 ヴィンテージ・ジーンズ・ブームと新興ブランドの誕生

(1) ヴィンテージ・ジーンズ・ブーム

　児島地区には、ビックジョン、ベティスミスといったナショナルブランドメーカーが存在し、ドミンゴとジョンブルという中堅メーカーが立地している。これらはいずれも1970年代前半までに学生服の生産からジーンズに参入してきたメーカーである。児島地区には200社近いジーンズ関連業種が集積しているが、これらの大手・中堅メーカーは、時代とともに自社工場を中国・四国地方や海外に展開するとともに、児島地区の企業とも縫製や洗い加

図1-6-4 倉敷市の繊維工業の製造品出荷額等の推移

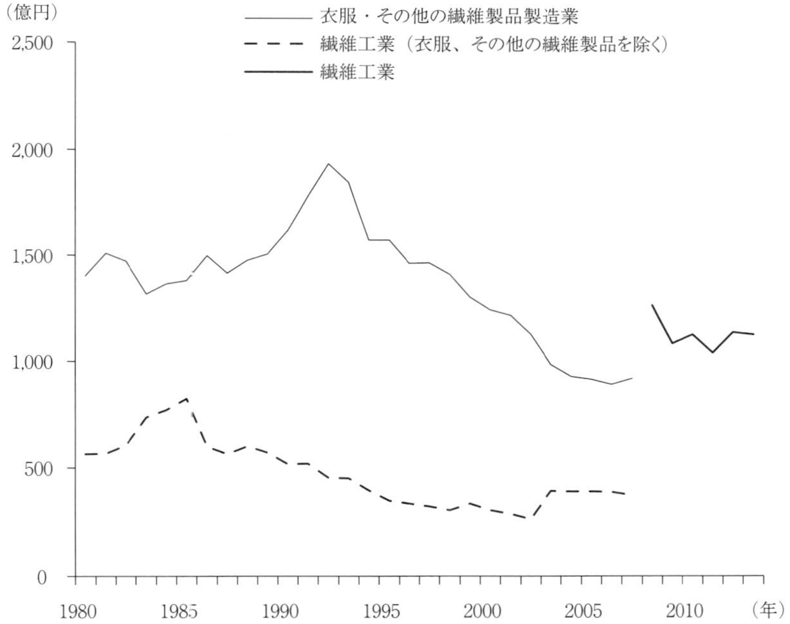

（注）図1-6-3に同じ。
（出所）図1-6-3に同じ。

工で協力関係を築くことで生産を行ってきた。その意味では、児島の産業集積は、これら大手・中堅メーカーによって支えられてきたといえよう。

　これらの大手・中堅メーカー以外の児島地区のジーンズ製造業の多くは、OEMメーカーである。その多くは量販店やセレクトショップからの仕事を請け負ってジーンズの生産を行っている。1970年前後に独自ブランドを手がけていたメーカーも1970年代後半には大手の寡占化が進み、独自ブランドを辞めてOEMに回帰したメーカーもあった。

　児島地区で独自のブランドを持った企業が再度表に出てくるきっかけとなったのが、1990年代前半のヴィンテージ・ジーンズ・ブームである。リーバ

イス501XXに代表される1940～50年代に製造されたデッドストックのジーンズが高値で取引され、中にはオークションで100万円を超える値段がついたものもあった。このヴィンテージ・ジーンズ・ブームのなかで、各メーカーは、ヴィンテージ・ジーンズを再現しつつ、本物よりも安いレプリカ・ジーンズの製造・販売に競って取り組むこととなった。

（2） 新興ブランドの誕生

　このヴィンテージ・ジーンズ・ブームにおいて注目されたのが児島地区のジーンズ産業集積であった。ヴィンテージ・ジーンズのデニム生地は、当時の技術であるリング紡績による糸をロープ染色し伝統的な力織機で織ったものであり、その再現には、これらの技術や設備を保持し続けていた福山市と井原市に集積するデニム生地メーカーの存在が欠かせなかった。欧米企業は、1980年代にコスト面から空気精紡やスラッシャー染に移行しており、織機も革新織機になっていたことから、ヴィンテージ・デニム生地の再現ができなかった。これをきっかけとして日本産のデニム生地の評価が世界的に高まることになった。また、中古のヴィンテージ・ジーンズを再現するために、新品のジーンズを古着に見せるシェービングやブラスト、ダメージ加工など様々な加工技術が生み出された。こうした加工方法は、メーカーと児島地区に集積する洗い加工業者との協働によるものであった。

　ヴィンテージ・ブームのなかで中心的役割を果たしたのが藍布屋（倉敷市児島）である。同社は1992年にデニム生地の企画・販売を行う会社として出発し、旧式力織機を使ったデニム生地の供給を始めた。2003年には、独自ブランドのオリジナル・ジーンズの販売を開始し、現在では「桃太郎ジーンズ」ブランドを展開している。

　ヴィンテージ・レプリカ・ジーンズは、それまでの大手メーカーのジーンズが、1本5000～7000円であったのに対し、1万5000円～3万円といった比較的高価格の商品であり、量は出ないが、他人との違いを求めるマニア層に対して個性的な商品を提供していった。児島地区では、ブームを受けてヴィ

ンテージ・レプリカを手掛ける新興ブランドが次々と生まれることとなった。同地区では、デニム生地産地である井原市や福山市に近く、ジッパーなどの副資材商社や洗い加工業者が集積しており、ミシンさえあれば、ジーンズメーカーを立ち上げることができ、また OEM 縫製メーカーにデザインさえ持ち込めばジーンズの生産が可能だったからである。

(3) 児島ジーンズストリート構想

ヴィンテージ・ブームのなかで、児島地区は高品質なデニム・ジーンズの産地として雑誌など様々なメディアで紹介され、大きな注目を集めることとなった。しかし児島地区には、全国からジーンズ愛好家が訪れるようになったものの、児島地区はあくまで生産地であり、ジーンズを購入する場がなかった。

そのため、児島商工会議所では、シャッター通りとなっていた児島の味野商店街の空き店舗にジーンズ販売所を誘致し、デニム・ジーンズをキーワードにしたまちづくりを進めることにした。ちょうど味野商店街は2007年からまちづくり交付金を受けて下水道の敷設とアーケードの撤去に着手しており、これによってまちの風景が変わることが期待されていた。2009年には、児島ジーンズストリート推進協議会が発足し、会長には藍布屋の眞鍋寿男社長が就任した[19]。当初は桃太郎ジーンズと DANIA JAPAN の2店舗しかなかったが、2015年現在では25店舗近くのジーンズ、カジュアルウェア・ショップが出店している。

これらのオリジナル・ブランドのショップの多くは、眞鍋社長の依頼で出店してきた店舗であり、その多くは児島地区でジーンズの OEM 生産を行っている企業や、学生服メーカーがもとになっている（井原市や岡山市などから出店している企業もある）。なかには、平行して既存の OEM 工場も操業していることから平日は営業せず、土日や祝日にのみ社長が店舗に出てきて営業しているものもあるとのことである[20]。

5 イノベーションを生み出す環境

児島地区のジーンズ産業は、典型的な「マーシャル型」産業集積である。同種類の製品を生産する中小企業が多数立地し、それらの中小企業で働く職人が長い年月をかけて技術・技能を習得し、熟練労働者のプールを形成している。また、製品の生産や流通に関する関連業種が集積し、社会的分業体系のもとで生産を行っている[21]。こうした特徴は、日本各地にある地場産業・産地にも共通したものであるが、先述したように、多くの地場産業・産地は、独自製品の開発に苦しんでいる。そのなかで、なぜ児島地区のジーンズ産業が新たな独自ブランドを生み出し続けることができるのか。その理由は、ヴィンテージ・ジーンズ・ブームという市場環境の変化が、結果的に児島地区のメーカーを利することになったという側面もあるが、製品の流通を手掛ける問屋が存在せず、メーカーが小売と直接取引を行っていることにあると考えられる。

一般に中小零細企業が社会的分業によって生産を行っている産地では、個々の企業は、生産工程の一部を担うだけであり、生産工程全体を統括する能力はない。また、企業規模も小さく、企画・開発の専門職やデザイナーを独自に雇う力もない。国内需要の多かったバブル以前は、どのような商品を作れば良いのか、自社で独自に考える必要はなかった。問屋から注文のあった商品を、言われた通りに作れば売れたからである。その意味で、高度成長期に形成された産地の生産・流通構造が、企業の独自性を発揮する際の阻害要因になっているともいえよう。

これに対し児島地区では、小売との直接取引が主流であり、前記のような問題が生じなかったことが、結果として独自ブランドを多数生み出すイノベーティブな環境を生み出した。関連産業が集積し、ミシン 1 台があれば新ブランドを立ち上げることができる生産体制があり、過去に多数のブランドを擁していた成功体験や企業が独自に製品開発に取り組む企業風土もまた、こうしたイノベーティブな環境を形作る要因になったと考えられる。

さらには、児島地区の場合、戦後のジーンズ産業の立ち上げ期に、主要大手メーカーの生産地となり、洗い加工業者という日本独自の業態を生み出したことも重要である。特にヴィンテージ・ジーンズ以降の多様化する個性派ジーンズの生産には、児島地区に集積する洗い加工業者の協力が不可欠だったからである。

　ジーンズ産業も国際競争のもとで低価格化の圧力に晒されているが、ファッション産業という個性化が求められる業界において、児島地区の高価格・高品質なデニム・ジーンズは世界的に見ても高い評価を受けており、今後もジーンズの世界で独自のポジションを保持していくものと期待される。

注
1）佐々木一成「眼鏡のまち鯖江の地場産業振興と学生連携」『地域づくり』一般財団法人地域活性化センター、2010年10月号。
2）伊東維年「グローバルプレッシャー下の日本の産業集積」伊東維年・山本健兒・柳井雅也編著『グローバルプレッシャー下の日本の産業集積』日本経済評論社、2014年、297～283ページ。
3）西川達雄「ジーンズ素材の知識」『新訂9版ジーンズハンドブック』繊維流通研究会、2010年、4～7ページ。
4）甲賀一郎「ジーンズ流通の仕組みを学ぶ」『新訂9版ジーンズハンドブック』繊維流通研究会、2010年、108～109ページ。
5）佐伯晃「日本のジーンズ発展史」『新訂9版ジーンズハンドブック』繊維流通研究会、2010年、99ページ。
6）吉村恒夫「ジーンズ縫製の基礎知識」『新訂9版ジーンズハンドブック』繊維流通研究会、2010年、31～40ページ。
7）桜井秀実「究極の洗い加工」『新訂9版ジーンズハンドブック』繊維流通研究会、2010年、56～57ページ。
8）佐伯晃、前掲論説、101ページ。
9）杉山慎策『日本ジーンズ物語』吉備人出版、2009年、16～26ページ。
10）同前、28～30ページ。
11）眞鍋寿男「日本で初めて国産ジーンズをデビューさせた町」児島商工会議所資料。
12）佐伯晃、前掲論説、96～97ページ。
13）同前、98ページ。
14）杉山慎策、前掲書、62～69ページ。
15）ベティスミス・ジーンズミュージアム2号館資料。
16）佐伯晃、前掲論説、99ページ。
17）甲賀一郎、前掲論説、108ページ。

18）佐伯晃、前掲論説、100〜104ページ。
19）日本商工会議所「まちの解体新書　世界に誇るジーンズの聖地　岡山県倉敷市　児島」『石垣』第32巻第10号、2013年1月。
20）児島商工会議所へのヒアリングによる。
21）山本健兒「産業の国際競争と集積」伊東維年・山本健兒・柳井雅也『グローバルプレッシャー下の日本の産業集積』日本経済評論社、2014年、5ページ。

第7章
地域イノベーションシステムと紙産業クラスター

鈴木　茂

はじめに

　モノづくりで世界一を誇った日本産業は、日本企業のグローバル化に加えて、半導体・太陽電池・液晶産業等に典型的にみられるように、台湾・韓国・中国等の新興工業諸国の追い上げに直面して、国際競争力を低下させ、国際競争力の再構築が重要な産業政策の課題になっている。日本産業の国際競争力を再興するにはイノベーションと新規創業がキーワードであり、産学連携による先端技術の実用化が重要な課題として提起されている。1980年代に通産省（当時）が推進したハイテク産業の地域集積を促進しようとするテクノポリス（Technopolis）、産業クラスター計画、文部科学省が推進した知的クラスター計画、都市エリア産学連携等がその典型である。2016年1月に閣議決定された第5期科学技術基本計画は、日本産業の国際競争力を強化するために科学技術イノベーション・情報通信戦略を掲げ、官民合わせた研究開発投資を2020年にはGDP比4％以上にすることを謳っている[1]。また、「日本再興戦略（改訂2015）」は、イノベーション・ベンチャー創造へ向けた大学改革として、特定研究大学（仮称）、卓越研究大学（仮称）、卓越研究員（仮称）制度の創設による大胆な大学改革を推進するとしている[2]。

　ところで、資本家が推進するイノベーションこそが資本主義経済の生命力であることを指摘したJ.A.シュンペーター（Joseph Alois Schumpeter, 1883~1950）は、イノベーションを当該時代における先端技術による革新的

なイノベーションだけでなく、ささいな改良もイノベーションであると指摘した[3]。また、20世紀の代表的経営学者である P.F. ドラッカー（Peter Ferdinand Drucker, 1909~2005）は、企業家の主要な役割はイノベーションを推進することであると指摘するとともに、イノベーションが生起する機会として、①予期せぬ成功と失敗の利用、②ギャップを探す（調和せざるものの存在）、③ニーズを見つける、④産業や市場の構造変化、⑤人口構造の変化に着目する、⑥認識の変化をとらえる、⑦新しい知識を活用する（ハイテク）の七つを列挙したが、この順番はイノベーションが成功する確率の高い順に並べたものであると指摘している。つまり、ドラッカーはイノベーションには新しいアイデア（先端技術）をベースしたものから既存の製品の改良まで含むものであり、後者の方が成功の確率が高いことを指摘した[4]。

　イノベーションを大きく分けるとシーズ志向型イノベーションとニーズ志向型イノベーションとに分けることができる。大学・研究機関が開発した最先端のアイデアによるイノベーションは前者であり、在来型産業が消費者ニーズに対応した商品・サービスを開発する方式が後者に該当する。ドラッカーによれば、イノベーションの成功の確率は後者のニーズ志向型イノベーションの方が高いということである。

　今日、日本産業の国際競争力再生においてイノベーションの重要性が指摘され、イノベーションを推進するために公的資金を集中的に投入することが謳われているが、対象となる領域は、主として先端技術分野である。しかしながら、イノベーションは最終的には消費者ニーズに合致した新商品・サービスが開発され、消費者に受け入れられて初めて完成する。イノベーションは先端技術分野の「専売特許」ではなく、在来型産業においても可能である。むしろ、在来型産業は既存のビジネス活動を通じて消費者ニーズの把握を日常的に行っており、ニーズ対応型のイノベーションに優位性をもつ。在来型産業は、既存技術の改良と他産業がもたらす技術革新の成果を組み合わせることで消費者ニーズに対応した商品・サービスを開発しているのである。

第7章 地域イノベーションシステムと紙産業クラスター 103

　本章は、在来型産業の中でどのようにイノベーションが生じているか、紙パルプ産業クラスターを事例として考察しようとするものである。まず、第１節では日本における紙パルプ産業の概要、第２節では紙パルプ産業の地域集積と愛媛県四国中央市における紙パルプ産業クラスターの特徴、第３節では紙パルプ産業クラスターのイノベーションとＲ＆Ｄ、第４節では中堅・中小企業によるイノベーション、最後にセルロースナノファイバーと紙パルプ産業のイノベーションの可能性について、考察したい。

1　紙パルプ産業のイノベショーン

(1)　日本における紙パルプ産業の歴史的発展

　紙パルプ産業の歴史は古く、植物繊維を漉いて紙を作る技術は紀元前２世紀頃に発明されていたが、西暦105年（中国後漢の時代）頃に蔡倫（さいりん）が実用的な製法に改良し、日本には西暦610年頃に僧曇徴（どんちょう）が伝えたといわれている[5]。日本に伝来した手漉きの技術は当初は麻やぼろ布を原料にしていたが、日本に自生する三椏（みつまた）、楮（こうぞ）、雁皮（がんぴ）等を原料に取り入れたり、様々な技術的改良を施しながら各地に伝えられ、日本独自の手漉き和紙の産地が形成されていった。紙は書写体として貴重品であり、高付加価値製品であったから、水資源と原料となる三椏や楮が入手可能な地域においては、農民の農閑期の副業として全国各地で手漉き和紙の生産が行われた。今日でも美濃和紙・越前和紙・土佐和紙・阿波和紙等、多様な和紙産地が存在し、そのなごりが残されている[6]。

　他方、機械抄洋紙の技術が日本に伝わるのは明治維新以降である。「日本資本主義の父」といわれる渋沢栄一（1840～1931）は「製紙業、印刷事業は文明の源泉」[7]であるとして、近代的な機械抄紙技術の導入に取り組み、1873（明治６）年には王子製紙㈱の前身となる東京王子抄紙会社を設立し、1875年から創業を開始した[8]。前年に浅野長勲が有恒社を東京日本橋に設立したのを皮切りに、この時期に６社が設立されている（表１-７-１参照）。ま

表1-7-1　明治初期の製紙会社の設立

会社名	創立者	設立年	場所
有恒社	浅野　長勲	1872	東京　日本橋
抄紙会社	渋沢　栄一	1873	東京　王子
パピール・ファブリク	槇村　正直	1873	京都　梅津
蓬莱社中之島製紙所	後藤象二郎	1874	大阪　中之島
三田製紙所	林徳左衛門	1875	東京　三田
神戸製紙所	米人ウォルシュ	1877	神戸　三ノ宮

（出所）王子製紙編『紙・パルプの実際知識（第5版）』東洋経済新報社、1993年、7ページ。

た、製紙会社の設立と前後して新聞社が相次いで設立された。1872年に毎日新聞が設立されたのを皮切りに、1874年には読売新聞・東京日日新聞・報知新聞・朝野新聞・曙新聞、1888年には朝日新聞が設立された。紙パルプ産業の発展がジャーナリズムの発展を促し、ジャーナリズムの発展が情報媒体としての紙の需要を拡大し、紙パルプ産業を発展させたのである。

　機械抄洋紙技術の発展、とりわけ、木材チップの化学処理による製紙技術[9]の発達は、木材資源の豊富な北海道や樺太等の植民地に製紙工場を立地させることになった。さらに、製紙原料が輸入木材チップに転換されると、新たな製紙工場は臨海工業団地に立地する傾向を強めた。他方では、機械抄洋紙の拡大は、経営規模が小さく、生産性の低い手漉き和紙を衰退させることになった。この結果、古くからの手漉き和紙産地の多くが衰退したが、手漉き和紙から機械抄洋紙への転換に成功した産地と木材チップの海上輸送に便利な臨海工業団地に立地した産地が紙パルプ産業の集積地域として存続することになった。

（2）　紙パルプ産業の特徴と地位

　紙パルプ産業は、手漉き和紙については1400年余り、機械抄紙については150年近い歴史をもつものであり、日本の産業の中でも最も古い歴史を持つ産業である。2013年現在、事業所数6116所（製造業全体20万8029所）、従業

図1-7-1 紙パルプ産業の地域（製造品出荷額、2013年）

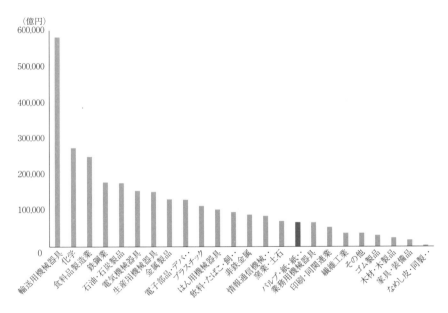

（出所）『工業統計表』2013年版より作成。

員数18万1608人（同740万2984人）、製造品出荷額6兆7411億円（同292兆921億円）にのぼる。しかし、製造品出荷額ベースでみれば、紙パルプ産業は製造業全体の2.3%を占めるにすぎず、日本の製造業全体の中で決して大きな地位を占める産業ではない。紙パルプ産業は、産業分類では基礎素材型産業に分類され、資源・エネルギー多消費型産業であり、環境負荷が大きいから、地域経済を牽引する戦略産業として位置づけられることが少ない。エレクトロニクス・情報機器・輸送機械等の加工組立型産業が成長産業であるのに対して、紙パルプ産業は成熟産業として位置づけられている（図1-7-1参照）。

しかしながら、紙パルプ産業は工業統計で把握されるよりもはるかに大きな機能を担っているのであり、人々の日常生活や産業活動を支えている。紙

は3大機能（吸収、包装、書写体）を持ち、生活必需品であると同時に、重要な生産財としての性格をもっている。トイレットペーパーやティッシュペーパーがなければ衛生的な生活を1日たりとも送ることができないし、紙おむつは育児だけでなく高齢者の介護に無くてはならないものである。絶縁紙がなければ電子部品は作動しないし、今後期待されているスマートシティ等の情報システムを活用した未来型都市の建設も不可能である。段ボール箱は包装資材の約4割を占めており、物流を支える重要な容器である。段ボール箱がなければ、今日の効率的な物流システムが機能しない。

さらに、製紙技術は繊維状素材を高速でフィルム状に加工する技術であり、繊維状の新素材が市場に投入されれば、それを新旧の紙製品に加工する技術とノウハウを蓄積している。繊維状素材の加工技術は、長年に渡って職人技として蓄積され、機械抄洋紙技術が導入されると機械抄和紙技術に発展した。化学産業が市場に投入する新素材や超微細加工技術の成果を紙パルプ産業が融合し、従来にない新しい紙製品を加工する潜在的可能性を秘めている。

（3） 素材革命と紙パルプ産業のイノベーション

岩波書店が発行する『広辞苑』によれば、紙は「主に植物性の繊維を材料として、…漉いて製した薄片」[10]と規定している。しかしながら、今日、日常生活の中で「紙」として使用しているものにはこの規定に収まらない「紙」が沢山登場している。植物繊維を素材とした伝統的な紙製品だけでなく、合成繊維を素材として取り込んだ多様な「紙」が登場している。一般的には紙は水に濡らすと破れるが、「ウェットティッシュ」がレストラン・カフェで使用されている。紙の電気特性は「絶縁性」であり、コンデンサー等の電子部品に幅広く使用されているが、電導性をもった「紙」を製造することが可能である。「紙」の常識に反する機能を持った新しい紙製品を開発することが可能になっているのであり、その基礎は化学メーカーが市場に投入した合成繊維である[11]。

戦後の化学工業が市場に投入してきた合成繊維が特殊紙・機能紙の開発を可能にしたのであり、成熟産業と考えられてきた伝統的な紙パルプ産業が持続的にイノベーションをおこし、進化していることを看過することができない。

加工技術の進化は、3D 印刷技術によるモノづくりにみられるように、製造業の伝統的な部品加工技術のイノベーションを惹き起こしつつある。加工精度が従来のミクロンからナノレベルに至る超微細加工技術が確立しつつあるが、繊維の加工技術においてもセルロースナノファイバー（Cellulose Nanofibers, CNF）が注目されている。CNF は、重さが鋼鉄の 5 分の 1、強度が 7 〜 8 倍あり、熱による変化が少なく、植物由来の素材であるから日本の森林資源を活用でき、再生可能な資源であり、「夢の素材」として注目を集めている。ＣＮＦは鉄に代る次世代型の素材として注目を集め、既に実用化へ向けた多様な研究開発が開始されている。CNF の製造コストの引き下げと効率的な量産技術が開発されれば、鉄に代る次世代型素材として、紙パルプ産業の新たなイノベーションの契機となるにちがいない。

2　紙パルプ産業の地域集積とクラスターの形成

（1）　日本における紙パルプ産業の地域集積

紙パルプ産業は日本の産業の中で最も古い歴史を有する産業の一つであり、全国各地に集積している。都道府県単位でみると、最も紙パルプ産業の製造品出荷額が多いのは静岡県であり、全体の11.3％を占めている。静岡県には富士市や富士宮市等の紙パルプ産業が集積した地域がある。富士山の裾野にあって水資源や木材資源が豊富であったこと、首都圏や中部・近畿圏等の大都市の市場圏の中間に位置し、市場と物流面で優位性があったことが紙パルプ産業集積を促進する要因になったものと考えられる。第 2 位は愛媛県（7.9％）、第 3 位埼玉県（6.1％）と続き、上位10道県で全体の54.4％を占める（表1 - 7 - 2 参照）。自動車産業の場合には愛知県に日本全体の約 4 割が一

表1-7-2 紙パルプ産業の都道府県別集積（製造品出荷額、2013年）

（単位：百万円、％）

都道府県	製造品出荷額	比率
静岡県	732,305	10.9
愛媛県	530,479	7.9
埼玉県	411,510	6.1
北海道	398,152	5.9
愛知県	398,245	5.9
大阪府	329,454	4.9
兵庫県	280,093	4.2
神奈川県	201,717	3.0
岐阜県	195,058	2.9
宮城県	189,019	2.8
小　計	3,666,032	54.4
合　計	6,741,136	100.0

（出所）『工業統計表』2013年版より作成。

極集中しているのと比べると、全国的に分散立地している[12]。

市町村単位でみると、愛媛県四国中央市が最も出荷額が多く、全体の6.8％を占めており、富士市（5.3％）、苫小牧市（2.0％）、春日井市（1.7％）、富士宮市（1.2％）等、上位17市で全体の26.9％を占める。市町村単位でみると、四国中央市は日本一の紙パルプ産業の集積地域であることがわかる（表1-7-3参照）。

紙パルプ産業は全国的に集積しているが、紙パルプ産地を大きく分けると、四つのタイプに分けることができる。第1は、古くから形成された手漉き和紙産地である。第2は、手漉き和紙から機械抄和紙に転換し、一定の集積を維持している地域であり、高知県いの町がその例である。第3は、手漉き和紙産地が機械抄洋紙を導入し、近代的な紙パルプ産業の集積地域に転換した地域であり、静岡県富士市や愛媛県四国中央市がその例である。第4

表1-7-3 市町村別紙パルプ産業の集積（2013年）

市町村名	事業所数（所）	従業員数（人）	製造品出荷額 金額（百万円）	製造品出荷額 比率（％）	1事業所当たり出荷額（百万円）
全国	66,116	181,608	6,741,136	100	102.0
四国中央市	182	8,391	485,284	6.8	2,666.4
富士市	227	8,250	376,321	5.3	1,657.8
苫小牧市	8	1,661	139,889	2.0	17,486.1
春日井市	68	2,407	123,029	1.7	1,809.3
富士宮市	49	2,115	87,107	1.2	1,777.7
石巻市	9	981	85,859	1.2	9,539.9
釧路市	8	659	81,462	1.1	10,182.8
八戸市	8	1,043	79,286	1.1	9,910.8
島田市	15	883	67,524	0.9	4,501.6
岩国市	8	839	65,819	0.9	8,227.4
米子市	7	775	62,142	0.9	8,877.4
高岡市	28	933	61,119	0.9	2,182.8
尼崎市	24	1,014	58,509	0.8	2,437.9
東大阪市	113	2,249	50,209	0.7	444.3
阿南市	6	838	48,130	0.7	8,021.7
静岡市	52	1,255	30,974	0.4	595.7
明石市	8	465	9,514	0.1	1,189.3
小計	820	34758	1912177	26.9	2,331.9
比率（％）	1.2	19.1	28.4		

（出所）『工業統計表』2013年版より作成。

は、木材や水資源が豊富で、物流面でも恵まれた紙パルプ産業の集積拠点であり、北海道苫小牧市や釧路市のような相対的に新しい産地である。第1の手漉き和紙産地のうち地域ブランドとして価値を高めた一部の手漉き和紙産地は存続しているが、多くの手漉き和紙産地は消滅してしまった。第2の機械抄和紙の産地に転換した地域は、和紙の特性を活かした地域独自の紙製品を生産して存続している。紙パルプ産業の集積拠点として相対的に大きな産業集積を維持しているのが第3の手漉き和紙から機械抄洋紙産地への転換に成功した地域と第4の新興の紙パルプ産業集積拠点である。

紙パルプ産業が集積し、地域の基幹産業として集積している地域において

表1-7-4 類型別市町村別紙パルプ産業の集積（2013年）

	事業所数（所）	従業員数（人）	製造品出荷額（百万円）	1事業所当り出荷額（百万円）
四国中央市	182	8,391	485,284	2,666
富士市	227	8,250	376,321	1,658
春日井市	68	2,407	123,029	1,809
富士宮市	49	2,115	87,107	1,778
高岡市	28	933	61,119	2,183
尼崎市	24	1,014	58,509	2,438
東大阪市	113	2,249	50,209	444
静岡市	52	1,255	30,974	596
小計	766	27,962	1,349,590	1,762
苫小牧市	8	1,661	139,889	17,486
石巻市	9	981	85,859	9,540
釧路市	8	659	81,462	10,183
八戸市	8	1,043	79,286	9,911
岩国市	8	839	65,819	8,227
米子市	7	775	62,142	8,877
阿南市	6	838	48,130	8,022
明石市	8	465	9,514	1,189
小計	62	7,261	572,101	73,435

（出所）『工業統計表』2013年版より作成。

も、産業集積の実態が大きく異なる。手漉き和紙が内発的に集積し、明治以降近代的な機械抄洋紙に転換した地域と、木材・水資源と物流等の立地条件に恵まれた臨海部に大企業の工場が立地した地域とでは集積の実態が異なる。四国中央・富士・春日井・富士宮・高岡・尼崎・東大阪・静岡市等は事業所数が多く、1事業所当たりの出荷額が小さく、中小零細企業から大規模な製紙工場が集積していることが読み取れる。他方、苫小牧・石巻・釧路・八戸・岩国・米子・阿南・明石市等は事業所数が少なく、大規模なパルプ・製紙一貫工場が立地していることがわかる（表1-7-4参照）。

（2） 日本一の紙パルプ産業クラスターの形成

　紙パルプ産業クラスターが典型に形成されているのが愛媛県東部に位置する四国中央市である。しかしながら、四国中央市は紙パルプ産業が集積するには条件不利地域である。なぜなら、①製紙工程に不可欠な水資源の貧困、②製造業集積に必要な工業用地の貧困、③域内市場の狭隘性[13]、④首都圏や近畿圏等の大都市圏から遠隔地にあること、⑤高速道路・鉄道等の交通網整備の遅れ等、近代的な紙パルプ産業が大規模に集積するために必要な社会的地理的条件を欠いている。また、当該地域は手漉き和紙産地としても後発産地であり、手漉き和紙の生産が開始されたのは18世紀半ばである。同じ四国地域においても土佐和紙が1000年、阿波和紙が1400年の歴史をもつのと比べると後発産地である。

　当該地域は紙パルプ産業集積の自然的社会的条件を欠く後発産地であるが、大正期には機械抄洋紙技術を導入して近代的な紙パルプ産業の集積拠点として発展した大きな要因の一つは、藩政時代、当該地域が天領であったことである。多くの手漉き和紙産地では、紙は付加価値の高い特産品であったから、各藩は専売制度を導入し、農民が生産した和紙を藩が買い上げ、江戸あるいは大阪で販売した。その結果、手漉き和紙の生産は農民が、販売は藩が行う生産と販売との分業体制が形成された。しかし、幕府の天領であった当該地域においては、生産した農民が自ら和紙を販売することが可能であった。加えて、天領であるから旅行鑑札の入手が容易であった。その結果、当該地域の製紙メーカーは大企業だけでなく中堅・中小企業も生産と販売を統合して経営する独自の産業文化が形成された。明治維新後も域内市場が狭隘であり、大都市圏から遠隔地にあるため、活発な販売活動が行われた。他産地では製紙メーカーは商社や問屋を通じて販売するケースが多い中で、当該地域においては中小企業であっても営業部隊を持ち、全国各地で営業活動を行っている。営業活動を通じて全国各地の様々な生きた情報がもたらされ、新商品開発や改良のヒントになっている。販売チャネルの構築が新商品の市場への投入や事業展開を可能にしているのである。

図1-7-2 愛媛県における県外資本の製造品出荷額シェア

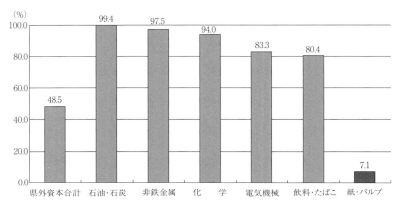

(出所) 愛媛県『愛媛の工業』1990年、32ページ。

(3) 紙パルプ産業クラスターの特徴

　四国中央市の紙パルプ産業の特徴を挙げると、第1は、紙パルプ産業が内発型に発展した典型的な地域である。当該地域の紙パルプ関係企業の大半が域内企業である。業種別の製造品出荷額に占める県外企業のシェアをみると、石油・石炭（99.4％）、非鉄金属（97.3％）、化学（94.0％）、電気機械（93.3％）、飲料・たばこ（80.4％）では大半を県外企業が占めるのに対して、紙パルプ産業は僅かに7.1％を占めるにすぎない。愛媛県の紙パルプ産業の大半は域内企業が占めているのであり、内発型発展をした典型的な紙産業クラスターである（図1-7-2参照）。

　第2は、当該地域の紙パルプ産業が高密度に集積していることである。2013年における紙パルプ産業の製造品出荷額は4862億円にのぼり、四国中央市の製造品出荷額全体6022億円の80.5％も占め、いわゆる特化係数は35を記録している。同市に集積している生産用機械・電気機械器具製造業は製紙関連業種である。プラスチック製品製造業は紙加工業が素材を合成樹脂に転換して発展したものである。同市は文字通り「紙のまち」である。

表1-7-5　四国中央紙産業振興協議会の業種別事業者数（2012年）

業　　種	事業者数
機械抄製紙業	47
機械抄和紙製紙業	7
手漉き和紙製紙業	3
紙加工業	171
紙・紙製品販売業	41
印刷・印版・製版業	24
製紙原料	22
合成樹脂製品業	30
工業薬品業	19
鉄工業	86
機械金属・工具・金物業	32
交通・運輸・通信業	46
合計	528

（注）事業者数は、愛媛県紙パルプ工業会関連団体一覧で示されている四国中央紙
　　　産業振興協議会所属の事業者数である。
（出所）愛媛県紙パルプ工業会（http://www.e-kami.or.jp/kanren.html、2012年4月）。

　第3は、多様性であり、「紙幣」と「切手」を除くあらゆる紙製品を生産することができるといわれている。木材チップからパルプ・紙の一貫製紙メーカーである機械抄製紙業47社、機械抄和紙製紙業7社、手漉き和紙製紙業3社、紙加工業171社、合成樹脂加工業30社等、トイレットペーパー・ティッシュペーパー等の家庭紙、工業用特殊紙、段ボール等、多様な紙加工業が集積している（表1-7-5参照）。

　第4は、大企業だけでなく、地域の中堅・中小企業が各々独自の販売チャネルを構築していることである。ユーザー・消費者と直結していることが、市場や消費者ニーズを的確に把握して新製品開発をすることを可能にしたり、試作品を市場に投入することを可能にしている。

表1-7-6 四国中央市と富士市における紙パルプ産業の集積（2013年）

区　　分	四国中央市	富士市
事業所数（所）	182	227
従業者数（人）	8,391	8,250
製造品出荷額（百万円）	485,284	376,321
粗付加価値額（百万円）	170,843	119,487
有形固定資産年末現在高（百万円）	262,114	220,283
従業者1人当たり粗付加価値額（万円）	2,036	1,448

（出所）「工業統計表」2013年版より作成。

　第5は、高付加価値製品へのシフトである。当該地域の紙パルプ産業のハンディキャップは大都市圏市場から遠隔地にあることである。紙は嵩張り、重量物であるから、輸送コストが大きな負担となる。大きな輸送コストに対応するため、中小家庭紙メーカーが共同輸送システムを構築したり、帰り便トラックで古紙を運んで輸送コストを削減したり、大企業は船や鉄道を活用した輸送体制を構築して対応している。しかし、そうした創意工夫によっても遠隔地にあるハンディキャップを回避することはできないから、当該地域の経営者は絶えず付加価値の高い新製品開発に注力してきた。日本一の産地であった静岡県の製紙業界がトイレットペーパーやティッシュペーパー等の在来型の紙製品に優位性を持つのに対して、当該地域の製紙業界は特殊紙・機能紙等の付加価値の高い次世代型の紙製品や新たな用途の開発に取り組んできた。二大産地である四国中央市と富士市の従業員1人当たり付加価値生産額を比べると前者が後者の7割以上大きい（表1-7-6参照）。

　第6は、関連産業の集積である。パルプ・製紙一貫メーカーだけでなく、多様な紙加工業、製紙原料、工業薬品、機械金属・工具・金物業、印刷・印版・製版、交通・運輸・通信業等、多様な関連産業が集積している。

　第7は、紙パルプ産業の支援機関の集積であり、愛媛県産業技術研究所紙産業技術センター、愛媛大学大学院農学研究科製紙特別コース・同社会連携機構紙産業イノベーションセンター、業界団体である愛媛県紙パルプ工業

会、自主的な研究組織である特定非営利活動法人機能紙研究会（2003年法人格取得）の存在である。文字通り典型的な紙パルプ産業クラスターを形成している。

3　紙パルプ産業のイノベーションとR&D

（1）　紙産業研究センター

　紙パルプ産業は長い歴史を有する産業であり、一般的には成熟産業であると理解されているが、今日においても他産業における技術革新の成果を融合しながら進化し続けている。紙パルプ産業がイノベーションを持続させるには研究開発機能の強化が重要な課題である。

　当該地域においては、早くから紙パルプ産業を支援する公設試験研究機関が整備されてきた。1940年に設置された製紙試験場、2003年には同試験場は現紙産業技術センター（敷地面積2万958㎡、建物延床面積6762㎡）に改組・拡充された。同センターの業務は、①紙産業技術の試験研究、②紙産業の技術支援、③紙文化の普及・啓発を3本柱にしている。試験研究においては製紙技術とその関連技術、高付加価値紙や機能性不織布等の新加工技術、インテリジェント機能紙等の次世代技術、大型プロジェクト等の横断的研究に取り組んでいる。例えば、「架橋材を利用したセンサー機能を有するシートの開発」「高機能なシート状触媒の開発」「ナノファイバー不織布製造技術に関する研究」等を行い、研究成果は公開の場で紹介し、技術移転を図っている。また、紙産業の技術支援としては、試作機、セミプラント機、評価・分析機器を低廉な料金で貸与して企業の試作品開発や技術的評価を支援している。特許の出願件数29件、登録15件（うち特許権保持10件）にのぼる。2016年現在、研究スタッフは15名を数える。

　こうした紙パルプ産業に係る公設試は全国には静岡県工業技術研究所富士工業技術支援センター製紙科[14]と高知県紙産業研究センター[15]の3か所しかなく、地域の紙パルプ産業が高付加価値製品の開発を支える上で重要な役

割を果たしている。

（2） 機能紙研究会

　紙パルプ産業が天然繊維だけでなく合成繊維を紙の原料として取り入れることを可能にする上で、機能紙研究会が果たした役割を看過することはできない。機能紙研究会は「特殊機能を有する各種の繊維状物からなる薄葉物の製造技術及び加工技術の研究開発に寄与するための調査研究事業、およびそれらの技術の普及向上を図るための教育啓発に関する事業等を行い、もって社会全体の利益の増進に寄与すること[16]」を目的としている。

　機能紙研究会の前身は1962年9月に発足した「化繊紙研究会」にさかのぼる。化繊紙に関する共同研究を開始する大きな契機になったのは、1954年に三木特種製紙㈱が日本で初めてレーヨンとビニロンを原料とした合成化繊紙の開発に成功したことである。こうした合成繊維をめぐる新しい動きを、愛媛県西条市に立地する㈱クラレ西条工場が新素材とも言えるビニロンを試料として提供し、研究会の活動を支えた。市場に登場した合成繊維を紙の原料として活用できないか、そのための加工技術を研究することが参加者の問題意識であった。製紙会社の社長や技術者、紙業試験場（現愛媛県紙産業研究センター）の研究員、四国工業技術研究所の研究者、繊維工学を研究する大学教員等で構成される自主的な研究会であった。同会は1982年9月には機能紙研究会、さらに、2003年3月特定非営利活動促進法に基づく特定非営利活動法人機能紙研究会に改組され、学会として活動を継続している。学会は内外の研究者に門戸開放され、毎年開催される学会において会員の研究成果を公開し、交流している。また、講演会が毎年開催され、1962年の第1回機能紙技術講演会から2015年で54回を重ねる。事務局は1972年から愛媛県製紙試験場、1986年から讃州製紙㈱、1988年から愛媛県紙パルプ工業会に移して今日に至る。1993年には『機能紙総覧』発行したのを皮切りに、1997年に『新・機能紙総覧』、2004年に『最新・機能紙総覧』を発行した。本書は「機能紙の歴史」、「機能紙の定義」、「特許からみた機能紙研究開発動向」などに

ついて理論的に機能紙について学ぶことができるだけでなく、市場に出回っている多種多様な機能紙について「実用機能」に焦点を合わせて機能紙の特性と用途を分類した「機能紙データブック」としての性格をもっている。業界では、機能紙の高機能化や加工技術・複合化技術の高度化が技術的課題になっているが、本書はそうした技術的課題に効率的に対応できるデーターベースとして貢献することを意図したものである[17]。地域の中堅・中小企業の経営者・技術者と公設試験研究機関及び大学の研究者で組織された研究会が全国学会となって研究成果を交流し、特殊紙・機能紙の分類と標準化をしている例は他にないであろう。

（3） 化学産業の発展と繊維状新素材

当該地域で機能紙の研究が開始された契機は、隣接する西条市に㈱クラレ西条工場が立地しており、同工場でビニロンの量産が開始されたことである。㈱クラレにとってビニロンの用途を開発し、新たな市場を創造することが課題であり、その一環として、製紙メーカーに試料を提供し、製紙原料として活用する可能性を検証しようとしたことである。

愛媛県東部、四国中央市に集積している中小製紙メーカーは、域内市場が小さく、首都圏や近畿圏等の大都市圏市場を開拓しなければならない。しかし、大都市圏市場は遠隔地にあり、紙製品は嵩張り、重いから輸送コストが負担となる。当該地域の紙産業は市場から遠隔地にあるハンディキャップを背負っている。ハンディキャップを克服して市場競争に勝ち残るには、付加価値の高い紙製品を開発することを迫られる。そうした地域の製紙業界のニーズと新素材であるビニロンの用途開発を目指したクラレの意図とが合致し、地域の中小企業の経営者や技術者を中心とする内発的な化繊紙研究会が組織されることになったのである。

クラレは大企業であり、川下産業を育成することが素材メーカーにとって重要である。合成繊維は天然繊維とは異なる新素材であり、大きな可能性を秘めていると期待されたが、消費者ニーズに対応した製品開発が課題であっ

た。市場ニーズに合致した用途を開発し、産業用あるいは生活用品として活用されなければ、革新的な新素材であっても市場が拡大しない。クラレは研究用試料を研究会参加企業に提供し、参加企業は蓄積してきた製紙技術を駆使して市場ニーズに対応した製品開発に取り組み、新たな紙製品としての可能性を追求したのである。

4　地域固有の企業家精神とイノベーション

(1)　工業用特殊紙のトップメーカー──三木特種製紙㈱

　三木特種製紙㈱は、地域の製紙会社に勤務していた創業者の三木軍次（故人）が、1947年に創業した工業用特殊紙のトップ企業である。あらゆる繊維状素材を紙に漉く技術力を誇りにしている地域中核企業[18]である。同社は機械抄和紙の分野に特化し、製品は水処理膜基材・電気掃除機用のダストパック・食品用フィルター等のフィルター、コーヒーフィルターや紅茶バッグ・麦茶パック・キッチンペーパー等食品用包材、マスキングテープ基材や両面テープ基材等テープ基材、保鮮紙及びワイパー、電気絶縁紙・電池セパレータ用不織布等の電気絶縁材料、その他脂取り紙等の生活用品まで広範な領域に及ぶ。

　1954年、同社は合成繊維レーヨンとビニロンを漉き込んだ合成化学繊維紙（商品名ミクロン、障子紙）を開発し、合成繊維が製紙原料として活用できることを実証した。合成繊維を紙の原料として漉くことが可能であることを実証したことは、その後化学工業が商品化する合成繊維を製紙原料として活用する道を開くものであり、特殊紙・機能紙の領域を開拓するものであった。

　同社が特殊紙・機能紙分野に展開できることになったのは、同社が繊維状素材を紙（シート状）に加工する技術開発に取り組んできたことに加えて、機能紙研究会が果たした役割が大きい。また、同社は紙パルプ産業界では最初に中国安徽省で電気絶縁紙の生産を開始した。同社の技術力は高く評価さ

れ、1970年度「藤原賞」と「全国発明賞」、1977年度「地方発明奨励賞」、1981年「第1回科学技術長官賞」を受賞した[19]。同社の経営規模は決して大きくないが、繊維状素材を紙の原料として活用したり、環境教育に活用されているケナフを中国で発見し、ケナフの繊維を活用した製品開発や環境教育に貢献するなど幅広い活動をしている[20]。2015年9月現在、資本金5000万円、従業員175人、売上高61億83百万円（2014年7月期）である[21]。

(2) 総合包装資材メーカー──福助工業㈱

　素材革命の成果を活用して伝統的な紙製品加工業から合成樹脂加工業に転換した典型的な事例が福助工業㈱である。同社は1910（明治43）年、井上次郎商店として創業し、水引・元結の製造を開始した（会社設立は1949年）。その後、のし紙（1950年）、紙袋（1954年）、グラビア包装紙（1957年）の製造を経て、1960年からパラフィン加工、1967年ポリエチレンインフレ加工、1971年プラスチック容器製造へと合成樹脂を素材とした包装資材メーカーに転換した。すなわち、同社の業態を大きく転換させることになったのは戦後であり、合成樹脂の登場である。在来の紙から合成樹脂に転換してスーパーのレジ袋等に転換し、各種軽包装資材製造販売に転換して業界トップシェアーを確保している。

　主要な製品は、産業用資材・流通資材からゴミ袋等の合成樹脂製品、複数の機能フィルムを張り合わせたラミネート製品、食品の用途や性質に応じて「耐熱性」「耐寒性」「耐油性」「バリアー性」「高透明性」などの高機能が要求される食品容器、ショッピングバッグや各種催事用バッグ・包装紙などの紙製品、生活関連用品をはじめ衛材用・産業用・メディカル関連不織布製品、複合製品、産業用資材等、広範な領域に広がっている。

　生産拠点（工場）は、本社工場やその周辺の他に、埼玉・三重・大分・福岡・徳島等全国に13工場配置されている。海外にも事業を展開しており、中国上海とインドネシアに現地工場を建設している。同社の特徴は紙の三大機能の一つである包装機能を合成樹脂に素材転換して発展させたことであり、

素材革命を活用したプロダクト・イノベーションを達成した典型的な事例である。2016年9月現在、資本金4億円、従業員966人、売上高950億円（2015年3月期）にのぼる[22]。

（3） 大人用紙おむつのトップメーカー───㈱リブドゥコーポレーション

㈱リブドゥコーポレーションは大人用紙おむつを日本で最初に開発した企業であり、専業メーカーとして業界トップの地位を確立している。創業者の宇高直正（故人）は、戦前造り酒屋を営んでいたが、戦時統制により廃業し、戦後下駄製造業を開始した。しかし、日本経済が戦後復興をなしとげ、ゴム製の履物が登場し始めると下駄の販売が減少した。下駄製造業の限界を直感した宇高は、当該地域が全国有数の紙産地であることから、紙を活用した事業を検討した。生理用品の製造も検討したが、既にユニ・チャーム㈱が参入していることから、産院や病院で使う大人用紙おむつの製造を行うことにした。1965年のことである（創業当初の社名はトーヨー衛材㈱）。プロクター・アンド・ギャンブル（The Procter & Gamble Company、P&G）が子供用紙おむつを日本で1977年にテスト販売、1979年から本格的に全国販売を開始したことを考慮すると、同社の先見性を認めることができる[23]。

主要な商品は、大人用紙おむつ、介護用具・用品、メディカルディスポーザル用品（医療用不織布用品、キット用品）の製造・販売である。また、主要な販路は、大学病院、公立・私立病院、介護施設である。

同社の強みは大人用紙おむつ製造に関するノウハウを蓄積していること、高分子化学の成果である高吸水性高分子吸収材（Super Absorbent Polymer、SAP）を活用して紙おむつの吸水性を高めたことである。大人用紙おむつはユーザーが成人であることから、子供用紙おむつとは異なるニーズに応えなければならない。日本社会の急速な高齢化は大人用紙おむつ市場を拡大しており、大企業の参入があるが、着実に業績を拡大している。また、同社の販売チャネルが病院である特徴を活かして、付加価値の高いメディカルディスポーザル分野をターゲットに、モノ（手術用キット製品・医療用不織

布製品）とコト（顧客密着型のソリューションサービス）を一体的に供給して病院の課題解決（ソリューション）をトータルにサポートすることを目標とし、これからの日本の医療改革・病院経営効率化に積極的に貢献することを謳っている。2016年3月現在、資本金7億7324万円、従業員数942人（同年6月、パート・派遣社員除く）、売上高400億円（2015年）である[24]。

（4） シール原紙のトップメーカー──マルウ接着㈱

マルウ接着㈱は、シール原紙の専門メーカーである。同社の創業者である横尾茂敏（故人）は、製紙会社の総務部で勤務していた時、荷札の剥離に悩まされていた。また、1960年代になると包装容器として段ボール箱が登場しはじめ、「接着型荷札」の開発が求められていた。当時、包装容器は木箱が主流であり、荷札は「針金荷札」であった。細い針金で梱包縄に結わえ付けられていた。このため、輸送途上で荷札が剥離し、輸送元や輸送先が不明になる事故がしばしば発生した。また、包装容器としての段ボール箱は紐で包装する必要がないため、針金荷札を取り付けることができない。こうしたニーズに応えた荷札が接着型荷札である。横尾は1965年に両面接着荷札を考案し、翌1966年にマルウ接着㈱を創業した。当時アメリカからシール原紙が輸入されており、サロンパスをヒントに接着型荷札を考案したという。接着型荷札のビジネスは後発のタック化成㈱（現新タック化成㈱）がシェアを拡大し、同社はシール原紙の分野を開拓して発展した。

製品はユーザーからの注文に対応して多様化しており、シール原紙・平判シート等印刷用粘着材料、両面荷札・OAラベル・オフセットラベルシール・ステッカー・POPラベル等印刷物、テープ、工業用粘着材料まで多様な領域にまたがる。同社の強みは注文に応じた多品種少量生産体制を構築していることであり、製品開発・生産管理・在庫管理から出荷までコンピューターによる自動化システムを構築している。ニーズ対応型イノベーションによって製品ラインナップは多様化しているが、既存技術を組合せながらニーズに対応しているのが特徴である。2016年現在資本金9965万円、社員372人

（役員・パート含む）、売上高124億円（2014年）にのぼる[25]。

(5) 生理用品のトップメーカー――ユニ・チャーム㈱

　ユニ・チャーム㈱は生理用品・紙おむつ等の分野で国内トップシェアーを確保し、アジア地域を中心にグローバルに事業を展開して持続的に成長している企業である。同社の主要事業は、ベビーケア関連製品、フェミニンケア関連製品、ヘルスケア関連製品、化粧パフ、ハウスホールド製品、ペットケア関連製品、産業資材、食品包材等の製造販売業である。同社は四国中央市の中堅製紙会社国光製紙㈱の後継者であった高原慶一郎が紙に係る新規事業として創業したものであり、いわば第二創業である[26]。1963年に生理用品の製造販売を開始して以来、1981年子供用紙オムツ、1986年ペットケア、1987年大人用紙オムツ事業に参入する等、事業を急速に拡大し、事業開始14年後の1976年に東京証券市場第二部、23年後の1985年には同第一部に株式を上場した。また、同社は1984年に台湾に展開したのを皮切りに、海外事業を拡大し、東アジア、東南アジア、オセアニア、中東諸国、ヨーロッパ、北アフリカ、アメリカ等世界80か国で事業展開している。

　同社は企業理念「NOLA&DOLA」（Necessity of Life with Activities & Dreams of Life with Activities）、すなわち、「赤ちゃんからお年寄りまで、生活者がさまざまな負担から解放されるよう、心と体をやさしくサポートする商品を提供し、一人ひとりの夢を叶える」[27]ことを経営理念に掲げている。同社のイノベーションの特徴はニーズ対応型イノベーションである。

　同社は生理用品部門においては後発メーカーであったが、新規参入に成功した大きな要因として、同社独自の販売チャネルの構築を挙げることができる。中小企業が新規事業に参入して成功した要因は多様であるが、販売チャネルのイノベーションがその中でも重要な意義をもっている。当時、生理用品は薬局でひっそりと販売されていたのであり、先発の生理用品メーカーが既に大きなシェアーを抑えていた。同社は中小零細企業であり、後発メーカーであったから製品のブランド力が弱く、薬局に取扱いを拒まれた。販路が

開拓できなければ、新規参入に挫折する運命にあった。高原の特徴は、薬局がだめであれば、スーパー・雑貨店を新しい販売チャネルとして開拓していったことである。販売組織のイノベーションによって新規参入に成功したのである。競合メーカーの生理用品は脱脂綿を素材としていたのに対して、同社は紙を素材として活用したこと、吸収力を高めるために高分子化学の成果である高吸水性高分子吸収材を活用したこと、製造プロセスのイノベーション、女優の研ナオコをコマーシャルガールに使った業界最初のTVコマーシャルなど、後発メーカーがトップ企業の座を獲得するためにビジネスモデルのイノベーションを達成したのである[28]。2016年1月現在、資本金159億92百万円、従業員数1297人（グループ合計1万3901人）、年間売上高5994億円（2014年3月期）にのぼる[29]。

(6) 事業組合による古紙再生——愛媛パルプ協同組合

愛媛パルプ協同組合は中小家庭紙メーカー協同の事業組合であり、設立は1969年である。家庭紙分野に大手製紙メーカーが参入して競争環境が厳しくなってきたことを背景に、同組合は中小家庭紙メーカーに安価な古紙再生パルプを供給することを目的に設立された。古紙再生の事業組合としては日本で最大規模である。

同組合の古紙再生システムは、組合員企業の泉製紙㈱の経営者であった宇高昭造（故人）が考案したものである。当時効率的な古紙再生システムが確立しておらず、宇高は既存の紙処理技術を組み合せて世界でトップクラスの効率的な再生システムを構築した。古紙再生工程において重要な工程は、「脱墨」工程と紙以外の異物を除去する「除塵」工程である。同組合の再生パルプは、素人目にはバージンパルプと見分けがつかないくらいに脱墨されている。古紙再生パルプの生産能力は345 t／日（ミルクカートン再生パルプ45 t／日を含む）である。また、組合はオフィスミックス古紙について、機密保持のための収集運搬システムを構築している。2016年1月現在、出資金5億6550万円、組合企業は県内家庭紙メーカー7社（泉・イトマン・

大高・服部・福田・丸石製紙及び八幡浜紙業）とアイネットから構成され、年間出荷額は約50億円にのぼる[30]。

おわりに

　四国中央市の紙パルプ産業は、2000年代に入って大きな転換点を迎えている。その第1は、当該地域に愛媛大学の大学院農学研究科製紙特別コースと紙産業イノベーションセンターが開設されたことである。紙は人々の日常生活や産業活動を広範な領域で支え、紙無くして衛生的な日常生活や効率的な産業活動を営むことが不可能である。しかし、紙パルプ産業を担う人材養成を行う教育機関や次世代の紙製品を開発する研究開発機関が十分に整備されてこなかった。国レベルで紙パルプ産業の振興政策を担う部門は経済産業省の紙業服飾品課であり、担当者が若干名配置さていれるにすぎない。また、紙パルプ産業の次代を担う人材を育成する大学は存在せず、製紙メーカーは繊維・機械・化学分野の教育を受けた人材を採用し、OJT方式で人材を養成してきた。三木特種製紙㈱の三木輝久は「紙産業のイノベーションを担う人材は、紙とは何かという最も基本的なことを理解していなければ、紙製品のイノベーションを担うことができない。製紙技術の基本から教育する体制が必要である」と主張していた。かつて日本の大学においては繊維産業については京都繊維工科大学や群馬大学繊維学部が存在したが、製紙系学部が存在しなかった。また、全国の都道府県には地域の産業集積に対応した工業系公設試験研究機関が設置されているが、製紙関連公設試は静岡・高知・愛媛県の3か所しか存在しない。

　こうした中で、四国中央市に集積する紙パルプ産業の人材育成を目的に、2010年4月に愛媛大学大学院農学研究科「紙産業特別コース」が開設されたことは画期的な出来事である。特別コースは愛媛県紙産業研究センターの施設を活用し、同研究センターに整備された実験機器を利用できるよう配慮された。特別コースは、紙パルプ産業の技術と経営を学び、グローバルな視野

を持った紙パルプ産業の幹部候補生を教育し、紙産業の持続的な発展の担い手を養成しようとするものである。大学院生は学部卒業生と地域の紙パルプ産業に勤務している社会人院生とからなる。社会人院生は出身企業が抱えている課題を修士論文の研究課題として取り組んでいる。

　紙産業特別コースの開設は人材育成を目的とするものであるが、業界から様々な技術相談が持ち込まれるようになった。相談企業は四国域内だけでなく首都圏、東海、北陸、北海道等、全国に及ぶ。また、共同研究の申し入れが行われるようになった。こうした技術相談や共同研究の申し入れに対応するため、愛媛大学は、2014年4月、社会連携推進機構の中に「紙産業イノベーションセンター」を開設した。同センターは機能紙やCNF等を中心とする製紙技術研究、紙製品研究、機能性材料研究の3部門からなり、産学官連携によって製品開発とブランド化を推進して地域貢献することを目的としている[31]。

　愛媛大学の紙産業特別コースとイノベーションセンターを核とし、産官学連携による人材育成と研究開発とを両輪として紙パルプ産業の振興を推進する体制が小規模ではあるが確立したのである。紙パルプ産業の人材育成と製品開発を産官学連携によって推進する体制は、全国で初めての試みであり、その成果が期待されている。

　今後、紙パルプ産業に対して大きなイノベーションの機会を提供すると考えられるのは、CNFに関する研究が実用化段階に入ってきたことである。CNFを発見した京都大学生存圏研究所生物機能材料分野の矢野浩之によれば、CNFは鉄よりも軽く（約5分の1）、強度が鉄の7〜8倍、熱による変形が少ないといった特徴をもち、鉄やプラスチックに代わる次世代型新素材として期待されている[32]。CNFの原料は植物体を構成するセルロースであり、木材を原料とするから、実用化されれば日本は資源大国になる。

　製紙技術は一般化すれば繊維状素材をシート状に加工する技術であり、紙パルプ産業はCNFを実用化する技術とノウハウを蓄積している産業である。既に王子製紙㈱や日本製紙㈱等の大手製紙メーカーは、CNFの実用化

研究を進めるとともに、実証プラントを建設してCNFのサンプル出荷を開始している。日本製紙は2014年11月、岩国工場にCNF実証生産設備を完成し、サンプル出荷を開始した。CNFの量産技術を構築するとともに、CNFに関心を持つ企業にサンプルを提供して用途開発を加速させ、市場創出に乗り出している[33]。紙パルプ産業は新たなイノベーションを展開する段階に移行しつつある。

注

1) 内閣府「第5期科学技術基本計画」53ページ（http://www8.cao.go.jp/cstp/kihonkeikaku/5honbun.pdf、2016年1月閲覧）。
2) 『日本再興戦略―改訂2015―』（2015年6月閣議決定）、29ページ（http://www.kantei.go.jp/jp/singi/keizaisaisei/pdf/dai1jp.pdf、2016年1月閲覧）。
3) J.A.シュンペーターは、イノベーションを具体的に ①新しい財貨の生産、②新しい生産方法の導入、③新しい販売先の開拓、④原料あるいは半製品の新しい供給源の獲得、⑤新しい組織の実現（独占の形成やその打破）を挙げつつ、イノベーションの範囲は高度な技術的革新によるものからささいな改良にまで含まれると指摘した（J.A.シュンペーター、塩野谷祐一他訳『経済発展の理論（上）』岩波書店、1977年、182～183ページ、伊東光晴・根井雅弘『シュンペーター』岩波新書、1993年、128～130ページ）。
4) P.F.ドラッカーはこの点について、「科学的なイノベーションは、確かに重要である。また、よく目立ち、派手である。しかしイノベーションとしては、最も信頼性が低く、最も結果を予測しがたいイノベーションなのである。これに対して、日常業務における予期せざる成功や、失敗に関する平凡で目立たない分析がもたらすイノベーションは、失敗のリスクや不確実性がかなり低い。またそのほとんどが、事業の開始から成果へのリード・タイムが、きわめて短いのである」と指摘している（P.F.ドラッカー、小林宏治他訳『イノベーションと企業家精神』ダイヤモンド社、1985年、55～57ページ）。
5) 王子製紙編『紙・パルプの実際知識（第5版）』東洋経済新報社、1993年、1ページ、日本製紙連合会ホームページ（https://www.jpa.gr.jp/p-world/p_history/p_history_02.html、2016年1月閲覧）。
6) 全国手すき和紙連合会によれば、代表的な手漉き和紙産地として若狭・越前・加賀・越中・越後・丹波・丹後・但馬・因幡・伯耆・出雲・石見・播磨・美作・備後・安芸・周防・長門・阿波・讃岐・伊予・土佐・日向・大隅・薩摩等がある（http://www.tesukiwashi.jp/sanchi_map.htm、2016年1月閲覧）。
7) 王子製紙編、前掲書、5ページ。
8) 東京王子抄紙会社の創業が1875年12月16日であったことを記念して、12月16日が「紙の記念日」とされている。
9) 日本で木材パルプ工場が初めて操業したのは1889（明治22）年、大川平三郎が天竜川の上流の気田に建設した工場が最初である（王子製紙編、前掲書、8ページ）。
10) 新村出編『広辞苑（上）』岩波書店、2008年、580ページ。

11）今日の紙パルプ産業の発展段階を考慮すれば、「紙」の定義を変える必要がある。すなわち、紙は天然繊維を素材として薄く製したものだけでなく、「あらゆる繊維状素材をシート状に加工したもの」であると定義した方が実態に合致する。
12）『工業統計表（2013年版）』によれば、輸送用機械器具製造業の出荷額全体のうち愛知県等上位10県で78.2％も占めている。輸送用機械には造船業も含まれていることを考慮する必要があるが、紙パルプ産業は全国的に分散立地しているといえよう。
13）日本経済全体に占める愛媛県の経済規模は1％、四国全体で3％程度であるといわれる。
14）同センターは1906（明治39）年静岡県工業試験場に製紙部設置、1937年静岡県製紙試験場、1952年静岡県紙業指導所と変遷し、今日に至る。近年の研究テーマは古紙処理とCNF関連研究。研究スタッフは8名である。
15）同センターの前身は、1932年土佐紙業組合製紙試験場が県に移管され高知県商工課工業試験所となり、1941年に製紙部門が独立して設置された高知県紙業試験場である。1995年に新築移転、不織布製造・加工と製紙技術を研究の中心とし、抗菌紙・保湿不織布・石英ガラス不織布の製造技術等14件の特許権を保有している。地域の基幹産業のニーズに応えていくには、研究員の不足や研究施設・設備の老朽化、研究資金の不足等の問題を抱えている。
16）特定非営利活動法人機能紙研究会のホームページ（http://www.e-kami.or.jp/HP/kinoushi/、2016年1月閲覧）。
17）同前。
18）「地域中核企業」概念を提示したのは塩次喜代明であり、「独自の競争優位を確立し、地域経済のリーダー的な役割を発揮しながら、中小企業の殻を破って成長を続ける自律企業」を「地域中核企業」と定義している（塩次喜代明『地域の経済と中核企業』松山大学総合研究所、1993年、42ページ）。
19）日本経済新聞社編『四国の中堅140社』日本経済新聞社、1994年、140ページ、同社ホームページ http://www.mikitoku.co.jp/company/outline.html#a03、2016年1月閲覧）。
20）ケナフを中国で発見し、環境教育の教材として普及するとともに、製紙用原料として自社製品に活用したのは2代目社長の三木輝久である。
21）三木特種製紙㈱ホームページ（http://www.mikitoku.co.jp/、2016年1月閲覧）。
22）福助工業㈱での聞き取り調査及び同社のホームページ（http://www.fukusuke-kogyo.co.jp/company/history.html、2016年1月閲覧）。
23）日本衛生材料工業連合会によれば、子供用紙おむつのアイデアは1940年代からスウェーデンで開発されていたが（http://www.jhpia.or.jp/product/diaper/data/）、本格的に製造販売されるようになるのは戦後になってからである。P&Gは1961年に紙おむつを開発しているから、紙おむつの開発それ自体に新規性があるとは言えない。㈱リブドゥコーポレーションの特徴は、病院や産院をターゲットに大きな手術や出産後のニーズに着目して大人用紙おむつを商品化したところにある。
24）㈱リブドコーポレーションでの聞き取り調査及び同社のホームページ（http://www.livedo.jp/medical/business.html、2016年1月閲覧）。
25）マルウ接着㈱での聞き取り調査及び同社のホームページ（http://maruu.sakura.ne.jp/、2016年1月閲覧）。

26) 高原慶一郎は戦後の住宅難に着目し、1961年に大成化成㈱を設立して建材の製造販売事業を開始した。しかし、生理用品の将来性に着目した高原は、方針を転換し、1963年に生理用ナプキンの製造販売事業を開始し、1974年にユニ・チャーム㈱を設立した。
27) ユニ・チャーム㈱のホームページ（http://www.unicharm.co.jp/company/about/topmessage/index.html、2016年1月閲覧）。
28) 薄型ナプキン「チャームナップミニ」の発売にあわせて、明るいキャラクターで人気の研ナオコをテレビCMに起用した。画期的な新製品とユニークなCMが、当時大きな反響を呼んだ（http://www.unicharm.co.jp/corp/history/pu02.html、2016年1月閲覧）。
29) ユニ・チャーム㈱での聞き取り調査及び同社のホームページ（http://www.unicharm.co.jp/ir/financial/highlight/index.html、2016年1月閲覧）。
30) 愛媛パルプ協同組合での聞き取り調査及び同組合のホームページ（http://aipa.or.jp/recycle/、2016年1月閲覧）。
31) 内村浩美「愛媛大学紙産業イノベーションセンターを立ち上げて」『紙パ技協誌』2014年11月号、74～78ページ。
32) 矢野浩之京都大学生存圏研究所生存圏開発創成研究系教授（http://kyouindb.iimc.kyoto-u.ac.jp/j/sW5yF、2016年1月閲覧）。
33) 日本製紙グループのホームページ（http://www.nipponpapergroup.com/products/cnf/、2016年1月閲覧）。

第8章
地域資源と地域振興

根岸裕孝

はじめに

　我が国の国土面積の約7割を占める中山間地域は、全国の耕地面積の約4割、総農家の約4割を占める等、我が国農業の重要な位置を占めている。中山間地域は流域の上流部に位置しており、中山間地域の農業・農村が持つ多面的機能（国土の保全、水源の涵養、自然環境の保全、良好な景観等）により下流域の都市住民を含んで国民の財産や豊かな暮らしの維持に貢献している[1]。

　しかし、中山間地域の人口減少と高齢化は、同地域の耕作放棄地の拡大、集落崩壊をもたらしている。さらに鳥獣被害の増大なども含めて中山間地域における農業は厳しい状況下にある。

　一方、中山間地域は豊かな自然に恵まれており、地域性・多様性を持ち、優れた景観や独自の風土・文化などの地域資源を有している。近年の若者の田園回帰にみられるように中山間地域が保有する地域資源への人々の関心は高い。こうしたなかで中山間地域それぞれの特性を活かした農林業と商工業も含めた地域的経済循環をつくり、都市・農山村との交流拡大を通じて都市と農山村との共生社会を創ることが中山間地域に求められていると言える[2]。

　宮崎県五ヶ瀬町は、人口約4300人、世帯数約1500戸、面積171k㎡の宮崎県北西部に位置する山間部の町である。耕地は標高300～800mの傾斜地に点在しており、年間平均気温12.5度、年間降水量2400mm、昼夜の寒暖の差が

きわめて大きく、冬には積雪もある。土壌は比較的肥沃で作物の生産に適した地域である。五ヶ瀬町は、地域の農業振興を目的に、2003年に第三セクターの五ヶ瀬ワイナリー株式会社を設立し、町内産ブドウを原料とする五ヶ瀬ワインの製造・販売に取り組んできた。同ワイナリーには、単なるワイン製造のみならず、ワイン製造工程やレストラン、試飲販売、地域特産品販売のショップが併設されている。設立から10年以上を経過した現在、五ヶ瀬ワイナリー㈱は様々な課題を抱えながら経営の安定化に努力している。

本章では、宮崎県五ヶ瀬町が農業振興を目的として製品化した「五ヶ瀬ワイン」に注目し、近年のワインブームとワイナリー建設の動向を踏まえながら、地域資源を活かした地域振興の現状と課題について検討する。

1　近年のワインブームと全国のワイナリー建設の動向

(1)　我が国のワイン消費の動向

我が国のワインの消費は、1964年の東京五輪や70年の大阪万博にて海外文化に触れる機会が増加したことをきっかけに、日本経済の進展や生活様式の変化、食生活の多様化と合わせて拡大した、と秋本裕子は指摘する[3]。これまで一般的であった甘味果実酒ではなく本格的なテーブルワインが受け入れられ、バブル経済期のボージョレー・ヌーボー、その後のワンコインワインの登場、1997年から98年の赤ワインブームを通じてワイン消費量は増大した。さらに、バブル崩壊以降に在庫を抱えた輸入業者と並行輸入業者が、ワインの安売りを開始し、一般大衆にとって手が届かなかったワインが身近になるとともに、女性という大消費者層がワインに加わり、ワインが安くて楽しめるという発想が一般化したことが消費拡大に寄与した、と山本博は指摘する。こうしたことから、バブル崩壊の頃が「日本のワイン元年」であるとも述べている[4]。また2012年頃よりチリ、南アフリカ、スペイン等の低価格の輸入品が市場をさらに拡大させることとなり、ワインがより身近になった。

そして、近年日本産ワインが注目されている。「日本産にも訪れたワイン高級化の萌芽」[5]、「世界でも高まる評価　市場拡大期に入った日本ワイン　品質向上や和食ブームで脚光」[6]とメディアでも紹介され、新たな食文化を創造しつつある。

そもそも国産ワインと日本ワインとは本質的に異なるものである。日本ワインは、日本国内の畑で栽培したブドウのみを使って国内で醸造したワインを指している。一方、国産ワインとは、輸入したブドウ果汁を使って日本で醸造したワインや輸入したワインを原料としたワインが含まれる。国税庁「果実酒製造業の概況（平成25年度調査分）」[7]によれば、国産ワインのうちバルクワイン（いわゆる樽詰めワイン）を除いたワインの原料は、輸入が4分の3を占めており、国産原料は4分の1に過ぎない。

鹿取みゆきによれば、2000年頃より「ワイン造りはブドウづくり」を掲げた気概あふれる作り手が増加しており、1999年から2008年にかけて日本ワインブームに呼応した小規模ワイナリーが増加していると述べている[8]。

我が国のように輸入原料を用いたワインも国産ワインとして扱うことは、世界の潮流とは異なるものである。世界のワイン生産国は原産地を明記した表示等に関するワイン法が存在する[9]。日本ワインの品質が向上し評価が高まるなかで、ワイン法の制定によりブランド力を上げ、国際競争力を高めようとする動きも見られる[10]。

一方、1人当たりのワイン消費量（2013年度）は、国税庁の資料[11]によれば全国平均で3.3Lである。都道府県別に比較すると、ワインづくりの歴史がありワイン産業の集積地でもある山梨がトップで8.5L、次いで東京7.4Lである。また、神奈川、大阪、京都といった大都市、札幌、仙台、広島、福岡の地方中枢都市を抱える道県にて周辺県よりも消費量が多い傾向がみられており、大都市のライフスタイルとワイン消費量は関係性が深いものと思われる。

(2) 全国のワイナリーの動向

そもそもワイナリーとは飯塚陽・四方康行によれば「ワインを醸造するための貯蔵・熟成施設等を備えた場所、つまりワイン工場」である[12]。また、この生産機能に加えて「単にワインを作るだけでなく、ワイナリーの作業工程や、ブドウ畑・醸造施設等の景観を観光資源として利用し、レストランやバーベキューハウス等の飲食施設、また、ワイン以外の地域特産品等が買えるショップ等を併設した地域の観光拠点となりうる施設」を「観光ワイナリー」と定義している[13]。

「観光ワイナリー」は、①当該地域の経済・社会に広く直接的な効果を持つ地場産業振興型開発の中でも特に域内調達率が高く、地域に与える影響は大きい、②ワインだけでなく、当該地域の特産品等を広く扱っており、地域の魅力ともいえる観光資源を複数有していることから当該地域の観光の拠点となりうる、と観光開発における拠点としての期待が高い[14]。この観光ワイナリーの地域経済への波及効果の大きさは、「経済波及効果 ＝ ｛(観光客数 × 消費単価) ＋ 外販｝ × 域内調達率」と示すことが可能である[15]。「観光客×消費単価」は観光ワイナリーの「内販」であり、「観光客の増加」とともに魅力ある施設やレストラン・物産販売等の「消費単価」の引き上げ策が重要となる。また「外販」は、ワインの商品力の向上、販路、生産体制が重要となる。さらに「域内調達率」は地域産業との連関性が問われる。

全国のワイナリー数は、182件[16]ないし200軒を超えた[17]と指摘されている。国税庁「果実酒製造業の概況(平成25年度分)」[18]によると、調査対象者(果実酒の製造免許を有する者、およびこれと資本関係にある果実酒販売担当会社)は193であることから全国で200前後のワイナリーが存在していると考えられる。

鹿取みゆきは、独自のアンケートを通じて全国のワイナリーのデータ(2008年実績)をまとめている[19]。これらのデータを整理すると以下のような特徴がみられる。

まず、生産量の多いワイナリーは、相対的に古くからのワイナリーが多

く、商品アイテム数や従業員も多いことである。これらは「観光ワイナリー」としての機能を果たしていると思われる。また、当然、購入ブドウ量も多く、契約農家数も多い。代表的な例では、「北海道ワイン（小樽市）」（1974年創業、従業員数74名、年間生産200万本、契約農家数300戸）、「島根ワイナリー（出雲市）」（1959年創業、従業員数76名、年間生産25.6万本、契約農家数73戸）等があげられる。

一方、生産量の少ないワイナリーは、創業年もバブル期以降が多く、従業員数が少ない。しかし、自社畑を多く持つワイナリーも多く、ブドウの品質向上を意識していると思われる。これらの新規創業のワイナリーは近年の日本ワインブームを支える担い手であると言える。

2　五ヶ瀬ワイナリーの建設と経済波及効果

(1)　五ヶ瀬ワイナリーの歴史

五ヶ瀬ワイナリー株式会社は、2003年に五ヶ瀬町、雲海酒造、JA高千穂地区の出資によって設立された第三セクター（資本金2.1億円）である。同ワイナリーは、もともと町の農業振興を主目的としており、町内で作付けされたブドウのみを原料とした「五ヶ瀬ワイン」を製造してきた。同社の事業内容は、酒造製造ならびに販売、地域特産品の製造並びに販売、農業の経営及び技術の向上に関する指導、食料品並びに清涼飲料水の製造販売、レストラン並びに喫茶店の経営、前記の諸事業に付帯する一切の事業としている。

五ヶ瀬ワインの歴史は、同町内のブドウ栽培の歴史でもある。1993年に家庭果樹栽培推進における品目検討にて「ぶどう」が候補となり、94年に県内現地調査（都農町・綾町）を実施し、翌年に町内の土壌調査および技術検討を行い、96年に「ブラック・オリンピア」の試験栽培を開始した。1998年から本格的に栽培を推進し、99年に「五ヶ瀬町ぶどう生産組合」を生産者16名で発足させた。2012年現在では、ぶどう栽培農家29戸、栽培面積9haで栽培が行われている。現在1戸あたりの平均栽培面積は、概ね30a程度である。

栽培品種は8品種であり、内訳は白系「ブラック・オリンピア」「ナイアガラ」「シャルドネ」「デラウェア」、ロゼ系「キャンベル・アーリー」、赤系「メルロー」「プチ・ヴェルド」「ヤマ・ソービニオン」である。

　五ヶ瀬ワイナリー事業の経過は、五ヶ瀬ワイナリー（株）資料によると以下の通りである。

　まず1993年に五ヶ瀬町がグリーンツーリズムモデル構想の指定を受け、94年「五ヶ瀬町グリーン・ツーリズム基本構想」を策定した。さらに1995年には、現在のワイナリーが建設された桑野内地区を拠点とした「夕日の里づくり基本計画」を策定した。この夕日の里づくりとは、阿蘇を眺める夕日が絶景である桑野内地区の地域づくりの目標であり、桑野内地区は福岡県をはじめとした県外者の民泊事業の受け入れに住民主体の取り組みを積極的に行ってきた。五ヶ瀬町は、農村を単なる生活空間としてのみ捉えるのではなく、自然と人間が織りなしてきた農村の伝統文化や農業に関わる地域資源に視点を置きながら、地域住民（夕日の里推進会議）が主体となった都市と農村の交流事業（グリーン・ツーリズム活動）を積極的に推進してきた。

　1996年に桑野内地区にワイナリー建設の計画が持ち上がり、2002年には「夕日の里ふれあい交流空間整備事業全体構想基本計画」が策定された。2003年には五ヶ瀬ワイナリー株式会社が設立（第三セクター方式　町・雲海酒造・JA）され、果実酒製造内免許を取得、2005年にはワイナリー工場竣工（総事業費7.2億円、国庫3.6億円）、同年12月には五ヶ瀬ワイン第1弾である「ブラック・オリンピア」を初蔵出しした。さらに2006年には交流センター、レストラン、農産物直売所が整備された。また同年10月には第4回国産ワインコンクール（北米系等品種白部門）においてナイアガラが銅賞、デラウエアが奨励賞を受賞した。2007年にはレストラン「メゾンド・ド・ハン」がオープンした。さらに隣接して夕日の里物産館がオープンするとともに同年第5回ワインコンクール（北米系等品種白部門）でナイアガラが「最優秀カテゴリー賞」を受賞するに至った。

（2）五ヶ瀬ワイナリーの経営再建
①経営体制強化とマネジメント力向上

一見順調に見える五ヶ瀬ワイナリーであるが、販売不振から経営の立て直しにも迫られていた。表1-8-1は、五ヶ瀬ワイナリーの生産動向を示したものである。これをみると生産開始直後は、生産量に対して販売量が伸び悩んでおり、売れ残りが大量に発生していることが示されている。2008年度からは雲海酒造（綾町）へのブドウ販売を始めており、同年度は、ブドウ収穫量90トンに対して仕込量59トン、残り31トンが雲海酒造に販売された。2011年には経営不振からレストラン「メゾン・ド・バン」が閉店となった。

こうした事態を受けて五ヶ瀬町は、2012年には経営体制を強化するため、雲海酒造・JA保有株を町が取得し、町100％出資の株式会社とした。そしてレストランは、「雲の上のぶどう」としてリニューアルオープンした。また多目的交流施設「五ヶ瀬ワイナリー風のホール」を竣工した。さらに経営基盤強化のため、2015年には資本金8000万円を増加し2.9億円とした。

この一連のワイナリー再建を町から託されたのは、雲海酒造にて醸造製造

表1-8-1　五ヶ瀬ワイナリーの生産動向

	ぶどう収穫量（トン）	仕込量（トン）	ワイン生産量（万本）	販売量（万本）	備考
2005年度	85	85	7.7	1.1	
2006年度	83	83	7.4	3.5	
2007年度	88	88	7.8	4.8	
2008年度	90	59	5.3	5.1	原料販売31トン
2009年度	99	55	4.9	5.4	原料販売44トン
2010年度	85	50	4.5	5.4	原料販売35トン
2011年度	75	60	5.4	5.3	原料販売15トン
2012年度	82	78	7	5.6	原料販売4トン
2013年度	86	84	8	6.6	原料販売2トン

（出所）五ヶ瀬ワイナリー資料より作成

管理の責任者を務めていた宮野恵支配人である。(株)五ヶ瀬ワイナリーが販売不振やレストラン閉店などの苦境にあえぐなかで、その経営立て直しのために同社を退職して五ヶ瀬ワイナリー(株)の取締役支配人として招聘され、ワインの品質および経営の改善に努めてきた。また宮野支配人は五ヶ瀬町の出身でもあり、町内の事情に精通している点も大きい。

近年、販売量が増加した背景には、近年の五ヶ瀬ワインの品質向上であり、その品質の向上は、ぶどうの生産管理にあると宮野支配人は指摘する。つまり、ワイナリーと契約農家が一体となって品質向上の努力を行うことにより、ワインの品質が格段に良くなるとのことである。以前、ワイナリーにはこうした契約農家との間で品質向上のための取り組みが責任者不在で十分取り組むことができなかったとのことである。ブドウの原料販売は近年の生産本数の増大のなかで解消されつつあり、販売量は品質向上のなかで上向きつつある。また、生産技術およびマネジメントを担う人材をスカウトできた点が第三セクター経営の安定化につながっていると言える。

②生産動向と将来見通し

宮野支配人によれば、ブドウの生産状況は以下の通りである。もともと五ヶ瀬町はブドウづくりに適した土地であり、契約農家28戸の平均栽培面積は30a、収量は10aあたり1.0～2.0トンである。ワイナリーは、契約農家から1kgを市場価格より200円増で購入している（購入価格1kgあたり381～566円：2014年度）。直営でもブドウは栽培できるが、基本は農業振興であるため栽培農家からの購入を原則としている。高齢者が作付けして生活できるために高く購入し、町民のために取り組むことが五ヶ瀬方式の特徴とのことである。農家の収入は、10aから粗利益約60万円（人件費抜）、コストは約10万円かかるとのことである。ブドウ栽培は、高齢者にとって定年後に15年間栽培ができて、特産のお茶と比して手間がかからない利点があるとのことである。

五ヶ瀬ワイナリーで使用するブドウの品種は8品種あり、このうちナイアガラ、キャンベルは栽培しやすい品種である。近年、メルロー等の赤が人気

となっているが、収穫時期が遅い等があって作付けが遅れており、今後は増産を目指す予定である。

今後は、2015年からブドウ栽培面積を2ha増やして11ha体制となれば140トンのブドウ収穫が実現し、14万本が生産可能であると宮野支配人は計画している。増産は経営安定にも寄与すると見込まれている。これにより契約農家は7戸増えて35戸を見込んでいる。2haの増加分は、お茶からの転作、遊休地や自家用からの切り替えであり、遊休地を活用する予定である。ブドウ栽培はこうした10a、20aの足し算であり、高齢となり栽培できなくなったら、地域で協力して作付けする例もあるとのことである。ワイナリー本体では栽培できない農家分を生産受託しているものの、農業振興を目的としているので地域での取り組みを推奨したいとのことである。

③五ヶ瀬ワインの販売戦略

五ヶ瀬ワインの販路は、その多くは宮崎県酒販であった。2010年よりイオングループとの取引を開始、2014年より生産と品質の安定に伴い、信頼のおける取引先を確保し、東京および福岡の飲食店や長崎県内のテーマパークへと販路を拡大させている。取引先を見極めて、ブランドを維持しながら販路拡大を模索している。また、消費税増税も見越して価格の見直しも進めた。

一方、ネット販売は販売の1割を占めており3000名の顧客の存在がある。近年、赤（製品名「夕陽」等）の需要が高まりつつあり、生産面での対応が求められている。また、女性のみで審査する国際的なワインコンクール「サクラアワード2015」においてナイアガラがシルバー賞に輝き、女性からの需要増大が今後期待される。

(3) 五ヶ瀬ワイナリーと地域経済循環

五ヶ瀬ワイナリーを中心とした地域経済循環についてヒアリング等をもとに整理したものが図1-8-1である（2013年度）。

まず五ヶ瀬町は、国・県等の補助事業をふまえ五ヶ瀬ワイナリーの施設設備を総計8.3億円かけて整備している。町は五ヶ瀬ワイナリー（株）に指定

138　第1部　イノベーションと地域産業

図1-8-1　五ヶ瀬ワイナリー（株）の地域経済循環

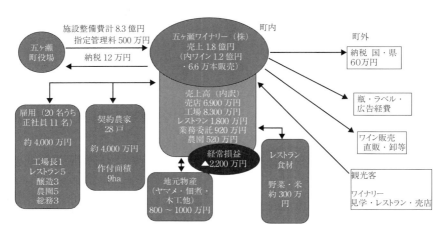

（出所）五ヶ瀬ワイナリー（株）のヒアリングから筆者作成。

管理料500万円を支出しており、同ワイナリーは町税として12万円を支出している。

　五ヶ瀬ワイナリー（株）の売上げは1.8億円である。うちワインは1.2億円（6.6万本販売）である。売上高の部門別では、売店6900万円、工場8300万円、レストラン1800万円、業務委託920万円、農園520万円である。

　町内からは、20名の従業員を雇用（正社員11名）、契約農家28戸（約4000万円にてブドウを購入）、売店用の地元物産（ヤマメ・佃煮・木工等）800～1000万円、レストラン食材として300万円分を調達している。町内調達は合計で1億円弱の規模になる。

　町内の上記以外は全て町外調達となり、主にワインの瓶・ラベルを調達し、広告経費が支払われている。販路は、ほとんどが町外であり、観光客がワイナリーの見学やレストラン・売店を利用しそのまま収入となる。

　五ヶ瀬ワイナリー（株）は、2013年度は2200万円の赤字であるが、町内に1億円弱の調達（従業員給与およびブドウ契約農家、レストラン食材、売店

土産物）を通じて町民の所得に回り、定住のための雇用の場となっている。さらに、五ヶ瀬ワインを通じて「五ヶ瀬ブランド」の大きな柱となっている。

近年の生産と品質の安定、2015年度から取り組む生産規模拡大は、経営の安定化と地域経済波効果という点で大きな期待が寄せられていると言える。

3　五ヶ瀬ワイナリーの課題

五ヶ瀬ワイナリー（株）は、五ヶ瀬町農業振興のために設立され第三セクターである。原料は五ヶ瀬産ブドウのみであり、五ヶ瀬ワインの安定的な生産と品質向上は契約農家によるブドウ生産技術に依存している。近年、ワイナリーと農家による品質向上の取り組みが成果をあげつつあり、その品質向上が売上げ増加に結びつく好循環を形成しつつある。さらに、予定している栽培面積増加は生産量増大となり、品質向上にともなう販売拡大は経営の安定化を可能とするものである。

今後は、こうしたブドウ生産の品質、消費者からのニーズ（赤への対応）、ブランド力を維持した「外販」強化に向けた販路拡大（乱売による価格低下の防止）とともに、ワイナリーへの来客数の増加（「内販」強化）が求められる。宮野支配人によれば施設の配置等を工夫してレストランの受け入れ客の数を上げることも可能とのことである。さらに地域の食材を活かした料理の開発としてピザやジビエ料理等の開発、スパークリングワインの開発など新規の取り組みによって、今後のワイナリーの発展が期待される。

五ヶ瀬ワイナリーは、五ヶ瀬町のブランド構築の大きな柱である。山間部において人口減少のなかで雇用づくり、持続可能な社会づくりを進めるためには、地域資源を活かした産業・雇用の創出が不可欠である。五ヶ瀬町は全国最南端の天然スキー場をはじめ自然が豊かであり、「風土産業」をテーマに農林水産業＋観光の融合化に積極的に取り組むことが望ましいとこれまで筆者は提言してきた（図1-8-2参照）。五ヶ瀬ワイナリーはその中核に位置

図1-8-2　「風土産業」化による五ヶ瀬ならでは～農林水産業＋観光の融合化～

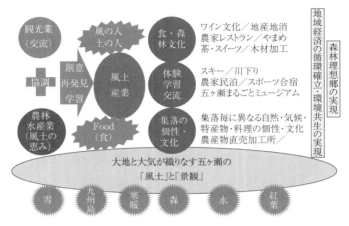

(出所）筆者作成

すると言える。そうしたなかで、五ヶ瀬ブランドではなく「五ヶ瀬高原ブランド」の構築を提言したい。この提言は宮崎県観光審議会委員で流行仕掛け研究所代表の島田始氏の提言である。五ヶ瀬から五ヶ瀬高原へと風土と人の物語づくりが大切と指摘されており、筆者も同感である。

おわりに

　五ヶ瀬ワイナリーは、五ヶ瀬町の風土産業の育成にとっても中核的な位置づけを持つものである。ブドウの品質向上と生産拡大と信頼できる販路の拡大を通じて経営の安定化も射程に入りつつある。五ヶ瀬ワイナリーは五ヶ瀬町の地域経済循環上においても重要な役割を担っており、「内販」「外販」の強化を通じて黒字経営化が期待される。

　地域資源を活かした地域振興にとって人材の確保・育成は喫緊の課題である。五ヶ瀬ワイナリーにおいても経営再建過程における宮野支配人のマネジ

メント力なくして再建への道筋はつけられなかったと思われる。施設の建設のみならず、いかにマネジメント力を高めることができるかという第三セクターの経営再建のあり方を考える事例でもあるといえる。

注

1）農林水産省ホームページ（http://www.maff.go.jp/j/nousin/tyusan/siharai_seido/s_about/cyusan/、2016年7月21日閲覧）参照。
2）日本農林漁業振興協議会『地域資源活用で中山間農業のイノベーションを！』2015年、5～6ページ。
3）秋本裕子「市場拡大期に入った日本ワイン　品質向上や和食ブームで脚光」『エコノミスト』第92巻第51号、2014年12月2日、101ページ。
4）山本博『新・日本のワイン』早川書房、2013年、9ページ
5）東洋経済新報社「日本産にも訪れたワイン高級化の萌芽　栽培も醸造も自前でやるこだわり」『週刊東洋経済』第6300号、2010年12月18日、110～111ページ。
6）秋本裕子、前掲書、100～103ページ。
7）国税庁「果実酒製造業の概況（平成25年度調査分）」国税庁ホームページ（https://www.nta.go.jp/shiraberu/senmonjoho/sake/shiori-gaikyo/seizogaikyo/kajitsu/kajitsuh25.htm、2016年7月25日閲覧）。
8）鹿取みゆき『日本ワインガイド』虹有社、28～29ページ。
9）山本博、前掲書、25ページ。
10）「ワイン法：日本ワインにお墨付き　新たなクールジャパンに　自民、法整備を検討」『毎日新聞』2014年8月8日（東京朝刊）、1ページ。
11）国税庁『酒のしおり（平成27年3月）』（https://www.nta.go.jp/shiraberu/senmonjoho/sake/shiori-gaikyo/shiori/2015/pdf/100.pdf、2016年7月25日閲覧）。
12）飯塚陽・四方康行「観光ワイナリーの地域開発効果」『広島県立大学紀要』第17巻第1号、2005年8月、31ページ。
13）同前、31ページ。
14）同前、37ページ。
15）同前、40ページ。
16）同前、34ページ。
17）山本博、前掲書、9ページ。
18）前掲国税庁「果実酒製造業の概況（平成25年度）」。
19）鹿取みゆき、前掲書、482～483ページ。

第 9 章
現代日本の都市鉱山戦略

外川健一

はじめに

　資源論は、わが国の地理学において伝統的に研究されてきた分野である。近年では、3.11東日本大震災罹災後に、原子力発電が持つ潜在的な環境破壊の問題、ひいてはその代替エネルギーとしての自然エネルギーの活用が大きく注目された。事実、太陽光発電や風力発電を中心としたビジネスが、バイオマス発電とともに徐々に芽生えつつあるが、実際に東日本大震災後、わが国における安定した電力供給を支えたのは、輸入炭による石炭火力発電であった。2016年1月現在国内の原子力発電は徐々に再稼働を始めているが、依然としてわが国は一次エネルギーの供給においては、相変わらず諸外国からの化石燃料の輸入に依存している。

　それでは、本当にわが国は資源に乏しいのであろうか。3.11東日本大震災の直後に刊行された、国際開発学者である佐藤仁の著作は、多くの地理学者のみならず経済学者、政治学者をはじめとした研究者に「温故知新」の重要性を気付かせた良書である。経済地理学の分野では、1970年代に矢田俊文によるわが国石炭産業の崩壊にみる「資源の放棄」という実証分析[1]等があるものの、「資源論」というプラットフォームは、1980年代からはほとんど顧みられなくなった。外在的には資源加工技術の急速な発達に伴う資源論への社会的需要の低下、内在的には関心の分散による学問体系の後退が要因である[2]。個別に解決できない課題が顕在化する現在こそ、生態系を統一的な

視座に収める自然科学と合意の落としどころを探る社会科学とを「総合」した「資源論」を想起する意義がある。

　佐藤の議論に触発されたわけではかならずしもないだろうが、現役の経済地理学者である中藤康俊、松原宏が数人の経済地理学者と共同で『現代日本の資源問題』[3]を世に出したのは、2012年である。同書は、気鋭の経済地理学者による、現代日本の水資源、農業資源および水産資源（食料資源）、森林資源、エネルギー資源、鉱物資源はもとより、循環資源（従来廃棄物として処理されたもののリサイクル）、観光資源、労働資源、土地資源にまでテーマの幅を広げている。しかし同著の野心的な試みは個別論点こそきわめて示唆に富むものの、石井素介の近著[4]や佐藤仁の前掲書が希求した一つの体系としての資源論まで「総合化」できているかどうか、その一章を担当した筆者も自信はない。

　本章は、『現代日本の資源問題』において筆者が担当した第7章「廃棄物とリサイクル」[5]および2014年の経済地理学会第61回大会での報告論文[6]で取り上げた、循環資源に関する考察の続編である。これらの考察で筆者は、1990年代からの日本の資源政策とともに、廃棄物リサイクル政策を概観した。そこで筆者は、日本がかつて「ジパング」として世界にも名が知れた鉱物資源に恵まれた国であったこと、現在も鹿児島の菱刈金山では住友金属鉱山によって、世界でも最も品質の高い金鉱脈において、金の採鉱が進められていることを紹介した。同時に、21世紀になってから急に注目を浴びたレアメタル、レアアース問題にも言及した。本章では、2006年から2008年の資源相場高騰期に登場した、日本の「都市鉱山」戦略について、その内容と今後の展望について考察する。

1　都市鉱山論の登場

　都市鉱山論の提唱者は、東北大学選鉱製錬研究所（当時）の南條道夫であると言われる。南條の都市鉱山論[7]は、発表当初大きな反響を呼ばなかっ

た論文であるが、今世紀に入り、とくに2006年からリーマンショックまでの、石油をはじめとする各種鉱物資源価格の高騰期に、再評価された論文である。南條のオリジナリティは、彼が専門としていた金属選鉱・製錬技術が、日本の金属鉱山の閉山を機に、今後どのようにして応用されるべきかに関し、これまで培われてきた選鉱・精錬技術を、現在いう循環資源のうちの使用済電子・電気機器（俗称Eスクラップ）に求めた点である。

　「資源の遍在と有限性は必然的に省資源（省エネルギーも含む）への指向を意味した。（中略）人類の歴史は資源探査、採掘の歴史でもあり、その消費量は累積すると莫大な量に上った。全ての資源が人類の発展と人口の増加に寄与して来たとは言いがたいが、地上に蓄積された工業製品を再生可能な資源と見做し、その蓄積された場所を都市鉱山（urban mine）と名付けた。（中略）従来の鉱山が『動脈』とすると都市鉱山の概念は『静脈』となり、再生可能資源の凝集した都市こそが資源循環の場であろう。このように大量生産と大量消費により維持されている都市は単に素材のみではなく莫大なエネルギーをも必要としている。このような生産・消費形態は希薄な生産と消費に比較し、より効率的ではあるが過度の集中による都市機能の停止や環境汚染を引き起こすことになった。本邦におけるかつての公害や電力危機は正しく、過度の集中によると考えられる。都市鉱山の概念は上述の『静脈』の重要性を示したものであり、一方向のみの生産・消費構造をclosed systemにすることにより、従来のone through, one way方式を改め、cyclic systemを構築することが目的である。」[8]

以上に記されているように、南條は既に1980年代に動脈・静脈の概念を、リサイクル技術、リサイクル政策に適用していた[9]。南條はどのような種類の都市鉱山があるかについて、元素による分類とは別に、その集荷システムからの観点が、リサイクルシステムの確立の上で重要であると指摘した。それらは「動く都市鉱山」（自動車、船舶、自転車、飛行機）、容器（空き缶、

空き瓶、空きペットボトル容器)、エレクトロニクス(電気電子機器、ICチップ)、エネルギー源(バッテリー、セルモータ)、バイオマス(古紙、スラジ、木質バイオマス)、建造物(建設廃棄物、橋梁、鉄道のレール)等である。しかし実際の南條のターゲットは、主としてエレクトロニクスであり、とくに「希少資源であるレアメタルの安定供給の鍵は、レアメタル資源国からの協力と共に、国内あるいは海外に蓄積したスクラップのリサイクル体制の確立」[10]であるとし、1980年代を中心にチタンやニオブ等のレアメタルの製錬を研究したのである。

南條が指摘しているように、金属資源の多くが、化石燃料とは違ってリサイクルできることに重要である。日本では主要な金属鉱山・炭鉱がほとんど消滅したが、非鉄金属の場合、鉱山と精錬業が同一企業のもとで地理的に一体化されていることが多い。東京大学の人文地理学教室で活躍した谷内達は、製錬などの施設は、たとえ経営的、地理的に採掘と一体化している場合でも、製造業の一環として扱われるべき[11]とし、鉱山と精錬業は一体として考察すべきことを指摘しているが、都市鉱山においてもそれは同様で、既存の製造業としての製錬施設を活用したリサイクルシステムの構築が、本章で取り上げる都市鉱山戦略の中核となっている。

本章では、筆者の2014年の経済地理学会報告論文と同様に便宜上、金属鉱物資源を、①鉄、②ベースメタル、③貴金属、④レアメタル・レアアースの4種類に分けて議論を進める。②の「ベースメタル」とは、非鉄金属のうち銅、鉛、亜鉛、アルミニウム等を指し、貴金属、レアメタル・レアアース等と比べると豊富な埋蔵量を持ち、古くから人間の歴史において多く使用されている金属の総称とする。鉄とこれらベースメタルは産業の物質基盤であると言ってもよい。一方、貴金属とは金・銀等、古くから宝飾用として用いられてきたもののほか、近年は白金族(PGM: Platinum Group Metal)のように自動車排気ガス触媒に欠かせない物質として用いられているものもある。一方、レアメタル・レアアースは今世紀に入ってから急激にその経済的重要性が認識されるようになった「産業のビタミン」とも呼ばれる希少金属であ

る。

2　都市鉱山論の展開

　1998年に成立し、2001年から本格施行された家電リサイクル法は、当時の廃棄物リサイクル政策が抱えていた大きな問題点の一つであった一般廃棄物の中でも、大型ごみの一つであり、原型埋立が地方自治体単位で行われていたことの多い家電製品のうち、テレビ、洗濯機、冷蔵庫、エアコンの4品目（2015年12月現在は、これら4品目に加えて、電気冷凍庫、液晶テレビ、プラズマテレビ、電気乾燥機が追加されている。）の適正処理・リサイクルに関する法律である。使用済家電製品を製造メーカが引き取り、製造メーカの指定する、あるいは自らが運営するリサイクルプラントにおいてこれを再資源化し、廃棄物の最終処分地の延命化を図るために、製造メーカ等に拡大生産者責任を課した画期的な法律であった。この法律は、2000年の循環型社会推進形成基本法に先立って成立したものであり、当時ダイオキシン問題等、廃棄物処分問題に苦しんでいた地方自治体にとっては、基本的に好意的に受け取られた。しかし、廃棄される使用済家電のリサイクル料金は、廃棄時に最終所有者が支払うこともあって、廃家電製品の不法投棄や、中古家電という名目での輸出が盛んに行われるようになった。

　この法律を管轄する、経産省・環境省の報告書では、2013年度の家庭・事業所からの使用済特定家庭用機器の総排出台数は、約1702万台と推計されており、その中では、家電リサイクル法に基づく小売業者による引き取りが約979万台であるという。また、約265万台がいわゆる不用品回収業者によって引き取られていると推計しいる。さらに、小売業者により引き取られたもののほか、家庭・事業所から指定引取場所に直接持ち込まれたもの等を含めて、総排出台数の約67％にあたる約1134万台が製造業者等においてリサイクルされている。その他、製造業者等の委託先であるリサイクルプラント以外の廃棄物処分許可業者等によるリサイクルが約20万台、市町村による一般廃

棄物としての処理が約5.2万台、リユース向け販売が国内・海外を含めて約410万台、スクラップとしての流通が国内・海外を含めて約132万台と推計している[12]。

しかしこれらの数字はあくまでも推計調査の数であり、政府や業界団体、NGO等も、これら海外へ中古品の名の下で流出する使用済家電製品を「見えないフロー」と重要視し、前述したようにそのフローを調査はしているものの、有害廃棄物の越境移動を規制したバーゼル条約に抵触しない場合（とくに、受け入れ国が有害廃棄物としてではなく、再生資源として適正処理・リサイクルが担保できる場合）には、海外流出への歯止めはない。

一方、国内でも家電リサイクル法によるシステムによって、それまで使用済家電の処理・リサイクルをビジネスとしていた業者等から、それまでの「飯の種」としていた使用済家電が、拡大生産者責任という名の下でメーカの認定工場でのみリサイクルされるのは、既得権益の侵害だという訴えもあり、メーカが設定しているリサイクル料金より安価な費用で、適正処理・リサイクルを行う「家電リサイクルの大阪方式」が、大阪府において実施されている。これは、家電リサイクル法は廃棄物処理法の下の特別法であるため、あくまでも廃棄物処理法に従った一般廃棄物の処理として大阪府の認可を得た、メーカの指定を受けなかったリサイクラーの生き残りをかけた戦略の結果でもある[13]。同様のシステムは北海道函館市においても行われている。

さて、話を都市鉱山論の展開に戻そう。かかる事態に対して、南條が在籍していた東北大学に九州工業大学から異動した中村崇は、東北大学にDOWAホールディングス（旧同和鉱業）からの寄付講座の客員教授として招聘した白鳥寿一とともに、資源・素材学会（旧日本鉱業会）の学会誌『資源と素材』に「人工鉱床構想」を2006年に発表した[14]。これは南條の都市鉱山論を具現化したものであり、中村自身、秋田県に拠点を持つ同和鉱業と連携し、携帯電話等貴金属を多く含む小型家電の海外流出を防ぎ、国内での資源循環の重要性を提唱したものであった。同社は家電リサイクル法に対応し

たリサイクルプラントとして、エコリサイクル（現エコシステム秋田）を立ち上げた。また、小坂製錬に近接立地しているエコシステム小坂および小坂製錬の自溶炉を使用して、一部の前処理された家電製品の金属含有残渣や、使用済自動車由来のシュレッダーダストに含まれる銅や貴金属等を再資源化している。なお、DOWA ホールディングスは、いち早くリサイクルビジネスを海外へも広げている。たとえば系列会社の日本 PGM は、自動車触媒の白金系金属（白金、ロジウム、パラジウム）の製錬を行っているが、廃触媒を国内はもちろんのこと、アメリカや欧州（チェコ）にも回収拠点を置き、グローバルに都市鉱山である廃触媒の収集を行っている。

中村の人工鉱床構想は2006年という、ちょうど資源価格が高騰し始めた時期に発表されたので、産業界を中心に大きく注目を浴び、南條の都市鉱山戦略の再発見に至った。また、中村は同和鉱業のみならずJX金属グループとも共同で、都市鉱山戦略を具現化させようとした。図1-9-1に銅資源の相場の変遷を示したが、2006年から2008年は銅をはじめとするベースメタル以

図1-9-1　銅地金価格の推移

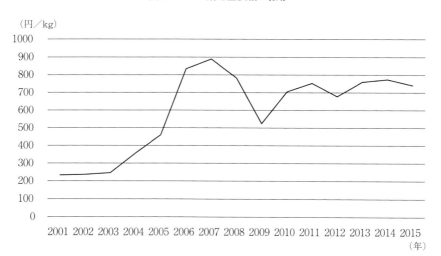

（出所）『スクラップマンスリー』日刊市況通信社、各号より作成。

外でも、石油資源や鉄スクラップなど、あらゆる資源に投機的な資金が投資され、それは2008年9月15日のリーマンショック直前まで継続する。

　2008年1月、国立研究開発法人　物質・材料研究機構の元素戦略クラスター長の原田幸明は、わが国の将来の金属資源の利用に対して、これまで日本国内に蓄積されリサイクルの対象となる金属の量を算定し、わが国の都市鉱山は世界有数の資源国に匹敵する規模になっていることを発表した。原田のグループの試算によると、金は、約6800トンと世界の現有埋蔵量4万2000トンの約16％、銀は、6万トンと22％におよび、他にもインジウム61％、錫11％、タンタル10％と世界埋蔵量の一割を超える金属が多数あるという。また、他の金属でも、国別埋蔵量保有量と比較すると白金などベスト5に入る金属も多数存在するという。現状ではこのような国内の都市鉱山資源が、使用済製品としての随伴物の「廃棄物処理」との"あわせわざ"で本来得られる価値よりも安価に放出されている状況であるといえよう。それに対し、天然の鉱山の場合に、粗鉱から品位の高い精鉱として輸出・利用しているように、都市鉱山資源を都市鉱石としてより積極的に有効活用していくことが必要であると、南條・中村の説を踏襲しながら、都市鉱山戦略の重要性を指摘している。これら原田の主張は、2011年発行の原田・醍醐の著書[15]にわかりやすく掲載されているが、原田の推計値は見えないフローを過小評価しているという批判や溶融スラグとして低品位のままリサイクル材に混在している貴金属の量を軽視しているという問題点も指摘されている。

　ところで、環境省は従来の家電リサイクル法によるシステムでは、「見えないフロー」による家電製品が、E-Waste（電気・電子機器廃棄物）となって海外に流出し、現地で不適正に処理されることを恐れた。とくに中国広東省貴嶼（グイユ）で集積した、使用済電子・電気機器を、手作業を中心に、労働衛生や環境配慮をほとんど顧みないで再資源化を行うリサイクル村の登場[16]はバーゼル・アクション・ネットワーク等のNGOを通じて一躍有名となった。当地では、貴金属を抽出するために、王水と呼ばれる強酸性の溶媒に電子基板を溶かし、使用済の廃溶媒はそのまま周辺河川へ排出されているような、

非環境配慮・労働環境軽視のケースが見られたからである。

　経産省も資源の安定供給という産業界の要請に応えるためにも、家電リサイクル法の対象製品以外のリサイクルの推進に積極的な態度を示した。しかし、パソコンや携帯電話、スマートフォンなどは、1991年に制定され、2001年に大幅に改められて施行された、資源有効利用促進法の下で、業界の自主取組によりリサイクルが行われるようになっていたこともあり、新しい法律の成立には慎重な姿勢をとっていた。

　最終的に、企業の自主取組を重んじた形の小型家電リサイクル法が、2013年4月から施行された。同法の成立にあたっては、人工鉱床構想を提唱した中村崇が大きな役割を果たしたが、中村の意見に賛同し、静脈産業の技術革新とダイナミズムを市場で反映させる重要性を意識していた慶應義塾大学の細田衛士（環境経済学）が、同法制定の際の政府委員会[17]の委員長を務めていたことも大きい。

　小型家電リサイクル法で取り扱われる小型家電とは、使用済携帯電話や年式が古いパソコン等とともに、電気掃除機やアイロン等の一般に資源価値の低い使用済製品も含まれる。そしてそれら小型家電類は、認定を受けたリサイクル業者によって効率的回収と環境配慮型のリサイクルが実施されることが期待されている。このような小型家電リサイクル法による認定工場は、既存のメーカのリサイクルプラント以外にも、シュレッダー業など既存の静脈産業も参入している。図1-9-2に小型家電リサイクル法の概要を記す。細田は「小型家電リサイクル法は（廃棄物処理法による一般廃棄物と産業廃棄物の区分に起因する様々な）規制緩和を通してビジネスをやりやすくし、関係主体の連携を促進することによって静脈ビジネスの成熟化を図ろうとしているものである。」[18]としている。法の施行が始まってわずかであるので、同法の評価は差し控えたいが、依然として退蔵した携帯電話やパソコンが、国内のフォーマルセクターを活用した小型家電リサイクル法により、再資源化される保証は必ずしもなく、また、これらの資源が海外へ流出される歯止めにも必ずしもなってはいない。しかし、多くの政策関係者やリサイクラー

図1-9-2 小型家電リサイクル法の概要

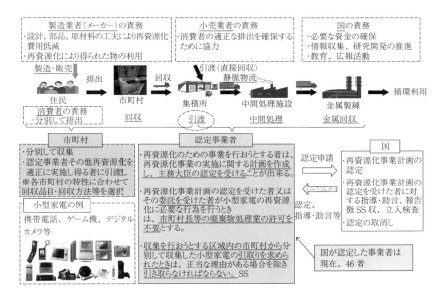

(出所) 経産省の資料「小型家電リサイクル制度の施行状況について」(http://www.meti.go.jp/policy/recycle/main/admin_info/committee/p/01/koden01_02.pdf) より引用。

が小型家電リサイクルの意義を認識したという意味では、同法の存在は大きい。

　南條が提唱した都市鉱山戦略は、家電リサイクル法や小型家電リサイクル法により、静脈資源に含まれる各種金属資源をフォーマルセクターによって、既存の精錬所に戻すシステムが成立されたことにより、一つのモデルが形成されたといえよう。

3　レアメタル・レアアース

　2008年9月8日付の日本経済新聞の一面には、レアメタルの高騰による、わが国の経済界に与える影響を予想した記事が掲載された。これを契機にし

ばらくの間、レアメタルが産業界で注目を浴びる金属類として浮上した。しかし、そもそもレアメタルとはどのような金属なのだろうか？

レアメタルおよびその中でとくにランタノイドと呼ばれる元素群を主とするレアアースは、ハイテク製品に代表される電子電気製品、自動車や航空機・宇宙産業にはじまる先端技術を中心に幅広く使用されている。とくに、製品の軽量化・省エネ化に必要不可欠な存在になっている。日本では、図1－9－3に記した周期表中の31鉱種46元素が、レアメタル・レアアースとして扱われている。

自動車業界でとくに注目を浴びたレアアースには、希土類磁石、とくにネオジウム磁石と呼ばれる Nd-Fe-B 系磁石である。さらに、この磁石のパフォーマンスを示す指標の一つである「保磁力」を高温下でも保てるよう、ネオジウムに加えて、レアアースの中でも重希土類の一種であるディスプロシウムを少量添加する磁石が、自動車モーター中に微量使用され、日本製の次世代自動車と呼ばれる自動車の付加価値を大いに高めた。そして、このディスプロシウムの資源的価値が極めて高いため、一時的にネオジウム磁石が持つ市場価値が極めて高くなった。

レアメタル・レアアースと呼ばれる鉱種は、その産地が大きく偏在していると言われている。具体的には中国、ロシア、南アフリカが3大産地である。それゆえレアメタル・レアアースの供給障害リスクを指摘する専門家やジャーナリストが登場した[19]。

2010年以来の中国のレアアースに対する急激な輸出制限による供給障害[20]は、WTO にも提訴され国際問題にも発展したが、これは中国がレアアースの巨大な供給地だったことに起因する。しかし、レアアースの価格上昇は、原油等のほかの市況資源と同様に、実際の需要が供給を上回るといった単純な経済的な理由によるものは意外と少ない。むしろ、投機などによる見かけ需要の変動が価格を乱高下させる場合が多い。ほとんどのレアアースには、在庫量や需要量の変動が定量的に開示される透明なマーケットが存在しないからである[21]。

図1-9-3　レアメタルとレアアース

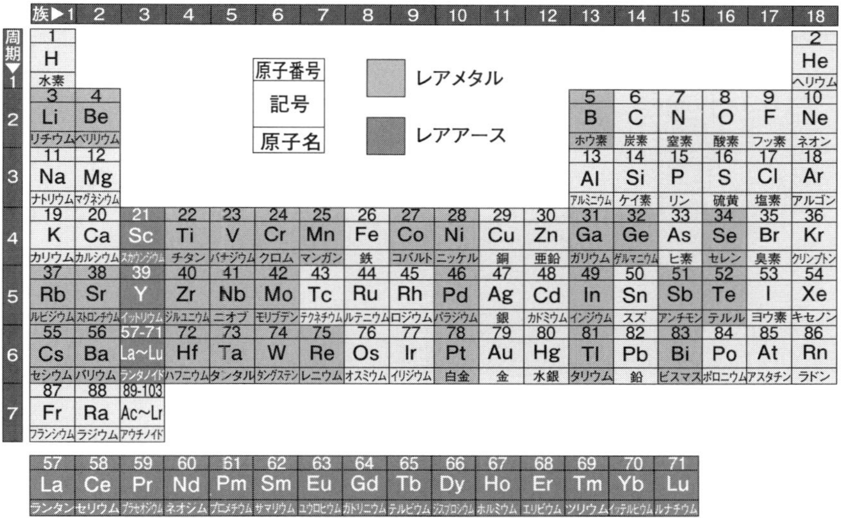

（出所）独立行政法人石油天然ガス・金属鉱物資源機構（JOGMEC）「資源ライブラリ　広報誌特集：レアアースの通説　正と誤（2）」（http://www.jogmec.go.jp/library/metal_004.html, 2016年1月17日福岡市にて閲覧）より引用。

　一方、レアメタルの安定供給に向け、経産省は2012年1月にとくにリサイクルに重点を置くべきレアメタル・レアアースを5鉱種選別した。これらはタンタルコンデンサ（産業技術総合研究所と三井金属で、リサイクル技術開発を進める）、前述したネオジウム磁石に含まれるネオジウムとディスプロシウム（三菱マテリアル、日立等でリサイクル技術開発を進める）、リチウムイオン電池に含まれるコバルト（JX日鉱日石等でリサイクル技術開発を進める）、超硬工具に含まれるタングステン（住友電工等でリサイクル技術開発を進める）の5鉱種である。
　長らく日本のレアメタル、レアアース問題に携わり、とくにチタン鉱山の開発、製錬に詳しい東京大学生産技術研究所の岡部徹は、そもそもレアメタルやレアアースのほとんどは、ほんの微量しか需要そのものがないので、資

源の遍在性の問題はあるものの、その枯渇を危惧する必要はないと指摘する。枯渇の危惧はレアメタルよりもベースメタルである銅やアルミニウムの方がより深刻であるという指摘もある[22]。では、なぜわが国においてこれらをリサイクルする必要があるのかといえば、ほとんどのレアメタル・レアアース鉱山での処女資源開発は環境破壊型であることが多いため、そのような採掘が経済性を持たないように、日本で環境配慮型のレアメタル、レアアースの回収と、精錬施設での環境適合型の再資源化が重要であると、岡部は指摘している[23]。

おわりに　戦略的都市鉱山戦略

　以上、わが国における都市鉱山戦略の現状を概観したが、小型家電リサイクル法をはじめとするシステムは、依然として成熟段階には達していない。産業技術総合研究所の大木達也は、使用済小型電子機器からのレアメタル、レアアース回収が困難な理由として、①製品が小さいこと、②レアメタル等は製品に僅かずつしか含まれていないこと、③複雑・複合的に使用されていることを挙げ、これを高度にリサイクルするには、製品情報を十分に把握することが不可欠であると唱えている。そこで、大木は、効率的な都市鉱山開発を実現するため「戦略的都市鉱山」という概念を提唱し、産業技術総合研究所の各部門に散らばった関連研究者を集め、戦略的都市鉱山研究拠点＝SURE（Strategic Urban Mining Research Base）を2013年11月に立ち上げた。この組織では、使用済製品のデータベース作成、自動解体や選別・粉砕技術、乾式・湿式製錬技術、製品の資源配慮設計、マテリアルフロー分析、ロジスティクス分析、リサイクル配慮型の材料開発など、網羅的な研究を目指している。さらに、2014年10月には官民連携組織であるSUREコンソーシアムを発足させ、2015年12月現在、産業技術総合研究所38名の研究者のほか、民間企業61社、公的機関25法人等、5名の有識者による合計91会員が参加している。

SURE 構想の大きな目的は、天然鉱山とのコスト競争に勝てる都市鉱山の開発であり、使用済製品のデータベースの利用や製品の資源配慮設計により、人工物特性を活かした高度なリサイクル技術の開発が可能であるとしている。

　本章執筆中の2016年1月末現在、原油価格を中心とする資源価格は低迷し、静脈資源相場も鉄スクラップを中心にのきなみ低相場で推移し、それが上昇する兆しも見えていない。日銀はいよいよマイナス金利政策を発動する事態にまでデフレ状態は深刻化している。そのような経済情勢で、2006年からリーマンショック期に比べ、都市鉱山への関心は一般に低くなってきている。しかし、既存の製錬インフラや静脈のロジスティクスを培ってきた日本が、戦略的に都市鉱山開発に先行投資するチャンスはまさに現在であると、大木は強調する[24]。前節の岡部の主張を繰り返すことになるが、海外で環境に配慮しないレアメタル・レアアース鉱山開発に歯止めをかけるためにも、日本における都市鉱山資源の開発と、環境配慮を重視した資源外交[25]が重要性を持つのである。

注

1) 矢田俊文『石炭産業論　矢田俊文著作集　第一巻』原書房、2013年。とくに同書第一編「戦後日本の石炭産業－その崩壊と資源の放棄」(初出、1975年) が参考になる。
2) 佐藤仁『「持たざる国」の資源論　持続可能な国土をめぐるもう一つの知』東京大学出版会、2011年、183ページ
3) 中藤康俊・松原宏編著『現代日本の資源問題』古今書院、2012年。
4) 石井素介『国土保全の思想　日本の国土利用はこれでよいのか』古今書院、2007年。
5) 外川健一「資源問題と廃棄物問題」同前、145～171ページ。
6) 外川健一「環境と資源──主として金属鉱物資源、生物多様性を中心に──」『経済地理学年報』第60巻第4号、2014年12月、249～263ページ。
7) 南條道夫「都市鉱山開発－包括的資源観によるリサイクルシステムの位置づけ」『東北大學選鑛製錬研究所彙報』第43巻第2号、1988年3月、246～247ページ。
8) 同前、246～247ページ。
9) 筆者は「静脈産業」の概念を、いつ誰が提唱したのか確証を持っていない。筆者の聞き取り調査では、京都大学工学部衛生工学研究室の岩井和久教授、もしくは氏の研究室のメンバーの発案ではないかというのが有力な説であるが、確たる文献・資料による確証は得られていない。現在のところ、筆者の知る限りにおいて、南條のこの論文がリサ

イクル産業を考察するにあたっての「静脈」概念導入の嚆矢である。
10）南條道夫、前掲論文、239ページ。
11）谷内達「鉱産資源と鉱業」人文地理学会編『人文地理学事典』丸善出版、2013年、467ページ。
12）産業構造審議会産業技術環境分科会廃棄物・リサイクル小委員会電気・電子機器リサイクルワーキンググループ　中央環境審議会循環型社会部会家電リサイクル制度評価検討小委員会　合同会合（第32回）‐配布資料２‐１『家電リサイクル制度の施行状況の評価・検討に関する報告書（案）』2014年７月30日（http://www.meti.go.jp/committee/summary/0003770/pdf/032_02_01.pdf、2016年１月12日閲覧）。
13）家電リサイクルの大阪方式に関しては、大阪府のウェブサイト、http://www.pref.osaka.lg.jp/shigenjunkan/kaden/（2016年１月12日閲覧）を参照されたい。
14）白鳥寿一・中村崇「人工鉱床構想－Reserve to Stockの考え方とその運用に関する提案－」『資源と素材』第122巻第６・７合併号、2006年７月、325～329ページ。
15）原田幸明・醍醐市朗『図解　よくわかる「都市鉱山」開発　レアメタルリサイクルが拓く資源大国への道』日刊工業新聞社、2011年。
16）中澤高師「広東省貴嶼における電子廃棄物処理産業の実態―「電子ゴミの町」の行方と課題」『環境と公害』第40巻第４号、2011年４月、44～50ページ。
17）その政府委員会の正式名称は、「中央環境審議会廃棄物・リサイクル部会　小型電気電子機器リサイクル制度及び使用済製品中の有用金属の再生利用に関する小委員会」で、第１回目の小委員会は2011年の３月31日に開催されている。詳しくは、環境省のウェブサイ、http://www.env.go.jp/council/former2013/03haiki/y0324-01b.html を参照されたい。なお、2015年12月より、小型家電リサイクル法の進捗状況は、中村崇が座長を務める、「産業構造審議会　産業技術環境分科会　廃棄物・リサイクル小委員会　小型家電リサイクルワーキンググループ　中央環境審議会　循環型社会部会　小型電気電子機器リサイクル制度及び使用済製品中の有用金属の再生利用に関する小委員会合同会合」で行われている。
18）細田衛士『資源の循環利用とは何か　バッズをグッズに変える新しい経済システム』岩波書店、2015年、249ページ。
19）たとえば、谷口正次『メタル・ウォーズ　中国が世界の鉱物資源を支配する』東洋経済新報社、2008年など。
20）中国のレアアース政策については、当時現役経産省官僚でもあった福田一徳による『日本と中国のレアアース政策』木鐸社、2013年が詳しい。
21）岡部徹・野瀬勝弘「レアメタル資源の物質フローに関する中長期展望」『廃棄物資源循環学会誌』第22巻第６号、2011年11月、403～411ページ。
22）西山孝・前田正史『ベースメタル枯渇　ものづくり工業国家の金属資源問題』日本経済新聞社、2011年。
23）岡部徹「レアアースをはじめとするレアメタルの資源戦略と環境制約」『環境情報科学』第43巻第４号、2015年１月、１～６ページ。
24）2015年12月７日に開催された日本粉体工業技術協会破砕分科会・リサイクル技術分科会合同分科会における大木達也氏の講演による。
25）レアメタル、レアアース問題が注目された当時、経産省はリサイクル以上に、処女資

源の確保のため中国以外の資源産出国であるアジア、アフリカ諸国と積極的な資源外交を行った。しかし、当地の環境配慮型の鉱物資源の採掘を応援した外交政策であったかといえば、必ずしもそうとは言えない。

第2部　国内外のグローバリゼーション

第1章
グローバル化のもとでの産業立地
――関西とアジアとの関係を中心に――

鈴木洋太郎

1　グローバル化のもとでの産業立地の視点

　関西エリア（大阪大都市圏）には、大企業とともに多数の中小企業の事業拠点が立地しており、「大都市圏型の産業集積」が形成されている。また、事業拠点をアジア新興国の大都市圏（中国の上海大都市圏やタイのバンコク大都市圏、インドネシアのジャカルタ大都市圏など）へと展開する関西企業も増加してきており、アジア新興国の大都市圏でも、産業集積が急激に形成されつつある。

　関西エリアとアジア新興国の大都市圏は、立地環境上の優位性を競う「グローバルな地域間競争」のライバルである一方で、企業の事業拠点の国際的立地を通じた「産業集積間ネットワーク」のパートナーであると考えられる。そのため、関西企業が事業拠点をアジア新興国へと展開することは、関西における事業拠点の弱体化（産業空洞化）につながるリスクはあるものの、アジア新興国の成長力を関西へと取り込むためにも重要であろう。

　グローバル化のもとでの産業立地の視点としては[1]、産業活動の担い手である企業が事業拠点を国際的にどのように立地展開しているのかという視点とともに、産業活動の立地場所である地域社会が国際的にどのように結び付いてきているのかという視点が不可欠である。

　本章では、関西とアジアとの関係を中心にして、グローバル化のもとでの産業立地の特徴や課題について考察する。特に、関西企業のアジア立地展開

と関西・アジアにおける国際分業進展について検討する。

2　関西企業のアジア立地展開について

(1)　関西企業のアジア立地展開の概要

東洋経済新報社編『海外進出企業総覧』のデータによると、2013年における日本企業の海外現地法人数は2万6060社であり、そのうち、アジア現地法人数は1万6225社（62.3％）となっている。また、関西企業（大阪府、京都府、兵庫県、奈良県、和歌山県、滋賀県に本社を置く企業）の海外現地法人数は5908社であり、そのうち、アジア現地法人数は3978社（67.3％）となっている。日本企業全体での割合（62.3％）よりも高い数値であり、関西企業は、特にアジアとの経済的な結び付きが強いといえる。

関西企業のアジア現地法人の立地先としては、中国向けが1706社（アジア全体の42.9％）と最も多いが、ASEAN5（タイ、マレーシア、インドネシア、フィリピンのASEAN4にベトナムを加えたもの）向けも1204社（30.3％）と多い。特に近年は、中国での賃金高騰や反日リスクなどのため、中国よりもASEAN5を立地先候補と考える企業が増えてきている。

たとえば、近畿経済産業局「近畿地域の中小・中堅企業の海外展開に係る実態調査」2013年（製造業アンケート調査、2012年9月～10月実施）によると、海外直接投資先として関心のある国については、5.1％の企業がタイ、5.0％の企業がベトナム、4.9％の企業が中国と回答しており、関西の中小・中堅企業にとっての今後の海外直接投資先としては、タイやベトナムが中国よりも関心が高いことが分かる。

(2)　日系アジア現地法人のサプライチェーン

日本企業・関西企業のアジア立地展開の特徴を把握するためには、原材料の調達や製品の出荷といったサプライチェーン（供給網）の視点も重要である。

日系アジア現地法人が原材料をどこから調達するのか（現地からか、日本からか、第三国からか）、製品をどこに出荷するのか（現地向けか、日本向けか、第三国向けか）は、その日系アジア現地法人の役割を反映している。たとえば、原材料をもっぱら日本から調達しているのならば、日本の分工場的な役割を有していると考えられる。また、製品をもっぱら日本向けに出荷しているのならば、日本市場への輸出拠点の役割を有していると考えられる。

　図2-1-1は、日系アジア現地法人（製造業）の仕入高内訳データと売上高内訳データから、進出先国での現地調達割合および現地販売割合を示しているが、2000年代以降、現地調達割合や現地販売割合が増加してきたことがわかる。特に、現地調達割合については、約40％から約60％へと大幅に拡大してきている。

図2-1-1　日系アジア現地法人（製造業）の現地調達割合・現地販売割合の推移

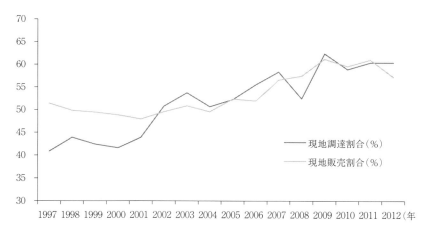

（注）仕入高内訳により現地調達割合を、売上高内訳により現地販売割合を示している。
（出所）経済産業省「海外事業活動基本調査」より作成。

（3）　関西企業のアジア立地展開のケース

　関西企業においても、進出先国での現地調達割合や現地販売割合を増加させつつ、アジア立地展開が進んできた。ここでは、エアコン・メーカーであるダイキン工業（本社は大阪市、国内の主力工場は大阪府堺市や滋賀県草津市などにある）の東南アジア・タイへの立地展開のケースを見てみる[2]。

　ダイキン工業は、タイのバンコク大都市圏（バンコク郊外のチョンブリ）に、東南アジアでのエアコン事業の中核となる現地法人（ダイキン・インダストリーズ・タイ）を立地している。この現地法人は、1990年2月に設立し、1991年1月に操業を開始しているが、当初は、主として日本向けの輸出拠点として、家庭用のルームエアコンを製造していた。また、日本の分工場的な役割を担っていた。

　その後、ダイキン工業は、ダイキン・インダストリーズ・タイに業務用エアコンを製造するための第2工場（1997年1月に操業開始）を設置するとともに、タイ国内のサプライヤーから部品を調達するための現地法人（ダイキン・トレーディング・タイ）を1997年に設立した。また、2001年にはエアコンの基軸部品であるコンプレッサーをタイで製造するための現地法人（ダイキン・コンプレッサー・インダストリーズ）を設立し、現地での生産体制を本格化した。

　東南アジア諸国における所得水準の上昇とエアコン市場の拡大に対応して、2005年に、ダイキン・インダストリーズ・タイに開発センターを設置し、東南アジア向けの冷房専用機の開発を開始した。また、ルームエアコンの現地市場拡大に対応して、2010年に第3工場の生産も開始した。なお、ダイキン工業は、東南アジア諸国での販売・マーケティングのための現地法人をタイに加えて、シンガポール（2002年設立）、マレーシア（2002年設立）、ベトナム（2009年設立）、インドネシア（2012年設立）にも立地展開している[3]。

　ダイキン・インダストリーズ・タイは、現地での部品調達を拡大しながら、従来の日本市場やヨーロッパ市場向けなどの輸出拠点の役割から、東南

アジアの市場をターゲットとした事業拠点へと展開してきたのである。現在、ダイキン・インダストリーズ・タイは、東南アジアにおける地域統括の役割も担っており、営業本部をバンコクに、地域支援センターをシンガポールに設置している。

3 関西とアジアとの国際分業進展について

　関西はアジアとの経済的な結び付きが強いが、このことは貿易（輸出・輸入）データによっても確認できる。表2-1-1からわかるように、2014年の日本の輸出額の54.1％がアジア向けであるが、関西の輸出額ではアジア向けの割合は66.8％と日本全体よりも高い。また、日本の輸入額の45.0％がアジアからであるが、関西の輸入額ではアジアからの割合が55.9％と高い。

　関西のアジアとの貿易（輸出・輸入）の主な品目は、時代とともに変化してきた。

　表2-1-2に示されるように、2001年には、関西のアジアからの輸入額の2割は「衣類及び同付属品」であった。その他の主な輸入品目は、「事務用機器」「音響・映像機器」「天然ガス及び製造ガス」「半導体等電子部品」「織物用糸及び繊維製品」「はき物」であり、「魚介類及び同調製品」「果実及び野菜」といった一次産品の輸入も目立っていた。

　2014年になると、アジアからの輸入額に占める「衣類及び同付属品」の割合は大幅に低下している。また、「魚介類及び同調製品」や「果実及び野菜」

表2-1-1　日本・関西とアジアとの輸出・輸入（2014年）

(単位：億円)

	輸出額			輸入額		
日本全体	アジア向け	395,182	(54.1%)	アジアから	386,181	(45.0%)
	世界合計	730,930	(100.0%)	世界合計	859,091	(100.0%)
うち関西	アジア向け	104,658	(66.8%)	アジアから	91,169	(55.9%)
	世界合計	156,657	(100.0%)	世界合計	163,078	(100.0%)

（出所）財務省貿易統計および大阪税関の貿易統計より作成。

表2-1-2　関西のアジアとの輸出・輸入の主な品目

(a) 2001年

アジアへの輸出		アジアからの輸入	
半導体等電子部品	12.7%	衣類及び同付属品	20.6%
織物用糸及び繊維製品	8.3%	事務用機器	6.1%
鉄鋼	5.2%	音響・映像機器	5.7%
事務用機器	4.7%	天然ガス及び製造ガス	5.4%
電気回路等の機器	4.1%	半導体等電子部品	5.0%
プラスチック	3.3%	魚介類及び同調製品	4.6%
科学光学機器	3.2%	織物用糸及び繊維製品	4.4%
電池	2.3%	果実及び野菜	2.4%
音響・映像機器の部分品	2.1%	はき物	2.2%
コンデンサー	2.1%	金属製品	1.8%

(b) 2014年

アジアへの輸出		アジアからの輸入	
半導体等電子部品	15.0%	衣類及び同付属品	12.7%
科学光学機器	6.4%	通信機	7.9%
鉄鋼	6.1%	半導体等電子部品	5.1%
プラスチック	5.7%	天然ガス及び製造ガス	4.6%
電気回路等の機器	3.7%	事務用機器	3.8%
織物用糸及び繊維製品	3.1%	織物用糸及び繊維製品	3.3%
原動機	2.4%	音響・映像機器（含部品）	2.7%
非鉄金属	2.3%	家庭用電気機器	2.7%
半導体等製造装置	2.1%	鉄鋼	2.5%
コンデンサー	2.0%	金属製品	2.5%

（注）主な品目（上位10項目）の輸出額や輸入額に占める割合を示している。
（出所）大阪税関の資料より作成。

の割合も低下し、上位10項目から外れている。一方、「通信機」や「半導体等電子部品」「鉄鋼」「家庭用電気機器」「金属製品」などの工業製品の輸入の割合が増加している。

　関西のアジアへの輸出額においても、2001年には、「織物用糸及び繊維製品」の割合が「半導体等電子部品」に次いで大きかったが、2014年になると、その割合は大幅に低下している。また、「半導体等電子部品」の割合が大きく増加するとともに、「科学光学機器」「鉄鋼」「プラスチック」「原動

機」「非鉄金属」「半導体等製造装置」など多様な工業製品（とくに部品・素材・設備）の輸出が顕著になっている。

こうした輸出・輸入の主な品目の変化は、関西企業のアジア立地展開を通じた、関西とアジアとの国際分業の進展を反映していると考えられる。

4 サプライチェーンの現地化と今後の国際分業進展のあり方

前述したように、2000年代以降、日系アジア現地法人の現地調達割合や現地販売割合が増大する「サプライチェーンの現地化」が進展してきている。表2-1-3からわかるように、日系アジア現地法人の現地調達割合が上昇するのに伴って、部品などの原材料を日本から輸入する割合は低下してきた。また、この現象は、日系アジア現地法人全体だけでなく、中国現地法人やASEAN4現地法人においても確認できる。

ただし、日系アジア現地法人の仕入高は大幅に増大してきているため、日本からの輸入金額そのものは減少しているわけではない。したがって、日本企業・関西企業がアジアで現地調達を拡大することが、必ずしも、関西からアジアへの部品・素材・設備の輸出を妨げることにはならない。

だが、業種・品目によっては、アジアでの現地調達拡大が関西からアジアへの輸出抑制につながることも考えられ、この場合は関西・アジアの国際分業のやり方を至急、再検討する必要が生じる。また、長期的にみれば、現状では関西が立地環境上の競争力を有している部品・素材・設備の生産も、しだいにアジアへと移転していく可能性が高いため、どのような業種の関西企業にとっても、関西・アジアにおける今後の国際分業進展のあり方を考えておくことが必要であろう。

アジア新興国の大都市圏は、急激な工業化や都市化に直面して、交通渋滞や環境問題、エネルギー問題などに悩まされている。一方、関西など日本の大都市圏は、こうした問題を早くから経験し、解決のためのノウハウが産官学において蓄積されてきた。日本・関西からアジアへの部品・素材・設備

表2-1-3 日系アジア現地法人の仕入高内訳

(単位：億円)

	2001年度		2012年度	
＜現地調達＞				
アジア全体	63,141	(43.9%)	232,079	(60.3%)
中　国	10,283	(45.8%)	88,249	(65.6%)
ASEAN 4	28,146	(45.3%)	89,789	(60.8%)
＜日本から輸入＞				
アジア全体	51,991	(36.1%)	102,696	(26.7%)
中　国	8,553	(38.1%)	32,797	(24.4%)
ASEAN 4	21,564	(34.7%)	37,930	(25.7%)
＜第三国から輸入＞				
アジア全体	28,715	(20.0%)	49,839	(13.0%)
中　国	3,620	(16.1%)	13,546	(10.1%)
ASEAN 4	12,464	(20.0%)	19,919	(13.5%)
＜仕入高合計＞				
アジア全体	143,847	(100.0%)	384,614	(100.0%)
中　国	22,456	(100.0%)	134,592	(100.0%)
ASEAN 4	62,175	(100.0%)	147,639	(100.0%)

(出所) 図2－1－1と同じ。

(ハード面) の輸出に、問題解決のノウハウ (ソフト面) の輸出をうまく組み合わせることで、アジア新興国の持続可能な発展をサポートするとともに、日本・関西の立地環境上の優位性をグレードアップさせることが期待できる。

5　産業集積間ネットワークの構築に向けて

　グローバル化のもとでの産業立地は、冒頭で述べたように、「産業活動の担い手である企業の国際的な立地展開」と「産業活動の立地場所である地域社会の国際的な結び付き」の二つの視点からとらえられるが、両方ともに、国内外の産業集積間ネットワークの構築がポイントとなる (図2－1－2を参照)。

　関西は多種多様な産業活動が集積しているものの、「偶然集積」の側面も

図2－1－2　企業の国際的な立地展開と地域社会の国際的な結び付き

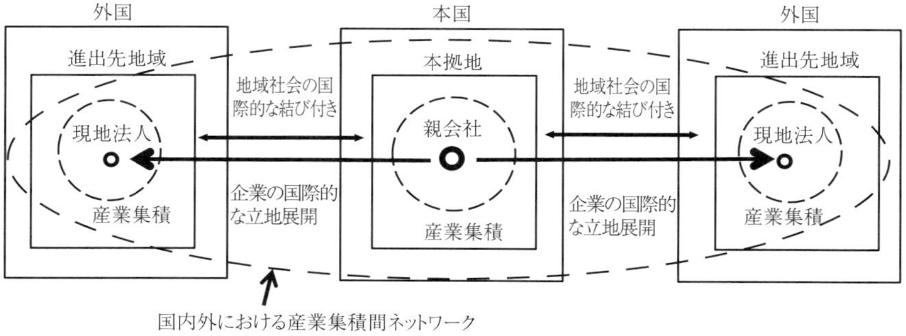
外国
進出先地域
現地法人
産業集積
本国
本拠地
親会社
産業集積
外国
進出先地域
現地法人
産業集積
地域社会の国際的な結び付き
地域社会の国際的な結び付き
企業の国際的な立地展開
企業の国際的な立地展開
国内外における産業集積間ネットワーク

（出所）筆者作成。

大きく、集積の利益が十分には発揮できていない。そのため、異業種交流や産学官連携などを通じて、「偶然集積」を「純粋集積」へと転換することが重要である[4)]。

アジア新興国の大都市圏との産業集積間ネットワークを構築しつつ、アジア新興国の大都市圏が抱える諸問題に対する解決ノウハウをビジネスにつなげていくことが、関西の産業集積が持つポテンシャルを開花させる契機となると考えられる。

注

1）グローバル化のもとでの産業立地の視点は、鈴木洋太郎『多国籍企業の立地と世界経済』大明堂、1994年；同『産業立地のグローバル化』大明堂、1999年；同『産業立地論』原書房、2009年も参照のこと。

2）ダイキン工業のタイ現地法人（ダイキン・インダストリーズ・タイ）へのインタビュー調査（2013年９月20日に実施）にもとづいて論じている。

3）ダイキン工業の販売・マーケティングのための現地法人は、各国における現地の流通業者（エアコン専売店、家電量販店、卸売業者）への販売促進を担っており、特にエアコン専売店と連携してエアコン設置工事を行う人材育成にも力を入れている。

4）アルフレッド・ウェーバー（篠原泰三訳『工業立地論』大明堂、1986年）は、産業集積について、複数の生産拠点が輸送費用や労働費用などを考慮して偶然的に集積した「偶然集積」と、集積の利益を求めて必然的に集積した「純粋集積」に分類している。

第2章
日本鉄鋼業のグローバル化と国内再編
―――グローバル化のもとでの産業立地―――

柳井雅人

1 世界の鉄鋼生産の概況

　世界の粗鋼生産量を図2-2-1で見ると2014年に16億7000万トンとなっている。2005年よりほぼ5億トン増加しているが、そのうちの多くを占めるのが中国である。中国はこの期間に4.6億トンほど増産しているのである。世界市場においては中国の生産量が需給関係に大きな影響力を持っているのである。近年の鋼材価格の低迷は中国での生産増と密接に関連があり、これを背景として各国、各メーカーは生産調整を余儀なくされてきた。

　日本の粗鋼生産量は1億1千万トン水準で推移しており、見かけ上の大きな変化は起きていない。しかし企業統合や国内工場の再編が進行しており、国際競争力を高めるための生産調整が進んでいる。

　世界鉄鋼業界の構図は現在、図2-2-2のように日中韓の競合関係の激化となっている。特に日本が中国や韓国と競争する主戦場はアセアンやインドなどのアジア市場をめぐるものとなっている。

　まず競合関係の中心となっているのが、中国鉄鋼業界の動向である。2005年における日中の生産格差は3倍ほどであったが、ほぼ10年後に8倍ほどに拡大している。21世紀に入ってから、中国鉄鋼業の成長は自国の経済成長を基に規模を増強してきたが、2010年代に入り、景気が減速し始めるとともに、低生産性にあえぐ小規模鉄鋼メーカーに関わる構造改革がうまく進まないこととなっている。国主導の構造改革が提起されてきたが、地方における

170 第2部 国内外のグローバリゼーション

図2-2-1 日本、中国および世界の粗鋼生産量推移

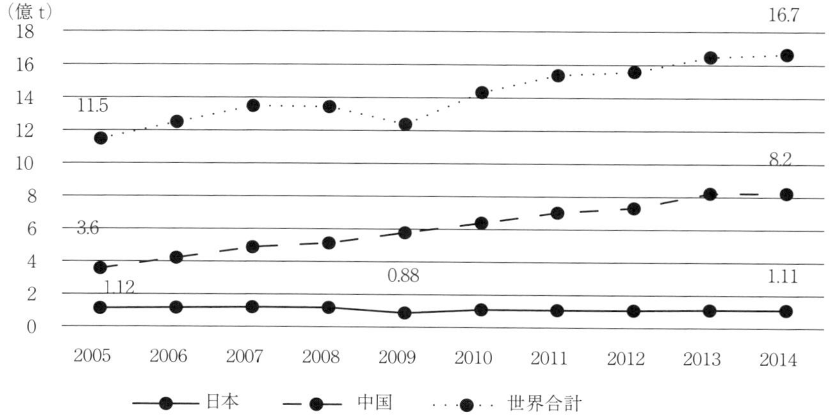

（億t）

（出所）World Steel Association より筆者作成。

図2-2-2 日中韓の鉄鋼業の現状

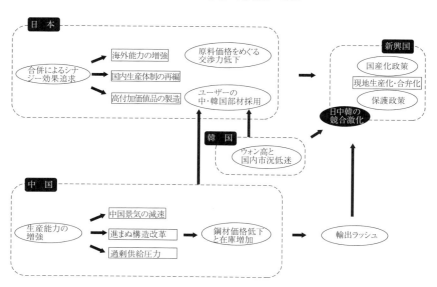

（出所）筆者作成。

雇用維持が優先され、旧態依然たる中小規模の企業が温存されることとなってしまったのである。中国国内の景気低迷とともに供給過剰が顕在化し、鋼材価格の低下と在庫の増加が進展することとなったのである。国内での供給過剰分がアジアを始めとする世界市場に流れ込み、慢性的な鋼材価格の低迷が引き起こされているのである。

　韓国市場においてもウォン高と中国市場の低迷の影響を受け、鋼材の国内消費が停滞し、鋼材価格の低下と在庫の増加が進み、アジアを中心とした鋼材輸出を加速させざるを得なくなっている。

　このようなことから、中韓の鉄鋼部材が日本の国内市場にも流れ込み、汎用品を中心として自動車や電機などの部材に採用される動きが見られる。また、これに加えて、原料供給メーカーおよび自動車を中心とするユーザーが世界的に寡占化しており、価格交渉力が低下していることも影響が大きい。鉄鉱石市場における大手メーカー（ヴァーレ、リオ・ティント、ＢＨＰビリトン）3社のシェアは6割を超えているが、それに対して鉄鋼企業では上位10社でも3割にも満たないのである。このことは価格交渉力において圧倒的に不利であることが言える。2006年には鉄鉱石価格が過去最高値を更新する事態となった。また、川上部門の自動車、造船等においても寡占化が進展しており、両部門から挟み撃ちされる形で価格圧力を受けることとなっているのである。

　こうしたことから、日本鉄鋼業は業界再編を迫られることとなったのである。2002年には旧川崎製鉄と旧NKKが合併してJFEが成立し、今日まで生産体制を改革しつつある。2005年には新日本製鉄、住友金属、神戸製鋼所が株式を相互追加取得し、2007年に相互出資を拡大し、旧新日鉄は旧住友金属の筆頭株主となった。それから5年後の2012年に新日鉄住金が発足することとなったが[1]、神戸製鋼所については鉄源の相互供給、厚板加工事業の統合等の事業協力、買収防衛策などの覚書きを締結し、協力体制を継続している。

　各企業は合併のシナジー効果を発揮するために、アジアを中心とした海外

生産能力の増強、国内生産体制の再編、相互の得意分野を活かした高付加価値品の開発に注力することとなった。

次に、主戦場としてのアジア市場の状況を取り上げてみる。図2-2-3によると、ASEAN5か国の粗鋼消費量は6885万トンとなっており、アジア第3位の生産量である韓国1国分に相当するものになっている。そのうち3分の1ほどをタイが占めており、次にインドネシアが続いている。ASEAN5か国に最も多く輸出しているのが中国であり、2000万トンを超える規模となっており、日本はその半分強となっている。

またインドにおいても消費量が8143万トンとなっており、市場として大きなものとなっている。ASEANに比較すると、インドへの輸出量はまだ規模として小さいものであるが、今後はインド市場への本格的な参入が続いてい

図2-2-3　アジアにおける粗鋼（輸出）の流れ

（単位：トン）

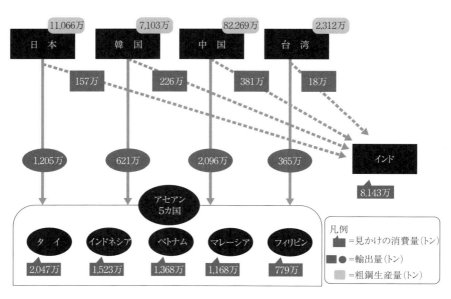

（出所）日本経済新聞（2015年10月17日）より筆者作成。

くものと思われる。

　アジア進出の実態を見ると、日中韓とも活発に展開している。日本はリーマンショック以前の2008年頃までに、中国、ブラジル、ベトナムなど満遍なく合弁会社の設立や拠点の形成を行ってきたが、2009年以降はインド、ベトナム、インドネシアなどに生産拠点を設立し、相手先と提携する動きがある。韓国・ポスコはインドネシアで高炉を稼働させ、ベトナムでは台湾・中国鋼鉄等と高炉建設をしている。

　日本と関係の深かった韓国鉄鋼業については、2000年に旧新日鉄とポスコが戦略提携関係を構築するなど、関係強化に動いていたが、風向きが変わったのは2007年の旧新日鉄からの技術流出の発覚である。2012年には、旧新日鉄が電磁鋼板で韓国ポスコとポスコジャパンを提訴し、1000億円の損害賠償を求めた。2015年に和解したが、これ以降、両国鉄鋼業の競合関係は強まっている。同年に、新日鉄住金とポスコは東南アジアの冷延鋼板工場で相互資本関係を解消している。両社とも自社主導の現地生産に方針を転換している。

　中国鉄鋼業界の供給過剰問題は世界に波及しており、米・USスチール社は主力のアラバマ工場の高炉を2015年11月に停止し、ブラジル・ウジミナス社もサンパウロで高炉1基を2016年に停止した。世界最大のメーカーであるアルセロール・ミタルはフランスの高炉を休止し、スペイン工場の操業停止を決定している。インド大手のタタ製鉄も欧州での人員削減、条鋼部門の売却を検討している。

　韓国鉄鋼業との関係冷却化と中国鉄鋼業の供給圧力を背景として、日中韓の競合関係は今後もしばらく継続する模様であり、とくに東南アジアやインド、中南米などの新興国において一層激化していくものと思われる。

2　日本鉄鋼企業の戦略と動向

　日本の粗鋼生産量の推移をみると、リーマンショックの影響で2009年のみ

約8800万トンの水準に留まっているが、全体としてほぼ1億トンのレベルで推移している。しかしこの10年の間、生産構造が不変であったということではなく、その内部では大きな変化が見られた。表2-2-1を追っていくと2005年以降、旧新日鉄、旧住友金属、神戸製鋼所が株式を相互取得、敵対的買収に対する共同防衛の覚書締結、相互出資の拡大などがあった。2007年には旧新日鉄が旧住友金属の筆頭株主になっていた。2012年に両社は経営統合し、新日鉄住金が発足することとなった。

　新体制の下、合併効果を狙って生産体制の再編が進んでいる。造船用厚板では旧住友金属の鹿島製鉄所から旧新日鉄の大分製鉄所に中国、九州など西日本地域の造船所向けの生産を移管した。また韓国向け造船厚板の一部は大分から鹿島に移した。自動車用の棒鋼・線材では、旧住友金属の小倉製鉄所は少量生産品中心に、旧新日鉄の室蘭製鉄所は大量生産品中心とした。自動車向け薄板については西日本向けに広畑（旧新日鉄）、東北向けは鹿島（旧住友金属）、東海は名古屋（旧新日鉄）から供給する体制を構築した。これに伴い人事や技術の融合を進めている。

　新日鉄住金は2013年に中期経営計画を発表し、その中で国内生産体制の再編と国際展開を明確に打ち出している。国内では君津製鉄所で高炉1基を休止し、薄板や鋼管を対象に4製鉄所で14ラインの休止を計画した[2]。また和歌山製鉄所では新高炉の稼働も見合わせた。年間で2000億円以上の統合効果を目指し、資産も3000億円の圧縮を果たすとした。その一方で中国やインドネシアなどで高炉を新設するなど海外での設備増強計画も上げている。自動車、資源エネルギー、鉄道・建築・土木などのインフラ関連向けの3分野を重点項目として、鋼材の加工拠点網の拡大を図るとしている。

　JFEも規模拡大を着々と進展させ、2006年に粗鋼生産900万トン体制に、2010年には京浜地区での生産増強を完了させて1000万トン体制を構築した。その間には2010年に旧新日鉄と高炉改修、トラブル発生時の半製品相互供給で合意している。

　JFEも2012年に第4次の中期計画を発表している。2015年までの3か年

第2章 日本鉄鋼業のグローバル化と国内再編 175

表2-2-1 近年の鉄鋼業界の動き（（ ）は月を示す。）

	国内の動き	海外の動き
2005年	新日鉄住金ステンレス、日本金属工業がホットコイル供給で合意、提携拡大（1） 韓国ポスコ、豊橋市にコイルセンター建設（4） 電炉の設備投資、バブル以降で最大規模に（7） 新日鉄名古屋製鉄所、休止コークス炉を再稼働（11） 新日本製鉄、住友金属工業、神戸製鋼が株式を相互追加取得（12）	台湾・中国鋼鉄、自動車用合金化溶融亜鉛メッキ鋼板を日本向け初出荷（2） 神戸製鋼、中国で還元鉄合弁会社、自動車用ばね鋼線加工拠点を設立（5） 韓国・ポスコ、東京証券取引所に上場（11）
2006年	2005暦年で高炉大手4社・製鉄部門の安全成績が3年連続で悪化（1） 新日鉄、住友金属が建材薄板・土木製品事業統合（3） 新日鉄、住友金属、神戸製鋼が敵対的買収に共同防衛する覚書締結（3） JFEスチール、粗鋼生産規模50万トン拡大し、年産900万トンへ（6） 東京製鉄、愛知県に鋼板の新電炉工場建設。2009年稼動予定で年産250万トン（10） 鉄鉱石価格（2007年度）が過去最高値を更新（12）	新日鉄、インドネシアで自動車向け鋼管生産（1） JFEスチール、中国（広州鋼鉄）で自動車鋼板生産開始（3） ミタルとアルセロールが合併し、年産1億1000万トンの巨大企業誕生（6） JFEスチール、韓・東国製鋼と高級厚板の増強協力（9） 新日鉄、豪州石炭合弁事業に投資し、新炭鉱区開発（9） 韓国・ポスコ、ベトナムへ投資、海外粗鋼生産を2,000万トンに拡大（10） 新日鉄とポスコ、鉄鉱石価格交渉を共同化。（12）
2007年	新日鉄、合同製鉄を連結会社化（6） 新日鉄、大分製造所に圧延機新設し、高級厚板増強（7） 新日鉄、王子製鉄を傘下に（9） 新日鉄、ポスコと鉄源（還元鉄）生産会社設立（10） 新日鉄、住友金属、神戸製鋼の相互出資拡大。新日鉄は住友金属の筆頭株主に（12）	JFEスチール、中国（広州鋼鉄）で自動車鋼板合弁事業拡大（3） 住友金属、住商、バローレック（仏）がブラジルで高炉製鉄所建設。（3） 日新製鋼、中国にステンレス鋼管の製造拠点新設（6） ブラジル・ウジミナス、大型高炉建設計画で新日鉄が支援（8） 新日鉄がインドに高級レール2万トンを初受注（9） 住友金属、台湾・中国鋼鉄、ベトナムで冷延・溶融亜鉛めっき等の合弁。（12）
2008年	新日鉄、トヨタ自動車と自動車用鋼板4割値上げで決着（5） 半期（暦年）の粗鋼生産、最高水準。各社フル生産（7）	日新製鋼、マレーシアでステンレス冷延鋼板の合弁会社設立（3） 電炉メーカーの米・ニューコアが高炉へ進出（5）

年		
	リーマンショックにより鋼材内需急減（11） JFE、新日鉄が下期の粗鋼生産を減産（11）	
2009年	新日鉄、大分（第1）高炉を前倒し休止（1） 住友金属和歌山（新第1）高炉火入れ。450万トン体制に（7） 新日鉄八幡製鉄所、ステンレス事業強化。合金鉄溶融炉導入（7）	アルセロール・ミタル、欧州で減産強化（4） 韓・ポスコ、インドで溶融亜鉛めっき鋼板工場建設（10） JFEスチール、印JSW社と自動車用鋼材等の包括提携（11）
2010年	日鉄住金鋼板、溶融めっき能力を20％削減（2） 新日鉄、JFEスチールが高炉改修、トラブル発生時の半製品相互供給で合意（3） JFEスチール、京浜地区増強完了。東日本製鉄所が1000万トン体制に（10）	新日鉄、インド・タタ製鉄と自動車用冷延鋼板で合弁設立（1） 新日鉄、ベトナムに初となる海外建材拠点設置（7） 住友金属、自動車用鋼板をインドで供給開始（9） 神戸製鋼所、米・USSと合弁で冷延鋼板生産（12）
2011年	東日本大震災で新日鉄釜石製鉄所、住友金属鹿島製鉄所など打撃を受ける（3） 新日鉄釜石製鉄所、住友金属鹿島製鉄所が1ヵ月ぶりに生産再開（4）	JFEスチール、ベトナムなど3か所に現地事務所開設（3） 新日鉄、タイに溶融亜鉛めっき工場建設（4） 台湾・中国鋼鉄、インド・クジャーラ州で電磁鋼板生産ライン新設（8） タイ豪雨洪水により日系鉄鋼企業の現地工場が相次いで操業停止（10） 新日鉄、アラブ首長国連邦の薄板メーカーに出資し、中東で初の生産拠点（11）
2012年	JFEホールディングス、第4次中期計画発表。3カ年で1兆円投資（4） 新日鉄、電磁鋼板で韓国ポスコとポスコジャパンを提訴（4） 中山製鋼所、厚板生産から撤退し、新日鉄に生産委託（5） 新日鉄住金発足（10） 神戸製鋼所、コベルコ建機を完全子会社化（12）	JFEスチール、台湾の義聯集団とベトナムの高炉製鉄所プロジェクトに参加（3） 宝鋼集団、ハイエンドバルブ鋼開発でトヨタ中国に供給（4） 宝鋼集団、韓国でコイルセンター建設計画（5） 新日鉄住金ステンレスが中国でステンレス冷延メーカー設立発表（5） JFEスチール、自動車用鋼板の製造技術を印・JSWに追加供与（8） 新日鉄、メキシコで自動車用鋼管製造の合弁設立（8） 印・JSW、イスパットスチールを吸収し、インド最大手に（9）

		ポスコ・光陽1号高炉を拡大改修し、6000㎥級に（12） 新日鉄住金、インドネシアで自動車用鋼板の製造販売事業拡大（12）
2013年	新日鉄住金が中期経営計画発表。君津高炉1基休止、下工程14ライン休止（3） 新日鉄住金が電縫鋼管事業再編発表（4） JFEスチール、福山で転炉1基増設発表。200億円投資（5） JFEグループと伊藤忠丸紅鉄鋼が中国で車用鋼管合弁合意。2015稼働（5） 神戸製鋼、製銑・製鋼を加古川に集約と発表。500億円投資で増強（5） 新日鉄住金、直江津の特殊ステンレス・チタン厚板生産を新日鉄住金ステンレスに集約（9） 新日鉄住金、国内3カ所で近隣製鉄所統合を発表（10）	ポスコ、クラカタウと合弁のインドネシア製鉄所稼働（1） ポスコ、タイとインドネシアに溶融亜鉛めっき工場新設（3） 中国・宝鋼集団、広東省・湛江製鉄所着工（5） ポスコ、インドネシア一貫製鉄所、コークス炉が火入れ（6） ポスコ、トルコでステンレス冷延工場竣工（8） 神戸製鋼、中国・鞍山鋼鉄と車用冷延ハイテン合弁。2016年稼働（10） 新日鉄住金、ミッタルと折半出資で独ティッセン・クルップ米薄板工場買収発表（12）

（出所）　鉄鋼新聞社『鉄鋼年鑑』より筆者作成。

で1兆円を投資するもので、国内設備の合理化と海外能力増強を目指す点では新日鉄住金と同じものである。国内では上工程の設備更新、高付加価値品の低コスト生産を目指し、特殊油井管や自動車向け軽量鋼板の開発を強化するとした。海外では、ベトナム、インド、フィリピンなどで高炉一貫工場を建設することを検討している。2015年には台湾プラスチックがベトナムに建設中の大型製鉄所の運営に参加することを表明し、東南アジアでの高炉運営に乗り出した。2016年の本格生産をもとに自動車用鋼板の安定供給を目指している。生産能力は年700万トンで、神戸製鋼所の年間生産量に迫る規模となっている。インドでもJSWスチールに15％出資し、製鉄所の共同建設を協議し、自動車用鋼板の技術を提供した。

　以上のような大手メーカーのみならず、その関連企業の再編も同時進行している。旧新日鉄は2007年に合同製鉄を連結会社化し、王子製鉄も傘下に置いている。2012年には中山製鋼所が厚板生産から撤退し、旧新日鉄に生産委託している。新日鉄住金は2017年には国内4位の高炉メーカーである日新製

鋼を子会社化する予定である。新日鉄住金は1000億円の自社株買いを発表し、グループの完全子会社化やアライアンスに活用するとしている。

3　鉄鋼業の地域的再編

　日本の鉄鋼業の分布を図2-2-4で見ると、事業所数および従業員数の全国シェアで大きなグループを確認できる。両者とも突出している大阪、愛知、千葉、兵庫のグループⅠ、事業所が2～4％で従業員も4～6％である茨城、神奈川、岡山、広島、福岡のグループⅡがある。いずれの県にも新日鉄住金、JFE、神戸製鋼所の巨大工場が立地している。

　鉄鋼業の立地動向を、都道府県別の事業所数の変化で見ると、2005～2014年の間に全国的に4564から4222へと7.5％ほど減少している。事業所数でグループⅠの増減率を見ると、兵庫は12.8％の増加となっており、愛知は-2％にとどまっている。大阪は全国並みの-7.4％であるが、関東地方の千葉が-9.3％と減少幅が大きい。ところが従業員数で見ると、千葉7.9％増、愛

図2-2-4　鉄鋼業：　事業所および従業員の都道府県別シェア（2014年）

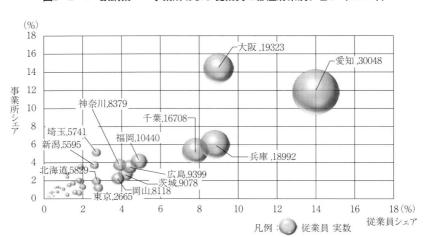

（出所）「工業統計表」「経済センサス」各年版より筆者作成。

知4.6％増、兵庫3.6％増、大阪0.1％増と、事業所数が減少している所で従業員数の増加が見て取れるのである。1事業所あたりの従業員数が増加していることが言えるのである。グループⅡの事業所数において、2005～2014年の増減を見ると、岡山（+2.2％）、福岡（+1.2％）と増加しているが、茨城（-0.9％）、広島（-6.4％）、神奈川（-11.9％）と減少している。従業員数では茨城が5.1％増と健闘しているが、神奈川が-10.9％、広島が-19％、福岡が-1.5％となっている。Ⅱグループは、茨城を除いて、軒並みマイナスとなっている。以上よりグループⅠでは1事業所の規模拡大、グループⅡでは全般的に縮小傾向となっているのである。

　生産体制の動向は、見かけの立地展開のみでは計り知れないものがあり、立地上の変化がなくとも、新鋭機械の導入や合理化の影響などで従業員や付加価値が変化することがある[3]。　そこでこのいわば「潜在的立地調整」の状態を見るために[4]、1事業所あたりの従業員数および付加価値額の変化を、全国と比較したうえで2時点間（全国平均＝100、2005年～2014年）の増減という形で比較したものが、図2-2-5である。原点に全国平均が来ている。さきほどのグループⅠ・Ⅱに加えて、鉄鋼業がある程度集積して付加価値額の高い北海道、埼玉、東京、新潟、山口、大分を加えて見てみることにする。

　この図では、付加価値額に関わるもの（X）と従業員数に関わるもの（Y）の両者が正の値を示せば、この10年間で生産体制が「増強」されてきたと言える。このグループにあたるのが、和歌山、大分など新日鉄住金の主力工場がある地域である。旧住友金属は2009年に和歌山で新第1高炉に火入れし、450万トン体制を確立した。ただし新日鉄住金の成立後、生産体制の再編から和歌山の新高炉を稼働延期するなど、今後の動きが変わる可能性がある。また旧新日鉄は2007年に大分製造所で圧延機を新設し、高級厚板の増強を図っている。2012年には旧住友金属鹿島製鉄所から大分製鉄所へ西日本の造船所向けの生産を移管している。北海道については室蘭（新日鉄住金）が棒鋼・線材の拠点となっている。

180　第 2 部　国内外のグローバリゼーション

図2-2-5　1事業所あたりの付加価値額・従業員数の全国比の増減（2005-2014）

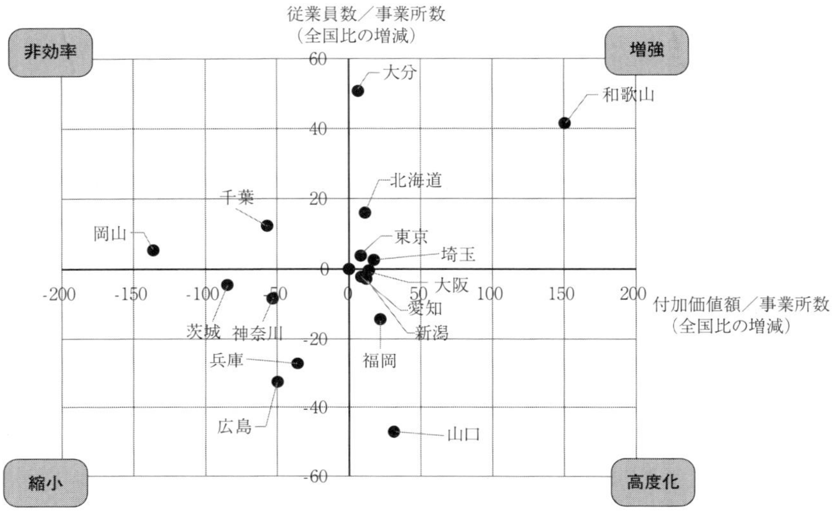

（出所）「工業統計表」「経済センサス」各年版より筆者作成。

　XとYともに減少しているのが「縮小」グループである。JFEのある川崎（神奈川）、福山（広島県）、新日鉄住金のある尼崎（兵庫）、神戸製鋼所の神戸、加古川（兵庫）などが立地している地域では、この10年間は厳しい状況であった。とくに神戸製鋼所は2017年度に神戸製鉄所の高炉を1基止める予定であり、日新製鋼も呉（広島）の高炉を2019年度に休止する予定である。

　従業員（Y）がマイナスであるが、付加価値（X）についてはプラスなのが「高度化」グループである。これに該当するのが、山口、福岡などである。福岡については新日鉄・八幡製鉄所がステンレス事業を強化するなど高付加価値化を図ってきた。従業員（Y）がプラスであるが付加価値（X）がマイナスであるのが「非効率」グループである。これに該当するのが千葉、岡山などである。人員が傾向的に増加しているが、付加価値が得られない苦しい状況である。千葉については新日鉄住金の主力工場である君津製鉄所が

あるが、2016年に高炉を1基休止する予定である。

　以上のグループ分けは、海外での競合関係に規定されながら、国内大手メーカーの生産体制の再編に応じて変化していくことが予想される。JFEや新日鉄住金の成立により、高度成長期以来、立地が継続されてきた製鉄所はその機能を明確化することが求められるとともに、合併によって近接した製鉄所間の役割分担をどうするのかという課題を突き付けられている。筆者が以前指摘した「域内連携立地」というあり方が[5]、どのようなものであるかを議論する時期に来ているのである。

　新日鉄住金は、2014年から近接する生産拠点を一体運営することに乗り出している。組織統合で間接部門の人員削減につなげるというのである。具体的には、八幡、小倉の両製鉄所を統合し、「八幡製鉄所」とし、堺製鉄所と和歌山製鉄所を統合して「和歌山製鉄所」に、東京製造所を君津製鉄所の一部門として統合した。

　この流れの中で、八幡製鉄所小倉地区の高炉を1基休止し、近接する八幡製鉄所戸畑地区の高炉の生産量を10％高めて小倉地区に供給することとなった。JFEについては旧川崎製鉄と旧NKKの統合後に2基の高炉を休止するなど、大型の生産集約は困難な状況なので、むしろ設備投資の高度化とコスト削減を図っている。東日本製鉄所千葉地区と西日本製鉄所倉敷地区の設備を刷新し、エネルギー効率化や歩留まり向上を図っている。アジア地区での競合の激化と鋼材の過剰供給圧力が、国内生産体制の再編を促す結果となっているのである。

注
1）近年の鉄鋼業の世界的な再編の中で新日鉄と住友金属の経営統合の目的や背景を分析したものに金海峰「鉄鋼業の世界的再編に関する一考察」『川口短大紀要』第27号、2013年12月、61〜75ページがある。
2）旧新日鉄は、八幡地区にあるシームレス鋼管工場を2001年3月に休止したが、その跡地（敷地面積51ha）には自動車部品メーカーなどが多数進出している。遊休地活用および企業誘致策の事例として北九州市も注目し、「企業内公共産業団地モデル事業」を立ち上げた。

3 ）松原宏氏はワッツの説に基づきながら、立地調整には四つの段階があり、「新設」「閉鎖」「移転」「現在地での変化」から構成されているとしている（松原宏「現代工業の立地調整と進化経済地理学」松原宏編著『現代の立地論』古今書院、2013年、96ページ、Watts,H.D. Industrial Geography. London : Longman,1987. ワッツ.H.D. 著（松原宏・勝部雅子訳）『工業立地と雇用変化』古今書院,1995年）。なおこの考え方に基づき日本の現状分析をしたものに、濱田博之・與倉豊（「日本における立地調整と地域構造の再編」松原宏編著『立地調整の経済地理学』原書房、2009年、21～37ページ）がある。
4 ）潜在的立地調整とは新規立地や閉鎖、移転など施設の移動がなく、施設内での人員増や合理化投資、新規設備投資などにより生産力の変更がもたらされるものである（柳井雅人「立地調整を把握する枠組みについて」『北九州市立大学商経論集』第49巻第3・4号、2013年12月、93～106ページ）。
5 ）近接する工場群の間で、人事交流、共同購入、技術提携、エネルギー節減などをはかる立地上の連携関係を指す（柳井雅人「産業再編の連鎖と立地：鉄鋼業を軸として」『経済学研究』九州大学経済学会、第67巻第4・5号、2000年12月、55～79ページ）。

第3章
外資系企業の受け入れと地域経済

宮町良広

1　問題意識と研究目的

　世界経済の成長を計測する指標として、生産・貿易・直接投資の三つがあるが、先進諸国において伸びが著しいのは、直接投資すなわち企業の海外進出である。1950年代から直接投資が始まった欧米諸国では、送り出し（対外投資）と受け入れ（対内投資）が相互に行われたため、各国における送出額／受入額の比率は1～2程度である。直接投資が1980年代から急速に進んだ日本では、送り出しに偏重し、受け入れが少ないため、同比率は10倍ほどであり、世界の先進諸国の中でもきわめて特異な位置にある[1]。そのため、直接投資に関する日本での学術研究は、送り出しすなわち日本企業の海外進出に偏重し、受け入れすなわち外資系企業の日本進出に関する研究は不十分であり[2]、とくに地理学分野ではほとんど手つかずの状態である。

　しかし、1999年の仏ルノーの日産自動車への出資に見られるように、直接投資の受け入れは日本経済の再生に大きな役割を果たすようになっている[3]。そのため日本政府は、対日投資の拡大を、経済成長および地域活性化政策の主要な柱に据えている。政策の内容は多岐にわたるが、近年では、経済財政担当相が主宰し関係大臣を構成員とする対日直接投資推進会議の設置（2014年）や、同会議で決定された「外国企業の日本誘致に向けた5つの約束」の公表（2015年）、対日直接投資に関する複数の相談窓口の設置（内閣府、ジェトロ、関係各省）などが挙げられる。また諸外国に比べて高いとさ

れる法人税率の引き下げ[4]も対日直接投資拡大政策の文脈の中で解釈できる。

　直接投資の増減は為替レートに規定されるところが大きい。2015年以降、為替レートは1ドル120円前後で推移している[5]。訪日外国人観光客の増加傾向に現れているように、円安局面に入ったととらえることができよう。円安が進むとドルベースで見た日本での生産価格は低下するので、外国企業による費用指向型投資（製造・R＆D拠点の設置など）が増加すると想定できる。他方、円高傾向に戻るとしても、ドルベースでみた日本市場の規模は拡大するので、外国企業による市場指向型投資（販売拠点の設置など）が進む可能性がある。以上のような状況を考えると、対日直接投資の研究を早く始める必要性がある。

　他方、足許の国内経済の現状を見ると、とりわけ地方経済の疲弊が目立っている[6]。第1次産業地域や商店街の衰退に加え、これまで地方経済を支えてきた電気機械工場などの閉鎖が生じている。経済地理学ではこうした地域の経済的課題に関する研究を主導してきた。1960〜70年代の高度経済成長期には、大都市圏から地方に進出した大手工場群による地域経済の成長プロセスを究明したが、1980年以降の経済低成長期になると、域内資源の活用を重要視する成長に注目してきた。宮本憲一らの財政学者たちが、前者を「外来型開発」、後者を「内発的発展」と命名した[7]影響を受けて、20世紀の経済地理学は、二つの成長プロセスを二項対立的にとらえる傾向があったといえる。二つのとらえ方は一定の成果を生み出したことは確かであるが、21世紀に入って深刻化する地方経済の衰退を止めるには至っていない。

　したがって地方経済の今後の再生のためには、「外来型開発」と「内発的発展」のバランスをとること、すなわち地域資源を活かしつつ、外来型の新たな刺激を取り入れることが必要である。かつての経済成長期には国内大手製造業の誘致が外からの刺激として重視されたが、円高が進むにつれ産業の空洞化が顕在化している。グローバル経済の時代にあって、今後、外からの刺激となる有力な選択肢の一つは、外資系企業の誘致ではないだろうか。20

世紀後半に衰退を経験した英国の地方経済が、日本などの外資系企業の誘致によって再生したことはその証左である。

人文社会科学の中で地理学のもつ強みは、空間スケールの違いや相互関係に立脚してさまざまな社会的問題にアプローチする点にある。しかたがって、グローバル、ナショナル、リージョナルという異なる三つの空間スケールから経済の動向を俯瞰すると、グローバルに展開する外資系企業の受け入れが、低迷する日本経済（ナショナル）とりわけ地方経済（リージョナル）の再生にとって大きな意義を持つことが理解できる。

以上の問題意識により、本研究では、外資系企業の日本進出の経緯と現状を明らかにし、今後の展開を予想するとともに、それが日本の地方経済の再生に役立つ道筋を経済地理学の視点から研究することを目的とする。

2　対日直接投資の現状

(1)　統計で見る対日直接投資

対日直接投資残高は、2000年以降順調に増加してきたが、2008～2013年までは18～19兆円前後の停滞期を経て、2014年末には23.3兆円に増加した[8]。このように対日直接投資は比較的順調に推移しているかに見えるが、世界の対内直接投資総額に占める対日直接投資額は僅か0.2％（2014年）にすぎない。対日直接投資残高が日本のGDPに占める比率を計算すると、2000年には1％であったが、2014年には4.8％に上昇した。しかしながら、この値は世界の主要国に比較してきわめて低い水準である（図2-3-1）。日本と同様の外需依存型の経済構造をもつドイツが21％、韓国が13％であることからみても低さが際立つ[9]。このように日本は対内投資の点で世界の「後進国」といっても大過ないだろう。

次に対日直接投資残高の地域・業種別内訳（2014年）を見てみよう。欧州・アジア・北米・中南米・大洋州という5大地域に世界を区分して数値を見ると、最大の投資元は欧州であり、残高全体の47％を占める。欧州の国別

図2-3-1 主要国の対内投資残高のGDP比

国	1990年	2014年
日本	0.3	3.7
中国	5.1	10.5
韓国	1.9	12.8
ドイツ	6.5	19.3
アメリカ	9.0	31.1
フランス	8.2	49.1
イギリス	18.6	56.5

(出所) UNCTAD, *World Investment Report 2015*: Annex Tables, 07. より作成。

ではオランダからの投資が最大である。オランダは対内投資に対して有利な税制を提供するため、多国籍企業の持ち株会社が多く立地することが理由である。以下、欧州の主要国であるフランス・英国・スイス・ドイツが続く。業種別では、金融保険業がもっとも多く、以下、電気機械、輸送機械、化学・医薬が続く。大地域別に見た第2位の投資元は29%を占める北米(合衆国が大半)であるが、業種では金融保険業が過半を占める。次いで第3位の投資元地域はアジア(15%)であるが、2010年代に入ってシンガポールなどからの投資が急速に増加している。以上の世界三大地域以外からの投資は少ないが、特徴的なのはタックス・ヘイブンとして知られる中南米のケイマン諸島からの投資額(1兆円、全体の4.5%)である[10]。業種的には金融保険業や石油業が多いことから、欧米やアジア諸国からの迂回投資が多数含まれていると考えられる。

（2）対日直接投資が少ない理由

対日直接投資はなぜ少ないのか。その理由を整理したい。内閣府の報告書[11]によれば、外国企業から見た対日投資に関わる問題点は二つに大別できる。一つめは、コストの高さである。エネルギー、流通、人件費、安全基準支出など、日本では様々な面でコストが高い。また税制面でのコストも高いといわれるが、外国企業はとりわけ欠損金の扱いが日本では厳しいと認識している。上述した法人税率の引き下げにはこうした背景がある。この他にも、事業開始時に必要な行政手続きにかかる手間や時間（当初は歓迎されるが、実務レベルになると制約が多くなるなど）、電子納税の未整備に起因するコストなどもある。

二つめの問題点は、高コストから当然帰結することだが、収益性の低さである。日本での事業では、投資者から見た企業の収益性を示す基本指標である株主資本利益率（ROE）が低い傾向にある。その背景として、日本特有の制度・慣行（各種規制や労働市場における流動性の低さなど）、グローバル人材の不足（英語能力の低さや人材流動性の乏しさなど）、日本型のコーポレート・ガバナンス（外国企業は株主の立場をストレートに反映したガバナンスを行うが、日本企業は種々のステークホルダーの立場を考慮することが一般的）の三つが指摘できる。

その他の理由としては、外国人にとっての生活環境の厳しさ（外国語による教育施設の不足や未整備、外国語によるコミュニケーションの難しさなど）や、自然災害・環境汚染に対する不安（東日本大震災で強く印象づけられた地震・津波・放射能汚染への恐怖）などが指摘された。

しかし、最大の問題点であった高コストという理由は改善傾向にある。2015年夏にジェトロが行ったアンケート調査[12]によれば、日本でビジネスを行う上での阻害要因として外資系企業があげた上位の問題点は、「行政手続き・許認可等の複雑さ」「人材確保の難しさ」「外国語コミュニケーションの難しさ」の三つで、45％程度の外資系企業が選択した。上述した「高コスト」をあげた企業は34％に低下した。こうした事態変化の背景としては、

2014年12月から続く円安傾向[13]が第1に指摘できる。上記アンケート調査によれば、3分の1の外資系企業が「ビジネス環境がよくなった」と感じており、具体的には「規制改革」と「手続きの簡素化」を選択した企業が多かった。そのため、今後5年以内に投資を拡大する計画をもつ企業が77％に達した。このように対日直接投資には拡大の予兆が見られるが、アンケート回答企業はジェトロ支援を受けて日本に進出した企業であり、慎重に数値を解釈する必要があろう。日本に未進出の企業にとっては、高コストは今でも大きな問題点であると考えられる。

3　外資系企業が地域経済に及ぼす影響

　地域経済の国際化を進める媒介には、貿易や地元企業の海外進出、外国人観光客の受け入れ、外資系企業の進出などがある。なかでも外資系企業の受け入れは、各種機能—財務・技術・生産・経営管理・販売—がワンセットで運び込まれることを意味する。その他の国際化媒介に比して、これら機能は複合的に作用するため、受け入れ地域の経済に計り知れない影響をもたらす。Dicken はこれらの影響を大きく四つの領域に分けて議論している[14]。

(1)　資本注入

　4領域の中で早期に影響が現れるものは、資本流入である。これは、投下資本不足に悩む地域にとってきわめて重要である。しかし、外資系企業のすべてが進出の際に受け入れ地域に実際に資本を移転するかといえば、そうとは限らない。外資系企業が利用する資本は、本国からの持ち込み分もあるが、受け入れ国の資本市場から調達したものや、進出済み子会社が稼いだ利益の再投資であることが多い。他方、資本流出が起きる場合もある。進出企業が親会社に対して売上や利益を送金するような場合である。したがって、受け入れ国の政府や自治体が、外資系企業に「応分の」税を納めさせることや、地域内への利益の再投資を促すことが必要である。

（2） 地元企業への刺激

　外資系企業の事業と受け入れ地域とが、地元企業とのリンケージ（取引連関）を介して統合される度合いは、きわめて重要なメカニズムである。例えば、地元企業との間の部品調達ネットワーク形成がそれに相当する。外資系企業から地元企業に対して原材料や部品、サービス業務が発注されると、厳しい規格に合格するために当該企業の専門的能力が向上する。地元企業はそうした経験を積むことで、さらに広範囲の市場において高い競争力をもてるようになる。また地元調達が拡大すると、その需要に応えるため新企業が地元に生まれることもあり得る。また外資系企業の従業者が独立して、起業することも考えられる。こうした効果をスピンオフ効果と呼ぶが、それがどの程度生じるかは、外資系企業と地元企業の結びつきの水準に左右される。先進国の場合は、外資系企業と地元企業の水準差が一般に小さいことからリンケージが形成されやすい。したがって日本は優位性をもつ。しかしながら、リンケージが形成されない場合も当然ある。その場合は、外資系企業は「飛び地」のままである。したがって受け入れ国の政府や自治体が地域経済を発展させようと思えば、現地調達率を高める政策が有効である。

（3） 知識の伝播

　対内直接投資は生産システム全体の移転を伴うことから、技術移転にとってもっとも重要な経路である。ただし独自技術の所有とその独占的な利用は外資系企業がもつ本質的な特性であることから、組織外への流出は容易には進まない。高度な技術や知識を利用する可能性のある地元の人々にどの程度伝わるか、また地元の企業にそうした知識や技術を十分に活用する能力が備わっているかがこの領域のポイントである。なお外資系企業に頼らず独自に技術開発できれば、それに越したことはないが、独自技術の開発は容易でなく、多くの時間や費用がかかる。外資系企業からのライセンス取得費用が安ければ、独自開発に無理にこだわる必要はないであろう。

(4) 雇用創出

雇用は社会的にもっとも関心が集まる領域である。雇用には量と賃金水準の二つの側面がある。まず雇用創出の正味量については、以下の式で算出できる。

純雇用効果 ＝ DJ ＋ IJ － JD

　DJ ＝ 外資系企業による直接雇用数

　IJ ＝ 関連する企業や部門での間接雇用数（DJ1人につき1～2人といわれる）

　JD ＝ 他企業において置換された雇用数

次に賃金についてみると、外資系企業の給与は地元企業より高いことが一般的である。そのため、地元企業から外資系企業に向けて優秀な労働者の引き抜きが起こる。地元企業にとっては問題であるが、外資系企業による高賃金によって地元の賃金相場が上昇することから、労働者の立場からするとメリットがある。

4　外資系企業の立地と九州経済

外資系企業の受け入れは、2014年秋から開始された「地方創生」[15] 政策においても主要な政策として位置づけられており、地方創生交付金を活用して対日直接投資の誘致に乗り出す地方自治体が出ている。そこで本節では、日本における外資系企業の立地状況を述べた後、九州地方を事例として外資系企業が地域経済に及ぼす影響を上述した4領域別に考察する。

(1) 外資系企業の立地

日本で活動する外資系企業に関する全国レベルの資料としては、東洋経済新報社が発行する『外資系企業総覧』（以下、東洋経済調査と呼ぶ）と経済産業省による「外資系企業動向調査」（以下、経産省調査と呼ぶ）の二つがある。対象とする企業の定義が異なるため[16]、両資料を単純には比較できな

いが、2014年現在、東洋経済調査では3107社が、経産省調査でもほぼ同数の3151社が日本に進出している。表2-3-1は、両調査のデータをもとに外資系企業の地域分布を示したものである。関東地方への一極集中が明瞭である。東洋経済調査では2751社（全国比88.5％）、経産省調査では2598社（82.5％）が関東地方に立地している。その大半は東京都に集中する。東洋経済調査の数値が大きいのは、同調査が本社のみを対象としているためと推測される。いずれの調査においても、立地数の2位と3位は神奈川県、大阪府であることから、東京を圧倒的な中心としながら横浜・大阪を加えた三大都市に外資系企業が集中していることがわかる。

他方、北海道・東北・中四国・九州といった地方圏に立地する外資系企業は少なく、本社のみを対象とする東洋経済調査では63社（2％）ときわめて

表2-3-1 外資系企業の地域別分布

地方	東洋経済調査（注1）		経産省調査（注2）	
	本社数	％	企業数	％
北海道	7	0.2	11	0.3
東北	15	0.5	26	0.8
関東	2751	88.5	2598	82.5
東京都	2376	76.5	2131	67.6
神奈川県	263	8.5	299	9.5
中部	71	2.3	152	4.8
近畿	222	7.1	286	9.1
大阪府	119	3.8	168	5.3
中国四国	23	0.7	25	0.8
九州沖縄	18	0.6	53	1.7
計	3107	100.0	3151	100.0

（注）1．東洋経済調査は、資本金5000万円以上かつ外資比率49％以上の企業の日本本社を表す。本社以外の支店・営業所・工場などは含まない。
　　　2．経産省調査は、外資比率が3分の1以上の企業で、有効な回答があった企業を表す。
（出所）東洋経済新報社『外資系企業総覧』2014年、経済産業省「外資系企業動向調査」2014年より作成。

少ない。本社以外も対象に含む経産省調査でも115社（3.6％）にすぎない。その理由の一つは、地方圏の外資系企業の多くが2次投資、すなわち東京など大都市圏に進出済みの企業が、営業・販売、サービス、製造などの拠点へ追加投資することによって設置されたためである。したがって、本統計によって、地方圏に外資系企業は立地しないと結論づけるのは早計であろう。そこで次節では、九州地方を事例に地方圏における外資系企業の活動状況と地域経済への効果について検証する。

(2) 九州地方の外資系企業の概要

九州地方の外資系企業に関するもっとも包括的な調査として、九州経済調査協会による『九州・山口の外資系企業』（以下、九経調調査と呼ぶ）がある。同調査は九州地方（九州7県、沖縄県、山口県）に立地する外資系企業（小売店・飲食店・ゴルフ場を除く）の事業所を対象とした[17]もので、これまで2000年、2011年、2015年の3回に渡って実施されてきた[18]。まず事業所総数の推移をみると、2000年には204社であったが、2011年には516社に増加し、2015年でもほぼ同数の496社を記録した（図2-3-2）。前記の経産省調査では、九州地方の外資系企業が57社（九州・沖縄の53社と山口の4社の和）しか記録されていないことから、調査対象を広げた九経調調査では8.7倍の事業所数が確認されたことになる[19]。

九州地方の外資系企業の出身地域の内訳（2015年）をみよう。北米が236事業所と半分近くを占める。カナダの企業は1社しかないので、北米＝アメリカとみなしてよい。次に多い地域は欧州の200社（40％）であり、国別に見ると、多い方から、ドイツ、フランス、スイス、オランダ、イギリスの順である。アジア出身の企業が増加傾向にあるとはいえ、その数は56社（11％）に過ぎない。すなわち、九州地方に立地する外資系事業所の9割近くが先進国出身であり、途上国企業の進出は現段階では多いとはいえない。

次に親企業の業種別内訳を見ると、製造業が221事業所（45％）を占めるが、後述するように必ずしも工場が立地しているわけではない。この後に、

図2-3-2 九州地方における外資系事業所数の推移（出身地域別）

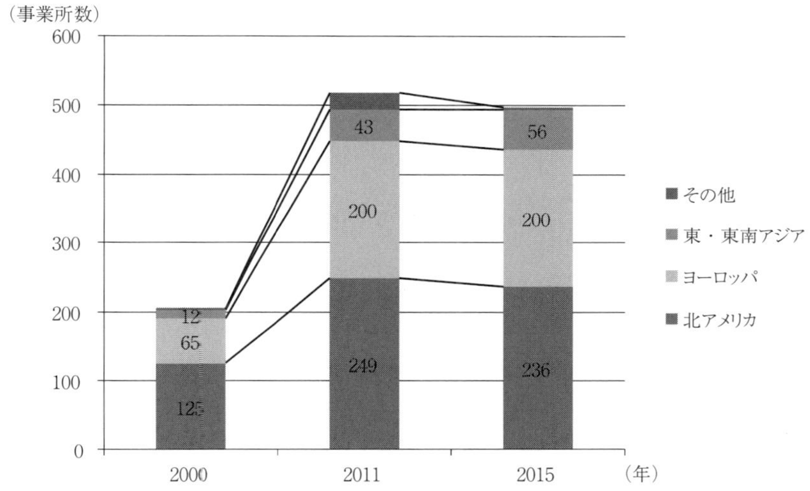

（事業所数）
年	北アメリカ	ヨーロッパ	東・東南アジア	その他
2000	125	65	12	
2011	249	200	43	
2015	236	200	56	

（注）北アメリカはカリブ海諸国を含む。
（出所）九州経済調査協会『データ九州：九州・山口の外資系企業』各年版より作成。

卸売業102事業所（21％）、金融業58事業所（12％）、サービス業35事業所（7％）が続く。

　各事業所の機能を見ると、本社が36事業所（7％）と少ないのに対し、支店・営業所は412事業所（83％）に達する。この他では、工場34事業所（7％）、その他14事業所（3％）となっている。すなわち九州に進出した外資系企業の機能は、支店・営業機能に特化しているといえる。

　さらに九州地方での県別分布を見ると（図2-3-3）、福岡県に303事業所（61％）が立地しており、福岡一極集中が明瞭である。それ以外では、熊本県、鹿児島県、山口県、沖縄県などへの立地が比較的多い。

（3）　九州地方の経済に果たす外資系企業の役割

　本項では、九州経済産業局（2014）のアンケート調査[20]に依拠しなが

194　第2部　国内外のグローバリゼーション

図2-3-3　九州地方における外資系事業所の分布

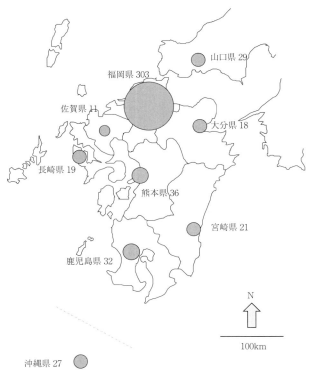

（出所）九州経済調査協会『データ九州：九州・山口の外資系企業』
2015年版より作成。

ら、外資系企業が九州経済に及ぼす影響を四つの領域別に考察する。

　第1の資本注入に関しては、外資系企業による投資額やその調達先についてのデータは存在しないが、事業所の進出形態によってある程度は推測できる。前述したように、進出形態は1次投資と2次投資に分けられるが、前記アンケート結果によれば、1次投資が24％と少ないのに対し、2次投資が72％を占める。2次投資の場合、資本調達先として、外資系企業の本国、1次投資地点（東京と推測される）、2次投資地点（すなわち九州）の3地点が

考えられるが、九州の外資系企業や行政機関に対する筆者の聞き取り調査によれば、外資系企業と地元金融機関との関係は未発達であることが多い。九州の外資系企業と地元企業との取引関係を示した図2-3-4によれば、地元の金融保険会社と取引関係をもつものは20％にしかすぎない。したがって資本注入の面での効果は大きくないと推測できる。

第2の地元企業への刺激については、同じく図2-3-4から考察できる。外資系企業と地元企業との取引関係で上位に来るのは、清掃・警備や人材派遣、リース・レンタルなどの低次サービスが多く、およそ4～6割の外資がこれらサービスを地元企業に発注している。他方、前述した金融・保険をはじめ、法務・会計、エンジニアリング、情報などの高次サービスを地元企業に頼る外資は1～2割に過ぎない。また外資系企業と地元企業との取引連関ではしばしば部品調達が大きな役割を果たすが、九州では外資系工場が少な

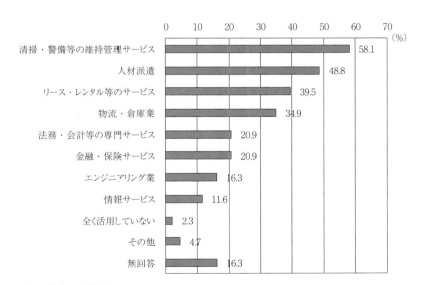

図2-3-4 外資系事業所と地元企業の取引関係

（注）回答数43事業所
（出所）九州経済産業局『九州経済国際化データ』2014年版より作成。

い（7％）こともあって、アンケートの調査項目に含まれていない。欧州の医療系メーカーが地元企業と合弁で設立した工場における筆者の聞き取りによれば、医療品という特性上、親会社の世界ネットワークから主な部品が供給されるため、地元からの調達はきわめて限定的であるという。このように、九州における外資と地元企業との取引連関は、現状では、低レベルのサービスにとどまっており、高度サービスや部品調達面の連関が弱いといえよう。

　第3の知識・技術の伝播については、外資系企業の事業内容を示した図2－3－5を用いて考察したい。6割近い外資系企業が行っている事業は、営業・販売および顧客サービスであり、次いで情報収集を業務とする事業所が3分の1を占める。これら業務は定型的な内容が多く、知識の伝播は起きにくいと考えられる。他方、非定型的で知識・技術の伝播が起きやすい業務、すなわち製造や本社、研究開発などを行う外資系企業は、それぞれ23％、14％、7％と低比率である。したがって、現状では、外資による知識・技術の移転は限定的であると推測される。

　図2－3－6は外資系企業が九州に拠点を設置した理由を示している。最大の理由は、地元市場の購買力であって、3分の2以上の企業が選択している。第2位は取引相手企業の存在である（51％）。このように外資系企業にとって九州の魅力は、西欧諸国並みの高所得をもつ消費者1300万人が居住する市場規模であるといえよう。図2－3－6で興味深いのは、拠点設置理由の第3位に「アジアへの近接性」（37％）があがったことである。九州地方の行政機関はこの点を九州の強みとして広報してきたが、外資系企業も同様に認識していることがわかる。将来的には、九州が結節点となって直接投資の国際的リンケージができる可能性があるといえよう。

　第4の領域である雇用創出については、外資系企業の従業員数を示した図2－3－7により考察する。雇用者数が9人以下の企業が37％、10～99人の企業が46％を占めることから、直接雇用の創出に果たす役割が大きいとはいえない。ただし、雇用者数100～999人が5社（12％）、同1000人以上が2社

図2-3-5 外資系事業所の事業内容

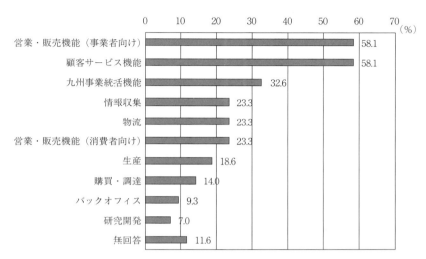

（出所）図2-3-4に同じ。

図2-3-6 外資系事業所の九州進出理由

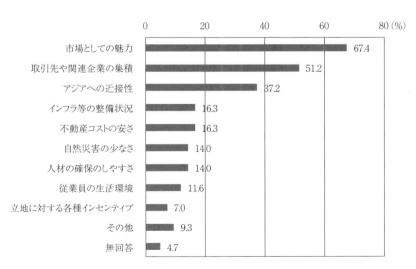

（出所）図2-3-4に同じ。

（5％）あり、大規模な雇用を実現した外資系企業が存在することも忘れてはならない。図2-3-7の右半分には外国人駐在員数が示されているが、0人が37％を占めるなど、その数は概して小さい。聞き取り調査によれば、進出当初は駐在員をおくケースがあるものの、日本人への権限委譲を次第に進める企業が多いようである。この傾向は、日本人従業者による経営の国際化を促進する効果をもつと考えられる。なお間接的な雇用に関する資料はないが、地元企業との取引連関が不十分な点を考えると、効果は限定的であろう。また聞き取り調査において外資系企業による雇用置換に言及する事例は聞かれなかった。

　地域経済への今後の影響を展望するためには、以上の四つの領域に加えて、行政による外資系企業の誘致政策を考察の対象に加えるほうがよいであろう。九州進出時における公的機関によるインセンティブの活用状況をみると、インセンティブを利用した外資は3分の1にすぎず、残りの3分の2は利用しなかったか無回答である。利用した場合の内容については、補助金支給を受けたのが85％と大半を占める。その他に数は少ないが、税減免（14％）や融資（14％）の利用があった。すなわちこれらインセンティブは金融支援に止まっており、経営判断等とは関係のうすい「ローロード」（低次）

図2-3-7　外資系事業所の従業員数

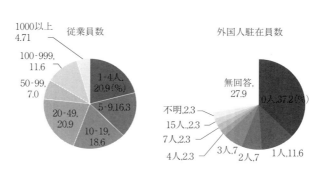

（出所）図2-3-4に同じ。

の支援策である。次に図2-3-8は外資が認識している業務上の問題点を示しているが、人材確保、市場規模の小ささ、実力ある取引先の不足が代表的な問題点であり、それぞれ3割程度の企業が課題であると感じている。この点から考えると、地元人材のスキル向上や企業レベルの向上など、「ハイロード」(高次) の支援策を充実させることが外資系企業の受け入れに有効であることがわかる。

おわりに

本章では、対内投資の拡大すなわち外資系企業の受け入れが地方経済の再生に有効であるとの問題意識にたって、日本とりわけ九州における外資系企業の進出経緯と効果について経済地理学の視点から検討してきた。その要点は以下の通りである。

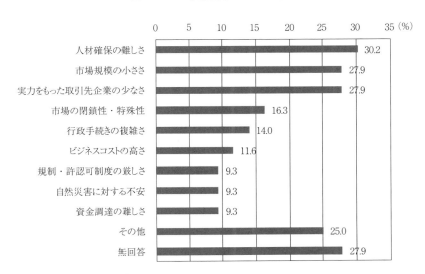

図2-3-8 事業活動における問題点

(出所) 図2-3-4に同じ。

まず日本は、欧米の先進国から金融保険などの直接投資を受け入れているが、その残高は世界最低水準である。対日直接投資が少ない理由は、高コストと低収益性にあるが、近年、改善の兆しも見られる。外資系企業が地域経済に及ぼす影響は多岐かつ深きに及ぶが、大略、資本注入、地元企業への刺激、知識の伝播、雇用創出の4領域に区分できる。

　九州地方には、2014年現在、約500の外資系事業所が立地している。出身国別に見ると欧米先進国が9割を占め、業務内容では営業・販売機能に特化し、立地地域別には福岡県に6割以上の事業所が集まる。外資系企業が九州経済に果たす役割は概して低水準に止まっている。4領域の中では、地元企業への刺激はあるが、低次サービスが中心で、知識の伝播が起こりやすい高次サービスや部品調達面での連関が形成途上である。各企業の雇用創出は大きくはないが、外国人駐在員が少ないため日本人の経営国際化を促進する効果があるといえる。今後の受け入れ促進のためには行政の誘致政策が重要だが、現状は補助金などの「ローロード」政策が中心なので、地元人材高度化などの「ハイロード」政策へのシフトが必要である。

　このように日本の地方圏への外資系企業の進出は始まったばかりである。現状から判断して「効果が少ない」として切り捨てるのは容易だが、中長期的に効果を評価する視点も必要である。なお本章ではほとんど触れなかったが、筆者の聞き取り調査によれば、一部の地方では、製造業や観光業の投資受け入れが進み、地元経済に効果が及ぶケースが出ている。その際には、地元行政や金融機関の役割が大きい。本章冒頭で見たように、直接投資の受け入れは成熟した先進国経済が不可避に歩む途である。日本もその途を進み始めたところなので、それを「地方創生」の有効な手段とする道筋を経済地理学の立場から考えていきたい。

　　謝辞
　本章の一部は、日本地理学会2014年秋季大会（富山）、The 4th Global Conference on Economic Geography（University of Oxford, 2015年8月22日）、人文地理学会2015年大会（大阪）において発表した。また本研究はJSPS科研費（基盤研究（C）No.25370916）の助

成を受けたものである。

注

1) Peter Dicken "*Global Shift: mapping the changing contours of the world economy*", 7 th edition, London: Sage, 2015, p.42.
2) 2010年以前の対日直接投資については次の文献が参考になる。長島忠之「対日直接投資の新潮流：9のキーワードで類型化」『ジェトロセンサー』ジェトロ、第61巻第726号、2011年5月、47〜58ページ。
3) 2016年2月、台湾の電子機器受託製造大手、鴻海（ホンハイ）精密工業は、総額7000億円を投じて、日本の家庭電機メーカーのシャープを事実上買収した。「シャープ、鴻海が買収　臨時取締役会で決定」『日本経済新聞』2016年2月25日。
4) 政府・自民党は、2016年度における法人税の実効税率の29％台への引き下げを含む税制改正大綱を決定した。「法人税率、来年度29.97％　政府・与党、税制改正案」『朝日新聞』2015年12月9日。
5) USドル／円の為替レートの月別平均推移を見ると、2014年12月に119.3円を記録してから、2015年は118.3〜123.8円の間で推移した。日本経済新聞による。
6) 増田寛也編著『地方消滅：東京一極集中が招く人口急減』中公新書、2014年など。
7) 例えば、宮本憲一・横田茂・中村剛治郎『地域経済学』有斐閣、1990年。
8) 2013年末の残高は19.5兆円であったから、この1年で3.8兆円（19％）という大幅な増加が見られた。しかしながら、このうち2.8兆円程は統計基準の変更によるもので、純増分は1兆円程度と推測される。ジェトロ（日本貿易振興機構）『ジェトロ対日投資報告2015』ジェトロ、2016年、2ページ。
9) OECD諸国平均は約30％である。なおUNCTAD統計記載の198か国・地域の中で、日本は194位（2014年）である。ちなみに日本より下位の国は、ネパール、ブルンジ、シリア、アンゴラである。
10) ジェトロ『ジェトロ世界貿易投資報告2015年版』ジェトロ、2015年。
11) 内閣府『「対日直接投資に関する有識者懇談会」報告書』2014年（http://www5.cao.go.jp/keizai-shimon/kaigi/special/investment/report.pdf, 2014年7月14日アクセス）。
12) ジェトロは2015年7〜8月に「日本の投資環境に関するアンケート」を実施した。対象となった外資系企業は、日本進出の際にジェトロが支援を行った約1000社で、そのうち150社から回答があった（回答率15％）。ジェトロ、前掲書、19〜23ページ。
13) 注5参照。
14) Dicken、前掲書、pp.258-270。
15) 「地方創生」とは、第二次安倍内閣で使用された用語で、人口減や雇用減に苦しむ地方自治体の活性化を意味する。2014年11月、「まち・ひと・しごと創生法」が成立した。
16) 東洋経済調査の対象は、資本金5000万円以上かつ外資比率49％以上の企業の日本本社で、本社以外の支店・営業所・工場などは含まない。経産省調査の対象は、外資比率が3分の1以上の調査対象企業5771社のうち、有効な回答があった企業である。
17) 最新の2015年調査の場合、東洋経済新報社『外資系企業総覧』、九州経済産業局『九州経済国際化データブック』、新聞記事、九州経済調査協会聞き取り調査で抽出された、外資比率33.3％以上の事業所を対象としている。

18) 2011年調査の分析については次の文献が詳しい。岡田祥伸「生産性の高い経営でマーケット参入する外資系企業：九州・山口の外資系企業2011より」『九州経済調査月報』通巻789号、2011年12月、2～8ページ。
19) 九州経済産業局は、九州（沖縄県・山口県は含まない）の主な外資系企業147社のリストをHPで公開している。
20) アンケート送付企業75社のうち、回答のあった43社（回答率57％）についてまとめたものである。九州経済産業局「巻頭特集：九州における外資系企業の誘致に関する実態調査」『九州経済国際化データ2014』2014年、巻頭1～26ページによる（http://www.kyushu.meti.go.jp/report/1412_kokusai_data/kantou.pdf、2015年3月14日アクセス）。

第4章
タイ、インドネシア、ベトナムの日系企業

久野国夫

はじめに

　財務省「対外及び対内直接投資状況」をドル換算した、日本貿易振興機構（ジェトロ）のまとめにより日本の対外直接投資を地域別にみると、1978年以降基本的に北米、というよりその90％以上を占める米国が、つねに第一位の地位にある（シェアでみれば30～50％）。次いでヨーロッパであるが、1998年から2004年まではヨーロッパが最大となっており、二番目が北米であった。ただし、この財務省統計は「届出・報告」にもとづくもので、また1996年以降の「統計」では「1億円相当額以下を超えるものは対象外」と基準が異なり、こちらではその期間も北米が第一位である。このように日本の対外直接投資は先進国である欧米が中心であるが、1997年からアジアが欧州にかわって二番目に多い投資地域として浮上しつつある。

　背景としては黒字基調であったアメリカの経常収支が1971年に赤字となり、以降は黒字と赤字をくりかえしながらも、1982年以降は1991年を除いて一貫して赤字が続いているというアメリカの輸出競争力の低下がある。2008年のリーマンショック前のピーク時である2006年には、じつに8067億ドルの赤字となっている。これだけの赤字が続けば他の国であればデフォルトに陥るが、唯一アメリカのみは、米ドルが国際通貨特権をもっているため、破綻させられない。中国や日本はため込んだドルが紙くずになってしまうからである。

ユーロの登場や中国の台頭もあり、アメリカドルの国際通貨特権も危うくなりつつあるが、2000年に中国にとってかわられるまで、アメリカの最大の貿易収支赤字国は日本であった。日米貿易摩擦は1960年代の繊維からはじまり、鉄、自動車、半導体と、対象品目を変えながら続いてきたが、アメリカの経済力の衰えとともに、日本への風あたりは増していった。日本もアメリカへの直接輸出を続けることは無理となり、アメリカでの現地生産、さらに中国やアジアへの子会社設立によるアメリカへの迂回輸出へと向かうことになる。技術的にも1980年代から進行したME（マイクロ・エレクトロニクス）革命は、年季を入れた熟練労働力への依存を低下させていったから、標準化した製品では途上国でも日本での生産と遜色のないものが造れるようになった。日本の直接投資が欧米からアジアにシフトしていったのは、こうした事情がある。

　アジアでの日系企業の現状をみるために、九州大学大学院経済学研究院の調査グループは、2012年にラオス、タイのアユタヤ、2013年にインドネシアのジャカルタ、2014年にベトナムのハノイ、香港、2015年にはベトナムのダナン、フエ、タイのチョンブリ及びラヨーン県の日系企業調査をおこなった。本章はこの調査をもとに、筆者が担当した日系企業を中心に、タイ、ベトナム、インドネシアの操業環境をみたものである。ラオスはなお発展途上にあり、進出日系企業も少ないこともあり除外した。香港もアジアNIES（新興経済圏）として、東南アジア諸国より少し先をいっているので除外した。ただし、筆者はこれら諸国経済の専門家ではないので、間違いや勘違いもありうる。その点で本章の叙述は、個人的な日系企業調査報告にとどまる。

　最初にこれら3か国の経済概況についてみておく（表2-4-1）。人口はインドネシアが一番多く2億5462万人、次いでベトナムの9158万人、タイの6884万人と続く。だが一人当たり国民総生産ではタイが一番高く5426ドル、インドネシアが3416ドル、ベトナムが一番低く2171ドルである。日本の対外直接投資先としてはインドネシア、タイは1960年代からはじまっているが、

表2-4-1 インドネシア、タイ、ベトナムの概況（2015年）

	インドネシア	タイ	ベトナム
人口	2億5462万人	6,884万人	9,158万人
国内総生産 （10億 U.S. dollars）	872.615	373.536	198.805
一人当たりGDP （U.S. dollars）	3,415.83	5,426.30	2,170.88

（出所）International Monetary Fund, World Economic Outlook Database, October 2015.

分断国家や独立戦争が長く続いた「ベトナム社会主義共和国」への投資は比較的近年で、前掲の財務省「対外及び対内直接投資状況」で投資額が計上されるのは、1992年の1000万ドルがはじめてである。1986年の「ドイモイ（刷新）」による市場経済の導入、対外開放政策への転換がベトナムの外資受け入れの契機であった。

1 タイ

(1) N.I.（タイ）株式会社

福岡県太宰府市に本社がある、株式会社エヌ・エフ・ティ（NFT）のタイ工場である。調査は2012年11月27日におこなった。設立は1986年8月であり、従業員数は170名、グループ全体では440名（2011年4月現在）である。営業種目としては、①半導体封止金型及び部品の設計製作、②半導体製造装置及び関連パーツ、周辺ユニットの設計製作、③エンジニアリングプラスチック事業（射出成形品、金型）、④半導体製造装置（モールド装置）の設計製作、産業用省力化装置の設計製作、半導体製造関連装置・機器の設計製作、などである。内外に5工場（国内3、海外2）あり、海外2工場はいずれも半導体用のプラスチック用金型の封子金型の製造で、1995年7月設立のタイ工場はスペックが小型のもの、2002年6月設立の中国工場はスペックが大型のものである。日本の大宰府工場からタイに送り、それをマシニングセンターや放電加工機により加工し日本に返送、太宰府工場で組み立ててい

る。立地経緯としては、半導体金型の納入先が中国やタイにあるので、急な修理要請などに対応するには現地工場があった方がいいということで、自社の判断で中国・タイに進出した（納入相手先からの進出要請ではない）。

　タイ工場の労働事情であるが、従業員数は設立時である1995年の20名から出発し、最も多かった2004年には166名にのぼったが、現在は150名である。うち日本人は3名である。給与は年功給であり、年1回のボーナスを12月に2～3か月分出している。退職金積み立てもやっているが、定着率はあまりよくない。年に10～20名が辞めていくのが現状である。従業員募集は労働局に届け出る。新卒を採用したいが、多くは中途採用なのが実情である。長期勤続につながるよう、勤続3年で手当てをつけるようにしている。

　タイ工場での操業状況であるが、5～6年前にある程度タイ人でやっていけるようになっていたが、全面的に任せられるという状態ではなかった。2～3年前までは、日本人がラインについて指導していたが、品質面で大丈夫と言えるようになったのは数年前にやっとである。将来的にはタイ工場で金型本体をつくらせる方向である。ただ、金型のオーバーホールは本社、新型設計も本社でやっている。

　原材料の調達は、焼き入れ用加工品の素材調達は、日立金属から購入している。タイ国産や中国産では粗悪品で対応できない。タイでの操業上の長短としては、人件費が安く人材が採用しやすいメリットがあるが、反面デメリットとしては、タイ人には有給休暇とは別に、日本にはない病気休暇が年間30日あり、これをタイ人は自分の都合で目いっぱいとってくるので、人員調整が難しくなることがある。

（2）　シアン・リックス工業株式会社

　福岡市に本社リックス株式会社がある（RIX）。調査日は2012年11月26日である。創業は1907年10月であるが、商号を「山田商事株式会社」として法人化（設立）したのは1964年5月、1967年に高圧油圧ポンプの製造販売を開始し「メーカー商社」となった。事業内容は自動車部品、オートバイ部品用

洗浄装置「金属深穴バリ取り装置−RX」の設計・製造・販売である。従業員は324名である。

タイへの立地経緯は、2002年、現在の主要顧客であるサイアムデンソーのタイ現地新会社設立に伴い、ディーゼル燃料噴射（コモンレール式）部品用高圧洗浄機の購入に際して、タイもしくは近隣周辺国にアフターサービス拠点の設置等を、購入条件とする旨の要請をうけたことによる。この要請をうけ翌2003年4月、RIX TECHNOLOGY THAILAND CO., LTDを設立した（合弁会社RTT：タイ側51％、RIX49％）。この合弁会社はタイ企業であり、外国人事業規制の対象とならない。RTTの設計・製作した小型洗浄機の納入実績の増大、及び将来的なタイでの洗浄機市場拡大を見込み、2006年8月に合弁解消を前提に、新たにRIXが100％出資のSIAM RIX MANUFACTURING CO., LTDを設立した。設立後ただちにBOI（タイ投資委員会）へ投資奨励事業の申請、認可を得た。タイではこの認可により、①税制では法人税、輸入関税の減免、②税制以外では、土地所有の許可、ビザ取得及び労働許可の便宜等があたえられる。

従業員数は現在47名（日本人スタッフ5名）で、うち30〜40％は女性である。間接部門は10名で学歴は大卒、直接部門は37名で高卒・専門学校卒である。賃金は日本とほぼ同じ年功給で、ボーナスは年2回ある。月給は日本円にして1万円程度である。定着率は悪く、入れ替わりがはげしい。設計と製造で、製造は組み立て中心である。設計は慣れてくると他社に引き抜かれるため、5〜6年勤続で長い方である。日本語ができるタイ人は2名おり、設計に1名、組み立てに1名（40歳位）いる。労働組合はない。従業員は車で通勤、もしくはワンボックスカーで相乗りして通勤している。製造職と事務職との区別ははっきりしており、関連して学歴による差別も強い。タイは比較的、階級社会かつ学歴社会の傾向があり、昇格・昇級（昇給）にも影響する。女性の社会進出も積極的であり、男性に比べ女性の労働意欲は高い。ただし定着率はよくない。高賃金を求めて転職するケースがめだつ。

タイの有給休暇は日本よりはるかに優遇されている（例として病欠は30日

／年)。有給休暇は勤続年数により規定があるが、最大10日／年で権利の消滅はない。また有給休暇未使用分の買い取り制度がある。都市・県別の最低賃金制度があり、当社所在のチョンブリ地区は、2011年4月から196タイバーツ／日から273タイバーツ／日と、大幅に上がった。なお、2013年1月からは全国一律300タイバーツ／日となる予定である。したがって月額換算すると、×30日で9000タイバーツとなるが、実際にはこれに諸手当が追加される。解雇手当の制度があり、最低は勤続期間120日～1年未満で30日分、最高は同10年以上で300日分である、この金額を払えば無条件で解雇できる。

同社で制作している洗浄機の資材調達は、機械加工品（設計図面に基づいて）と購入品（各メーカーの各種カタログ品）に大別できる。機械加工品で特殊かつ高精度品は一部日本から輸入しているが、それ以外はタイ国内業者から調達している。価格は必ずしも安くない。タイ国内産の原料（同社の場合、ほとんどがステンレス304）の流通（品揃え）がよくないので、安価にならないのではないか。また品質も日本製より劣る。他方、主要な購入品はほとんど日本製で（顧客の要請に基づく場合が多いので）、タイに代理店がある場合はその代理店から調達し、ない場合もしくは日本から輸入した方が安価な場合は、日本から調達している。小物部品は（配管材、ネジ・ボルト類等）タイ国内業者から調達しているが、価格は総じて日本と同等もしくは高い。

シアン・リックスは設立当初より、主要顧客であるサイアムデンソーの要求する仕様にもとづいて、同社で設計したカスタマイズ設計品による洗浄機を供給しているため、親会社（RIX）及び中国の子会社（同社と同じRIXの子会社洗浄機メーカー）との分業はほとんど行っていない。ただし、設計作業段階（機械・電気制御）での人の派遣を含む技術支援を有償で親会社より受けている。これは近年、既存及び新規の顧客にかかわらず、洗浄機に対する要求仕様が高度化、あるいは大型化しており、同社のタイ人設計スタッフでは対応できないためである。なお、こうした支援は直近では頻度が増している。親会社からの技術支援が増加している理由は、顧客の生産品目が日

本からの移管によって高機能品になっている証拠であり、洗浄機への要求も当然、従来以上に高機能、高精度になっている。将来的には権限を徐々にタイ人に移譲しながら、タイ人主体の企業経営を目指しているが、現状では目途が立たない。

（3）　カルソニック・カンセイ（タイ）株式会社

　日産自動車の系列部品メーカーであるカルソニックのタイ工場である。調査日は2015年3月16日である。従業員は2015年1月現在で1901名である。取引先の9割はタイに進出している日系企業である。2013年度では（カッコ内は2014年度上期）、日産50％（40％）、いすゞ25％（33％）、GM6％（5％）、その他3％（5％）、カルソニック・カンセイのグループ企業への輸出16％（17％）である。タイはASEANの、とりわけ自動車産業の中心であり、バンコク周辺にはトヨタ・いすゞ・日産が進出している。カルソニック・カンセイのあるアマタナコーン工業団地周辺にはトヨタ・三菱・スズキ・GM・BMW、北部のアユタヤには本田が立地している。原材料調達は全体では95％はタイ及びASEANから調達しているが、「材料」となると日本からの製品が使われており、間接的な日本からの調達を含めると20％は日本からの調達となる。

　タイへの立地経緯であるが、いすゞや日産向けにタイのサイヤムグループとの合弁会社が設立されたのは1987年である。しかし、当時はタイの法律との関係で、出資比率はサイヤムグループ51％、カルソニック・カンセイ49％であった。2000年に100％子会社が可能となったのを機に、サイヤム・カルソニックのジョイント・ベンチャー会社とした。サイヤムはカルソニック・カンセイ・タイが下請けのように使っていたタイ現地企業である。2013年にはサイヤムグループの出資分を買い取り、完全に100％子会社となった。

　労働事情としては、タイでは女性労働力を活用しているが、年に10％は退職していく。やったとみなす「みなし」及び「かいぜん」が問題である。工業団地を経営しているアマタ社の近藤卓也氏によれば、タイの労働者は中・

高卒の「一般ワーカー」と、大卒で英語・日本語ができ専門知識もある「スタッフ」に分けて考える必要があるとのことである。一般的な東部沿岸地域の工業団地内で「一般ワーカー」の60％から70％が、タイ東北部のイサーン地方からの出稼ぎ労働者である。「一般ワーカー」の平均給与水準は１万バーツから１万２千バーツであるのに対して、「スタッフ」はバンコクを中心とするエリアに居住し、平均給与水準２万バーツから５万バーツ、優秀なスタッフになると10万バーツになるとのことである。タイでの１か月の生活費としては最低１万５千バーツ程度が必要である。

2　インドネシア

（1）　PTアストラ・ダイハツ・モーター

　ダイハツの自動車工場である。調査時は2013年11月26日である。設立は1992年であるが、前史がある。1975年に完全ノックダウン生産からはじまるが、インドネシアの国産化規制に対応するため、1975年から97年まで現地のGaya Motorに委託生産した。1983年にエンジン会社設立、85年に組み立て開始、87年には機械加工も開始し、92年のADM（ASTRA DAIHATSU MOTER）社設立となる。1997年にはアルミ鋳造も開始した。その間、1993年からダイハツの出資比率が０から20％となり、1998年から2001年の間はダイハツが主導する体制となり、1998年から2002年まではダイハツの出資比率が40％となった。2003年からダイハツの出資比率は61.75％となり、ADMはダイハツの子会社となった。現在の株主構成は、ダイハツ自動車61.76％、トヨタ通商6.37％、現地資本ＰＴ Astra International 株式公開会社31.78％である。売上高は42兆1000億インドネシア・ルピア（2013年第三四半期）、従業員数は１万1000名の大工場である。2003年までは生産台数は年10万台以下であったが、2012年は45万台、2013年は53万台になると予測されている。

　生産体制は３地区からなり、スンター組立工場（車両工場・プレス工場）

においては、従業者数は組立工場（ボデー・塗装・組立）5700名、プレス工場800名である。主な生産車種は**アバンザ**／セニア（2004年導入）、**ラッシュ**／テリオス（2007年導入）、グランマックス（2007年導入）／ルクシオ（2009年導入）、**タウンエース**（2007年導入）／**ライトエース**（太字は現地車種名、以下同）である。ライン構成をみると、ボディシェルライン、塗装ライン、組立・検査ラインがいずれも2本ある。プレス工場の主な生産ラインは、外板・内板の超Aライン1本、Aライン2本、Bライン1本である。ドア類ではドア溶接とヘム工程がある。なお、スンター地区は工場の拡張ができない状況下にある。

カラワン／エンジン工場（鋳造工場・エンジン工場）は、2012年10月操業開始であり、従業者数は2200名、主な生産車種は**アバンザ**／セニア、**アギア**／アイラ（2013年導入）である。ライン構成は、プレス（超A）、ボディ、塗装、組立、検査ラインを各1本有する。

カラワン組立工場（新車両工場）は、2006年11月にスンター地区より移転した。エンジン工場の従業者数は2200名、主な生産品目は、K3、3SZエンジン、EJ、D26Fエンジンである。生産ラインは、機械加工（主要エンジン部品）ラインとエンジン組み付けライン3本である。アルミ鋳造工場の従業者数は500名で、主な生産品目は、K3、3SZのエンジン及びミッション部品、TRエンジン部品である。高圧鋳造機が7機と低圧鋳造機が10機ある。

インドネシアでの操業状況であるが、インドネシアは一人当たりGDPからみても、乗用車市場が立ち上がりつつある状態であるが、ここでは日本車が強く、なかでもトヨタ、ダイハツのシェアは高い。インドネシアの乗用車については、多人数乗りで拡大が予想される。ダイハツのインドネシアでの主要販売車は低価格及び中価格車で、顧客層としてはファミリー層及び商用車である。マレーシア・タイ・ベトナムは乗用車（セダン系）の市場である。同社は最初からインドネシア国内市場向け生産工場として進出した。ダイハツの販売会社はAI-DSOで、AI支店は96店舗、ディーラーは108店舗で、店舗数の合計は204店舗（20社）を数える。トヨタ車の販売会社は

TAMで、ディーラーは235店舗に及ぶ。輸出は各国の販売会社を通じて44か国に輸出している。できれば近隣諸国への輸出を増やしたいと考えている。

インドネシアでの部品などの現地調達率は70％くらいであるが、変動が大きいインドネシア・ルピアの為替安リスクを避けるため、現地調達率を引き上げたい。そのため日本からの輸入部品を陳列して、それを減らすよう努めている。具体的にはボルトはばらつきの調整が難しく、現地調達できていない。パイプ・板金・ダイキャスト・鋳造は内製、現地調達できている。金型部品は内製している。仕入れ先は191社あるが（日系企業107社・地元企業79社・グローバル企業5社）、うち50km圏内にあるのが111社、58％である。

インドネシアの作業能率は高い。労働者は契約1年、更新1年で、2年後に成長がみられれば正社員になれる。給与体系は年功序列賃金で、ボーナスは年1回である。作業訓練は1週間の「道場」で行っている。1日目――ルールを教える、2日目――車の基本構造を教える、3日目――マシニングスキル、アッセンブリースキル、ボルトの締め付け訓練、その後、現場に入って2週間マンツーマンで教育する。他に、「品質道場」もある。カラワン地区は最低賃金が一番安い。

日本とインドネシアの作業を比較すると、生産ラインでは締め付け、バルブクリアランス測定、刻印（スタンプ）、加工・板金は日本では設備でおこなうが、インドネシアではそれらはいずれも人の働きである。ダスト対策は日本では部分的にダストカバーしているが、インドネシアでは組立ライン全体をダストカバーしている。取り替え部品の指示も日本ではランプ点灯とピッチングセンサーであるが、インドネシアでは人が指示ビラを確認しながら取り替えている。

鋳造工場（低圧鋳造）の生産工程は、溶解→鋳造→冷却→仕上げ（外部塗装）→熱処理という流れになるが、この工程は日本では2名（搬入1名、検査1名）で担当するのに対して、インドネシアでは6名（仕上げ5名、検査1名）となる。ダイカストの生産工程は、溶解→鋳造→冷却→仕上げ（バリ

取り）→外観検査→出荷であるが、この工程は日本では2名（仕上げ1名、検査1名）で担当するのに対して、インドネシアでは5名（仕上げ4名、検査1名）となる。基本的に、インドネシアでは賃金が安いので自動化しない。精密鍛造や深絞り加工を要する部品は日本からの輸入である。機械設置時は日本からの応援を仰ぐが、普段はここの要員で十分行える。現在、日本からの出向者は80名である。

3　ベトナム

(1)　キヤノン・ベトナム株式会社

キヤノンの100％出資子会社で、設立は2001年4月である。調査日は2013年8月20日である。ベトナムには3地区に工場があり、いずれも経済特区を選んだ。① Than Long 工業団地にある工場は、敷地20万㎡・建屋8万7千㎡である。②バクニン省 Que Vo 工業団地にある工場は、2005年4月より建設、2006年5月に初出荷、LBP プリンターを生産している。敷地20万㎡・建屋12万㎡である。③ Tien Son 工業団地の工場は、2006年5月より建設、2008年2月に初出荷、インクジェットプリンターを生産しており、敷地20万㎡・建屋5万1千㎡である。従業員数は2500名で、その内93名は日本人である。ベトナムのキヤノン3工場全体では、当初の5300名から2013年7月の1万1600名へと着実に増加している。出荷はハイフォン港からであるが、同港の水深が深くないため香港へ運び、そこから世界へ配送している。

タイの洪水もあり、リスクヘッジのため製造拠点の一か所への集中は避けているが、ベトナムでは韓国の追い上げが気になる。韓国のサムスンがベトナムでは第一位の輸出企業である。サムスン一社のみで2012年の輸出額は130億ドルであり、これは同年のベトナムの輸出総額の11％をしめる。キヤノンは18億500万ドルの輸出額で、ベトナムでは第三位の輸出企業である。サムスンの従業者数は約3万人であるが、給与は常にキヤノンを上回るように調整しているようである。キヤノンはベトナムへ進出した外資企業のベン

チマークにされている。2006年11月には日本の安倍首相、2007年1月にはベトナムのノン・ドゥック・マイン共産党書記長、同年にはグエン・ミン・チェット国家主席、2010年にはグエン・タン・ズン首相など、日本とベトナムの要人が相次いでベトナム・キヤノンを訪問しており、輸出や投資で何度も受賞した実績がある。

しかし、ベトナムではまだ裾野（基盤）産業が弱い。キヤノン・ベトナムもそのため内製率は高く、製品を分解すると材料・電子部品の30％弱は内製ではないかと思われる。ただ、インクはすべて日本からの輸入である。電気供給は問題で、以前は30分から1時間の停電がよくあり、自家発電機を使っていた。しかし、3年ほど前から改善されてきたので、最近は使っていない。道路事情は「まあまあ」というところである。就業時間は二交代制である。退職率は月に2％位である。テト（旧正月）後と9月新学期の時期と年間で二つの退職の波がある。

（2） **Hue Foods Company Limited**

福岡県朝倉市に本社がある採石業のサイタホールディングス株式会社の100％出資子会社で、設立は1995年12月、97年12月に工場が完成した。調査日は2014年8月18日である。ドイモイ政策でインフラ整備が必要なベトナムへ採石業で進出しないかとの打診があって進出したが、採石業としてのベトナム進出はならなかった。しかし、酒造りならばよいということで挑戦した。酒造りは才田よしひこ氏の夢であったという理由もある。資金は才田氏が出し、技術は地元朝倉の酒造メーカーに依頼して進出した。初期投資は7億円であった。輸送ルートは必ずしもよくないが、フエは古都ということでネーミングがよく、20年の借地で現工場を建設した。しかしベトナムでの酒造りは客観的にみれば行き当たりばったりで駄目になり、2008年ころ鳥越製粉で経理をやっていた黒川邦彦氏（53歳）に託された。

当初から日本へ輸出するつもりであり、ほとんど輸出であった。ベトナムでの認可は輸出85％、ベトナム国内販売15％という条件であったが、当初は

輸出もベトナム国内向けも振るわなかった（ベトナムから日本への運搬に2週間かかる）。しかし、2007年のベトナムのWTO加盟で輸出85％枠が外された。ベトナムの関税は15％である。進出当初のベトナムは酒造免許は不要だった。ベトナムでは2012年に酒の専売制度ができた状況である。フエ・フーズはベトナム向け販売の免許を持っている。当初は清酒、2000年からベトナム米で焼酎を造り、2001年にベトナム国内向けに販売した。当初は赤字続きであったが、2000年頃からベトナム国内向け販売において黒字化してきた。これにともない、2000年に酒造メーカーとの合弁を解消した。焼酎はベトナム在留の日本人向け販売である。一部、日本へも輸出している。

　製造量は2002年104kℓ、2008年2100kℓ、直近では2013年7月から2014年6月までで800kℓである。90％は焼酎である。ベトナムでは農家が作った地酒が売られていたが、それよりは安全面で信頼できるということで、2000年頃から受け入れられるようになった。現時点で酒造りは軌道に乗ってきたといえる。ベトナム全土に瓶詰めで出荷しており、代理店は20から30程ある。

　ベトナムでの労働事情であるが、日本人は黒川氏と関谷聡氏の2名のみである。従業員は女性15名（事務のみ）、男性58名である。平均年齢は男38歳、女33歳である。製造・営業・管理に3名の通訳をつけている。黒川氏など日本人スタッフはベトナム語を話せない。賃金は月額で最低240万ドン（1万3000円）、最高2000万ドン（10万8千余円、トップ）で、平均450万ドン（2万4千余円）である。新入社員は300万ドン（1万6千余円）である。ボーナスは1か月分で、業績がよい時には5か月分出したこともある。インフレ率7％で、毎年約15％の最低賃金アップがある。退職金は制度としては0.5か月分であるが、フエ・フーズではそれに0.5か月分を積みあげている。定年は男60歳、女55歳である。通勤圏は約10kmであり、バイクで通っている。定着率は比較的良い。

おわりに

　日本経済団体連合会（日本経団連）はかつて法人税減税を強く求めた（安倍政権で格段に引きさげられた）。その際の脅し文句が「海外に出ていく」であったが、調査した3か国をみる限り、操業環境は日本の国内生産とこれら諸国では大きく相違し、これら諸国で日本と同じ生産結果が得られるのは難しいと思われる。さらに中国や東南アジアへの工場進出はすでに中小規模企業に及んでおり、日本の法人税率とは関係ない。またインドネシア・ダイハツがインドネシア国内販売をしているように、現地市場も育ってきており、欧米との貿易摩擦を避けるための迂回輸出工場という段階はすでに過ぎているのである。

　本章をしめくくるにあたって指摘しておきたいのは次の三つの点である。第1は、「はじめに」でみたようにME革命による熟練労働力依存低下がこうした途上国への工場進出を可能にしたのは確かであるが、だからといって熟練労働力が不可欠な「ものづくり基盤産業」が不必要になるわけではないということである。したがって各国どの工場も、日本からの原材料の輸入は依然続いている。「原材料、焼き入れ用加工品の素材は日立金属から購入している。タイ国産や中国産では粗悪品で対応できない」（「N. I. タイ」）。「主要な購入品はほとんど日本製で（顧客の要請に基づく場合が多いので）、タイに代理店がある場合はその代理店から調達し、ない場合もしくは日本から輸入した方が安価な場合は、日本から調達している」（「シアン・リックス」：タイ）。「ベトナムではまだ裾野（基盤）産業は弱い。キヤノン・ベトナムもそのため、内製率は高く、材料・電子部品も分解すると30％弱は内製ではないかと思われる。ただ、インクはすべて日本からの輸入である」（「キヤノン・ベトナム」）。「精密鍛造や深絞り加工する部品は日本からの輸入である」（「インドネシア・ダイハツ」）。インドネシア・ダイハツの工場見学で、小さな部品を現地生産できているものと日本から輸入しているものに扇状に並べ、現地生産部品を増やすよう奨励しているのは印象的であった。

第2は、社会インフラ整備が大きく遅れている点である。インドネシアのジャカルタの交通渋滞は絶望的で、渋滞で動けない車の間を物売りが歩いて声をかけている光景は、われわれも渋滞の渦中にいるだけに笑うに笑えないものであった。市内の滞在したホテル前のクリークはゴミ捨て場であった。タイのバンコクから南東のチョンブリ県に向かう有料高速道路は、ところどころに抜け道があり、いわゆる「キセル」のように無料で出入りする車がみられる。ベトナムの国道1号線は幹線であるが、ガードレールもないむきだしの道端には日本の駄菓子屋のような店が散見され、子供が遊んでいる状態である。ハイフォン港の水深は浅く、香港まで運んでそこから中国・台湾へ納めている企業もあった（キヤノン・ベトナム）。訪問した日系企業はいずれも日本の総合商社が開発した工業団地に立地している。水や電力供給など社会インフラがこれらの工業団地では整備されているからである。

　第3は労働力である。「退職金積み立てもやっているが、定着率はあまりよくない。年に10～20名が辞めていくのが現状である。従業員募集は労働局に届け出る。新卒を採用したいが、多くは中途採用なのが実情である。長期勤続につながるよう、勤続3年で手当てをつけるようにしている」。「タイでの操業上の長短としては、人件費が安く人材が採用しやすいメリットがあるが、反面デメリットとしては、タイ人には有給休暇とは別に、日本にはない病気休暇が年間30日あるが、これをタイ人は自分の都合で目いっぱいとってくるので、人員調整が難しくなることがある」（いずれも「N. I.（タイ）」）。インドネシア・ダイハツで工程別に比較したように、人員配置でみた労働生産性は日本の半分ほどではなかろうか。「退職率は月に2％位である。テト（旧正月）後と9月新学期の時期と、年間で二つの退職の波がある」（「キヤノン・ベトナム」）。また「報（告）・連（絡）・相（談）ができない。OJTで日本において3年研修させたが、戻ってこないということがあった」（本章では割愛した「日東浄化槽ベトナム」）。

　近年はME革命の影響もあり、商品のライフ・サイクルは短くなっているが、残業などで臨機応変に対応できる日本の国内工場と異なり、こうした

操業環境ではとても無理である。日本経団連が言うように、人件費の安い「海外に出ていく」のは簡単ではないのである。

第5章
ドイツの日系化学企業とデュッセルドルフ市の拠点性

柳井雅也

はじめに

　本章は、デュッセルドルフ市における日系化学企業の事業活動の実態を、ノルトライン＝ヴェストファーレン州への集積やデュッセルドルフ市（以下、都市名では市を省く）の拠点性と関連付けながら明らかにしていくことを目的としている。

　日系化学企業の事業活動については、聞き取り調査に基づく進出形態の類型化と統計に基づく立地状況の分析、それに企業事例の検討を通じて解き明かしたい。一方、拠点性に関して Rolf D. Schlunze は、旧西ドイツにおける日本企業の拡散プロセスについて、回帰線分析と非線形重回帰モデルによる検証を行って二つのプロセスがあることを明らかにした[1]。一つは階層的拡散プロセスで、最初ハンブルグに日系企業の集積が形成され、その後、デュッセルドルフ、フランクフルト、シュトゥットガルト、ミュンヘンへと拡散したもので、主に商業とサービス業で起きたとしている。一方、波状的拡散プロセスは、これらの中心都市からその周辺地域に向かう立地展開で、主に生産部門で起きたとしている。後述するように日系化学企業はノルトライン＝ヴェストファーレン州をはじめデュッセルドルフに多数進出している。一産業部門においても階層的拡散プロセスの進行によって他地域へ集積や拠点が移っているのなら、当地での集積や拠点性にも陰りが出るはずである。この点も含めて考察を行っていく。

図2-5-1　日系製造業の海外生産比率

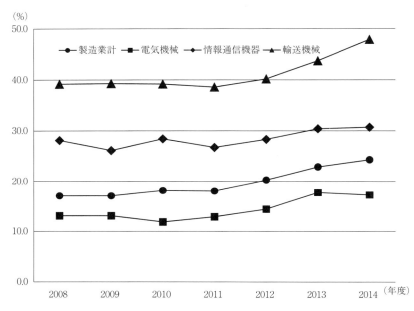

(出所)『第45回　海外事業活動基本調査概要(2014年度実績/2015年7月1日調査)』経済産業省、2016年より筆者作成。

1　日系製造業の海外進出の実態

　2014年現在、日系製造業の海外生産比率(国内全法人ベース)は24.3％を占める。業種別では輸送機械が47.9％と最大の値を示し、情報通信機器は30.7％、電気機械は17.2％となっている(図2-5-1)。現地法人数は製造業および非製造業の合計でしかわからないが、その地域別内訳は、北米3180社(全体の13.2％)、アジア1万5964社(同66.5％)、ヨーロッパ2767社(同11.5％)、その他2100社(同8.7％)となっている。ヨーロッパは約1割程度に過ぎない。同じく従業者数は世界で57万5000人、ヨーロッパは4万9000人(約8.5％)となっている[2]。

製造業現地法人について現地及び域内の販売を地域別にみると、ヨーロッパは約11兆7200億円（86.7%）となっている。日本への販売は約3710億円（2.7%）である。アジア、北米との比較では販売の絶対額は最も少ないが、域内販売比率では北米に次ぐレベルである。また日本への販売比率は北米とほぼ同じ水準となっている（図2-5-2）。製造業1社あたりの研究開発費は、3地域平均4億2000万円に対し、ヨーロッパは6億7500万円とやや高い水準になっている。ちなみに、北米は10億1000万円、アジアは2億3000万円である。

ヨーロッパの主な国の日系企業法人数は、イギリス611社（EUにおける

図2-5-2 製造業現地法人の販売先（売上高）の状況

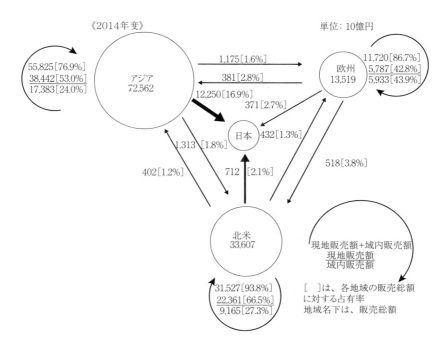

（出所）『第45回 海外事業活動基本調査概要（2014年度実績／2015年7月1日調査）』経済産業省、2016年。

表2-5-1　ドイツにおける日系製造業の進出件数

業種	件数	業種	件数
化　学	25	業務用機械	9
輸送機械	21	金属製品	5
情報通信機械	15	食料品	3
生産用機械	14	繊　維	2
はん用機械	13	木材紙パ	2
電気機械	12	鉄　鋼	1
その他の製造業	12	非鉄金属	1
窯業・土石	9	石油・石炭	－

（出所）『第45回海外事業活動基本調査結果概要―平成26（2014）年度実績―』経済産業省、2016年より筆者作成。

比率22.1％）、ドイツ544社（同19.7％）、オランダ357社（同12.9％）、フランス274社（同9.9％）、イタリア140社（同5.1％）の順となっている（『第45回　海外事業活動基本調査結果概要（2014年度実績/2015年7月1日調査）』経済産業省）[3]。製造業に限れば、イギリス170社（EUにおける比率22.8％）、ドイツ144社（同19.3％）、フランス94社（同12.6％）、オランダ56社（同7.5％）、イタリア43社（同5.8％）の順になる。ドイツについて、さらに業種別に比較すると、1位が化学25社（国内製造業の17.4％）、次いで輸送機械21社（同14.6％）、情報通信機械15社（同10.4％）となっている。全体の進出数および製造業の進出数においてイギリスに次ぐドイツは、化学、機械系の業種に進出が多くみられることがわかる（表2-5-1）。

2　日系企業の進出形態の類型化とその事例

2013年11月4日にJETROデュッセルドルフで聞き取り調査を行った。ここではその結果をもとに日系企業のドイツへの進出形態を五つに類型化した。それは、①日独企業連携型、②ドイツ企業対応型、③広域市場カバー型、④「現地化」対応型、⑤ニッチ技術開発型の5類型である。もちろん企

業進出にはこの5類型が各々重複することもありえる。その場合は、より強調される類型にて説明を行うことにしたい。以下では、この5類型と各事例について順を追って説明する。

　一つ目は日独企業連携型である。これは、ドイツ企業の経営資源をM&A等によって取得して技術や販路を獲得する方法や、日独の技術や経営資源を結合（補完または共同）して競争優位を確保する類型である。前者について、例えば森精機はドイツ最大の工作機械メーカーDMG MORI SEIKI AKTIENGESELLSCHAFTの株式の持ち合いなどを進め、相互の販売ルートを利用するなど経営のシナジー効果をあげている（注：2015年に森精機が買収）。小松製作所はハノーファーのトラックメーカーであるハノマーグ社を買収してトラクターの開発を行っている。TOTOはドイツの衛生陶器・洋食器メーカーのビレロイ＆ボッホ社と欧州市場に向けた技術提携と販売提携を発表した（2013年3月）。これは、TOTOのウォシュレットの技術とビレロイ＆ボッホ社の高いデザイン力を結合させて、浴室まわりの総合プロバイダーとして欧州市場で事業を行っていく戦略である。日本水産は、2012年にロヒタム社（リューネブルク市）を連結子会社にして、その冷凍加工工場を活用して、白身魚フライなど水産物を原料に使った冷食の拡販に乗り出している。後者の技術や経営資源の結合について、トヨタ自動車はハイブリッド技術を、BMWはディーゼル技術を持ち寄って液体燃料の研究を始めている。

　二つ目はドイツ企業対応型である。この類型はドイツの自動車産業に部品や部材・製品を供給する企業が該当する。従って、工場立地や人材配置もドイツ企業の工場への近接性が求められる。シュトゥットガルト南西近郊のジンデルフィンゲンには、メスセデスベンツの主力工場（C、Eクラスセダン等）があり、東隣にあるエスリンゲンで東レがCFRP（炭素繊維複合材）を製造している。タカタはフランクフルト南東のアシャッフェンブルクに統括本部を構え、ドイツの自動車メーカー近郊10か所に、R&D、エンジニアリングと試験施設、シートベルトやエアバッグの工場を配置している。アルパインはEUの統括拠点としてドイツのミュンヘンにヘッドオフィスを構え、

シュトゥットガルトにはセールスオフィスと評価センターを開設している。アウディのカーナビゲーションシステムに標準搭載されるようになり、その全体の電気信号、ITネットワークでの動作等、研究開発段階から入る必要性が生じた。また、ポルシェ「カイエン」（ライプツィヒ工場）に4WD系電装部品を生産しているデンソー（ベルンスドルフ工場：ライプツィヒから東に約80km）の例もある。

　三つ目は広域市場カバー型である。この類型は、ドイツ国内市場にとどまらず、ロシア、中東、アフリカ等の市場までを射程に入れて事業活動を行うものである。これをデュッセルドルフ日本国総領事館による調査レポート「進出日系企業の実態調査2014年度調査」（2015年）で補っておく。これはノルトライン＝ヴェストファーレン州内532社（全業態）の営業圏を調査したものであるが、それによると所在都市周辺が74社（13.9％）、ドイツ国内82社（15.4％）、主要EU諸国304社（57.1％）、その他72社（13.5％）となっている。その他は、ヨーロッパ全体、東欧、ロシア、トルコ、アフリカ、中近東を含んでいる。ドイツ国外を営業圏としているのが70.6％もあることがわかる。

　これを支えるのが航空ネットワークである。ヨーロッパでは航空ネットワークが濃密かつ多頻度に発達している。例えばデュッセルドルフとミラノ（飛行時間は約1時間半）は日帰り出張も可能である。これをうまく利用すれば未開拓市場における投資リスクもヘッジできる可能性がある。その事例として、クラレは車のフロントガラスや建材に使用されるポリビニルブチラール（PVB）フィルム（安全合わせガラス用の中間膜）を生産しているが、生産拠点はケルン近郊のトロイスドルフとロシアのニジニ・ノヴゴロドにある。ここから日本、ドイツに加え、アメリカ、インド、中国、台湾、ウクライナに販売拠点を置いて輸出を行っている。

　4つ目は「現地化」対応型である。日本の製品やソフトが、当地の商慣行や規制、あるいは現地の企業や人が未経験である等の理由で、販売しても売れないことがある。その対応を行う類型である。例えば、日本車をドイツに

持ち込んでも排ガス規制や、エンジンパワーが無制限のドイツでは売ることができない。トヨタ自動車は、F1の開発をケルンで行っているものの、製造工場をドイツに持っていない。そのため、仕様を変えて販売する必要があり、そのための情報収集や研究開発をドイツで行っている。島津製作所はデュイスブルクでデモンストレーションラボをリニューアルした。これは、ユーザー集めて訓練する施設で、同社の最先端技術および製品の効果的な説明力の向上と、質の高いセミナー・トレーニングの提供による顧客満足度の向上、アプリケーション開発力の強化により、欧州における同社分析計測機器事業のさらなるシェア拡大を図ることを狙いとしている。また資生堂は、デュッセルドルフのメディエンハーフェン地区にトレーニングセンターをつくり、製品を売るためのコスメテック育成センターを設置した。

　五つ目はニッチ技術開発型で、主に中小企業の取り組みがこれに該当する。例えば、ミュンヘンの武蔵エンジニアリング（ミュンヘン）は、携帯電話、パソコン、ビデオカメラ等、製品の小型・パーソナル化が進む中で、液体材料を制御するディスペンスシステム（液体精密制御装置）を持っている。それを基盤技術としてマイクロプレートに分注する医療機器を開発した。これは、様々な検体や試薬をマイクロプレート等の所定の場所に分注し、反応結果が自動でかつ定量的に確認できる装置であり、ドイツの医療界で注目されている。また低出力のレーザー加工に強みがあるミヤチテクノス（ハーン：アマダが2013年買収）はボッシュと取引を行っている。

3　日系化学企業の概要と立地状況等

(1)　進出企業の概要

『海外事業活動基本調査』（経済産業省）では各国における企業の業態、従業者数、進出理由等は不明なので、ここからは『海外進出企業総覧　CD-ROM　2014年』（東洋経済新報社）のデータベースを利用して検討を行っていく。同調査は海外に進出している上場および主要非上場企業5978社にアン

ケート（2013年：回答率約58％）を実施し、その結果を収録したものである[4]。ここでは、当社が分類した72業種のうち「化学」を対象に考察を行っていくことにしたい。

　ドイツに進出した日本側出資企業は43件で現地法人件数では64件となる。その差21件が一致しない理由は、日本側出資企業が複数の現地法人として登記されているケースがあるためである。データでは積水化学工業（8件、うち3件は住所が同じ）、花王（6件中2件）、富士フイルム（5件）、三井化学（3件）、2件とも同じ住所が資生堂、信越化学工業、高砂香料工業である。

　これらを業態の違いで分けると、①積水化学工業が化学製品の製造、化学卸売、建設、医薬品、②富士フイルムが統括会社、化学卸売、電気機器卸売り、他サービス、③花王と高砂香料工業がそれぞれ化学の製造と卸売、④三井化学が化学製造と精密機器、⑤資生堂が化学卸売となっている。件数の多い企業ほど化学以外の事業にも取り組んでいることがわかる。

（2）　日系化学企業の立地状況と進出時期、業態、進出目的、従業員数

　ここからは現地法人件数64件のうち、従業者数、日本からの派遣者数、進出時期、進出理由の、いずれか一つでも回答がある事業所56件を抽出して検討を進めていくこととする。

　図2-5-3は日系化学企業56件の州別の立地状況を示したものである。上から順にノルトライン＝ヴェストファーレン州33件、ヘッセン州12件、ハンブルク3件、バーデン＝ヴュルテンベルク州2件、残りが各1件となっている。ノルトライン＝ヴェストファーレン州だけで33件（全体の58.9％）、そのうち州都デュッセルドルフは17件（同30.4％）を占めている。

　表2-5-2は日系化学企業の概要と進出目的を示したものである。以下、進出時期、業態、進出目的、従業員数の順で見ていくこととする。

　まず進出時期（該当46件）について、日本ペイントの1919年の進出が最も古いことがわかる[5]。これを含めて①1919年〜1989年までが16件、②1990年

図2-5-3　ドイツにおける日系化学企業の進出状況

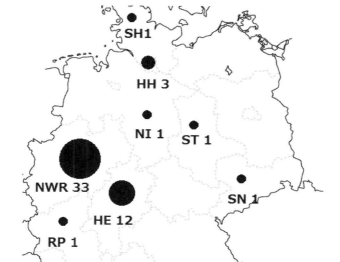

(注) 1. ローマ字は州・都市の略称である。
　　 2. ●印脇の数値は進出件数である。
(出所)『海外進出企業総覧　CD-ROM　2014年』東洋経済新報社、
　2014年より筆者作成。

～1999年が20件（うち1990年と1991年だけで10件）、③2000年～2012年は10件となっている（残り10件は不明）。このうち進出件数が最も多いノルトライン＝ヴェストファーレン州28件（33件中不明5件を除く）について、同じ時期区分で件数と同州の構成比を示すと、①は11件（同時期のドイツ全体の進出件数16件中68.8％）、②は11件（同55.5％）、③は6件（同60.0％）となる。構成比に注目すれば、三つの時期を通じてドイツ国内でほぼ同じ構成比

で進出が続いていることがわかる。しかし、実際は進出と撤退の新陳代謝の結果がこの件数や構成比ということになるので、現在も事業継続中の日系化学企業での傾向と理解しておく必要がある。

業態別で全国的に見て最も多いのが「化学」の20件で、主に製造（一部販売も含む）を行うものである。同じく「化学卸売」も20件となっている。この2項目についてノルトライン＝ヴェストファーレン州の構成比は、前者10件（全体の50％）、後者15件（同75％）となっている。さらにデュッセルドルフでは、前者2件（同10％）、後者9件（同45％）となっており、化学卸売の構成比が高いことが指摘できる。

進出目的について、データベースの中で進出目的が記載されていないものでも、各企業の事業内容から販売や研究開発等が特定できるものは追加して記載した。その結果28件の企業を抽出した。これによると、最も多い進出目的は「現地市場」の獲得で19件を数える。そのうちノルトライン＝ヴェストファーレン州は16件（全体の84.2％）で、デュッセルドルフは9件（同47.4％）となっている。同じく販売に関係する「第3国輸出」についても同州は7件中6件（同85.7％）、デュッセルドルフは5件（同71.4％）となっている。「流通ネットワーク」の活用についても6件中4件が同州（同66.7％）で、うち2件（同33.3％）をデュッセルドルフが占める。販売面における同州への集積およびデュッセルドルフの拠点性は、進出目的からも裏付けることができる。

従業員数は、該当する29件4131人に対して71人が日本人である。しかし、記載漏れも考えられるため、両方とも記載（日本から派遣0人と記載されたものも含む）されている19件について再計算すると、従業員数は1194人、うち日本人は71人で、その構成比は5.9％となる。最も従業員数が多いのはクラレの647人で、これを含めた上位11位までが100人以上の従業員数を有する。上位11位までの従業員数を合計すると3668人を数える。全体（29件4131人）に占めるその構成比は88.8％に及ぶ。日本からの派遣もクラレが24人と最も多い。その次は積水化学工業の6人と4分の1の規模に過ぎない。デュ

第5章　ドイツの日系化学企業とデュッセルドルフ市の拠点性

表2-5-2　ドイツに進出した日系化学企業の概要と進出目的

	企業名	州	進出年	業態	従業員数	うち日本から派遣	現地市場	第三国輸出	生産ネットワーク	情報収集	開発	流通ネットワーク	統括
1	三井化学	NRW	1990	化学									
2	三菱化学	NRW	1989	化学									
3	高砂香料工業	NRW	1992	化学	182	3	●		●	●	●	●	
4	中京油脂	NRW	1991	化学	17	2	●			●			
5	花王	NRW	1947	化学	185								
6	古川電気工業／大塚化学	NRW	2005	化学	534				●				
7	ニフコ	NRW	2007	化学	13	0							
8	積水化学工業	NRW		化学	52	1							
9	カネカ	NRW	2011	化学									
10	日本ペイント	NRW	1919	化学									
11	クレハ	NRW	1983	化学卸売	6	3							
12	資生堂	NRW	1980	化学卸売									
13	積水化学工業	NRW	1962	化学卸売	16	4		●					
14	宇部興産	NRW	1987	化学卸売			●	●					
15	トクヤマ	NRW	1989	化学卸売	5	2	●	●				●	
16	日本ゼオン	NRW	1989	化学卸売	29	2							
17	電気化学工業	NRW	1990	化学卸売									
18	日本曹達	NRW	1995	化学卸売	13	5	●	●					
19	日本合成化学工業	NRW	1996	化学卸売	19	5							
20	日本カーバイト工業	NRW	1991	化学卸売			●						
21	旭化成ケミカルズ	NRW	1998	化学卸売									
22	富士フイルム	NRW		化学卸売	303								
23	ADEKA	NRW	1999	化学卸売	5	1	●					●	
24	三菱エンジニアリングプラスチックス	NRW	2002	化学卸売	22	1	●			●			
25	ダイソー	NRW	2008	化学卸売	2	0	●						
26	高砂香料工業	NRW	1990	総合卸売			●			●		●	
27	積水化学工業	NRW	2008	建設	33	6					●		
28	積水化学工業	NRW		建設	245								
29	富士フイルム	NRW		統括会社	525		●	●					●
30	日東電工	NRW	1971	電気機器卸売			●	●					

No.	企業名	州	年	業種								
31	日立化成	NRW	1982	電気機器卸売								
32	富士フィルム	NRW		電気機器卸売	112							
33	三菱ガス化学	NRW	1990	他サービス	8	3				●		
34	花王	HE	1986	化学								
35	花王	HE	1954	化学								
36	クラレ	HE	1991	化学	647	24				●		
37	荒川化学工業	HE	1998	化学	18	5	●		●			
38	信越化成工業	HE		化学	448							
39	三菱樹脂	HE	1998	化学								
40	花王	HE		化学	155							
41	ダイセル	HE	1985	化学卸売			●	●				
42	三菱ケミカルホールディングス	HE	2012	統括会社								●
43	積水化学工業	HE		医薬品	98							
44	日本化薬	HE	1992	医薬品卸売						●		
45	信越化学工業／三菱樹脂	HE	1997	他サービス	332							
46	花王	HH	1990	化学卸売								
47	中国塗料	HH		化学卸売	8	3	●					
48	群栄化学工業	HH	1990	繊維・衣服卸売							●	
49	サンスター	BW	1993	化学卸売								
50	東ソー	BW	1989	精密機器卸売								
51	昭和電工	BY	1982	化学卸売			●			●		
52	サンエース／三菱商事	NI	2004	化学		0						
53	三井化学	RP	2006	化学			●			●		
54	住友電工ファインポリマー／住友電気工業	SH	1991	電気機器			●		●		●	
55	本州化学工業／三井物産	SN	2004	化学					●			
56	積水化学工業	ST		建設	20	1						

(注) 1．州の略称：NRW：ノルトライン＝ヴェストファーレン州、HE: ヘッセン州、HH: ハンブルク、BW: バーデン＝ヴュルテンベルグ州、BY: バイエルン州、NI：ニーダーザクセン州、RP: ラインラント＝プファルツ州、SH：シュレースヴィヒ＝ホルシュタイン州、SN: ザクセン州、ST: ザクセン＝アンハルト州。
　　 2．NRW の網掛データはデュッセルドルフ市である。
(出所)『海外進出企業総覧　CD-ROM　2014年』東洋経済新報社、2014年より筆者作成。

ッセルドルフ商工会議所の話（2014年7月）では、一般に日本人社員一人を赴任させると年間で2000万円〜2500万円のコストがかかるという。企業にとって負担は決して軽くないので、この点からも現地化を進めざるを得ないそうである。

　以上、進出と撤退の新陳代謝が続く中での日系化学企業の立地動向と、卸売を含む販売面でのノルトライン＝ヴェストファーレン州への集積、とりわけデュッセルドルフの拠点性がわかった。また、多くの企業にとって日本人派遣社員は相対的に少ないということがわかった。

4　デュッセルドルフの日系化学企業の実態

　ここでは、デュッセルドルフの日系化学企業についてその実態を考察する。調査対象企業は、デュッセルドルフ日本商工会議所HPの会員企業リストより抽出を行い、連絡先は各会社のHPを検索して問い合わせた[6]。その結果、43社中5社（回収率11.6％）から回答が得られた。なお、調査は2014年7月から8月にかけて行った。以下、社名を伏して考察する。

（1）　A社（機能樹脂、炭素製品販売）

　1963年にデュッセルドルフに駐在員事務所を開設し、1983年に本格的に進出した。当時の投資額は約700万円であった。2008年度取扱（売上）額は26億2000万円、2013年度取扱（売上）額は16億5000万円となっている。当地へ進出を決めた理由は、ヨーロッパにおける同社製品（機能樹脂、炭素製品）の販売拠点を築くためであった。もともと、オランダに包装材料事業の欧州拠点（統括会社＋複数国に拠点）があり、その管轄下で事業を行っている。国内外の生産体制をみると、本社工場が福島県いわき市にあり、グループ会社として中国上海市にも工場がある。

（2）　B社（潤滑油販売）

　2000年にデュッセルドルフに数千万円の投資を行って進出した。自動車用潤滑油、コンプレッサー用潤滑油、工業機械用潤滑油の販売を行っている。2013年度取扱（売上）額は約35億円となっている。それまでロンドンを拠点にヨーロッパ全域で潤滑油販売を行ってきたが、大陸側の需要が大きかったため移動してきた。当地の評価として、ヨーロッパ域内需要家へのアクセスが容易であることや、日系社会が確立（例えば日本人学校）していること、治安が良いこと等をあげている。

　現在は当地をヨーロッパ本社と位置付けている。従業員数は15人で、そのうち日本人駐在員は3人である。日本人の主な業務はマネジメント、経理、営業先開拓である。平均出向年数は約4年前後となっている。日本人以外の男女別雇用は男6人、女6人となっている（2014年6月現在）。その採用方法は人材派遣会社や求人広告等を通じて行っている。労務上の課題としては、本社人事制度と現地労働法との融合をどう図っていくかである。

　営業圏は、ドイツ、イギリス、スペイン、ポーランド等となっている。営業方法は、既存の顧客とはメールと電話が主である。販売方法は直売のみで、現地特約店等はない。新規顧客の開拓は訪問営業が主となっている。工場はドイツのマンハイムで委託製造を行っている。工場関係者とは定期的にミーティングを行ったり定期監査を行ったりしている。受注は取引先から毎日連絡が入ってくる。日本からの製品は船便で送っている。経路はロッテルダム港経由でライン川を遡上してドイツ国内の倉庫（賃借）まで運び、そこから取引先に届けている。委託加工先からはドイツ国内の倉庫に運ばれ、その後取引先に届けられている。また研究情報の収集は、本社事業部と研究所が連携して行っている。

　課題としては、一部の商品に輸入関税がかかることである。またヨーロッパ内での付加価値税の申告義務があることも課題と認識している。

(3) C社（自動車部材販売等）

B社の統括下にあり、住所も同じである。現地進出は1991年で、投資額は数千万円であった。2013年度取扱（売上）額は約25億円となっている。取扱商品は自動車部材、接着剤基材関連等である。同社の社内での位置付けは、ヨーロッパでの自社石油化学製品の販売および事前調整の拠点となっていることである。当地へ立地した理由は、取扱商品の需要地であることが大きい。また日系社会があること、治安の良さ、ドイツ国内のアクセスが容易なことも理由となっている。

2014年6月現在、従業員は7人、うち日本人駐在員は2人である。日本人の主な業務は統括会社B社と同じである。現地雇用は男3人、女2人となっている。

販売および営業圏はドイツ国内中心であるが一部EUでも行っている。今後は東欧等新興国も視野に入れている。販売方法は、直接販売が主であるが、一部ディストリビューターも活用している。新規顧客の開拓はHP、展示会、専門誌、業界誌等で行っている。工場はイギリスのマンチェスターにある。受注はほぼ毎日受けている。物流もB社と同じである。

課題としては、一部商品に輸入関税がかかることである。これについては韓国商品にはないので不公平感があるということである。

(4) D社（農薬等の輸出入）

D社は1992年にデュッセルドルフに進出した。投資額は6800万円である。2008年度の取扱（売上）額は36億4000万円、2013年度は82億8000万円となっている。取扱商品は農薬および化学品の輸出入である。

当地に進出を決めたのは、社内でヨーロッパを中心とした販売の拡大を目指したことである。交通手段の利便性や、駐在員の生活環境が整っていたことも大きい。進出までの経緯は、まずウィーンに連絡事務所を設立し、その後当地に移転してきた。現在はヨーロッパ本社となっている。

従業員数は14人で、そのうち日本人は4人である。日本人の主な業務はマ

ネジメント、日本本社との連絡、製品の販売および開発である。平均出向年数は4年～6年となっている。一方、現地雇用は男4人、女6人となっている。採用方法は人材紹介会社や関連会社からの紹介によって確保している。現地スタッフは、自身の生活を最優先しているので、日本人の勤務状況と大きく異なっている。その点で柔軟な対応が必要である。

営業圏はヨーロッパ、CIS、北アフリカである。営業は必要に応じて訪問しているので担当者は毎週の様に出張している。販売方法は、日本から進出した代理店を中心にしているが、現地代理店等様々な販売ルートを持っている。新規顧客の開拓は代理店のパートナーと販売方法を相談して行っている。また商品によっては、展示会に出展したり大学と共同研究も行っている。化学品（農薬等）はReach登録（化学品規制）が必要なので、中国をはじめ新興国ではそれがネックとなっているため競合は少ない。ちなみにD社で登録しているものは問題ないが、一度登録が切れるとジェネリック・メーカーとの競合が厳しくなる。

工場は委託製造であり、ベルギーのゲント、オーストリアのレオベンドルフ、ドイツのリューベックにある。工場管理については、生産開始時に日本からの出張者と共に訪問して処方とプロセス管理を十分行い、製品分析も双方で確認している。2回目以降は必要に応じて訪問している。

受注については、ブリュッセルのM社から週に数回の注文が来る。注文を受けると、委託会社からD社倉庫（ロッテルダム、ハンブルク等）に製品が搬入され、そこからEUおよびCIS向けに出荷される。また日本からロッテルダムやハンブルクに船便で出荷されたものは、委託会社によってその後はトラック輸送される。農薬についてはお互いの薬剤を補完し合うように混合剤ビジネスを進めている。化学品については日本での使用実績があることから新規に販売できたケースもある。

課題としては、EUになって10年以上過ぎて通貨も共通化してメリットはあるが、国毎に言語や考え方（国民性や宗教等）の違いを埋め合わせるのは難しいので、どうしてもローカルな代理店が必要なケースが多くなることで

ある。英語は万能とは考えていない。

(5)　E社（工業用ゴム製品）

E社は2009年にデュッセルドルフに進出した。2013年度取扱（売上）額は15億円である。ヨーロッパへの進出理由は、①工業用ゴム製品（油圧ホース、防舷材、コンベヤーベルト）を作る関係上、日本偏重からの脱却が必要であったこと、②比較的欧州市場での販売が堅調であったため、効率的な営業活動を遂行する必要があったことによる。社内の他部門が既に進出していたことも背景にあった。当地は欧州各地域へのアクセスが容易であることから、ここを欧州本社と位置づけ、ヨーロッパ全域を営業圏としている。

5　考　察

日本の製造業の海外生産比率が増加する中で、2014年現在、日本の製造業のヨーロッパ生産比率は約1割程度となっている。ヨーロッパへの製造業進出数でイギリスに次ぐドイツでは、化学、機械系の進出が多いことがわかった。また日系企業によるドイツ進出が主に5類型に整理できることもわかった。企業の大小を問わず技術は重要であるが、大手企業では1〜4の類型のようにM&Aやドイツ企業への近接立地等比較的様々な対応が取れるのに対して、中小企業ではニッチ技術を手掛かりに進出していくしかない等、選択肢は限られているといえる。

その上で、日系化学企業のドイツ進出は、①同一企業で進出件数の多い企業ほど化学以外の事業にも取り組んでいる。②進出時期については1990年代初頭の進出が多い。③州別の立地件数ではノルトライン＝ヴェストファーレン州への進出がコンスタントにみられ、「現地市場」「流通ネットワーク」「情報収集」が主たる進出目的となっている。④デュッセルドルフの卸売拠点性（超広域営業圏も含む）の高さと研究開発を含む情報収集拠点性の高さが指摘できる。その理由としては「都市化の経済」が働いていると考える。

化学工業が同州で盛んであるというだけでなく、旧西ドイツ時代は首都（ボン）との近接性が重要であったこと（車で約1時間）、ルール工業地帯の司令塔としての地位、ドイツ国内のみならずヨーロッパ各地との移動の利便性、ロンドン等欧州の大都市と比較して相対的に安価な地代、メッセ関連施設の充実等、位置の優位性とインフラが整っていることが理由である。

　デュッセルドルフに立地するA～D社の実態から、全ての会社でドイツを超える超広域営業圏が確認できた。また立地理由としてB社やD社が治安、学校、交通の便等を指摘しており、赴任する日本人家族の生活の利便性（医療、日本食レストラン、スーパー等）や教育環境（日本人学校、学習塾等）等、日本人が生活しやすい環境を評価している[7]。これも「都市化の経済」といえる。委託加工についてはドイツ国内（B社、D社）のみならず、イギリス（C社）、ベルギー、オーストリア（いずれもD社）などのメーカーと行っていることがわかった。B社、C社のように日本からの輸出拠点としてのロッテルダム港やハンブルク港の役割（船運、倉庫）、それにドイツ国内の倉庫との関係も重要である。また、A社はオランダの会社、C社はB社の統括下にあることも明らかになった。課題については、労務管理、輸入関税問題、代理店の集約の問題等が指摘できる。

　これらの事例を進出形態の5類型から考察するならば、広域市場カバー型が全ての企業に共通して見られることがわかる。このうちB社～D社は、卸売機能だけでなく生産委託工場や日本の工場等との連携も明瞭である。また、D社の一部が日独企業連携型（混合型ビジネス）になっていることも指摘できる。

　以上のことから、日系化学企業については、階層的拡散プロセスは必ずしも当てはまらないのではないかと考える。その理由としては、卸売機能は広域市場カバー型の指向が依然として強く、ノルトライン＝ヴェストファーレン州への集積や、デュッセルドルフでの拠点性が確保されていると考えられるからである。そうなると階層的拡散プロセスは、特定産業の日系企業による進出先の変化によって起きるのではなく、他産業の成長（例えば自動車産

業）とそれを目指す日系企業の進出によって促されると考えることができる。その点の研究は今後の課題としたい。

注

1）Rolf D. Schlunze"Japanese Investment in Germany:a spatial perspective" Doctoral dissertation, University of Tokyo, 1995, pp. 7 -32.
2）『第45回　海外事業活動基本調査概要（2014年度実績/2015年7月1日調査）』経済産業省、2016年。
3）マルタ、アイスランド、エストニア、ラトビアは不明。
4）このほか、プレスリリース、有価証券報告書、電話取材等により補足・訂正している。
5）デュッセルドルフで戦後最も早く商業登記を行ったのは三菱商事（1955年）である。ちなみに大倉商事も1952年に駐在員を置いていた（中川慎二「戦後ドイツの日本人コミュニティ―デュッセルドルフをめぐって「語られる物語」と「歴史的事実」―」『Ex：エクス：言語文化論集』関西学院大学、第8号、2013年3月、29～60ページ）。
6）デュッセルドルフ日本商工会議所のホームページ（https://www.jihk.de/jp/memberlist/Default.aspx、2015年12月1日アクセス）。
7）柳井雅也「〈在外研究報告〉　デュッセルドルフにおける日系企業の事業活動」『地域構想学研究教育報告』東北学院大学教養学部地域構想学科、No 4、2013年12月、84～85ページ。

第3部　問題地域の活性化と地域政策

第1章
日本の食糧政策と経済地理学

荒木一視

はじめに

　1950年、時の蔵相であった池田勇人が「貧乏人は麦を食え」という発言をして物議を醸したというのはよく知られた話である。しかし、その記録である第9回国会参議院予算委員会会議録[1]を確認すると、直接その言葉から受ける印象とは状況が異なるように思われる。生産者米価の引き上げに関わる質疑の中で、戦前には米価を100とした場合、麦の価格は64%くらいであったが、当時は米100に対して、小麦95、大麦85程度であるとの状況を示した上で、戦前のように米価を麦に対して高い水準に上げていきたい、という趣旨のものである。その上で、所得の多いものは米、所得の少ないものは麦を食えばよい、それが経済の原則に沿っているというものである。そもそもは生産者米価を高値に誘導しながら、日本の経済発展を図ろうというものであった。

　しかし、ここまでの説明でもなお、この発言の意図とその背景を理解するのは難しいと思われる。それを理解するためには当時の生産者米価の水準や、日本全体の食料需給状況を知っておく必要がある。生産者米価を引き上げることで農家の収入を上げようとすること、その一方で低所得者層への安定的な食料供給を担保するための安価な麦食を推奨する。その際の低所得者層は都市の低所得者層のみに限られるものではない。低所得の農民が産米を高価格で売ることによる農村部の所得向上も想定されていたはずである。産

米を売って相対的に廉価な麦を購入し、十分な食べものを手に入れることは、特殊なことではなかった。また、戦前・戦中の米価が統制された中で、農村が窮乏したという経験も当時は遠い過去ではなかった。

そこには農業・食糧政策[2]の本質が存在している。すなわち、米価が高ければ生産者は潤うが消費者は窮乏する。逆に低位に推移すれば消費者は潤うが、生産者は窮乏する。相反する枠組みの中でどのような政策を導いていくのか。池田の発言に、当時の農業・食糧政策の一端を垣間見ることができるし、それを糾弾した側の言い分と腹立たしさも理解することができる。当の発言に対する賛否は別として、そこにあるのは私たちの食生活、わけても主食となる穀物類の供給をどのようにして支えようとするのかという議論である。それでは、私たちは主食となる穀物の供給をどのようにして支えようとし、それを実現してきたのか。また、それに対して経済地理学はどのように貢献してきたのか。本章で検討しようとするのはこの点である。

1　日本の農業政策と食糧政策

食糧価格が高ければ生産者は潤うが消費者は窮乏し、低位に推移すれば消費者は潤うが生産者は窮乏するする。産業革命を経て食糧生産者と消費者が分離された近代国家の農業・食糧政策はこのパラドックスを背負っている。ここでとりうる政策は幾つかに類型できる。まず、前者の食糧価格を高めに誘導する政策は、国民の一定数が農業に携わっている場合に効果は大きい。その一方で、工業化を推し進めるためにはそれを支える工業労働者への安価な食糧供給が不可欠でもある。この二律背反を解決するために、外国からの安価な食糧輸入を導入する場合もあるが、それによる国内産食糧価格の下落も免れない。その際に国産米価を高く、輸入麦価を低く誘導するということは、両者の両立の上では有効な方法でもある。池田の言動はさておき、目指そうとしたことの合理性は認められる[3]。

それでは、食糧生産者と消費者という関係のなかで近代以降の日本の農業

政策・食糧政策はどのように展開してきたのか。近代日本の食糧政策を論じた大豆生田稔[4]を踏まえて、ここでは以下の七つの時期区分を設定した。（1）1890年代〜日露戦争〜第一次世界大戦まで、（2）第一次世界大戦末〜1920年代、（3）1930年代〜第二次世界大戦開戦、（4）第二次世界大戦期、（5）戦後期、（6）高度経済成長期、（7）1970年〜である[5]。

(1) 1890年代〜日露戦争〜第一次世界大戦：外国依存の始まり

大豆生田によると日本の食糧問題の発生は1890年代とされる。すなわち、1880年代まで消費を上回って米穀生産は急速に拡大し、過剰分は輸出に回されたが、1890年代に入り米穀消費の拡大に国内生産が追いつかなくなるとともに国内米価が上昇したのである。これに対応するためにアジア各地からの米穀輸入が増加していく。米作は外貨獲得のみならず、国内需給をも賄えなくなり、不足分の輸入は国際収支を悪化させたのである。これに対応しようとして食糧政策が姿を現したとされる。すなわち植民地米と外米による供給である。これら第一次大戦前に遡る安価な外米の輸入は炭鉱労働者と貧農の食生活を支えたといわれる[6]。明治の近代工業の萌芽を支えた労働者への食糧供給はその一端を海外に依存していたわけであり、この依存は第一次大戦まで続く。

(2) 第一次世界大戦末〜1920年代：帝国の領域内での自給を目指して

以上の供給体制は第一次大戦末からの外米の供給途絶によって転換を迎えることとなる。外米依存による食料供給の不安定性をうけ、食糧政策は植民地を含めた帝国内での自給を志向することとなった。1910〜20年代にかけて朝鮮から、1920〜30年代前半にかけては台湾からの移入が大幅に増加する。米騒動を受け、米の増産が大きな課題となるわけであるが、内地と植民地双方の競合ももたらされた。そうした中、1925年に農商務省が分割されて農林省が成立し、安価な植民地米に対する内地農業の保護、国内米価維持政策が姿を表す。大豆生田によると、移入税の存在しない条件でのこの政策には限

界があり、大量の植民地米の流入により自給は達成されたものの、米価の低位安定は構造的なものとなってしまう。続く1930年の大豊作は、供給過剰と米価の低位固定を進めた。これに応じて、恐慌対策とあいまって米価維持政策が本格化する。ここで大豆生田は当時の食糧政策は米価維持に重点を置き、「生産過剰」認識が支配する中で、増産と自給の体制を維持するという見通しを欠いたものだと指摘している[7]。

(3) 1930年代〜第二次世界大戦開戦：食糧需給の逼迫

日中戦争が始まる1930年代に入ると、北米やオーストラリアからの東アジア向け小麦輸出が縮小し、小麦粉価格が上昇する。これに対応して日本では小麦の増産が図られるが、縮小分をカバーすることはできず、大陸では米穀需要が高まるとともに、米価も上昇する。一方、日本では米穀統制法による価格統制のもとで、相対的に米価は抑制された。無論、食費の高騰を抑制し、低所得者層の食生活を支えたという側面も無視できないが、大豆生田はこれによって当時の東アジアの穀物の価格体系とその貿易は急速な変化を遂げると指摘する。すなわち、植民地米の対日供給の収縮と、植民地での米穀消費と輸出の拡大である。

このような状況の中1939年を迎える。1939年の旱魃に端を発し、朝鮮米の供給が急減し、1920年代以降の帝国の領域内での自給体制が瓦解する。米穀統制法のもとで最高価格による売却が限界に達し、米穀取引所が廃止される。大豆生田は戦時食糧問題を「食糧「自給」課題を達成したものの、それを維持するシステムを欠いた食糧政策が、元来はらんでいた限界に起因するものでもあった」としているように、米価維持に終始し、増産と自給体制をどのように維持するのかを欠いた政策はここに破綻する。

(4) 第二次世界大戦：「大東亜共栄圏」内自給とその崩壊

以上の状況に対応した「戦時食糧政策」は、国家管理色を強め、供出・配給システムを形成していくとともに、増産政策が本格化し、1942年には食糧

管理法が登場する。はからずも、1939年以降は外米への依存という第一次大戦以前の米穀供給の枠組みへと再転換する。太平洋戦争の開戦以降は戦線の拡大と東南アジア占領地の拡大により、いわゆる南方からの外米輸入は急増する。大豆生田はこの状況を「太平洋戦争の勃発と「大東亜共栄圏」の形成、すなわち「南方」の獲得は、日本のみならず両植民地・満州・中国に対しうる食糧供給源を圏内に取り込むことを意味し、圏内自給を完成して戦時期に出現した需給関係の逼迫は緩和された」とする一方、「「南方」獲得による食糧問題の解決は、まさに弥縫策にすぎなかった。戦局の進展に伴い、43年以降外米の輸送が困難となるにおよんで、(中略) 戦時食糧問題は、解決する術のない様相」と記している。連合国側の反攻とシーレーンの寸断により、「大東亜共栄圏」内自給は程なく崩壊する。

(5) 戦後：国内自給と食糧増産

敗戦により植民地を失った日本の食糧供給は戦中にもまして困難な状況となる。小さくなった国土の中での食糧増産は火急の課題となった。これに対する取り組みは当時の資源調査会の報告から伺うことができる。安藝皎一[8]は「私たちがこの4つの島で今後よりよい生活を続けてゆこうとするためには何を為し (中略) どうしたら資源を食いつぶすことなく、長く私たちの生活に役立たせることができるであろうか」という展望をしめし、太田更一[9]は輸入総額の3分の1を食糧がしめ、その7割が北米依存という状況を示しつつ、国内自給態勢の確立にむけて、耕地の拡大、灌漑、農地保全、生産技術、肥料の観点からの議論を展開する。また、1953年にまとめられた『明日の日本と資源』[10] でも同様に、食糧、繊維、工業原料、エネルギー、木材の各資源の需給状況が示され、それを踏まえて国土保全、開発の方法と将来像が描かれる。ここで注目されるのは、国内での食料増産に加え、海外からの安価な小麦への転換が指摘されていることである。同書は池田発言とほぼ同時代であり、国内での増産で補いきれない部分の海外依存が検討されている。時あたかも、1946年度からのガリオア資金による対日援助が1951年度で

終了し、ララ物資による援助は同様に1952年に終了する。自由貿易体制の中での食糧供給を具体化させねばならなかったのである。

（6） 高度経済成長：食糧の海外依存の拡大と工業発展

はたして、1950〜60年代に米の生産は大きく拡大し、1950年に10百万トン弱であった収穫量が60年には13百万トン水準に達する。それと同時に、小麦の輸入も急拡大する。小麦の国内生産量と輸入量は1940年代後半までは拮抗していたものの、50年代以降は輸入小麦が国内産を凌駕し、今日まで毎年5百万トンを超える量が輸入されている。大豆やトウモロコシも同様に1960〜70年代に輸入量を拡大し、大豆は5百万トン水準、トウモロコシは15百万トン水準で推移している。これら大量の穀物輸入の大部分を担ったのはアメリカ合衆国で、北米大陸の穀物が戦前までの植民地米を代替したとみなすこともできる。その結果、エンゲル係数は1950年の58％から60年には42％、70年には34％（総理府統計局「家計調査」）と大きく下降するとともに、50年には2000kcalに満たなかった一人当たり供給カロリーも60年には2300kcal、70年には2500kcal近い水準に達する。この時期、米の増産とともに拡大した穀物の海外依存の推移、その結果としての食糧需給状況の大幅な改善は経済の高度成長とも重なる。それは第一次世界大戦を挟んで日本が近代工業化を推し進める時期に、植民地米を含めた米の海外依存を拡大したことともよく重なる。

（7） 1970年〜：減反政策と食糧自給

1950年代の大幅な米生産の拡大はすでに示したが、1967年に米の自給率が100％を突破すると、1970年には減反政策が打ち出される。以降、人口は増加し続けるものの、米生産は一貫して下降する。1960年代後半のピーク時に14百万トンを超えた米の収穫量は90年に10百万トン水準にまで下がり、その後も減少を続けている。その結果、今日の米の国民一人・1年当たり消費仕向け量は70kgを下回り、これは終戦直後の1946年と同水準である。それに

もかかわらず今日の食糧供給が機能しているのは、大量の輸入穀物がそれを補い支えているからでもある。

　この過程で、減反に対する多くの議論が交わされてきたことはいうまでもないが、ここで指摘しておきたいことは、減反政策は食糧政策ではないということである。低所得者層にもより安定した米供給を実現するためには、エンゲル係数をさらに下げる必要があり、さらなる増産と米価を下げることが求められるはずである。しかし、実際は米価水準を維持するために供給量の調整が試みられた。それは同時に、国民に対する安価な食料供給の実現を米以外の食料に依存するということでもある。事実、同時期に穀物輸入は大きく拡大した。冒頭の命題に立ち返るならば、米の生産調整をすることで国内農家経営を支えるとともに、米以外の膨大な穀物を海外依存とすることにより労働者・消費者への安価な食料供給を実現したのである。それは状況こそ違え、戦前の食糧供給の枠組みとも共通する。また、池田の答弁の趣旨が実現したともいえる。

　このように見てくると、日本の穀物需給は自給と域外依存の間を（やや乱暴に）揺れ動いてきたといえる。すなわち明治前半までの自給（米輸出による外貨獲得）、明治後半以降には近代化の進展に伴う米需要の拡大、それを支えるための植民地米と外米への依存、第一次大戦と米騒動を経て帝国の領域内での米自給、1939年以降の東南アジア米への依存と崩壊、敗戦による植民地の喪失と国内での食糧増産、高度経済成長と軌を一にした穀物輸入の増大であり、以来今日に至るまで穀物の海外依存が続いている。その結果、米の自給と価格を維持する一方、食糧供給・カロリー供給は米以外の穀物類への依存を拡大したともいえる。一連の経緯から、食糧供給の海外依存は経済成長とともに進展し、戦争によって破綻したということもできる。明治期の工業化は外米によって支えられ、その供給は第一次大戦によって破綻する。それを踏まえて目指された帝国の域内自給体制（アウタルキー）は第二次大戦によって破綻する。それを踏まえて構想された国内自給は、明確な形を表す前に海外依存が拡大し、北米からの輸入穀物が高度経済成長をささえた。

以来、日本の食糧供給はその大部分を海外に依存し続けている。また、日本の工業化の背景には食糧の海外依存の拡大があったということもできる。近代工業黎明期の米輸入の始まり、第一次大戦後の重工業化の進展と植民地からの米輸入の拡大、戦後の高度経済成長とアメリカからの小麦輸入の拡大である。これらは、食品価格の低位安定を支え、鉱工業労働者への食糧供給を支えた。

2　経済地理学のとりくみ

それでは、それぞれの時期の食料供給に対して、経済地理学はどのような貢献を目指してきたのだろうか。日本の近代地理学の黎明期である1920年代以降を、戦前・戦中、戦後、高度経済成長期以降の三つの時期区分から検討する[11]。

(1)　戦前・戦中

戦前の早い時期から食糧問題や食糧政策を論じる経済地理学のアプローチは存在する。内地の米供給を担う台湾の食糧需給を論じた石田龍次郎[12]をはじめ、1920〜30年代を通じて多くの研究成果が得られている。また、当時の経済地理学における枠組みとして資源論、環境論、地域論のアプローチが上げられているように[13]、この時代の食糧研究の特徴として、以下を指摘できる。第1は食糧資源をどのようにして獲得するのかという議論（資源論）であり、国内の生産動向のみならず、海外農業の状況や植民地の農林水産業経営などの研究も多数に上る。例えば、伊藤兆司は世界の食糧生産地帯についての500ページ近い大冊を著すとともに、植民地の農業についても世界的なスケールで検討を行っている[14]。このように海外研究の多さを第2の特徴としてあげることもできる。領有する植民地のみならず、中国大陸や東南アジアに対する高い関心だけでなく、欧米の食糧事情や欧米の植民地の農業経営などについての研究も相当数に上る。当時の植民地支配を前提とした議論

という限界はあるものの、切迫する食糧事情のなかで、どのようにして食糧を確保するのか、どのような植民地経営が必要なのか、海外ではどのような取り組みがなされているのかなどについての高い関心を見て取ることができる。

　最後に第3の特徴として自然環境に関わる議論（環境論）の重視がある。当時の環境論と今日のそれは同列に取られられないが、例えば当時の経済地理学の文献を網羅した『経済地理学文献総覧』[15]では、大項目「経済地理」は「一般」「経済の自然条件」「経済と人文現象」から構成される。そのうち地形や土地、気象、水利、動植物など今日の自然地理学の内容と重複する「経済の自然条件」は当該大項目合計84ページのうち32ページを占めている。同様に450ページに上る大冊である『経済地理学原論』[16]は「生産論」「加工論」「交易論」「経済と文化」の4編から構成されるが、ここでも土壌や地形、気候、動植物などの条件に言及した「生産論」でページ数の半分を占める。

（2）　戦後

　戦後間もない時期は、戦中から続く食糧難とその中でいかにして国民への安定した食糧供給を実現するかが社会全体を通じての大きな課題であった。当然食糧問題に対する関心も高く、当時の限られた出版事情の中でも、食糧に対する言及は少なくない[17]。また、それに対するアプローチとしての食糧増産を念頭に、農業開発、農地の開拓などをテーマとした研究が注目される。これは前記の資源調査会の報告書とも重なるといえる。その一方、戦前・戦中に盛んであった海外研究は減少する。実際、この時期に刊行された関連書[18]はいずれも国内産地の事例で構成されている。海外で実証的な研究を展開するには困難な状況にあったことや植民地を失い海外への食糧依存が望めない当時の状況で、国内の農業研究に焦点が向けられたのは当然ともいえる。しかし、戦後間もない時期の食料問題についての言及、それ以後の食糧生産基盤としての国内農業への着目の一方で、食糧供給そのものに対す

(3) 高度経済成長期以降

この時期の経済地理学からは、食糧資源をどこから獲得し、どのように流通・供給させるかという食糧研究は姿を消し、産業別の枠組みである農業地理学が主流となる。例えば、この時期の展望論文では、米供給に着目した樋口節夫[19]を最後にして、その後は農業地域の把握を前提とする農業地理学がキーワードとなり、戦前・戦中に行われた食糧に関わる研究には全く触れられない[20]。また、経済地理学会が定期的に刊行してきた『経済地理学の成果と課題』各巻においても、産地形成や日本の農業地域区分、すなわちそれぞれの時代における農業の変化をどう描くのかが主要な観点となっている。工業化や都市化、兼業化、国際化などが農業・農村に与えた影響を把握しようとする個別地域の実証研究が主流となった。これらは食糧生産・加工の地域的な特色に重点を置くものであり、産地の動向や成立の背景などの研究が含まれる。また、対象地域を幾つかの類型に区分しそれぞれの地域的特徴を検討するタイプの研究もこれに含まれる。いわば地域論的な枠組みであり、その後長い間この枠組みが経済地理学における潮流となる。農業に焦点が当てられる一方、食糧という観点は失われた。同時に、この時期に大きく拡大していく輸入穀物についての言及も無くなってしまう[21]。

おわりに

くだんの池田勇人の国会答弁があった1950年の日本の人口は84百万人であり、2010年のそれは128百万人である。これに対して、1950年に10百万トン弱であった米の収穫量はその後増加し、1960年代には最大14百万トン水準に達するが、減反政策以降減少を続け、1998年以降は10百万トンを割り込み、2010年代は8百万トン水準にある。すなわち、人口は1.5倍に増加したものの、今日の米の収穫量は、貧乏人は麦を食えといわれた当時の水準にある。

はたして、今日を生きる私たちは食料の不足を感じているだろうか。さらにいえば、今日の一人当たり米の消費仕向け量は70kg以下であり、それは食糧難にあえいだ戦後間もない時期と同じ水準である。私たちは往時ほどに米を食べていないのである。それにもかかわらず、飽食ともいわれる豊かな食生活を実現しているのは、米の消費の減少を補って余りある食料を、小麦やトウモロコシ、あるいは大豆から手に入れているからでもある。

　私たちが貧乏人かどうかは別にして、国民一人当たりの消費仕向け量では小麦や大豆、むしろトウモロコシが米を上回る。その意味では今日私たちは皆、米ではなく麦を食っているともいえる。高価な国内産穀物と安価な海外産穀物を使い分けることによって、国内の食糧需給をまかないつつ経済発展を遂げるという池田の思惑はその意味で成功したといえるのかもしれない。しかし、私たちはそのことに対してどれほど自覚的であるのだろうか。食料自給率の低さは知っていても、どこからどれだけの食糧供給を受けているのかについてどれだけの情報を共有しえているのか。農産物自由化や輸入農産物についての議論はあっても、それでは食糧をどのようにして供給しようとするのかという議論は欠落している。

　昨今の競争力のある農業、いわゆる「攻めの農業」[22]が取りざたされ、農産物輸出が政策的に進められている。しかしながら、高品質・高付加価値の農産物を生産する農業と食料自給を実現する農業は別物である。前者が消費者への安価で安定した食糧供給を担うことはできない。そこには国内の食糧供給をどのようにするのかという議論は存在しない。日本の食文化、日本食を背景にした高品質の農産物輸出戦略の意義を否定するものではないが、農業振興と食糧自給は同じではないということを明確に理解しなければならない。近代以降の日本の食糧政策を振り返った時、その破綻の背景には安価な外米への依存が国際情勢の変化に対応できなかったことがある（米騒動）。また、米価を特別視するあまり正確な状況把握ができなかったことがある（米穀統制法）。しかしながらこれらの食糧政策を一概に否定することはできない。各々の時代において冒頭に示した相反する命題を解決しようとする取

り組みであったからである。はたして今日の議論に目を向けた際に、かつて明確に存在したどのようにして食糧供給を実現するのかという議論、あるいは食糧資源論は十分に活かされているといえるのか。それを欠いた農業振興論の限界は明らかである。「グローカル」といわれる今日の状況は過去のいずれの時代とも異なる。しかし、すでに見たように食糧供給は古い時代から「グローカル」に展開していたのである。それを踏まえて、今日の状況の中で求められる食糧政策のあり方に対する議論をリードすることが経済地理学に求められている。

注

1) 国会会議録検索システム (http://kokkai.ndl.go.jp) を用いて閲覧可能。当該会議録は http://kokkai.ndl.go.jp/SENTAKU/sangiin/009/0514/00912070514009a.html (2016年8月26日アクセス)。
2) 本研究では、米や小麦などの主食となる穀物を主要な研究対象としているため食料ではなく、食糧、食糧政策という言葉を使用した。また、農業者向け、農業生産に関わる政策を農業政策とし、国民に対する食糧供給に関わる政策を食糧政策として区別して把握した。ただし、両者が明確に分離されるものでもない。
3) フードレジーム論によれば、アメリカ合衆国のインダストリアルアグリカルチャーによる食料価格の低位抑制政策が第2次フードレジームを支えたとされる。フードレジーム論については、ハリエット・フリードマン著、渡辺雅男・記田路子訳『フード・レジーム 食料の政治経済学』こぶし書房、2006年。
4) 大豆生田稔『近代日本の食糧政策―対外依存米穀供給構造の変容―』ミネルヴァ書房、1993年。大豆生田稔「戦時食糧問題の発生―東アジア主要食糧農産物流通の変貌―」大江志乃夫・浅日喬二・三谷太一郎・後藤乾一・小林英夫・高崎宗司・若林正丈・川村湊編『岩波講座 近代日本と植民地 5 膨張する帝国の人流』岩波書店、2005年、177〜195ページ。
5) 期間を通じた食糧需給動向については以下を参照。荒木一視「食料の安定供給と地理学―その海外依存の学史的検討―」『E-journal GEO』第9巻第2号、2015年3月、239〜267ページ。
6) 持田恵三「米穀市場の近代化―大正期を中心として―」『農業総合研究』農林水産省農業総合研究所、第23巻第1号、1968年12月、1〜56ページ。
7) 減反政策と高度経済成長という戦後の状況と比較して興味深い。当時の植民地米輸入の一方で、それに並行して職工数が増加していく。朝鮮からの移入拡大期では、1914年の職工総数1.1百万人が19年に1.8百万人に、台湾からの移入拡大期では1934年の2.2百万人から39年の3.8百万人に増加する(各年度工場統計表)。国内米価を支えつつ、工業労働者に安価な食糧供給を確保することは、戦前から存在した命題である。
8) 安藝皎一『日本の資源問題』古今書院、1952年。また、佐藤仁は国内での自給・食料

増産をせざるを得なかった当時の状況を、「持たざる国の資源論」として着目している。佐藤仁『「持たざる国」の資源論　持続可能な国土をめぐるもう一つの知』東京大学出版会、2011年。
9) 太田更一『日本の食糧及び土地資源問題』古今書院、1952年。
10) 総理府資源調査会事務局編『明日の日本と資源』ダイヤモンド社、1953年。
11) 以下、各時期の研究動向の大枠を示す。個別の研究については前掲注5)、および荒木一視「1940年代の地理学における食料研究—いかにして食料資源を確保するのか—」『地理科学』第70巻第4号、2015年10月、19〜39ページを参照。
12) 石田龍次郎「台湾産米に就いて—その経済地理学的変動の記述と説明—」『地理学評論』第4巻第1号、1928年、1〜14ページ。
13) 石田龍次郎『資源経済地理　食糧部門』中興館、1941年。
14) 伊藤兆司『農業地理学』古今書院、1933年。伊藤兆司『植民地農業—経済地理的研究—』叢文閣、1937年。また、類似の研究として佐々木喬監修・教育農芸聯盟編『東亜の農業資源』地人書館、1942年や冨田芳郎『植民地理』叢文閣、1937年などがある。
15) 黒正巌・菊田太郎『経済地理学文献総覧』叢文閣、1937年。
16) 冨田芳郎『経済地理学原論』古今書院、1929年。
17) 例えば、浅香幸雄『食物の地理』愛育社、1946年。辻村太郎「食生活と地理」『國民地理』第1巻第5号、1946年6月、4〜8ページ。西水孜郎「我が国の食糧需給問題」『國民地理』第1巻第9号、1946年11月、3〜4ページ。
18) 西水孜郎『日本の農業　その経済地理学的研究』古今書院、1949年や岡本兼佳『農業地理学』名玄書房、1963年などがある。
19) 樋口節夫「米についての地理学の関心とその記録—朝鮮産米研究の現代的意義におよぶ—」『人文地理』第19巻第1号、1967年4月、54〜74ページ。
20) 例えば次のような展望論文が挙げられる。藤本利治「農業地理学研究の目的と史的展望」『人文地理』第13巻第6号、1962年1月、561〜572ページ。上野福男「農業地理学研究とその推進」『地理学評論』第44巻第4号、1971年4月、231〜233ページ。尾留川正平「農業地理学体系樹立の系譜」『地理学評論』第46巻第12号、19731年12月、769〜777ページ。
21) いくつかの食糧に注目した経済地理学研究も存在したが、大きな潮流となることはなかった。例えば、中藤康俊『現代日本の食糧問題』汐文社、1983年。
22) 「攻めの農業」については農林水産省のサイトを参照。例えば、「攻めの農業実践緊急対策事業実施要綱の制定について」(http://www.maff.go.jp/j/seisan/suisin/tuyoi_nougyou/t_tuti/h25/pdf/02.pdf、2016年8月26日アクセス)、「「攻めの農林水産業」の実現に向けた新たな政策の概要（第2版）」(http://www.maff.go.jp/j/pamph/pdf/semep2_kaitei2.pdf、2016年8月26日アクセス)。

第2章
農業振興計画と棚田保全

鈴木康夫

はじめに

　本章では、山間農業地域が具備する条件不利性を克服する政策的課題について、熊本県球磨村を例に検討を試みる。球磨村の耕地率は約4％、林野率は約88％であり、山間農業地域の要件である「耕地率10％未満、林野率80％以上」を軽くクリアしている。

　球磨村では、地形的に平地に乏しい条件ゆえ、自給用の米や野菜を確保するために、先人たちは侵食谷や山の斜面に石垣を築き、棚田や段々畑を拓いてきた。水田はほとんどが棚田であり、一農家平均で約40a（アール）を所有するが、零細な区画、急な傾斜、枚数の多さ、水管理の不便さなど、顕著な営農上の条件不利性がみとめられる。昨今、球磨村では、条件不利性に起因する棚田の耕作放棄が顕在化している。本章では、2009年に実施された球磨村の農業振興計画の見直し[1]・策定後に取り組まれた山村振興策を報告するとともに、地域づくりの課題・方向性について考察する。

1　山間農業地域の条件不利性と農業振興

　農業振興地域の指定および農業振興地域整備計画の策定は、1969年に施行された「農業振興地域の整備に関する法律」にもとづいて実施されている。農地の確保および有効利用を図る施策として「農業振興地域制度」は位置づ

けられる。農業振興地域は農用地区域と白地区域（農用地区域以外の区域）に2区分される。中山間地域等直接支払制度[2]で保全と交付金の対象になるのは農業振興地域内の農用地区域だけである。

農用地区域では、優良農地や土地基盤整備事業の実施農地などを対象として、将来を見据えて保全の対象となる面的まとまりのある農地が指定される。しかし、後述するように、耕作放棄地が白地区域内や、農業振興地域に指定されていない地域で多く発生している現状がある。昨今では、農業振興地域においても維持が困難であることから、農用地の指定を解除する例が目立ってきている。

球磨村を含めた多くの山間地域では、農地の保全と地域づくりを車の両輪としながら、集落の維持を図っていく政策的取り組みを講じる必要性が増している。図3-2-1にみるように、球磨村には広いエリアに分散するように、79もの集落（行政区は21）が存在している。農林業の振興にとどまらず、生活、交通、福祉などさまざまな側面での条件不利性が確認できる。過疎化と少子高齢化が深刻な球磨村では、「定住」と「再生産」をキーワードにした地域再生策がこれまで模索されてきたが、なかなか功を奏していないのが現状である。

なお、球磨村の山間農業地域としての条件不利性は、以下の5点に凝縮される[3]。一つは、一戸当たりの平均農地面積が約85aという零細性である。二つは、水田の平均経営面積が約40aで、零細な区画で農道が整備されていない棚田であり、顕著なまでに土地・労働両生産性に劣っていることである。三つは、規模別農家数のうち50a以下層が販売農家数の約40％を占めている点である。四つは、販売農家の約50％が65歳以上の高齢者階層であり、「高齢者が支えている農業・山村」にあたることである[4][5]。五つは、シカ、イノシシ、サル、カラスなどの鳥獣被害（図3-2-2）に苦しめられている点である。

図3-2-1 球磨村の集落・行政区域図

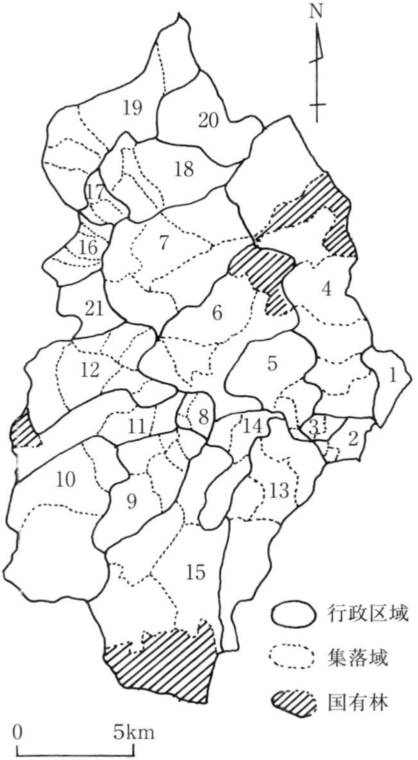

（注）番号は行政区番号を示す。
（出所）球磨村産業振興課の資料より筆者作成。鈴木康夫『中山間地域の再編成』成文堂、2014年より転載。

2　農業振興計画と農地保全

　2009年3月末の調査時における球磨村全体の耕作放棄地は89.4haであった（表3-2-1）。このうち、図3-2-3に示す農業振興地域の農用地区域内の耕作放棄地は58.9haであり、農用地全体の65.9％をも占めていた。農振「農用地」の維持・保全にすら赤信号がともっている現状が浮かびあがっている。この背景には、平地農業地域や中間農業地域にみるような優良農地や

図3-2-2 球磨村における鳥獣被害の状況（2009年度）

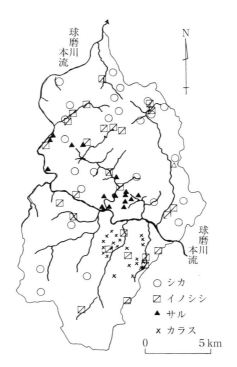

（注）1．鳥獣被害の発生地点を示す。
　　　2．鳥獣被害は農業・林業共済申請による。
（出所）図3-2-1に同じ。

土地基盤整備がなされた農地が、球磨村では農用地として指定されているわけではなく、条件不利性の大きい棚田密集地域が指定されているにすぎないという実情がある[6)7)8)]。

　図3-2-3の1994年と2004年を比較してみると、農業振興地域の指定場所と範囲において変わりはないが、黒く塗りつぶされている農用地区域はかなり減少していることがわかる。この10年間の見直しで、もはや農用地としての保全が困難であるとして、地域住民自らが指定からはずしている例すらある。ほとんどが傾斜20分の1以上の棚田卓越地域である。この結果、農業振

興地域でありながら、すべてが白地地域で、農用地が皆無となり、直接支払制度の支援対象からはずれるという皮肉な状況に陥っている。

現在の中山間地域等直接支払制度では、傾斜がより緩やかな中間農業地域で協定数が多く実績をあげている。球磨村のような条件不利性が大きい山間農業地域では、本来棚田がもつ多面的機能が水源涵養・災害防止等で大きな効果を発揮しているにもかかわらず、制度に参加するための基礎的条件をクリアすることさえ困難になっている。表3-2-2に示す協定集落においても、すべてが急傾斜の棚田であり、決して優良農地が農用地に指定されているわけではない。このことを国や県に認識してもらい、直接支払制度が山間地域で効果を発揮するよう制度の運用や制度設計そのものを再考してもらうよう働きかけていく必要があろう。

表3-2-3には、農業振興地域の農用地区域の種目別・地区別内訳を示している。直接支払制度の集落協定は傾斜100分の1以上の農用地が対象であるので、表中の渡Aと大瀬Eの2地区については、平坦地と緩傾斜地が卓越する。譲葉F地区は県営牧場である。それ以外の農用地を有する地区については、集落協定にエントリーする資格を有するにもかかわらず、先の表3-2-2にある4集落しか協定を締結していないのが現状である。加えて、

表3-2-1 球磨村の耕作放棄地の実態
(2009年2月25日現在)

大字地域	農業振興地域		合計 (ha)
	農用地区域 (ha)	白地区域 (ha)	
渡	6.5	6.2	12.7
一勝地	24.0	19.3	43.3
三ヶ浦	24.5	2.7	27.2
神瀬	1.3	2.1	3.4
大瀬	2.6	0.2	2.8
合計	58.9	30.5	89.4

(注) 農業振興地域指定地のみを対象にしている。
(出所) 球磨村産業振興課および農業委員会の調査結果より筆者作成。

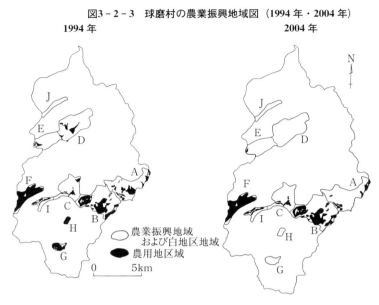

図3-2-3　球磨村の農業振興地域図（1994年・2004年）

（注）A～Fは表3-2-3の地区名を示す。
（出所）図3-2-1に同じ。

棚田地域での区画整理や農道敷設には多額の工事費がかかるために、現在の直接支払制度の交付金だけでは対応が難しい。

2004年の球磨村農業振興整備計画の策定においては、認定農業者の認定基準として一経営体当たり600万円という年間農業所得目標が設定されていた。表3-2-4にある農家の認定に際しては、470万円まで下方修正されている。

専業農家や認定農業者は梨や栗などの果樹、タバコ葉、イチゴ・メロン・ブルーベリーなどの施設園芸を組み合わせた複合経営を確立して、地域農業の担い手となっている。一部の農家は、梨狩り・イチゴ狩りツアーを始めとした観光農業に積極的に取り組んでいる。しかしながら、認定農業者の総数は21人（2009年）、専業農家は61戸（2005年センサス）と少なく、農家総数

表3-2-2　中山間地域等直接支払制度の協定集落

集落名	協定参加者（人）	協定面積 水田（a）	協定面積 畑（a）	備　考
毎床	34	805.18	783.47	急傾斜地
鬼ノ口	18	309.49	0	急傾斜地、日本棚田百選
無田久保	6	408.24	99.47	急傾斜地
松谷	26	762.29	208.98	急傾斜地、日本棚田百選
合計	84	2285.2	1046.92	

（注）2009年度の実績を表している。
（出所）球磨村産業振興課の資料より筆者作成。

表3-2-3　農業振興地域の農用地区域の種目別・地区別内訳

（単位：ha）

区分 地区名	農地 現況	農地 将来	農地 増減	採草・放牧地 現況	採草・放牧地 将来	採草・放牧地 増減	樹園地 現況	樹園地 将来	樹園地 増減	農業用施設用地 現況	農業用施設用地 将来	農業用施設用地 増減	計 現況	計 将来	計 増減	山林原野等 現況
渡（A）	29	27	△2	0	0	—	5	4	△1	0.7	0.7	—	34.7	31.7	△3	0
三ケ浦（B）	74	67	△7	0	0	—	40	35	△5	1.4	1.4	—	115.4	103.4	△12	2.0
一勝地（C・G・H・I）	22	18	△4	0	0	—	15	12	△3	1.1	1.1	—	38.1	31.1	△7	0
大瀬（E）	2	2	—	0	0	—	0	0	—	0.1	0.1	—	2.1	2.1	—	0
譲葉（F）	0	1		276	276	—	0	0	—	0.7	0.7	—	276.7	276.7	—	0
計	127	115	△13	276	276	—	60	51	△9	4.0	4.0	—	467	445	△22	2.0

（注）数値は、2009年10月現在見直し途中の数値である。
（出所）表3-2-2に同じ。

291戸（2005年センサス）に占める割合は、それぞれ7.2％、30.0％となっている。

3　文化的景観としての棚田の保全
―― 村まるごと棚田博物館構想による地域づくり ――

　球磨村では、農振計画の見直しを契機として、「球磨ムラまるごと棚田博物館コーディネート事業」をスタートさせた。球磨村には、農林水産省の日

表3-2-4　球磨村認定農業者一覧（2009年4月1日現在）

農家番号	所在地区	経営類型	水田経営面積（a）	経営耕地に対する水田の割合（%）
1	渡	イチゴ＋野菜＋水稲	103	54.2
2	渡	タバコ＋水稲	180	36.3
3	渡	タバコ＋水稲＋野菜	240	61.5
4	渡	タバコ＋水稲	120	35.3
5	渡	タバコ＋水稲＋椎茸	30	13.6
6	一勝地	花き＋栗＋水稲	20	23.5
7	一勝地	イチゴ＋栗＋水稲	50	19.5
8	毎床	梨＋水稲	22	14.5
9	毎床	梨＋水稲	20	11.1
10	毎床	梨＋水稲	28	12.3
11	毎床	梨＋水稲	210	59.2
12	毎床	梨＋水稲	28	15.7
13	毎床	梨＋水稲	20	8.0
14	毎床	梨＋水稲	35	25.0
15	毎床	梨	0	0
16	毎床	梨＋水稲	35	30.7
17	無田久保	イチゴ＋栗＋水稲	50	27.6
18	無田久保	梨＋水稲＋栗	20	11.1
19	無田久保	梨＋水稲＋栗	40	28.6
20	無田久保	梨＋水稲＋栗	40	10.4
21	無田久保	梨	0	0

（出所）表3-2-2に同じ。

本棚田百選に、松谷棚田と鬼ノ口棚田の二つがすでに選定されている。それ以外にも文化・歴史資源として価値が高い棚田が村内各所に存在する。これら棚田群は、球磨村独自の農耕文化の象徴であり、後世に継承する取り組みが望まれている。

　松谷棚田と鬼ノ口棚田については、早急に保全のあり方を探る必要がある。地域づくりやそれに関係する交付金・補助金事業の導入・展開によって、「文化的景観」の保全と再生という観点において、棚田の維持と農業振興をともに図っていくことが望まれる。棚田博物館構想を実現するさまざまな取り組みとして、直接支払交付金、棚田オーナー制度、グリーンツーリズム拠点施設の整備、棚田資源調査、棚田ガイドブックの発刊等の各種戦略を

並行して村は進めている。

　球磨村の棚田を活用した地域づくりの成果として、2013年3月に棚田ガイドブック『球磨村の棚田22選』[9]が発刊された。筆者らによる1年間の調査活動がそれを可能にした。図3－2－4には展示棚田の分布図、表3－2－5には一覧表をそれぞれ載せている。

　棚田博物館構想の仕組みは、基本的に野外博物館とする。あまりお金をかけずに、手作りの案内板とガイドブックを充実させ、よそから来た人たちに個性豊かな村内の棚田を巡ってもらい、先人たちの営みが大地に歴史を刻んだ景観・山村の原風景を読み取ってもらう構想である。

　棚田には石垣もしくは土坡の法面がある。土で固めた土坡か石積みで、高度差のある上下の棚田を崩れにくくする。石垣の石は基本的に棚田の近辺から調達されるが、河末の円礫か山腹斜面の角礫のいずれかである。水田を造成するには平坦な土地にするために、山腹斜面の雑木を伐採し、斜面を数多くの段状に削る必要がある。それぞれの集落の先人たちは、人手や牛馬を使って石をひろってきては運び、こつこつと石垣を造りつづけてきた。石積みに際しては、テコの原理を利用して、材木のやぐらを組んで高い石垣を築いてきた。100年以上もの年月をかけて黙々と拓かれてきた棚田がほとんどである。米づくりのためには、灌漑用水の確保も必要であるが、谷奥にため池を築いたり、上流で川を堰き止め用水路を延々と引いてきた苦労もさらに加わる。このような観点から、棚田は土木遺産、農業遺産、文化的景観などさまざまな価値を有する。

　表3－2－5をみると、球磨川右岸と左岸では地質や地形が異なり、石垣の石や棚田の形態に地域差をもたらしていることがわかる。球磨川右岸地域では石灰岩や頁岩の石垣が、左岸地域では大きな火成岩（溶岩や凝灰岩など）が混じった土坡や石垣がそれぞれ卓越する。右岸地域では石灰岩の侵食谷の地形に、左岸地域では土石流起源の山腹斜面の地形に、それぞれ棚田が拓かれている。

　このように、村内各地に分散する集落の棚田にはそれぞれに個性がちがっ

262　第3部　問題地域の活性化と地域政策

図3-2-4　棚田22選の分布図

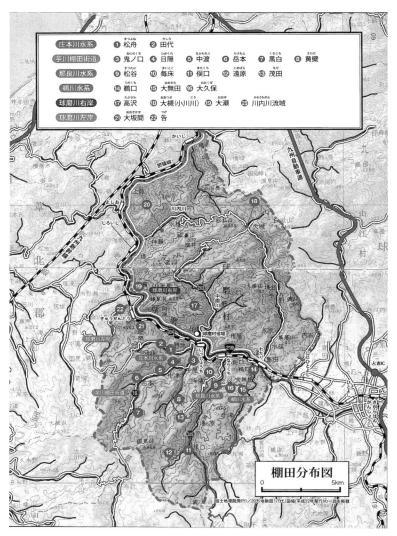

（出所）球磨村『球磨村の棚田22選—球磨村はムラまるごと棚田博物館—』2013年、60～61ページの「棚田分布図」より転載。筆者ら作成。

第2章　農業振興計画と棚田保全　263

表3-2-5　球磨村の棚田22選・棚田博物館の展示棚田一覧

	棚田の名称	集落の海抜高度(m)	面積(ha)	枚数	段数	標高差(m)	一枚当りの耕作地平均(a)	棚田の形状 石垣	棚田の形状 土坡	引水状況 堰	引水状況 溜池	引水状況 沢水	井手の延長(m)	石垣土坡の最大高度(m)	岩石・地質	地形的立地パターン
1	松舟	150	3.8	124	25	40	3.0	○	—	○	—	—	600	6.0	変質岩	河岸段丘と冲積錐地形
2	田代	250	2.0	63	23	40	3.2	○	—	○	—	—	500	3.1	変質岩（肥薩火山区・人吉層下層部）	河岸段丘と冲積錐地形
3	鬼ノ口	100	3.0	158	68	100	1.9	○	—	○	—	○	1,400	3.4	冲積層、砂岩（四万十帯）、変質岩	河岸段丘と山腹斜面（堆錐地形を含む）
4	日隠	140	3.2	73	14	25	4.4	○	—	○	—	—	800	3.1	変質岩	河岸段丘と山腹斜面
5	中渡	210	2.0	53	13	10	3.8	○	—	○	—	—	1,500	2.8	変質岩	河岸段丘と山腹斜面
6	岳本	260	5.0	206	20	40	2.4	○	—	○	—	—	800	2.8	変質岩	河岸段丘と山腹斜面
7	黒白	360	3.0	56	11	13	5.4	○	—	○	—	—	500	3.5	変質岩	河岸段丘と山腹斜面
8	黄葉	310	1.1	52	10	40	2.1	○	—	○	—	—	300	4.8	変質岩	谷底平野と土石流堆積地形
9	松谷	230	4.0	105	43	75	3.8	○	—	○	—	—	3,300	4.0	変質岩、輝石安山岩、土石流堆積物	冲積平野と山腹急斜面、高位河岸段丘（旧河道）
10	毎床	260	15.4	229	31	55	6.7	○	—	○	—	—	4,200	2.8	崖錐堆積物起源の変質岩、冲積層	高位河岸段丘（旧河道）と山腹急斜面
11	俣口	360	3.5	195	19	20	1.8	○	—	○	—	—	600	3.0	変質岩	谷底平野と堆錐地形
12	遠原	550	4.1	54	7	10	7.6	○	—	○	—	—	700	1.5	変質岩、輝石安山岩、土石流堆積物	尾根すぢ鞍部斜面と小盆地形
13	茂西	530	2.9	39	7	40	7.4	○	—	○	—	—	なし	2.0	輝石安山岩、土石流堆積物	尾根すぢ鞍部斜面と山腹斜面
14	楢也	110	4.7	113	15	15	4.2	○	—	○	—	—	1,500	7.2	冲積層、変質岩、砂岩	冲積平野（旧河道）、山腹斜面
15	大無田	210	27.7	115	32	30	4.0	○	—	○	—	—	4,700	1.7	輝石安山岩、土石流堆積物	山腹斜面中の侵食谷、土石流堆積物
16	大久保	360	5.0	53	20	45	9.4	○	—	○	—	—	1,000	3.9	輝石安山岩、土石流堆積物	山腹鞍部、土石流堆積地形
17	高沢	380	6.3	213	6	40	3.0	○	—	○	—	—	600	6.0	石灰岩、チャート、泥質岩	谷底平野と山腹斜面、溶食地形の侵食谷
18	大槻	520	1.0	15	6	10	4.0	○	—	○	—	—	200	3.9	石灰岩、チャート、土石流堆積物	源流域の山間小盆地、溶食用の侵食谷
19	大瀬	110	5.3	102	12	20	5.2	○	—	○	—	—	1,500	3.0	石灰岩、チャート、泥質岩	河岸段丘
20	川内川流域	140	7.0	165	6	10	4.2	○	—	○	—	—	400	4.0	チャート、砂岩、泥質岩	河岸段丘と冲積錐地形、崖錐地形
21	大坂間	90	1.8	31	23	36	3.0	○	—	○	—	—	100	4.5	砂岩	急峻な侵食谷と土石流堆積地形
22	告	120	4.0	81	15	40	4.9	○	—	○	—	—	300	4.0	砂岩	谷底平野と土石流堆積地形

（注）面積、枚数、段数、平均面積等の数値は、モデルとして調査した場所での数値である。
（出所）球磨村産業振興課の資料により筆者作成。

ている。米づくりにかける山の民の執念が、長い年月と世代間の継承をつうじて、黙々と棚田を拓いてきた歴史がある。それゆえ、球磨村の原風景・文化的景観として、棚田が野外博物館の展示品に値する高い文化財的価値を有することになる。

　文化財的な価値はあっても、米をつくりながら維持するのに、平地の３倍以上の労力と手間をかけなくてはならない。時代が変わり、米の生産調整が始まり、山村の過疎化・高齢化や、機械が使えず過酷な農作業を強いられる生産性の低い棚田は、優れた文化的価値を有するにもかかわらず、スギ林に変わったり、耕作放棄されたりして荒廃が進んでいる。

　棚田博物館構想では、以上のような自然環境の克服と人の営みを棚田誕生秘話として、維持・保全する現在の営農活動は自然環境との共生関係秘話として、文化的景観としての優れたストーリー性を有する。ガイドブックでは、22世紀に残したい村内各地の22の棚田それぞれの成り立ちが紹介されている。

　グリーンツーリズムの拠点施設である球磨村松谷地区にある「田舎の体験交流館さんがうら」[10] では、農林水産省の交付金事業の採択を受け、「小さな旅サイト」と農林産物の「通販サイト」を立ち上げ、地域の人たちの暮らしと生業を支援している。また、地域資源を写真・記事・マップで紹介するパンフレットや優れた景観を紹介するリーフレットを作成している。山村空間の有用な地域資源を宝として発掘し・磨き上げ、観光にうまく利用しながら山村空間の商品化を進めている。

おわりに

　球磨村の棚田を活用した地域づくりの例として、「球磨ムラまるごと棚田博物館」構想を紹介した。棚田という球磨村の優れた地域資源を上手に活用することを前提にしている。球泉洞と球磨川下りは日本中に知れ渡った超Ａ級の観光資源である。そこに棚田を加え、グリーンツーリズム戦略で特

定少数の球磨村ファンをつくる。これまでの通過型観光のムラから、滞在型ツーリズムのムラに変身させる。特定少数の球磨村ファンはムラと都市との親善大使になってくれるから、彼らと強固なスクラムを組めば、ムラで生産される農産物の大半は個別ルートでさばける可能性がある。

　球磨村における今後の地域づくりの取り組みは、単に山間地農業の振興策を考えるだけでなく、村全体の総合計画や各種振興計画と連携させて、79集落、21行政区を整備・再編成していく視点が欠かせない。そのためには農業政策、林業政策、観光政策、交通政策、医療・福祉政策、上下水道政策などを総合的にとらえ、縦割り行政を横に連携させる必要がある。同時に、地域によって異なる課題を解決するために、全体計画を行政区計画・集落計画に反映させる取り組みも必要といえる。

　村民に対して、参加・協働型の地域づくりの重要性を訴え、取り組みへの参加を促し、住民の知恵と工夫によって地域を元気づける仕組みや仕掛けを、できるところから構築していく必要がある。山間地集落がかかえる条件不利性を克服する形で、山村暮らしの生活の質を高める戦略や施策が期待される。村民や行政担当者が、現実の球磨村の姿をどのように認識するか（事実の認知）、それをどう捉えるか（事実に対する解釈）、克服・再生のプランニングやシナリオ（解決方法の模索）を踏まえた上で、今後の地域づくりのビジョンや方向性を共有することが、球磨村の地域づくり戦略の生命線になろう。

注
1）筆者は、球磨村農業振興アドバイザー会議の会長の役職につき、会議の運営と答申書の原案作成に携わった。
2）中山間地域等直接支払制度は2000年度から開始されている。中間・山間地域など傾斜のある農地を保全することが目的である。農業振興地域内の農用地区域として指定されている農地を対象として、集落協定を締結し5年間の保全を義務づけることなどが条件になっている。
3）鈴木康夫「山村の農業振興政策」鈴木康夫『中山間地域の再編成』成文堂、2014年、145～176ページ。
4）球磨村『第5次球磨村総合計画』2009年。

5）球磨村農業振興アドバイザー会議「答申書　球磨村の農業振興のあり方について」2009年。
6）球磨村『球磨村農業振興計画書』2009年。
7）球磨村『球磨村農業振興計画書』2004年。
8）球磨村『球磨村農業振興計画書』1994年
9）球磨村『球磨村の棚田22選―球磨村はムラまるごと棚田博物館―』2013年。
10）旧一勝地第二小学校が閉校した後、国土交通省の補助金と村費、それぞれ1000万円の拠出により2011年に誕生したグリーンツーリズムの拠点施設。2012年度熊本県地域振興課の絆の里づくり事業計画書にもとづき、2013年度農林水産省の「都市農村共生・対流総合対策交付金事業」の採択を受け、地域づくりに取り組んできた。

第3章
転換期の中山間地域問題と生活関連サービス

岡橋秀典

はじめに

　今日、日本の中山間地域は大きな転換期を迎えている。急速に進むグローバル化がこの地域に大きな影響を与えているが、TPP（環太平洋戦略的経済連携協定）が実施されればさらに大きな影響が生じることが予想される。さらに、増田寛也[1]の「地方消滅論」が指摘するように、人口減少が中山間地域だけでなく都市部も含めた地方全体に広がりつつあり、このことは、今後の日本社会全体のあり方にも再考を迫っている。大野晃[2]の限界集落論を合わせて考えると、このような変化は、場合によっては中山間地域の消滅という事態をもたらしかねない。まさに、長い歴史の中で形成されてきた日本の中山間地域の持続可能性が問われる時期に来ているといえよう。

　他方、知識経済化が進行する中で、中山間地域でも国の地方創生論に呼応して新たな経済成長を志向する動きもみられる。確かに、生産、加工、販売を一手に行う6次産業による地域経済複合化は、中山間地域振興の一つの方向として注目に価するが[3]、このような経済成長モデルが今後も可能かどうかは、前述の人口問題を考えると容易に判断できない。

　今後の中山間地域のあり方を展望するには、前に述べた衰退論でも成長論でもない、新たな次元からの検討が必要と考える。それは、これら地域が歴史的に形成された長期の時間軸をふまえながら、広井良典[4]が提起する定常型の社会を念頭に置いた中山間地域の持続的発展のあり方を検討すること

であり、経済基盤の創出、コミュニティ形成、土地資源管理がその要となる。

定常型の社会論が中山間地域にとって持つ意義については既に拙稿[5]で述べたが、重要な点のみ再確認しておきたい。経済基盤の創出については、定常型社会の特性に対応した産業が想定される。第1には、消費の脱物質化に対応して、情報化や「環境効率性」の追求に関わる産業が、第2には、「時間の消費」を通じて、余暇・レクリエーション、ケア、自己実現などに関わる産業が、第3には、「根源的な時間の発見」を通じてコミュニティと自然に関わる産業が、成立可能であろう。また後者のコミュニティ形成については、広井良典[6]は時間座標の優位のもとに各地域を一元的に捉える「時間化」の時代から各地域の地理的・風土的多様性の重要性が再認識される「空間化」の時代へと移行しつつあるとし、土地の特性による（地域）コミュニティの違いの認識や、ＮＰＯなどのミッション型コミュニティと自治会・町内会等を含む地域コミュニティの融合を提起する。そして福祉の問題を、その土地の特性（風土的特性や歴史性を含む）や、人と人との関係性の質、コミュニティのあり方、ハード面を含む空間のあり方と一体的に捉えなおすことを提唱する。最後の土地資源管理は、自然生態系に依拠して形成された地域の特性から、経済基盤の創出とコミュニティ形成の基礎に置かれるべきものであり、景観政策の重要性を示唆する。

本章では、以上のような問題意識の下、転換期に逢着している中山間地域問題と政策対応についてまず検討を行った上で、特に重要な意味をもつと思われる生活関連サービス問題、中でもフードデザート問題にしぼって、事例をふまえた考察を行いたい。生活関連サービスの分析は、主に東広島市の中山間地域である豊栄町を対象としたアンケート調査の結果を用いる。

1　中山間地域の構造変化と政策対応

（1）　戦後における中山間地域の変化

　第二次世界大戦後の中山間地域の変化を振り返ると、まず1960～70年代の過疎化が始まり深化した時期が重要である。その人口減少が急激であり挙家離村も中国地方などで多発したため、過疎化が村落の解体をまねくとする悲観的な見方が広がった。しかしながら、実際にはその裏で新たな事態が進行していった。日本経済が高度成長を遂げる中で、労働力不足により大都市から多くの分工場が農村に進出し[7]、また過疎法をはじめとする地域政策などにより公共工事が拡大した結果、製造業と建設業の雇用機会が増加した。このような、意図しなかった地域労働市場の拡大により、中山間地域では限定的ではあるにせよ地域住民の雇用が確保され、所得の増大が実現して、地域社会の一定の維持が可能となったのである。多くの中高年層の定住が可能となり、人口減少も鈍化して中山間地域は新たな存立基盤を得ていった。筆者は、そのプロセスを中心・周辺論にもとづいて「周辺地域」化と捉え、地域労働市場の拡大を評価しながらも、地域経済の外部依存性と非自律性を問題と指摘した[8]。このような地域経済は、外部依存と不安定な性格から周辺型経済と呼ぶことができる。おそらく、このような新たな存立構造がなければ、もっと急激に中山間地域の過疎化が進み、より早期に限界集落化が顕在化していたであろう。しかし、このような外部依存的な存立構造は一方で内発的な動きを抑えるようにも作用したに違いない。そのことが、その後の2000年代の平成大合併で、中山間地域の町村がなだれを打って市部との編入合併に走った大きな理由ではないだろうか。

　周辺地域型の存立構造は長く持続しなかった。1980年代の低経済成長期に入ると、それまでの外部依存型の開発に翳りがみられ、内発的な発展を重視する「むらおこし」が注目されるようになった。さらに1990年代以降になると、グローバル化が一層進行して、製造業の海外シフト、農産物輸入の拡大による産地の解体、農業政策の大規模農家や法人重視をもたらし、中山間地

域の産業に大きな影響を与えるようになる。製造業の撤退や廃業、農産物産地の衰退といった現象の裏には、高齢化による労働力問題も存在したであろう。それ以上に大きな影響を与えたと考えられるのが、政府の手で急速に進められた新自由主義的な構造改革である。市町村合併、地方交付税減額、公共投資の重点化・効率化、郵政民営化・農協改革は、いずれも中山間地域のそれまでの存立基盤を掘り崩すものであった。その結果として、合併による政治的自律性の喪失、財政面での小規模町村の不利化、公共工事の減少と建設業への打撃、生活サービスの後退などが現れ、周辺型の経済だけでなく、中山間地域の存続自体を危うくしていった。まさに、中山間地域の外部依存型の存立構造に大転換を迫るものであったが、定住人口の極度の高齢化は息つく暇もなく、これまでにない多くの問題を生み出すようになった。

　注目すべきは、こうした手詰まり状態の中で、新たな産業部門の成長がみられたことである。農業関連の新部門として農産物加工、農産物直売所、農家レストランが広がりをみせ、観光との融合化も進んだ。通常6次産業と称される一連の動きである。農業を1次産業にとどまらせるのではなく、2次産業（農畜産物の加工・食品製造）や3次産業（卸小売・情報サービス・観光等）とも関連させて、農業に付加価値をつける取り組みである。視点を変えれば、それは場所に根ざして生活文化を都市の消費者に対し提案していくサービス業であり、地域文化や自然環境も含めた総合性が求められた。創造農村論[9]も、その土地の自然と人間の持つ創造性によって、新たな文化、産業や雇用を生み出そうとする点で、同様の方向を目指しているといえよう。このような新たな方向は、従来の行政主導ではない、より内発的で自律的な対応を求めており、その成功の鍵を握っているのは、このような産業を担う主体のあり方やガバナンスであろう。そこには、これまでの外部依存的な性格を脱する動きが認められる。

(2)　中山間地域問題と政策対応のあり方

　このような構造変化を経て、今大きな転換期にある中山間地域には、いか

なる問題が存するのであろうか。筆者は、早くから問題領域を次の四つに分けて示してきた。すなわち、①中心地域からの遠隔性、②人口の希薄さと小規模社会、③経済的衰退と周辺地域化、④生態系空間の保全問題、である。それらの詳細は、紙数の関係で拙稿[10]に委ねるが、これらの問題と政策対応の関係は未だ十分深められていなかった。確かに、中山間地域に様々な問題があるとしても、政策対応面での優先順位は決して同じではない。

　この点で、(財) 静岡総合研究機構の「中山間地域問題への新たなアプローチ」[11]は重要な示唆を与える。ここでは、中山間地域が大きく変貌を遂げたこと、さらにこれまでの中山間地域施策に限界があったことを認識したうえで、今後の施策のあり方を議論している。中山間地域には限界集落だけではなく活力のある存続集落もあり、一括りにはできないこと、また、従来の都市との格差是正や産業振興という考え方では限界集落をはじめとする中山間地域対策に対応できなくなっていること、それゆえ、急増する高齢者にとっては、日常の生活関連サービスの不便が大きな課題となっているとし、そこから集落を単位とした、きめ細かなサービスを展開し、中山間地域内に生活関連サービスの集積を持った拠点集落を形成し、そこに重点的な投資をすることを提案する。この一連の指摘は、筆者の①と②の問題領域について、現状をふまえた政策提案となっている点で注目される。これに付加すべきとすれば、市町村合併との関係であろう。

　もう一点重要なのは、④の生態系空間の保全問題についての議論である。きびしい財政状況の下で、これまでのような中山間地域の多面的機能を根拠に集落維持・定住政策を正当化することの是非である。今や、公的支援による維持か、それとも都市への集約による撤退かといった、中山間地域対策をめぐる大きな課題に対し国民の意識に大きな落差が生まれて来ている。その中で、多面的機能の内、農山村に人が住むことによって維持・発揮されるものと、住まなくても人が手だけかければ発揮されるものとの峻別を提案する。これまでの農林業の衰退は自然生態系の保全を新たな課題として浮上させてきたが、そうであればこそ、ゾーニングによる土地資源管理政策が鍵と

なることを示唆する。

2　生活関連サービス問題——フードデザート問題を中心に

(1)　高齢者をめぐる生活関連サービス問題の浮上

　生活関連サービス問題が近年浮上したのは、前述の①と②の双方に関わる。①は、道路整備と自動車の普及にともない急速に改善されたが、一方で公共交通が弱体化したため自家用車が利用できない高齢者を中心に新たなアクセシビリティの問題が生じた。また、②に関しては、従来からの低人口密度に加えて、さらなる人口減少にともない需要密度が低下し、そのうえモータリゼーションにより購買需要が流出したため、最寄りの小売業が崩壊したためと考えられよう。

　このような生活関連サービス問題の典型がフードデザート（Food Deserts）問題である。岩間信之編著『フードデザート問題　無縁社会が生む「食の砂漠」』（農林統計協会、2011年）はこの問題を、①社会・経済環境の急速な変化の中で生じた「食料品供給体制の崩壊」と、②「社会的弱者の集住」という二つの要素が重なった時に発生する問題としている。供給サイドと需要サイドの両面から捉えるべきことは、食料品だけでなく、財・サービス供給に問題を抱える他の生活関連サービスにも適合するであろう。

　フードデザート問題は、既に買い物弱者対策として政策課題となり、政府による対策が実施されつつある。中山間地域に留まらない問題だけに、急速な広がりをみせた。中央政府では経済産業省、農林水産省、厚生労働省、国土交通省が取り組んでいるし、都道府県レベルでも独自の取り組みを行うところが多い。これらの政策における買い物弱者とは、「流通機能や交通網の弱体化とともに、食料品等の日常の買い物が困難な状況に置かれている人々」である。しかしながら、中山間地域については都市地域とは異なる配慮を要する。先述のように需要密度が低いうえに、住居も分散しているため、買い物弱者解消のための利益追求的なビジネスモデルの確立が難しい。

それゆえ、フードデザート問題の解消に当たっても、買い物だけに限定せず、交通、農業、地域社会などの諸問題と関連づけて捉える幅広い視点が必要である。また、同じく中山間地域であっても、地域によって地形や社会文化などの条件が大きく異なるため、地域的差異への配慮も当然ながら必要である。

(2) 東広島市豊栄町のフードデザート問題

東広島市の最北部の中山間地域である豊栄町を対象に、アンケート調査の結果をもとにフードデザート問題を検討する。アンケート調査の方法、その他の分析結果などの詳細については、拙稿[12]を参照されたい。

まず、アンケート回答者の属性をまとめておく。回答者の性別年齢階層別の分布をみると、全回答者100人中、男性61人、女性39人であった。また年齢階層別では、50歳代は8％で、残りの92％は60歳以上である。その内訳は、60歳代、70歳代、80歳以上がそれぞれほぼ同数で各30％前後を占める。

まず、日常の買い物行動について検討する。当地域では、米、野菜など食料品を自給することが多いが、それら以外の生鮮食料品等の購入は不可欠である。生鮮食料品などの購買環境についての評価をみると（図3-3-1）、「大変不便である」が17％、「少し不便である」が25％で、合わせて4割強が不便さを表明している。不便と答える人の割合は年齢階層によって差があり、加齢とともに顕著に増加する。男性の場合はそれが特に明瞭である。後述する自動車の運転の可否と関係するのであろう。逆に言えば、男性は70歳を超えるまでは比較的問題が少ないともいえる。家族構成との関係では、子供と同居の世帯で、「大変不便である」が12.5％、「少し不便である」が18.8％であり、不便と答える者が相対的に少なくなっている。

買い物における不便の具体的内容は、「お店までの距離が遠い」がもっとも多く、「歩いて買い物に行くのが大変」がそれに次ぐ。ただし、個人的事情により、不便の内容は多岐にわたる。女性の場合は、「重いものが持てないため、一度に少量しか購入できない」「買い物を手伝ってくれる人がいな

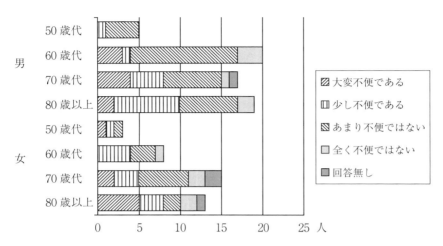

図3-3-1 生鮮食料品などの購買環境評価

(注) 1．設問は「生鮮食料品などの買い物について、ふだんどのように感じていますか」。
　　 2．2015年1月実施のアンケート調査結果による。
(出所) 岡橋秀典・陳林・中下翔太「中山間地域における高齢者の生活環境問題―東広島市豊栄町を事例として―」『広島大学大学院文学研究科論集』第75巻、2015年12月、67ページ。

い」「バスが不便」をあげる者が男性より明らかに多く、自動車の運転の可否と関わっていると思われる。

　高齢者の最寄り品の買い物では、地元の豊栄町への依存度が高く、しかも加齢とともに上昇する傾向がある。まず主な生鮮食料品の入手先（複数回答可）（表3-3-1）では、豊栄町内の商業施設へ依存する者が最も多く100人中81人が該当する。しかも年齢層があがるほど、その依存率も上昇する。第2位は、豊栄町を除く東広島市の商業施設で44人が該当する。ただし、この場合には、年齢層があがると依存率は下がってくる。加齢とともに豊栄町内への依存度が上昇している。自給栽培は40％強あり、農村地域の特徴を示しているが、加齢や家族構成など個別の事情により影響される。生協などの宅配サービスの利用は19％であった。生協ひろしまは原則として広島県内全域を対象とし、豊栄町も対象地区に入っている。またグループ購入だけでなく

表3-3-1 主な生鮮食料品の入手先（複数回答可）

単位：人

性別	年齢階層	豊栄町内の商業施設	豊栄町以外の東広島市の商業施設	三次市の商業施設	お住まいの地域に来る移動販売車	生協などの宅配サービス	親戚または近隣住民による買い物代行	自家栽培による自給
男	50歳代	5	3					3
	60歳代	17	11	1		2		7
	70歳代	15	7	2		7		8
	80歳以上	15	8	1		1		8
	小計	52	29	4		10		26
女	50歳代	2	3	1		1		2
	60歳代	7	6			4		3
	70歳代	8	3	1		2		9
	80歳以上	12	3			2		2
	小計	29	15	3		9		16
総計		81	44	7	0	19	0	42

（注）1．設問は「主な生鮮食料品の入手先はどこですか。（あてはまるものすべてに○）」。
2．2015年1月実施のアンケート調査結果による。
（出所）岡橋秀典・陳林・中下翔太「中山間地域における高齢者の生活環境問題―東広島市豊栄町を事例として―」『広島大学大学院文学研究科論集』第75巻、2015年12月、68ページ。

個別配達も行っている。このような宅配サービスは不便さ克服の有力な手段といえるが、本アンケートの回答者ではまだ補完的な地位に留まっている。なお、今回の回答者においては、移動販売車や買い物代行の利用は認められなかった。移動販売車の利用がないことは、この地域の買い物環境が相対的に良好であることを示している。

買い物をする頻度は、週2回が35％、その次が週1回で28％、週3、4回が21％となり、週2回と3、4回を併せた頻度の高い者が56％に達する。買い物頻度は、岩間（2011）では週1回が半数という結果であったが、これと比べてもやや高いといえよう。農山村地域でも、購買やアクセス環境の関係でかなりの地域差があることが予想される。年齢層が上がるにつれ、買い物頻度は低下するものの、60歳代の特に男性では、毎日と週3、4回が半数を占め、積極的に買い物に出かけている。このことから、高齢者にとっては、

買い物は商品の購入という直接目的だけでなく、コミュニケーションや気分転換などの副次的作用があると推測される。この結果からは、高齢者には週2回程度の買い物機会が保証されることが重要であるといえる。

　買い物の主な交通手段は、79名が自家用車と答えており、高い依存度を示している。男ではバイクの1人を除けばすべて年齢階層に関係なく自家用車であるのに対し、女性では自家用車が最も多いものの、徒歩、バイク、自転車、電動カートなど交通手段にばらつきが認められる。特に70歳代以上で交通手段が多様化する傾向がみられるのは、女性における免許取得率が低いためと考えられる。70歳未満の層では自家用車を自分で運転できる人が相対的に多くなり、その点で、今後買い物へのアクセスが改善される可能性がある。

　買い物の不便が広く認識されている中で、その改善を検討するには、利用したい買い物サービスの意向が重要な意味をもつ。今後利用したい買い物サービス（複数回答可）をみると、生活協同組合の配達が35名と最も多く、次いで24名の移動販売車が続く。いずれも、現在の利用よりは高い志向が示されており、それらの利用システムについて今後より詳細な検討が必要となる。

　以上から、この地域ではフードデザート問題に関して深刻な事態に至っていないといえる。それを支えているのは、第1には農産物自給の高さであり、第2には町内商店を中心とした買い物頻度の高さであり、第3には購買行動における自家用車利用の高さである。しかし、今後さらなる高齢化が進むと、交通問題、買い物問題ともに深刻さを増すと考えられるので、アクセス問題と買い物問題をリンクさせて捉える視点が重要となる。情報化の進展は、今後の生活環境問題の改善にとって一つの可能性を示している。男性の70歳未満層では利用度が高く、これからの情報機器利用に大いに期待がもてるが、女性は年齢階層と関係なく利用度が低く、今後の普及が大きな課題となる。いずれにせよ、情報機器や情報システムの利用を前提とした高齢者向け生活関連サービスシステムづくりが課題となろう。

(3) 豊栄町のアクセス環境と中心集落

　豊栄町は2005年2月に平成の大合併によって東広島市に編入合併し地方自治体としての豊栄町は消滅し、現在に至っている。その結果、東広島市（19万1千人、2015年）の中では、最北部の周辺部に位置する地域となった。

　東広島市の中心部・西条町までは国道375号線が結んでいる。福富ダム建設に伴い道路の付け替えや改良が進み、山間地の割には道路の整備レベルは高く運転が容易である。自家用車であれば30分程度で市中心部に到達するので、毎日の通勤も可能であり、週末には買い物に出かける人も多い。定期バスが運行しており約45分で市中心部に到達する。

　しかし、豊栄町内の公共交通は限られている。そのため東広島市は日常生活の移動手段を確保するため4路線でコミュニティバスを運行しているが、週2日のみであり、しかも1日2便から4便のみの運行である。公共交通の利便性は厳しい状況にある。

　東広島市では、本調査の対象地域である旧豊栄町と、旧福富町、旧河内町の中山間地域3町で人口減少が激しく、過疎地域に指定されている。豊栄町の人口は1955年には8846人を数えていたが、一貫して減少を続け、2010年には58％減の3675人にまで縮小した。同期間の減少率が河内町で29.7％、福富町で48％に留まったのと比べると、減少の度合いが特に高いことがわかる。高齢者率（65歳以上）も今や40％を超え、東広島市の旧町の中で最も高い。

　豊栄町中心部は、国道375線ぞいにあり、市の支所、地域センター、小中学校などの公共機関のほか、小売店舗、医療機関、飲食店が集まっており、一定の中心性を有する地域である。アクセス面でも、広島市の中心部、東広島市中心部の西条町などと本町を結ぶ芸陽バスのターミナルが立地する。

　食料品を購入できる店舗に注目すると、多様な食料品をまとめて購入できるのはスーパーマーケット1軒に限られる。この店舗は、東広島市に本部があり、県内に21店舗を展開するローカルスーパーによるもので、品揃えがよく、商圏は町外の福富町や三次市の一部にも及んでいる。高齢者の多い過疎地域の実情をふまえ、お買い物代行や夕食宅配も行っている点も特筆され

る。スーパーマーケットはこの1軒しかないため、消費者からは他に選択肢がないとの不満も聞かれるが、この店舗がこの地域の食料品供給に果たす役割はきわめて大きい。その他に、直売所でも野菜を扱っているが、品揃えは豊富ではなく、また開店も週末の二日だけである。コンビニエンスストアーが2軒あるが、生鮮食品の販売はほとんど行われていない。その他に、鮮魚店、パン屋、酒店などの専門店がある。

　このような中山間地域の中心地の場合、商店街はすでに多くの店舗が廃業しており、かつての面影はない。しかし、豊栄町の中心地は国道沿いにあり、通過交通による利用も見込めることから、コンビニエンスストアーやホームセンターの新規立地もみられる。小売市場をめぐる競争の中で、スーパーマーケット、コンビニエンスストアー、ホームセンターといったチェーン店が立地し、若干の専門店を合わせて商業機能がある程度維持される可能性がある。今後は、拠点となる中心集落の整備が大きな課題となる。近年国土交通省を中心に提起されている「小さな拠点」形成とも関わる事項であり、今後さらに検討を深めたい。

（4）　広域市町村合併と生活関連サービス

　アンケートでは、東広島市への編入合併後の変化に関しては様々な不満が表明されている。行政サービスの低下、支所の機能縮小、行政との意思疎通の難しさ、市の中山間地域対策の不十分さなどである。つきつめれば、この地域が西条の中心部に対して周辺的な地位に置かれていることへの不満が強いといえる。それゆえ、広域合併後の東広島市が周辺部の中山間地域に対して、どのように対策を充実させうるかが大きな課題となる。

　ここで配食サービスをとりあげてみよう。近年、公共、民間ともに増えてきているが、今回のアンケート調査では、全く利用していない者が84％を占め、依存度は高くないことが判明した。そもそも配食サービスの普及は、サービス供給の対象地域となっているかどうかとも関わる。全国的に事業展開しているワタミや地元の生協ひろしまは夕食の宅配サービスを東広島市で行

っているが、豊栄町は対象地域になっていない。他方、東広島市では65歳以上の一人暮らし、または高齢者のみの世帯に対して公的な配食サービスの取り組みがなされている。毎日の食事の調理が困難な65歳以上の一人暮らしまたは高齢者のみの世帯に該当する人が対象であるが、豊栄町での利用人数（1年に1回でも利用した人の数）は2013年12名、2014年9名に過ぎず、十分な役割を果たしているとはいえない。また、これ以外に東広島市によるフードデザート問題への対応には見るべきものがない。

　ここで比較のために、同じく広島県内の神石高原町（2004年11月に、広島県神石郡4町村（油木町、神石町、豊松村、三和町）により新設合併）についてみると、まず、同様のアンケートの自由回答において、合併に対する不満は一切なかった。これは、都市部への編入ではなく、同じ郡内の中山間地域町村の合併であることがその理由かもしれない。ただ、この町はフードデザート問題への取り組みで先駆的な取り組みをしていることで有名である。それが可能なのは中山間地域の課題が行政にとって最優先であるからであろう。

　平成大合併では、中山間地域が地方都市と合併したケースが少なくない。その結果、政治的に周辺化したものが多いが、合併後の新しい自治体がこれらの地域をどのように位置づけ政策対応をなしうるかが課題となる。

おわりに

　本章では、日本の中山間地域問題が転換期に来ており、政策面でも新たな展開が必要なことを指摘した。グローバル化による影響と、市町村合併に代表される新自由主義的な構造改革が中山間地域のこれまでの存立基盤を大きく掘り崩しつつある。そうした中で、今後の中山間地域のあり方は、地方消滅のような衰退論でも、地方創生に代表される成長論でもない、新たな次元から展望することが求められる。それは、これら地域が歴史的に形成された長期の時間軸をふまえ、定常型の社会を念頭に置いた中山間地域の持続的発

展の道を追求することであり、経済基盤の創出、コミュニティ形成、土地資源管理がその要となろう。

　ここではそのうち、コミュニティ形成に関わる問題として、生活関連サービスの問題をとりあげた。事例による検討では、現状は比較的良好であるが、今後さらに高齢化が進むと、交通問題、買い物問題ともに深刻さを増すことが懸念される。そのため、情報システムの利用を前提とした高齢者向け生活関連サービスシステムづくりや中心集落の維持・整備が課題となることを指摘した。重要なことは、こうした中山間地域の問題に合併後の新しい自治体がどのように対応できるかである。生活関連サービスの問題を縦割りで孤立させずに、経済基盤、土地資源管理などと連携させることが必要であり、それらを統合したコミュニティ形成が鍵となると思われる。それに関わる先駆的事例は既にみられるが、それらの考察は今後の課題としたい。

注
1) 増田寛也編著『地方消滅　東京一極集中が招く人口急減』中央公論新社、2014年。
2) 大野晃『山村環境社会学序説―現代山村の限界集落化と流域共同管理―』農山漁村文化協会、2005年。
3) 岡橋秀典「知識経済化時代における中山間地域の新展開―東広島市福富町竹仁地区の事例を中心として―」『地理科学』第63巻第3号、2008年7月、194～204ページ、および岡橋秀典「グローバル化時代における中山間地域農業の特性と振興への課題」『経済地理学年報』第53巻第1号、2007年3月、26～40ページ。
4) 広井良典『定常型社会　新しい「豊かさ」の構想』岩波書店、2001年。
5) 岡橋秀典「定常型社会における山村の持続的発展と自然・文化資源の意義―東広島市福富町を事例として―」『商学論集』福島大学経済学会、第81巻第4号、2013年3月、39～56ページ。
6) 広井良典『コミュニティを問いなおす―つながり・都市・日本社会の未来』筑摩書房、2009年。
7) このように日本の中山間地域の隅々に至るまで、工場の分散立地がみられたのは、日本の特殊な事情があるように思われる。それは、国内で労働力の不足が常態化し、他方海外からの労働力移入がない状況下で、新たな安価な労働力として農村地域に存在する農業既就業労働力が注目されたためである。
8) 岡橋秀典『周辺地域の存立構造―現代山村の形成と展開―』大明堂、1997年。
9) 佐々木雅幸・川井田祥子・萩原雅也編著『創造農村　過疎をクリエイティブに生きる戦略』学芸出版社、2014年。
10) 岡橋秀典「過疎山村の変貌」中俣均編『国土空間と地域社会』朝倉書店、2004年、

110～136ページ。
11) (財) 静岡総合研究機構　中山間地域自主研究チーム「中山間地域問題への新たなアプローチ」『SRI』第95号、2009年8月、3～20ページ。
12) 岡橋秀典・陳林・口下翔太「中山間地域における高齢者の生活環境問題―東広島市豊栄町を事例として―」『広島大学大学院文学研究科論集』第75巻、2015年12月、61～77ページ。

第4章
商店街活性化と社会的企業・社会的資本の役割

出家健治

1 商店街活性化理論の進展とNPO・社会的企業・社会的資本について

　これまで地域における商店街の活性化の理論的な問題は「コミュニティ機能」による回復・復活・再生という立場から解決するというところに落ち着いていた。そこを起点にその後の理論研究は新たな段階に進展した。

　この「コミュニティ機能」という観点から、商店街が都市の市民に物販サービスを提供する「社会的集合消費」機能や都市の「賑わい」を支える機能を果たすということで、都市に必要な「社会共通資本」というとらえ方が現れ、また都市のすべての住民の「社会的機能」を果たすということで、「公共的性格」（「公共性」）というとらえ方が現れた。またその観点から、地域（社会システム）と商店街（市場システム）の連携、そこから地域と商業者をつなぐ「ネットワーク」機能というとらえ方が現れ、互酬・信頼といったネットワークの内容概念、さらに賑わいを実現させるために開放型や仲間型などの「ネットワーク組織」のあり方、さらにはその担い手であるNPO・社会的企業・社会的資本の役割などが論じられるようになり、ずいぶん理論研究の射程が流通領域を超えて学際的な広がりをもつようになった。

　こうした理論的な動きはコミュニティ的機能の観点そのものが「市場と非市場の連携」という視点で貫かれているゆえにある意味で当然ななりゆきであるといえよう。

そこで本章ではそのような研究領域の広がりと理論的な進化の潮流を簡単に整理しながら、今日、地域の再生や商店街の活性化においてNPOや社会的企業・社会的資本が注目されてきた理論的背景を踏まえ、NPOや社会的企業・社会的資本の意味内容を明確にして両者の関係の重要性を論じ、商店街活性化が新たな段階に入ったことを指摘し、最後にその代表的な事例をみることにする。

2　商店街活性化に関する理論の潮流と新たな社会的企業・社会的資本の動き

まず、商店街活性化の問題で社会的な視点が論じられるようになった頃にさかのぼると共に、その後の新たな進展を簡単にみておくことにしよう。

基本的には、政府の『80年代の流通産業ビジョン』(1984年)において「経済的効率」だけでなく「社会的有効性」の視点が強調され、地域商業の再評価が行われて以降[1]、社会的な視点から商店街活性化の議論が行われるようになった。つまり、商店街から離れた消費者をいかに取り戻すかという視点に立って「物販の施設」から「生活のインフラ施設」としての商店街[2]に転換させ、社会システムの視点に立って商店街にいかなる「コミュニティ機能」を埋め込んで再生するかというところに議論は最終的に落ち着いたのである。

そして、コミュニティ機能が指摘され、その観点から商店街はどうあるべきか、地域やまちとの関係はいかにあるべきかという理論的な視点の移行によって[3]、その後の理論展開の方向が敷かれたとみてよいであろう。

それは商業施設(業種店)の集合体としての商店街が「まち」との関わりにおいて単に営利を目的とする「市場領域」だけでなく、「地域社会」「まち」という「社会システム」の「非市場領域」の相互関係で問題を立て始めたことを意味する。そこにおいては「消費者」(経済的側面)ではなく地域の「生活者」(経済的側面＋非経済的側面)として商業者や商店街に対峙す

るという関係が理論的に構築されたことである。市民・消費者・生活者の地域における歴史文化といったものをすべて含む「社会システム」と本来的に商業・サービスという営利を目的とする商店街の「市場システム」が連携をした瞬間であり、同時に「まち」という機能のなかの商店街という位置づけから商店街よりも「まち」が優先され、「市場システム」が「社会システム」の中に埋め込まれた瞬間でもあった。

　そこから理論的には、「社会システム」に埋め込まれた「市場システム」との関わりで幅広く議論されることになる。宇沢弘文の「社会共通資本」概念[4]、阿部真也の「公共的集合消費」概念[5]、さらに宮本憲一の「現代の公共（新しい公共）」概念[6]から商店街の社会的公共的性格の議論[7]、阿部真也の「市場と非市場の連携」を念頭にした社会的な「ネットワーク」のとらえ方[8]、あるいは商店街の賑わいのためにクリエイティブな集団の役割が重要であるという観点[9]から消費文化論（CCT理論）によるまちづくり論の動き[10]、また地域の人々や商店人たちの「ネットワーク」の重要性を念頭においてその観点から「開放的ネットワーク」「仲間型ネットワーク」「結束型ネットワーク」「橋渡し型ネットワーク」などの議論[11]というように、さらに「ネットワーク」の視点から環境問題や少子高齢化問題を背景に「環境を軸とした商店街活性化」や「医商連携による商店街活性化」という具体的な議論も進んでいった[12]。

　このように商店街の活性化の議論は、研究領域が流通領域から広がり、環境や福祉領域だけでなく、地域経済、地域歴史文化、都市計画、都市論、景観、社会学からの社会システム理解など学際的な研究成果を必要とする時代に入ったことがわかる[13]。

　とりわけ重要な動きは、このような理論的な成果にもかかわらず商店街の衰退が顕著になり再生の方向に対する不可逆性が強まるなかで、高齢化の進展が「買い物弱者」「買い物難民」を引き起こして、商店街再生の難しさとは逆にますます商店街の必要性、重要性が指摘されて、新たに人々が自分たちの手で商店街を支えようという動きが強まってきたことである。すなわ

ち、商店街の活性化のためには「自分たちのまちは自分たちで守る」という機運が盛り上がり、自分たちの手で「まちの管理」、つまり「タウンマネジメント」を行い[14]、地域や商店街に所得を回すという考えやその地域循環を考慮してその促進のために地場の商業者を育成するといった動き[15]が見られ始めたことであり、その担い手の主体としてNPOや社会的企業・社会的資本[16]、タウンマネージャー[17]の役割が重要になって台頭し始めたことである。のちに指摘をするが、いわゆる「ガバメント」から「ガバナンス」への視点の大転換である。

この動きは商店街活性化研究が市場と非市場の連携を念頭にしてより具体的実践レベルで効果的な理論枠組みを模索する段階に入ったことを意味し、またそこでのまちづくりにおいてNPOや社会的企業・社会的資本、それを担うタウンマネージャーの役割が重要になったことを意味する。

3 新たなまちづくりに重要な役割を果たす社会的企業・社会的資本とは何か？

まちづくりや商店街活性化に重要な役割を果たすうえで主となる社会的企業・社会的資本の概念の登場は新たな市民運動の成熟化という背景を考慮しておく必要がある。その成熟化の高まりの中で、政府は2010年に「新しい公共」を打ち出し、政府だけが「公共」の役割を担うのではなく、地域社会のさまざまな人々や事業体、企業などによって「公共」の役割を担うことを宣言し、「支え合いと活気のある社会」をつくるために向けたさまざまな当事者の自発的な協働の場を新しい「公共」と呼び、NPOや社会的企業・社会的資本の役割の重要性を明記した[18]。市民運動の成熟化によって公共の役割を政府から社会システムへ移行させることが可能になったということであり、まちづくりや商店街活性化においても例外ではなく可能になったということである。そしてその役割は「市場の失敗」「政府の失敗」をうけてより重要になってきた。

そこで、ここでは NPO や社会的企業・社会的資本とは何かということについて概説する[19]。なぜならば、これらの用語はいまや頻繁に使われているものの、その概念内容について明確ではないからである[20]。もちろん、それが明確ではないからといってその実践活動に支障をきたすというわけではないから概念の不在のまま推移しているが、ここで改めて概念を取り上げる意義はこの特徴を明らかにすることによってその限界や問題点が明確になり、それが現実の問題点につながる点で意味があると考えるからである。

さて、すでに述べたように NPO や社会的企業・社会的資本の登場の背景には市民運動の成熟化がある。一般に社会全体は「市場システム（企業）」と「政治システム（行政・政府・自治体）」と「社会システム（市民・消費者・生活者）」の三つから構成され、それぞれが相対的な独立性をもち、相互作用の関係にあった。そしてこれまでは多くの社会的諸問題が市場システムと政治システムによってほぼ解決されていた。しかし、1970年頃から社会福祉領域で少子高齢化の問題が先鋭化するにつれて、政府レベルでは財政の問題として、市場レベルでは市場になじまない問題として現れてくる。そこから社会システムの内部において自分たちの問題は自分たちで守るという自助・共助・協働のための市民運動が強まってきた[21]。

また市民・消費者・生活者の地位の高まりは環境問題においてより鮮明になってくる。環境問題の対策については、2000年に循環型社会形成推進基本法の制定によって経済体制全体が循環型社会＝リサイクル社会へ大きく転換していった。生産レベルにおいてリサイクルを念頭においた製品化が、流通レベルでは環境に優しい商品の推奨が行われ、最終の消費者のところではゴミの分別をきちんと行わないと資源という形でリサイクルが動かない状況になった。これまでの流通研究において生産者→流通業者→消費者といった川上から川下へという一方向の「フォワードチャネル」のみの視点が主流で消費者は最終の末端であったが、新たなリサイクルの視点により消費者→政府・行政・自治体→再生業者→生産者という「バックワードチャネル」の視点が重要視されるにつれて、末端に位置づけられていた消費者は一転してリ

サイクルの出発点に位置するようになり、まさに「混ぜればゴミ、分ければ資源」ということで消費者はリサイクル社会のキーパーソンになった。ここでは「市場と非市場の連携」、つまり消費者のゴミの分別という自主的・主体的・任意的な協働参画によるボランティア活動（非市場）を主導とし、政府・行政・自治体によるゴミの収集（非市場）→再生品企業（市場）という連携によってのみリサイクルが可能になったのである[22]。

　さらに決定的なことは、市場と政府による信頼の喪失によって、これまでの「市場」と「政府」という二項対立から「市場」対「政府」対「市民」という鼎立の見方へ転換するような見解が現れ[23]、そこでは市民・消費者・生活者が市場や政府を監視・制御すべきであると主張されてきたが、現実には市民運動の高まりによってそのような動きが発現し始めたことである。その結果、社会システムの中に市場システムや政治システムが埋め込まれ、社会システムの側からこれらを制御するようになったということを理論的にいうことができるようになり、それは現時点においてきわめて重要である点をまずここで確認する必要がある。

　そのような背景の中で、市場の失敗、政府の失敗をうけて社会システムの中にそれをカバーする受け皿として市民運動による社会的経済市場領域が新たに生まれ、その領域で登場したのがNPOや社会的企業・社会的資本である（図3-4-1）。

　社会システムの中に生まれた「社会的経済市場領域」は「市場経済領域」の外側の「非市場領域」に形成するところから「非市場的性格」で覆われていた。さらにそこで展開されるNPOや社会的企業・社会的資本の目的が社会的価値の実現、つまり市場や政府で解決できない地域や生活・文化などの諸問題や、環境問題の解決といった社会的使命（ミッション）の実現であることから「社会性」が全面にだされ[24]、社会性だけでなく非市場性や非営利的性格もより強調された。もちろん、この節で述べた新しい「公共」が登場したことから、「公共性」を合わせもち、それも強調された。

　こうして、NPOや社会的企業・社会的資本はこのような出自から「非市

図3−4−1　市場の失敗、政府の失敗によるNPO・社会的資本・社会的企業の形成

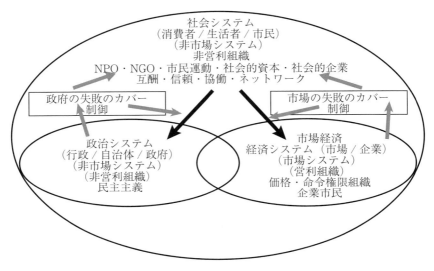

（出所）筆者作成。

場的性格」「非営利的性格」「公共的性格」「社会的性格」を本質にもつといわれるのである。NPOや社会的企業・社会的資本は、市場の失敗、政府の失敗という状況をうけて、非市場領域の「社会システム」の中の市民が主体的自主的任意的な協働参画による自助・共助行動によって、寄付などの資金を確保し、自分たちの抱えている問題を解決しようとして現れたものであるから、その出自からいってもその性格がそのような内容になるのは当然であった。

　また、NPOは事業展開が資金面において困難をともなうので、法人化によって資本調達と組織の維持と安定性を図ろうとするところから社会的企業・社会的資本が登場した。この法人形態である社会的企業・社会的資本は、社会的「企業」・社会的「資本」というように、形式的には市場領域の「企業」や「資本」と同じ形態をとり、成果として収益を上げる。しかし、社会的企業・社会的資本は事業を行うために多くの人に出資を募り、それが

個々人や企業の寄付ならびに政府・行政の支援金によるものであるから「社会的共同的協働的資本（社会関係資本）」としての性格をもち、得られた成果としての収益は「みんなのもの」（社会的所有）とみなされることによって事業の出資者に対してすべて受益者供与という形で分配される。しかもそれは「生産的費用」扱いの分配であって、「利潤（剰余価値）」扱いの分配ではない（「非配分原則」）。市場領域の企業や資本のように「利潤（剰余価値）」が生まれて、その成果を特定の出資者に対して私的個人的配分されるというような「配分原則」はそこには働かないのである。そこに社会的企業・社会的資本の「非営利性」の特徴がある。活動目的が「社会性」をもつことやこの資本の出自を考慮すれば、市場領域の「企業」や「資本」という形態をとるものの、それは「擬制的な資本」（非資本）なのである。

　それはまた、収益は費用としてすべて分配されるから（利益は派生せず）、利益を捻出するためには費用の削減でのみ生まれるゆえに、無償・有償のボランティアや内部経費を低く抑えることによってのみ、つまり禁欲・節約・節制によってのみ生み出されるという点で、その内部に「利潤（剰余価値）」という形で自己増殖する自己発展的な成長ビジネスモデルをもたない。その点で組織の維持存続あるいは成長発展という点において致命的欠陥を根本的にもっているのである。それは「資本の制約性」として指摘されるのであるが、同時にまた「市場の制約性」もあわせもつのである。すなわち、NPOや社会的企業・社会的資本は本質において「社会的課題」の解決のために登場し、その事業の市場領域が社会的に問題を抱えていて必要としている人を対象としているゆえに、対象とする市場領域が限定的で狭隘であるという性格を本来もっているのである。したがって法人化した社会的企業・社会的資本であってもこの二つの制約性は逃れられず、そこから収益の不安定性を構造的にもっているのである。

　それでその制約性と不安定性を克服するために非市場領域から市場領域に足場を拡げていくのである。つまり本来的にもつ非営利性をカバーする形で市場領域に入り込んで営利性を「代位補充」することで市場の制約性と不安

図3−4−2 社会的経済市場の形成とNPO・社会的資本・社会的企業並びに市場と非市場の連携

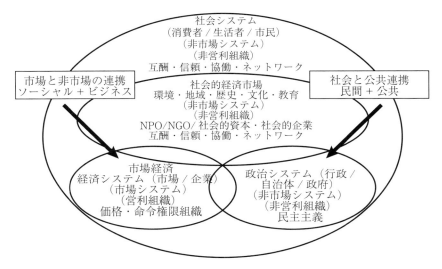

（出所）筆者作成。

定性を打破していく方向をとるのである。NPOや社会的企業・社会的資本が現実的形態において本質的な非営利組織のほかに営利組織をあわせもつのはそのような理由からである（図3−4−2）。その意味でNPOや社会的企業・社会的資本の市場領域への参入、その営利組織化は組織の安定性・存続発展性においてきわめて重要な意味をもっている[25]。

4 新たな商店街活性化と社会的企業・社会的資本の重要な役割 ——「ガバメント」から「ガバナンス」へ熊本城東マネジメントによるまちづくりの取り組み

最後に、商店街活性化のあり方の大きな転換期として位置づけられる社会的企業・社会的資本とまちづくりの関係から、熊本の商店街のまちづくりに貢献している熊本城東マネジメント株式会社（以下、「熊本城東マネジメン

ト」と略）の事例をここでとりあげる。

　その活動の意義を理解するためには「熊本城東マネジメント」設立にいたる第1ステージを押さえていく必要がある。それは環境を軸とした城見町商店街活性化の過程である[26]。

　かつて、熊本市の中心商店街を構成している多くの商店街組織の中にあって、古い歴史をもち、さらに古くは中核の商店街として機能した城見町商店街があった。それが、いつの間にか衰退して町の名前さえ忘れられ、中心商店街の中で埋没し、その存在意義が消えてしまっていた。そしてその商店街の商業者の多くはビルのオーナーと化し、不動産業を営み、商業活動さえやめてしまった現実があった。その商店街の中で酒屋を営み家業を引き継ぐと同時にその現状を打開するために立ち上がった南良輔は、仲間とともに商店街を環境という軸でもって活性化させていった。「環境＝リサイクル」というキーワードでもって、一見して商店街の活性化につながるとは思えないようなこのスローガンで活性化へと動き始めていく。そこでの主要なる手段は「空き缶回収機」であった。この機械は空き缶を回収するものであるが、同時にその画面に秘密があり、空き缶を投入するとサッカーのPK画面があらわれ、PKが終わると機械の正面の横から商店街の各店舗の割引チケットがでてくるという代物であった。つまり空き缶回収という環境に優しい社会的貢献を行うと同時にそこから出る各店舗の割引チケットで商店街に足を向けて賑わいをつくりだすという代物であった。この機械が「エコロジー」と「エコノミー」をつなげることになり、環境を軸としたスローガンが商店街の活性化につながるというわけである。まさに「市場」と「非市場」の連携であった。

　彼らの特徴は環境を軸にして自分たちも儲かる仕組みを考えたことであった。彼らは「楽しくて儲かるといったものでなければ人や組織は動かない」という早稲田商店会の安井潤一郎の言葉を実践した。環境問題を商店街活性化に据えたまちづくりは東京の早稲田商店会から始まったが、熊本でもスタートさせ、この運動は、全国商店街リサイクルサミットを行うことで広がっ

ていき、彼はその主要メンバーとして知名度を上げていく。そして2000年に全国の任意の商店街の出資によって設立された商店街ネットワーク株式会社のメンバーとして参加するなかで、熊本城東マネジメントの共同設立者となる木下斉と知り合うことになる。第2ステージの「まちの管理」のために作り上げた「熊本城東マネジメント」は木下斉の提案と働きかけによるものである[27]。

　第1ステージで得られた教訓は、商店街内の一部の商店組織が復活しても全体の商店街が疲弊してしまえば元も子もなく、中心商店街の全体の活性化があってこそ、その中を構成する商店組織の活性化であり、もっと言えば「まち」の発展があってこそ、中心商店街の発展があるという「社会共通資本」の都市機能という観点から、商店街の活性化から「まちの経営・管理」に視点を移していく。彼らは学習しながらアメリカのBID[28]やイギリスの社会的企業[29]を参考にして、石原武政が早くから指摘した「まちの管理」、つまり「タウンマネジメント」会社設立の発想をもつようになる。

　また日頃から商店街活性化につきものの行政支援による補助金について考えるところがあった。支援によるイベントは結局のところ一過性のもので、それでもって商店街が潤うということはほど遠い。補助金には縛りがあり、意外と使いにくい。確かに行政からの支援は「薬」である。しかし同時に「麻薬」でもある。補助金が状況を活性化するカンフル剤になるかも知れないが、同時にそれになれてしまったら、それなしには活性化ができないと思い込むようになり、補助金目あての受け身による活性化に甘んじてしまう。効果も一時的かもしれないが持続的な発展は望めない。補助金の切れ目が事業の切れ目になるということも感じていたのである。行政主導・依存型支援による商店街活性化、いわゆる「ガバメント」方式の疑問であった。

　そこから、行政に頼らず「自分たちのまちは自分たちの手で管理をする」という視点にたって、いわゆる「ガバメント」（行政主導・依存）から「ガバナンス」（自分たちによる統治）へ動き始めたことである。この動きは画期的で、商店街活性化のあり方の質的な転換であったと評価できる。自分た

ちの資金で自分たちのまちを活性化しようと動き始め、社会的企業・社会的資本である「熊本城東マネジメント会社」を木下斉たちと2008年に立ち上げ、まちづくりの「タウンマネージャー」として力を発揮することになる。その事業資金はゴミの一括集中業務取り扱いによる捻出という第1ステージで培ったノウハウであった。

　熊本城東マネジメントは今後100年先を見据えた熊本のまちづくりを想定し、「①市街地の真の価値向上のため、適正な効率化とルールづくりを推進する。②むやみな儲け主義にとらわれることなく、真に熊本のまちの発展に寄与することを第一と考える。③自ら自立的な事業を創出し、利益の一部を市街地への事業に積極的に投資する。④市街地事業は多くの協力者とともに推進されるものとして、地域内外の期間との積極的な提携関係を構築する。⑤適正な情報公開を実施し、市街地の実情を共有して改善事業に活かしていく」[30]という社会的目的を運営方針（目的）として動きだす。担い手である本体の熊本城東マネジメントは南良輔、木下斉、長江浩史の3名が資金を出しあって設立した。

　そして彼らが提案する事業は、商業者やサービス業の売上げが右肩下がりとなり、売上げの増加が簡単に見込まれない状況下で、個店の経費を削減することによって利益を生み出すプログラムを提供しようというものであった。その事業プログラムは、個店が日々支払っている経費をまちづくり会社が一括代行することによって個店の経費節減をもたらし、その削減のよって得られた収益を参加してくれたすべての個店に還元し、その一部を熊本城東マネジメントが収益として受け取り、それを今後のまちづくり事業の運営資金として積み立て、個店の収益改善や商店街の共同の活性化事業に投資をしていくというものである（図3-4-3）。それは前で指摘した社会的企業・社会的資本の利益創出形態そのものであった。それは同時に事業対象者の制約性（市場の制約性）、それにともなう収益の制約性（資本の制約性）をあわせもち、事業に対する賛同者の量的拡大の如何によってその組織の収益性・安定的維持を左右するということが透けて見えるものでもあった。

図3-4-3 KJMCの資金調達手法（共通コストの合同削減による資金調達）

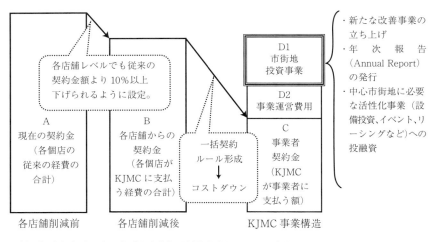

（出所）矢部拓也・木下斉「中心市街地活性化法と地区経営事業会社──熊本城東マネジメントによる地区経営の試み」『徳島大学社会科学研究』第22号、2009年2月、59ページ。

　具体的な事業は、商店街の地区ビル、テナント業者との間でパートナーシップを結び、排出した段ボールを中心に熊本清掃会社と廃棄物処理の包括提携を結んで、まちなかに適切な場所と廃棄物処理ルールを設定して景観の改善を実現し、一括集金業務を代行することでビル業者やテナントのこの処理コストを10%削減するというものであった。また最近、石原武政は商店街の施設の老朽化とどう向き合うかという問題が商店街を悩ませていると指摘しているが[31]、多分に漏れず同様のことがこの地区の商店街にも起きており、ビルのエレベーター保守、セキュリティなど施設に関わる分野の一括取り扱いによる仲介業務を通してこれらの費用を削減し、その浮いた費用を彼らの施設の老朽化改善に向けるように助成する取り組みをしたのである。またこのような削減額の実現によってその一定額を熊本城東マネジメントのファンドとして蓄積し、その資金を商店街活性化事業（STREET ART-PREXの備品購入、FM番組へのスポンサード、グリンバード熊本への委託金、各商

店街の地域活性化事業委託、市のゴミ処理費用値上げに伴う差額補填など）に補助金という形で資金投資（提供）をしている[32]。さらに、商店街の中長期的戦略にたって、商店街内の遊休不動産を効率的に利活用するために調査を実施したり、近年では城見町商店街において「シードマーケット」を定期的に開催し、商店街ではみられない商品を扱っている若くて元気な商業者の認知とその起業支援をしたりして、精力的に事業を展開している。また河川改修による憩いのスペース活用ということで、建設省とのコラボレーションで「まちとつながるオープンリバーミズベリング74-Shirakawa」（2015年）も積極的に協力している。

　しかし、課題は資本の制約性、市場の制約性にあり、地権者やテナントなどの商店街を構成するメンバーがどれだけ多くこの事業に参画するか、どれだけ事業の対象市場を拡げていくかというところにあるといえよう。

　このような課題はあるものの、熊本では、補助金やそれによるイベントを軸とした「従来型のまちづくり」から、社会的企業・社会的資本による「自立したまちづくり」へと、まちの「ガバメント」から「ガバメナンス」へと、新しい動きが始まっているのである。まちを一つの会社と見なして資金循環をより大きく回し、「まちへの流入の増やす→販促によってまちの域内取引を拡大させる→まちからの流出を減少させ個店の経費を削減して無駄を絞り利益を生み出す」という形でぐるぐる回すという地域の所得循環システムを考えて実践している[33]。このような地域内発的内生発展型・地域再投資力型[34]・地域所得循環型の新しい試みは、商店街活性化において社会的企業・社会的資本やそこでのタウンマネージャーの役割が質的な意味において大きいことを物語っている。

注
1）宇野史郎『現代都市流通のダイナミズム』中央経済社、1998年、終章；石原武政編著（通商産業史編纂委員会編）『通商産業政策史　4　商務流通政策　1980-2000』独立行政法人経済産業研究所、2011年、200～209ページ。
2）石原武政「消費者からみた商店街」『都市問題研究』都市問題研究会、第43巻第3

号、1991年3月、17ページ。
3）石原武政『小売業の外部性とまちづくり』有斐閣、2006年を参照。
4）宇沢弘文『社会的共通資本』岩波新書、2000年を参照。
5）阿部真也「『公共的集合消費』と生活の質」阿部真也監修『現代の消費と流通』ミネルヴァ書房、1993年を参照。
6）宮本憲一『公共政策のすすめ──現代的公共性とは何か』有斐閣、2003年、87〜89ページ。
7）阿部真也、前掲論文を参照。
8）出家健治『商店街活性化と環境ネットワーク論──環境問題と流通（リサイクル）の視点から考える』晃洋書房、2008年を参照。
9）渡辺達朗『商業まちづくり政策──日本における展開と政策評価』有斐閣、2014年、第6章；リチャード・フロリダ『新クリエイティブ資本論』ダイヤモンド社、2014年；同『クリエイティブ都市経済論──地域活性化の条件』ダイヤモンド社、2010年などを参照。
10）吉村純一「コミュニティ開発のマーケティング」『産業経営研究』熊本学園大学産業経営研究所、第20号、2001年3月；同「消費文化論がマーケティング研究にもたらすもの」『熊本学園商学論集』熊本学園大学、第16巻第1号、2010年9月；草野泰宏「現代まちづくりと市民参加──消費文化論（CCT）調査の応用」『流通』日本流通学会、2010年7月、No.26を参照。
11）石原武政・加藤司編著『商業・まちづくりネットワーク』ミネルヴァ書房、2005年、終章；渡辺達朗、前掲書、第6章を参照。
12）出家健治、前掲書；同「異業種参入と地域産業振興」伊東維年・田中利彦・出家健治・下平尾勲・柳井雅也『現代の地域産業振興策』ミネルヴァ書房、2011年；村上剛人「少子高齢化社会の進展にともなって地域商業は再生できるか？──『医商連携』によるまちづくりへの取り組みの意義」『福岡大学商学論叢』第55巻第2・3号、2010年12月を参照。
13）石原武政・西村幸夫編『まちづくりを学ぶ』有斐閣、2010年を参照。
14）石原武政『まちづくりの中の小売業』有斐閣、2000年、第5章を参照。
15）木下斉『稼ぐまちが地方を変える──誰も言わなかった10の鉄則』NHK出版新書、2015年を参照。
16）石原武政・加藤司、前掲書、終章；渡辺達朗、前掲書、終章；宮本憲一、前掲書；出家健治・藤本寿良「リサイクル流通における社会システムとNPO・社会的企業・社会的資本について──社会的経済領域の形成と市場・非市場の連携と関連させて」(1)(2)(3)『大阪経大論集』大阪経大学会、第66巻第2号、2015年7月、第66巻第4号、2015年11月、第66巻第5号、2016年1月を参照。
17）石原武政編著『タウンマネージャー──「まちの経営」を支える仕事』学芸出版、2013年；石原武政・加藤司、前掲書、終章；渡辺達朗、前掲書、第9章を参照。
18）新しい「公共」宣言（http://www5.cao.go.jp/npc/pdf/declaration-nihongo.pdf#search、2016年1月12日閲覧）。
19）出家健治・藤本寿良、前掲論文、さらにNPOや社会的企業・社会的資本の基本文献として、ロバート・D・パットナム、ムハマド・ユヌス、レスター・M・サラモン、ナン・リンなどの著作を参照のこと。

20) たとえば、山本隆編著『社会的企業論―もう一つの経済』法律文化社、2014年、はじめに、ⅲ；橋本理「社会的企業論の現状と課題」『市政研究』大阪市政調査会、第162号、2009年、131ページ；三隅一人『叢書　現代社会学⑥　社会関係資本―理論統合の挑戦』ミネルヴァ書房、2013年、97～99ページ。
21) ロバート・D・パットナム編著『流動化する民主主義―先進8カ国における民主主義』ミネルヴァ書房、2013年、2ページ；L.M.サラモン『NPOと公共サービス―政府と民間のパートナーシップ』ミネルヴァ書房、2007年、242ページ；ムハマド・ユヌス『ソーシャル・ビジネス革命』早川書房、2010年、51ページ、日本についての記述は山本隆、前掲書、3ページ、5ページを参照。
22) 阿部真也「マーケティング論の拡張市場概念の再検討」『マーケティング・ジャーナル』日本マーケティング協会、1982年、Vol.2；同「社会経済環境の変化とマーケティング概念の拡張」『流通研究』日本商業学会、第1巻第2号、1998年9月；出家健治、前掲書を参照。
23) 佐和隆光「市場システムと環境」佐和隆光・植田和弘編『岩波講座　環境経済・政策学　第1巻　環境の経済理論』岩波書店、2002年、50ページ；岩井克人『二十一世紀の資本主義論』筑摩書房、2000年、42ページ、46～47ページ、68ページ。
24) NPOや社会的企業・社会的資本についての「社会性」の説明は、谷本寛治「ソーシャル・エンタープライズ―社会的企業の台頭」谷村寛治編著『ソーシャル・エンタープライズ―社会的企業の台頭』中央経済社、2006年、4ページ。
25) 出家健治・藤本寿良、前掲論文（3）を参照。
26) 出家健治、前掲書、第2章を参照。
27) 矢部拓也・木下斉「中心市街地活性化法と地区経営事業会社―熊本城東マネジメントによる地区経営の試み」『徳島大学社会科学研究』第22号、2009年2月を参照。
28) 渡辺達朗、前掲書、第4章および補論を参照。
29) 小山善彦「英国パートナーシップ最前線－行政改革と市民社会の再生」『社会福祉研究所報』熊本学園大学社会福祉研究所、第34号、2006年3月を参照。
30) 熊本城東マネジメント『熊本城東マネジメントアニュアルレポート　2008-2009』熊本城東マネジメント株式会社、2009年より。
31) 石原武政「巻頭言　施設の老朽化とどう向き合うか」『商工金融』一般財団法人商工総合研究所、第65巻第12号、2015年12月、1～2ページ。
32) 熊本城東マネジメント『熊本城東マネジメントアニュアルレポート』2008-2009、2010-2012より。
33) 同前。
34) 宮本憲一『都市経済論―共同生活条件の政治経済学』筑摩書房、1980年；宮本憲一ほか編『地域経済学』有斐閣、1990年；岡田知弘『地域づくりの経済学入門』自治体研究社、2005年；宇野史郎、前掲書を参照のこと。

第5章
ポストバブル期における
日本電気機械工業の地域的変動

鹿嶋　洋

はじめに

　日本の電気機械工業は、第二次世界大戦後の経済発展に大きく寄与した産業の一つであった。しかし1990年代初頭のバブル崩壊後、雇用を大きく減じ、それに伴い当工業の空間構造は大きく変化している。とりわけ、当工業を軸として成長してきた地域に多大な影響を与えている。

　全国スケールで工業の空間構造を捉える試みは、すでに1970年代に北村嘉行・矢田俊文[1]や竹内淳彦[2]によってなされた。低成長期以降の工業空間構造の変動に関しては、大都市圏中心部の工業の縮小、大都市圏周辺部への外延的拡大、地方圏への分散、京浜と中京に対する阪神の相対的低下、西日本に対する東日本の優位、等の傾向が明らかにされた[3]。

　1990年代の半ば以降は、産業集積の動向に着目して日本工業の空間構造を捉えようとする研究が得られた。竹内淳彦や関満博[4]、渡辺幸男[5]は、首都圏を中心として形成された日本の産業集積システムの特質を論じた。小田宏信[6]は日本機械工業の立地性向として、1980年代までの分散＝空間的平準化基調から、1990年代の集積＝局地化基調に転じ、労働集約的業種の空間的収斂、資本財部門の分散化、「集積後背圏」の成長と「地方新興集積」の形成が進行したことを実証した。

　このような成果は得られているものの、日本工業が縮小局面に入った1990年代以降のポストバブル期において、工業の地域的分布がどのように変化し

てきたかを実証的に検討した成果は多くはない。そこで本章は、ポストバブル期における日本の電気機械工業の地域的分布とその変動について、統計データの分析に基づいて把握することを課題とする。以下では、第1に、1991年以降の電気機械工業の分布変化を詳細に検討するため、単位地区を市町村レベルとして検討する。第2に、同時期の業種別動向に関して、産業細分類別・都道府県別の工業統計データを使用し、電気機械工業内部の業種による違いを分析する。

なお本章でいう電気機械工業は、日本標準産業分類の2002年3月改訂以前の産業中分類「電気機械器具製造業」に相当するものである。日本標準産業分類の2002年3月改訂によって産業中分類「電子部品・デバイス製造業（2007年11月改訂以降は「電子部品・デバイス・電子回路製造業」）」「電気機械器具製造業」、および「情報通信機械器具製造業」の3業種に分割されたが、この3業種を含めて電気機械工業とする。

1　市町村別にみた電気機械工業の分布変化

全国スケールでの工業の地域性を検討した既往研究の多くは、産業中分類別、都道府県別のデータに依拠していたが、産業分類・地域分類の双方において区分が大まか過ぎ、分析の「解像度」が低いという問題がある。

ここでは、地域分類の「解像度」を高めるため、市町村別の電気機械工業従業者数の分布変化を検討する。従来、都道府県よりも狭い地域単位での工業の地域的展開を分析する際に、工業統計表の「工業地区」が使用されてきた[7]。しかし、平成の大合併に伴い各工業地区の領域が大きく変化したため、合併前後の期間での工業地区の時系列的な比較が困難になった。そこで本章は市町村単位での分析を試みる。使用する資料は経済センサス——活動調査（旧事業所統計）の産業中分類別・市区町村別従業者数である[8]。工業統計表では、町村部の産業中分類別データが非公表のためである。

ただし、経済センサスのデータにも問題点がある。製造業に含まれる企業

の非製造事業所、すなわち本社や支店・営業所等に従事する従業者数も産業分類上は製造業に含まれる点である。そのため、経済センサスの市町村別製造業従業者数は工業統計表の数値よりも過大である。2011年の工業統計表（調査日は2011年12月31日）[9]では、全国の全製造業の従業者数が779万5887人であるのに対し、2012年の経済センサス活動調査（調査日は2012年2月1日）では924万7717人で、後者の方が約15％多かった。両者の差をみると、本社や支店が多数立地する大都市部において従業者数が過大に示される傾向にあるが、全国レベルの分布傾向を検討するには大きな問題ではないこと、町村部のデータが他には得られないことから、経済センサスのデータを使用することにした。

以下、1991年と2012年[10]の2時点の全国的な分布状況を検討する。図3-5-1と図3-5-2では、市町村別の電気機械工業従業者数を比例円の大きさで、電気機械工業の対全国特化係数の高さを円の濃度によって示している。

まず1991年の電気機械工業の分布を見る（図3-5-1）[11]。第1に、東京・大阪・名古屋の三大都市圏とその周辺への集中傾向が明らかであった。関東地方では、首都圏南西部の東京都から神奈川県にかけて特に集中するが、関東平野を覆い尽くすほど稠密に電気機械工業都市が分布していた。近畿地方では大阪平野、京都盆地、奈良盆地などの内陸部に工業都市が集中していた。東海地方では伊勢湾岸から西三河を経て西遠にかけて工業都市が連なるが、自動車産業の比重の高さゆえに電気機械工業の卓越する都市は多くはなかった。これら三大都市圏を結ぶように東海道沿いに帯状に電気機械工業都市が連なっていた。三大都市圏の主要な電気機械工業都市には大手電機メーカーの本社または主要な事業所が置かれていた。

第2に、三大都市圏以外の地域では、東日本において相対的に多く分布し、東京から交通路に沿って放射状に連坦していた。東北方面では東北本線に沿うように福島県中通り、宮城県仙台平野、岩手県北上盆地へと連なる他、奥羽本線や羽越本線沿いの山形・秋田両県でも目立っていた。宮城県古川市、秋田県本荘市・仁賀保町など、電子部品や映像・音響機器メーカー等

第5章 ポストバブル期における日本電気機械工業の地域的変動　301

図3-5-1　市町村別の電気機械工業従業者数（1991年）

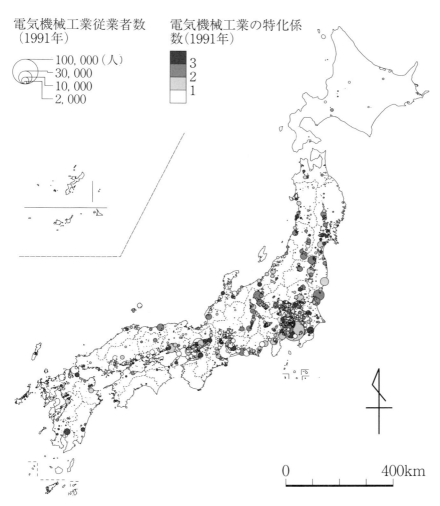

（出所）事業所統計により作成。

図3-5-2 市町村別の電気機械工業従業者数（2012年）

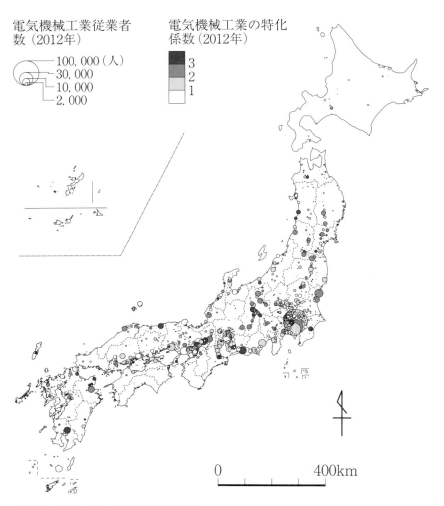

（出所）経済センサス活動調査により作成。

の生産拠点が多く存在し、電気機械工業が卓越していた。甲信越方面では、やはり中央本線や信越本線に沿って長野市・松本市・上田市・飯田市など電気機械工業の盛んな都市が連なっていた。東日本各地で農村部に電気機械工業が進出し、小さな企業城下町が各地に形成されていた。

第3に、西日本に目を移すと、東日本ほど連坦しているわけではなく全体的に分布密度が低いが、その中にあって電気機械工業に特化した都市が点在していた。特に九州では鹿児島県国分市、宮崎県清武町、熊本市、大分市のように半導体関連企業の生産拠点が中心となった電気機械工業都市が形成されていた。中四国をみると、山陰の鳥取市と島根県斐川町が目立つ程度であり、瀬戸内では素材型重化学工業の存在感の高さもあって電気機械工業の影は薄かった。西日本各地でも農村部への電気機械工業の立地は多少みられたが、東北や甲信越に比べると低水準であった。西日本ではむしろ、県庁所在地クラスの都市周辺に誘致大企業を中心とした電気機械工業都市が点的に形成されていた。

第4に、電気機械工業の分布が少ない地域としては、北海道、紀伊半島、南四国、南西諸島などがあった。いずれも国土縁辺地域に位置し、輸送の便に恵まれないか、労働力の確保が容易ではない地域であった。

このように、1991年の時点の分布をみると、三大都市圏への集中傾向に加え、首都圏から北は東北南部、西は兵庫県あたりに至る平地部には電気機械工業が面的に連坦して分布していた。そこから離れた北東北、九州、山陰などの地域では、交通条件や労働力確保の面で恵まれた一部の地区に電気機械工業都市が点在していた。

次に、2012年の分布状況を見る（図3-5-2）。1991年に比べて全国の従業者数が4割以上減少していることを反映して、全体的に従業者数が小さくなった。特に東京、大阪両大都市圏の各都市で大きく減少した。一方、名古屋大都市圏では自動車産業や工作機械産業関連の電子機器・部品の生産が堅調であったこともあり、緩やかな減少であった。次に地方圏では、東日本各地、特に東北で減少幅が大きかった。1990年代以降に電子部品関係を中心に

工場の縮小や閉鎖が相次いだことを反映している。他方、西日本でも全体的に減少傾向にあったが、九州や中国では従業者数があまり変化しなかった都市も多く、東日本の激減とは対照的であった。地方圏では、農村地域で労働集約的部門を中心に従業者数を大きく減じる一方で、比較的外部経済条件の良好な地域では維持される傾向があり、「空間的収斂」が進行したと理解することができる。

2　産業細分類ベースでみた電気機械工業の地域差

前記のように、電気機械工業の地域的動向は複雑さを増している。当工業は電気を利用する様々な機器器具を生産する企業から構成されており、業種によって地域的パターンが異なっている。そこで本節では、業種別の動向を詳しく検討する。その際、産業分類の「解像度」を高めるべく、工業統計表の産業細分類別・都道府県別事業所数のデータ（従業者4人以上の事業所）に基づいて電気機械工業の推移を検討する。

電気機械工業に含まれる産業細分類は日本標準産業分類の改訂によって変化しており、1991年で29業種、2013年で53業種に及ぶ。この両年次で比較可能にするため、細分類を統合するなどして22業種に再編したうえで、都道府県別の事業所数と従業者数等を算出した。

（1）産業細分類業種の全国的動向

まず、産業細分類別の全国的動向を表3-5-1に示した。1991年と2013年を比べると、事業所数が増加したのは22業種のうちわずか2業種（携帯電話機・無線通信機器、その他の通信機器）、従業者数でも同様に2業種（その他の通信機器、電池）であった。インターネットや携帯電話の急速な普及に伴う関連機器生産の伸長によるものである。その他の大半の業種では事業所数、従業者数とも減少が著しく、中でも映像・音響機器、電子計算機、民生用電気機器などが大きく減じた。これらの業種は日本メーカーが得意として

第5章 ポストバブル期における日本電気機械工業の地域的変動 305

表3−5−1 産業細分類別にみた日本の電気機械工業の推移

細分類コード	産業細分類名	事業所数 1991年	事業所数 2013年	増減 (1991年=1)	従業者数 (人) 1991年	従業者数 (人) 2013年	増減 (1991年=1)	一人当たり現金給与総額 (万円) 1991年	一人当たり現金給与総額 (万円) 2013年	増減 (1991年=1)
3015+19	その他の通信機械器具・同関連機械器具	210	257	1.224	11,489	15,727	1.369	480.1	475.7	0.991
2951+52	電池	187	144	0.770	20,001	24,269	1.213	505.1	618.3	1.224
3012+13	携帯電話機・無線通信機械器具	196	260	1.327	39,682	38,663	0.974	514.7	573.5	1.114
2941+13	電気計測器（工業計器を除く）	866	541	0.625	34,570	33,002	0.967	433.3	509.4	1.176
2815−99	その他の電子部品・デバイス・電子回路	8,294	4,151	0.500	368,443	279,666	0.759	334.5	449.8	1.345
2942	電気照明器具製造業	1,245	522	0.419	35,428	26,346	0.744	357.0	458.6	1.285
2921+29	その他の産業用電気機械器具（車両用・船舶用を含む）	1,120	706	0.630	37,836	26,465	0.699	447.1	443.4	0.992
2922	内燃機関電装品	2,547	1,000	0.393	107,213	69,969	0.653	303.7	399.1	1.314
2912	変圧器類（通信機用を除く）	839	329	0.392	24,603	15,121	0.615	439.1	522.2	1.189
2913+14	電力開閉装置・配電盤・電力制御装置	4,502	2,710	0.602	160,156	97,015	0.606	442.4	475.7	1.075
2911	発電機・電動機・その他の回転電気機械	1,532	625	0.408	74,739	41,437	0.554	394.7	486.2	1.232
2811−13	電子管・半導体素子	230	149	0.648	71,649	38,113	0.532	436.8	513.6	1.176
2941	電珠	273	101	0.370	18,722	9,176	0.490	423.6	568.0	1.341
2814	集積回路	192	140	0.729	150,799	70,430	0.467	464.8	599.5	1.290
2961−69	X線装置・医療用その他の電子応用装置	1,447	569	0.393	61,289	27,859	0.455	409.9	562.8	1.373
2972	工業計器製造業	399	224	0.561	17,168	7,325	0.427	545.9	467.9	0.857
2931−39	民生用電気機械器具	2,950	997	0.338	136,728	57,258	0.419	381.2	450.0	1.181
2915	配線器具・配線附属品	1,364	425	0.312	43,173	17,894	0.414	345.9	416.5	1.204
3011	有線通信機械器具	279	120	0.430	51,132	15,920	0.311	441.1	574.4	1.293
3031−39	電子計算機・同附属装置	2,041	505	0.247	164,852	51,123	0.310	417.9	533.9	1.278
2999	その他の電気機械器具	1,183	314	0.265	62,412	19,321	0.310	363.5	434.3	1.195
3014+21+22+23	映像・音響機械器具	5,083	449	0.088	290,803	35,992	0.124	331.8	508.5	1.533
	電気機械工業計	36,979	15,238	0.412	1,982,887	1,018,181	0.513	387.9	486.8	1.255

(注) 1. 細分類コードの「3015+19」は、下4桁が3015と3019の細分類の合計を示す。
2. 同様に「2815−99」は、産業細分類コード下4桁が2815〜2899の細分類をすべて含むことを示す。
3. 細分類コードは、2013年のものに準拠している。
4. 従業者数増減の降順に配列している。
(出所) 工業統計表により作成。

きたものであったが、労働集約的な組立や部品生産の工程を多く含んでいたため、1990年代以降の円高とともに急速に海外に生産が移管され、国内の事業所数、従業者数が減少した。

　細分類ごとの特性を明確にするために、横軸に1991年～2013年の従業者数の変化、縦軸に1991年時点の一人当たり現金給与総額を置いたグラフを作成した（図3-5-3）。一人当たり現金給与総額は各業種の労働生産性を反映する指標である。電気機械工業全体の数値を基準として四つの類型に区分した。第1に、従業者数が大きくは減少せず、一人当たり現金給与総額が高いA類型には、携帯電話機・無線通信機器、電池等の成長が顕著な業種に加え、電力開閉装置等、変圧器類のような重電部門の業種、電気計測器のような高付加価値型・多品種少量生産的な業種が含まれる。低賃金労働力への依存度が低く、海外シフトの影響をあまり受けなかったと考えられる。第2に、一人当たり現金給与総額は高いが従業者数の減少が大きかったB類型には、集積回路、電子計算機、有線通信機器などが含まれる。どちらかというと資本集約的であるが、国際競争も激しい業種が多く、従業者数の減少が大きかったとみられる。第3に、従業者数が大きく減少し、一人当たり現金給与総額も低かったC類型には、映像・音響機器、民生用電気機器などが含まれる。低賃金労働力に強く依存する傾向にあり、海外シフトの影響を強く受けた業種であり、電気機械工業全体の雇用減少に大きく寄与した。第4に、一人当たり現金給与総額は低いが従業者数の変化は小さかったD類型には、内燃機関電装品、その他の電子部品・デバイスなどが含まれる。これらの業種内の一部に成長分野（品目）を抱えているために雇用が維持されたと考えられる[12]。

（2）産業細分類業種の分布変化

　次に、産業細分類別・都道府県別の事業所数に基づいて、分布変化を検討する。産業細分類別・都道府県別従業者数に関しては、事業所数が2以下の都道府県では数値が秘匿されていることがある[13]ため、従業者数は使用せ

第5章 ポストバブル期における日本電気機械工業の地域的変動 307

図3-5-3 産業細分類別の特徴

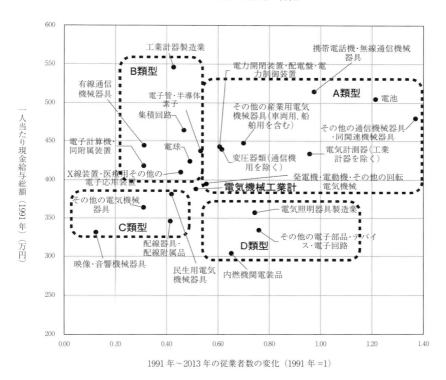

(出所)工業統計表により作成。

ず、ここでは事業所数を用いることにした。

具体的に六つの細分類業種を取り上げて、両年次の事業所数の変化を図示した(図3-5-4)。変動係数をみると、電気計測器は高く、民生用電気機器、その他の電子部品・デバイス、電力開閉装置の3業種は中程度であり、映像・音響機器と集積回路の2業種は低いが、それぞれの分布変化の傾向には特徴がある。また、この六つの細分類の分布を先述の四つの類型と対比させてみると、A類型(従業者数の変化が小さく一人当たり現金給与総額が高い)が電気計測器と電力開閉装置等、C類型(従業者数が大きく減少し一

人当たり現金給与総額が低い）が民生用電気機器と映像・音響機器、B類型（従業者数が大きく減少するも一人当たり現金給与総額が高い）は集積回路、D類型（従業者数の変化が小さいが一人当たり現金給与総額が低い）がその他の電子部品・デバイスとなる。

　A類型のうち電気計測器は、電子産業だけでなく自動車、化学、電力、鉄鋼など多くの産業で用いられる生産財であり、「産業のマザーツール」とも呼ばれる高付加価値型・多品種少量生産的な業種である[14]。この業種は大都市、特に京浜地域に顕著に集中し、地方にはきわめて少ないが、大都市部での事業所数の減少によって相対的に分散したことが分かる。ただし、全体としての雇用はほぼ維持されている。他方、電力開閉装置等は主に産業向けの重電部門である。電気計測器と同様に大都市集中型の分布パターンを示すが、京浜地域だけでなく、中京、阪神、瀬戸内、北九州へと至る太平洋ベルトの存在感が高い点は異なっている。分布変化の傾向は電気計測器と同様に大都市部で減少し、相対的に分散した。

　これらと対照的な動きを示すのが、C類型の映像・音響機器と民生用電気機器である。低賃金労働力に依存し、雇用を大きく減じた業種であった。映像・音響機器では1991年の段階で関東から東北・甲信に広く展開して分散的パターンを示していたが、2013年には東日本を中心に激減し、結果として相対的に集中した。映像・音響機器はこの間に一人当たり現金給与総額を最も高めた（1.53倍）業種でもあり、低賃金労働力を淘汰し高付加価値化を推進したことが分かる。それに対して、民生用電気機器は家電メーカーの生産拠点の多い関東から甲信、東海を経て近畿に至る地域の比重がより高かったが、大都市部を中心に大きく減少し、相対的な分散が観察された。

　B類型に含まれる集積回路は1991年の時点で最も変動係数が小さかった業種であった。1960年代後半から豊富で低廉な労働力を求めて積極的に地方分散した業種であり[15]、1991年には関東・東北・九州で目立っていた。その後、関東での減少が多かったのに加え、従来半導体工場の少なかった三重、広島、愛媛などで増加したこともあり、分散傾向はより強まった。

第5章 ポストバブル期における日本電気機械工業の地域的変動 309

図3−5−4 産業細分類別の事業所数の分布

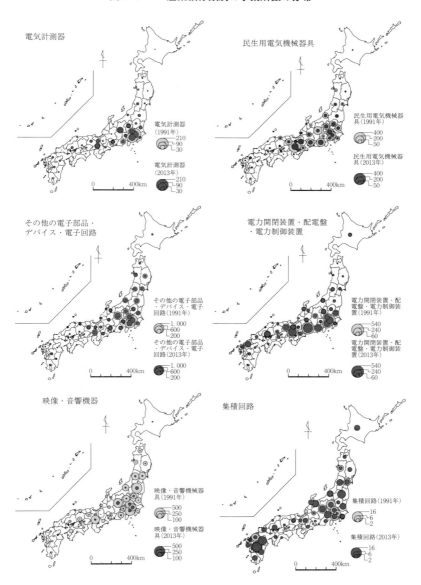

(出所) 工業統計表により作成。

D類型のその他の電子部品・デバイスでは、電気機械工業全体の動向に類似し、京浜を中心に東北から近畿に至る地域で多く、東日本中心であったが、大都市部を中心に減少し、相対的な分散が進行した。なお一人当たり現金給与総額を1991年と2013年で比べると1.34倍に増加しており、低賃金労働力の削減を伴いつつ高付加価値化を進めたことを示している。

むすび

　本章では日本の電気機械工業の地域的変動について統計データに基づいて実証的に検討してきた。

　電気機械工業は高度成長期から1980年代にかけて急成長し、日本全体の雇用成長に寄与した。高度成長期以前には京浜、阪神の大都市地域に集中していたが、1980年代まではほぼ一貫して地方分散化が進行し、特に東日本の比重が高まった。しかし1990年代以降のポストバブル期には、労働集約型部門の海外シフト等を背景に大きく雇用を減じた。関東、東北の減少が著しかった一方で、東海から九州に至る西日本の比重の高まりによって東西格差および大都市圏－地方圏の格差は不鮮明となった。

　1991年における電気機械工業の分布は大都市圏を中心におおむね3地帯から構成されていた。①三大都市圏において高密度かつ面的に展開し、②三大都市圏を取り巻く南東北から近畿に至る地域では主要交通路に沿って連坦して分布し、③そこから離れた北東北、九州、山陰などの地域では外部経済条件に恵まれた地区において点的に分布し、京浜地区を中心に東日本の比重が高かった。

　ポストバブル期を経て、その分布は大きく変化した。第1に、三大都市圏の中で、東京、大阪の両大都市圏では雇用の減少が著しく、中京圏では相対的に緩やかであった。第2に、関東から東北に至る東日本において大きく減少した一方、西日本では減少度が相対的に弱かった。第3に、地方圏の中では、農村地域で労働集約的部門を中心に従業者数を大きく減じる一方で、比

較的外部経済条件の良好な地域では維持される傾向が認められた。ポストバブル期の電気機械工業の分布は大都市圏対地方圏という二分法でも、東日本対西日本という二分法でも説明が難しくなっている。

このような複雑な地域的パターンがいかなる業種の変化によって引き起こされているかをみるため、産業細分類別の分布変化を検討した。

主に産業用の高付加価値型、多品種少量生産型の業種は、大都市圏に集中する傾向にあったが、大都市部での減少が目立ち、結果として相対的には分散した。このうち電気計測器のような業種は京浜への一極集中的なパターンであったが、電力開閉装置等のような重電部門、民生用電気機器のような家電部門、内燃機関電装品のような自動車関連の業種では、京浜だけでなく太平洋ベルト一帯での存在感が高かった。

対照的に、電子部品の組立など、労働集約的な部門を多く含む業種では1990年代以降に急速に雇用を減じ、それらの業種の比重が高かった東北や甲信などの地域でその影響が強く表れた。地方の農村部における工業衰退を引き起こしたのはこれらの業種とみることができる。

集積回路や液晶関連のような資本集約的な業種では、かつては低賃金労働力に依存していたこともあって地方分散傾向が強かったが、現代では巨額の投資によって最新鋭工場を建設し、製品を迅速に市場に供給することで投資を回収しようとしている。2000年代の「国内回帰」の流れの中でこれらの工場の新規立地が目立つようになったが、その立地は大都市近郊の臨海部や、大都市周辺地域（国土縁辺地域にまでは至らない地域）で多く、外部経済条件の良好な地方圏に限られていた。またこれらの業種では国土縁辺地域の低賃金労働力を削減しつつ、新工場をより大都市に近接した地域に立地させることで高付加価値化も推進したと理解できよう。

東西日本での対照的な動きについていえば、東北では九州よりも早い時期から電気機械工業の進出が始まり、農村部の隅々に至るまで労働集約的な業種が多数進出した。そのため、東北において1990年以降に電子部品関連を中心に急速な雇用減少が発生したと考えられる。他方、九州は工業化が遅れ、

京浜地区から遠隔地にあることもあり、進出した業種は半導体関連などに偏っており、しかも外部経済条件に比較的恵まれた地域に限られていた。九州が東北ほど著しい雇用減少を経験しなかった一因として、進出した業種と地域が限られていたことが挙げられるだろう。

本章では、産業細分類ベースで地域的変動を検討してきたが、細分類内部における多様性も当然ながら存在している。同一業種、ないしは同一企業の内部における地域間分業がなされているためである。この点については、企業ベースでさらに検討する必要がある。

（付記）本章は拙著『産業地域の形成・再編と大企業』（原書房、2016年3月）の第1章の一部を加筆修正したものである。本章作成に当たり科学研究費補助金基盤研究C（課題番号25370915、研究代表者：鹿嶋洋）の一部を使用した。

注
1) 北村嘉行・矢田俊文編著『日本工業の地域構造』大明堂、1977年。
2) 竹内淳彦『工業地域構造論』大明堂、1978年。
3) 松橋公治「低成長期における工業地域構造」『茨城大学教養部紀要』第17号、1985年3月、65〜79ページ。
   Matsuhashi, K. and Togashi, K. "Locational dynamics and spatial structures in the Japanese manufacturing industries: a review on the Japanese industrial restructuring process of leading sectors" *Geographical Review of Japan* Vol. 61B, 1988, 174-189.
   竹内淳彦『技術革新と工業地域』大明堂、1988年。
   柳井雅也「日本の電気機械産業の地域的展開―各県別生産規模・生産性に基づく分析―」『熊本学園大学経済論集』第5巻第1・2合併号、1998年10月、247〜273ページ。
4) 関満博『空洞化を超えて―技術と地域の再構築―』日本経済新聞社、1997年。
5) 渡辺幸男『日本機械工業の社会的分業構造―階層構造・産業集積からの下請制把握―』有斐閣、1997年。
6) 小田宏信『現代日本の機械工業集積―ME技術革新期・グローバル化期における空間動態―』古今書院、2005年。
7) 小田宏信「1980年代後半期以降における日本の機械系工業集積の変動―工業統計表工業地区編データの分析を通じて―」『筑波大学人文地理学研究』26号、2002年3月、81〜102ページ；山本健兒「産業の国際競争と集積」伊東維年・山本健兒・柳井雅也編著『グローバルプレッシャー下の日本の産業集積』日本経済評論社、2014年、1〜37ページ。
8) 工業統計表市区町村編は従業者4人以上の事業所についての集計結果であるが、本節で用いる経済センサス活動調査は全事業所についての集計結果である。なお、各政令指

定都市と東京都特別区部は区別ではなく市（または東京都23区）として集計した。
 9）2011年工業統計調査は2012年の経済センサス活動調査と同時に実施されている。
10）2012年のデータは、産業中分類の「電子部品・デバイス・電子回路」「電気機械器具」「情報通信機械器具」の３業種の合計である。市町村によってはこの３業種のいずれかの従業者数が秘匿されていることがあるが、秘匿値はゼロとみなして合計値を算出した。
11）1991年の分布に関しては、市町村名や企業名は原則として当時の名称を用いている。
12）例えば、その他の電子部品・デバイスには液晶パネルや半導体メモリメディアなどの成長分野が含まれている。内燃機関電装品では自動車用ワイヤハーネスの組立などで低賃金労働力を大量に活用するが、堅調な自動車生産に支えられて雇用が一定程度維持されたものと考えられる。
13）2013年に関しては産業細分類別・都道府県別従業者数は秘匿されていないが、1991年については秘匿されている都道府県が少なくない。
14）佐竹博「日本の電気計測器産業の特質」『城西大学経営紀要』第３号、2007年３月、81～94ページ。
15）伊東維年「九州地域のIC産業の展開」伊東維年編著『日本のIC産業―シリコン列島の変容―』ミネルヴァ書房、2003年、165～200ページ。

第6章
日本のテクノポリス政策の今日的意義

松原　宏

1　テクノポリス政策の研究

　1983年に施行された通商産業省の「高度技術工業集積地域開発促進法」に関する政策、いわゆるテクノポリス政策については、内外の研究者や政策担当者に注目され、多くの研究が蓄積されてきた[1]。なかでも、1998年に刊行された伊東維年『テクノポリス政策の研究』は、テクノポリスの構想・建設の特徴と経緯からテクノポリス政策の総括的分析まで、全体像を明らかにするとともに、熊本テクノポリスを中心に地域の実態も詳細に分析されており、バランスのとれた研究成果として、高い評価がなされてきた。

　テクノポリスに関する研究は、政策批判が目立つが、それらを改めて読み直してみると、当時はあまり意識されなかったものの、今日的には重要だと思われる指摘がみられる。たとえば、山﨑朗は、「80年代は研究機能を地方展開させるうえでまたとない好環境にあった。テクノポリスは基礎的かつ大規模な国家的研究所、その研究所と一体的に運営される大学・大学院を核にすることができたならば、今後の地域構造の展開に何らかの影響を与えることになったはずである。産業政策・科学技術政策と産業立地政策の分断がもたらした損失は計り知れない」[2]と述べている。また鈴木茂は、愛媛テクノポリス開発計画の問題点として、圏域設定も含め、工業集積の特徴と開発計画とが合致していない点をあげるとともに、「ハイテクかローテクかが問題なのではない。むしろ、愛媛テクノポリスの課題は地域の基幹産業が基礎素

材型産業や生活関連型産業である以上、それらの在来型産業にハイテク技術を導入(融合)して、地域技術水準を高度化することである」[3]と指摘している。

ところで、20世紀末、産業立地政策が地方分散を基調としたものから、地域の自立や国際競争力を高める方向に向かう中で、テクノポリス法は廃止となり、研究成果もほとんどみられなくなった[4]。その一方で論者は、2013年に『日本のクラスター政策と地域イノベーション』を刊行するなど、産業集積地域におけるイノベーション研究を進めているが、そうした地域イノベーションに、テクノポリス政策によって形成された施設や機関が関わっていることを教えられる機会が少なくない[5]。

本章では、テクノポリスに指定された26地域を取り上げ、「工業統計表」をもとに製造業の長期的推移を分析し、テクノポリス政策の効果がいかに変わってきたかを検討したい。その上で、テクノポリス政策以降の施策、とりわけ地域イノベーション関連施策に、それぞれの指定地域がどのように対応してきたかを明らかにし、テクノポリス政策の今日的意義を考えてみたい。

2 テクノポリス地域における工業の変化

(1) テクノポリスに関する統計分析結果

テクノポリス地域における事業の進捗状況や統計データについては、日本立地センターの一連の報告書により明らかにされてきた[6]。1994年度版では、略地図や統計データを含め、テクノポリス各地域の現状が詳しく記述され、1995年度版では、「テクノ70業種」[7]の立地動向や産学官共同研究、主な研究開発施設等の整備状況についての分析に力点が置かれた。たとえば、1980年から93年における「テクノ70業種」の立地件数をみると、信濃川地域が287件で最も多く、これに浅間地域(205件)、山形地域(184件)、北上川流域(130件)、富山地域(127件)、浜松地域(109件)が続いていた。1999年に刊行された『テクノポリス・頭脳立地構想推進の歩み』では、各地域に

おける産業基盤整備の推移や中核的推進機関の現状とともに、「工業統計表」市町村編では非公開の町村部分の業種別データも含め、テクノポリス地域別の従業者数、工業出荷額、付加価値額、付加価値生産性、立地件数が、業種類型別に1980年から97年まで掲載されている。このうち、先端型業種の地域別付加価値額の推移をみてみると、宇都宮、山形、郡山、富山、甲府、浅間といった比較的東京に近い地域で絶対額も伸びも大きくなっていた。1980年代と90年代とを比べると、熊本や県北国東などの九州では、1980年代の伸びが大きい一方で、北上川流域や宇部などでは90年以降の伸びが大きくなっていた。

　しかしながら、テクノポリス法の廃止以後、報告書の刊行はなく、テクノポリス地域に関する工業統計データも更新されることはなかった。以下では、テクノポリス地域を構成する市町村の工業統計データをもとに、1980年〜2013年の地域別の従業者数および製造品出荷額等の年次変化をみた。ただし、以下の二つの点に留意する必要がある。一つは、前述のように、町村部分の業種別データは非公表なため、テクノポリス地域別に集計できたのは全業種の従業者数と出荷額等である。もう一つは、市町村合併が行われたために、テクノポリス指定時と異なる市町村の範囲で、統計データを利用せざるを得ない地域が多いという点である。とりわけ、2005年以降に出荷額等が大きくなっている地域は、合併による影響を無視できない。

（2）　テクノポリス地域における製造品出荷額等の推移

　図3-6-1は、1980年〜2013年のテクノポリス地域別の製造品出荷額等の推移を、11年間隔で3期間に分け、各期の増減率を示したものである。第1期（1980年〜1991年）は、テクノポリス地域指定による政策の効果が直接反映された時期といえる。なお、1980年代後半は、バブル経済によって、地方工業化が促進された時期と重なる。第2期（1991年〜2002年）は、バブル崩壊後の不況の時期、2000年のITバブル崩壊で電気機械産業を中心に落ち込みがみられた時期にあたる。第3期（2002年〜2013年）は、2002年〜2008年

第6章　日本のテクノポリス政策の今日的意義　317

図3-6-1　テクノポリス地域における製造品出荷額等の増減率

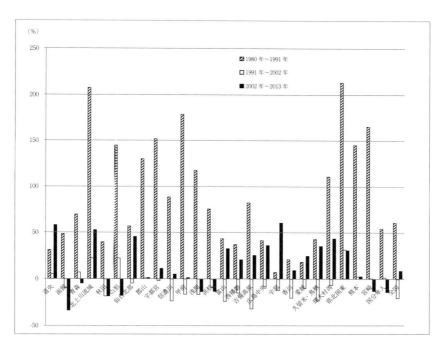

（注）1．各期間の2時点の出荷額を比べて増減率を算出した。
　　　2．2002年～13年の増減率には、市町村合併の影響が含まれている。
（出所）「工業統計表　市町村編」各年版を集計した藤井淳の資料より作成。

までの景気回復期と2008年のリーマンショックによる落ち込みなど、変動が大きな時期であり、またリーマンショック後の回復がどの程度進んでいるかを示す時期ともいえる。

　こうした三つの期間における各地域の出荷額の増減率を整理すると、大きく三つの類型に分けることができる[8]。第1の類型は、テクノポリスの指定以降現在まで、おおむね順調に伸びている地域で、北上川流域と県北国東がまずあげられ、環大村湾（ナガサキ）もこれに含まれるといえよう。第2の類型は、テクノポリスに指定された1980年代には、大きな伸びがみられたものの、90年代、2000年代ともに低迷している地域である。1980年代と比べて

90年代以降の落差が大きな地域としては、山形、郡山、宇都宮、信濃川、甲府、浅間、浜松、熊本、宮崎といった地域があげられ、これらの多くは、「テクノポリスの優等生」といわれた地域である。また、1980年代の伸びが相対的には低く、90年代以降も低迷している地域としては、函館、青森、秋田、国分隼人といった東京から離れた地域が該当し、これらの地域も第2の類型に含めることにした[9]。第3の類型は、テクノポリスに指定された1980年代は伸びが小さく、成果があまりみられなかったが、2002年以降になって比較的大きな伸びがみられる地域で、道央、宇部が典型的といえる。この他、仙台北部、広島中央、久留米・鳥栖は、1980年代の伸びが小さくはないものの、2002年以降に1980年代に匹敵する伸びが再びみられ、第3の類型に含めることが妥当かと思われる。

(3) 類型地域における業種別工業構成の変化

以上、テクノポリス26地域における出荷額等の長期的変化をもとに、3類型に区分したが、全国的なバランスを考慮しつつ各類型から代表的な地域を候補とし、「工業統計表」の工業地区編を用いて、業種別の変化をみてみることにした。「工業統計表」の工業地区編では、市だけではなく周辺の町村も含めた圏域について、業種別の従業者数や出荷額、上位業種なども把握できる。ただし、テクノポリス地域と工業地区の範囲は一致していないことが多い。以下では、両者が比較的よく対応しているか、工業地区の統計データを足し合わせることにより、テクノポリス地域の範囲に近づくことができる事例を選択した。

まず、第1の類型から、北上川流域（花巻市、北上市、旧水沢市、旧江刺市、金ヶ崎町）を取り上げ、業種別出荷額の変化をみてみよう（図3-6-2a）。テクノポリスに指定され、政策が本格的に動き出した1980年～1991年にかけて、電気機械工業を中心に、出荷額の大幅な増大がみられた。これに対し、1991年～2002年にかけては、電気機械の減少がみられたものの、輸送用機械や一般機械・精密機械の伸びにより、出荷額の総額は増加傾向をたど

第6章 日本のテクノポリス政策の今日的意義 319

図3－6－2 テクノポリス地域における業種別出荷額の推移

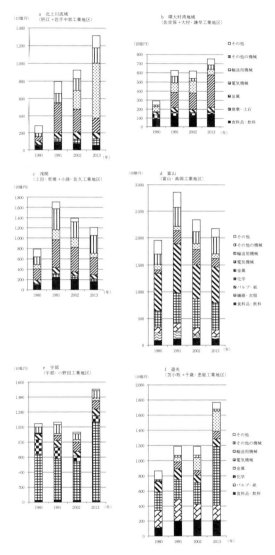

（注）化学には石油・石炭製品、金属には鉄鋼・非鉄金属・金属製品、その他の機械には一般機械・精密機械を含む。
（出所）「工業統計表　工業地区編」各年版より作成。

ることになった。その後、テクノポリス政策が廃止された後の2002年～2013年にかけても、当地域では大幅な出荷額の増加がみられた。1980年代に当地域のハイテク工業化を牽引した電気機械工業は、90年代以降、閉鎖する工場が相次ぎ、輸送用機械工業との差は開くばかりである。輸送用機械工業の伸びは、1993年に金ヶ崎町に進出した関東自動車工業岩手工場によるところが大きい。同工場で生産される小型車の販売台数の伸びは大きく、2005年には第2生産ラインが増設されている。なお、同社は、2012年にトヨタ自動車に完全子会社化され、セントラル自動車とともにトヨタ自動車東日本に統合された。関東自動車工業の岩手工場は、テクノポリス計画の下で造成された岩手中部工業団地に立地したもので、同団地内にはデンソー岩手も立地している。デンソーの工場は、1980年に操業開始した富士通セミコンダクター岩手工場から、土地、建屋、生産設備等の資産の譲渡を2012年に受けたもので、従業員も引き継ぎ、自動車用半導体の生産拠点としている[10]。

　続いて環大村湾地域における出荷額の変化をみてみよう（図3-6-2b）。北上川流域と同様に、1980年代に大幅に伸び、90年代にはやや減少したものの、2002～2013年には、再び増加に転じている。1980年代には、アメリカの半導体企業フェアチャイルドなどが進出し、電気機械工業が諫早地区で大幅に伸びるとともに、佐世保地区では造船業の伸びもみられた。1990年代は、電気機械、造船ともにやや伸びていたのに対し、一般機械・精密機械の減少が大きかった。2002年以降になると、佐世保地区の造船業に衰えがみられ、テクノポリス地域内の南北格差が顕在化してくるとともに、大村・諫早地区の電子部品・デバイス・電子回路製造業を中心とした電気機械の伸びが顕著となり、食料品・飲料も伸びてきている。とりわけ、「電子の目」といわれるイメージセンサーの量産拠点・ソニーセミコンダクタ長崎テクノロジーセンターの成長が、こうした伸びに大きく関わっていると考えられる[11]。テクノポリス政策と関連して空港と高速道路が整備され、それらに近接した諫早中核工業団地にフェアチャイルドが立地し、その用地と設備を1987年にソニーが引き継いだことが、今日の成長につながっているのである。

次に、第2の類型の事例として、浅間テクノポリス地域の業種別出荷額の推移をみてみよう（図3－6－2c）。同地域は、長野県上田・坂城地域と佐久地域とに大きく分けられるが、旧蚕糸業地域、疎開工場の進出地域、農村工業化地域、高速道路のＩＣに近接した工業団地など、工業化の歴史や集積の特徴が異なる点に留意する必要がある[12]。1980年～1991年にかけて、出荷額全体が2倍以上に伸び、とりわけ電気機械を中心としたハイテク工業の増加が大きく寄与したことがみてとれる。しかしながら、バブル崩壊後の1991年～2002年になると、多くの業種で出荷額の減少がみられ、2002年～2013年の期間においても、減少傾向に歯止めがかかっていない。2002年～2013年では、一般機械・精密機械は増加しているものの、電気機械と輸送用機械の減少幅が大きく、グローバル競争の激化により国内生産が縮小し、リーマンショックの落ち込みからの回復が十分になされていないことを示している。

　もう一つの事例として、日本海側のテクノポリス・富山地域を取り上げてみよう（図3－6－2d）。同地域は、富山市と高岡市を母都市とするが、1980年～1991年にかけて、出荷額全体が大きく伸びたが、これには医薬品を含む化学、アルミなどの非鉄金属、一般機械・精密機械、電気機械といった比較的多くの業種の伸びが寄与していた。これに対し、1991年以降は出荷額の減少傾向が続いている。1991年～2002年にかけては、非鉄金属や一般機械・精密機械の減少が目立っていたが、2002年以降になると、それらの業種および化学では増加がみられるものの、電気機械の減少が出荷額全体を押し下げる形になっている。

　最後に、第3の類型の事例として、山口県の宇部テクノポリス地域のうち、宇部・小野田工業地区を取り上げよう（図3－6－2e）。前記の二つの類型と大きく異なり、当地域では1980年～1991年にかけて出荷額はわずかな伸びにとどまり、さらに1991年～2002年にかけては、減少が顕著にみられた。このうち、電気機械工業は増加したものの、当地域の出荷額の半分以上を占める化学が減少し、セメントを中心とした窯業・土石、一般機械・精密機械工業も減少をみせた。このように当地域では、1980年代～90年代にかけて、

テクノポリス政策の効果がほとんどみられなかったのに対し、2002年〜2013年にかけて、出荷額の大きな伸びがみられるようになる。とりわけ、化学工業が2倍近くの伸びをみせている点が注目される。当地域は、大手化学企業・宇部興産の企業城下町として知られるが、21世紀に入り宇部興産が、リチウムイオン電池の電解液など、スペシャリティ化学への事業転換を進めてきたことが、化学工業の顕著な伸びに関わっている。また、当地域には山口大学の工学部と医学部、高等専門学校があり、加えてテクノポリス政策により、山口東京理科大学、山口県工業技術センター、超高温材料研究センターなどが設けられたことが下地になり、産学官連携による地域イノベーションへの取り組みが活発化してきたことも、構造変化をもたらした要因といえよう[13]。

　第3の類型のもう一つの事例として、道央テクノポリスをみてみよう（図3－6－2f）。同地域は、苫小牧市、千歳市、恵庭市などからなるが、1980年〜1991年にかけて、出荷額全体の伸びはある程度みられたが、そうした伸びは、食料品・飲料やパルプ・紙・紙加工品の出荷額の増加によるもので、電気機械などのハイテク工業の伸びはわずかにとどまっていた。1991年〜2002年にかけては、1984年に苫小牧市苫東地区に進出したいすゞのエンジン生産に加えて、1992年に自動車部品の量産拠点をトヨタ自動車北海道が同市勇払地区に設けたことにより、輸送用機械で伸びがみられたものの、パルプ・紙・紙加工品、金属、電気機械の減少がみられ、出荷額全体はわずかな減少を示した。こうした状況に対し、2002年〜2013年にかけて、出荷額全体が大きな伸びをみせるようになる。業種別内訳をみると、化学・石油製品および輸送用機械の増加が顕著であった。とりわけ、苫小牧西部工業団地に立地する出光興産による設備増強と苫東地区へのアイシン北海道の立地（2007年）が大きく寄与したとみられる。また、臨空工業団地を有する千歳市への電気機械工業などの立地も新たな動きといえる。道央地域では、大規模工業基地、テクノポリスと相次いで効果が十分にみられなかったが、21世紀に入り、空港、大規模な港湾と土地、人材を活かした新たな展開を示してきてい

第6章　日本のテクノポリス政策の今日的意義　323

るのである。

3　テクノポリス地域の新展開と地域イノベーション

　以上、統計分析の結果をもとに、テクノポリス地域における工業の変化をみてきた。総じてテクノポリス政策は、1980年代におけるハイテク工業化を各地にもたらしたが、1990年代のバブル崩壊以降、国内立地件数の減少、海外現地生産に伴う空洞化により、多くの地域で従業者数と出荷額の減少がみられた。1990年代末でテクノポリス政策は終焉を迎えたが、2000年代以降はテクノポリス地域間の差異が改めて顕在化してきている。すなわち、国際競争力を失ってきた電気機械工業に大きく依存してきた地域は、衰退からの回復が難しい一方で、電気機械に代わる自動車や化学などの産業に強みがある地域、あるいは電気機械でも国際競争力を発揮する企業が立地している地域は、成長軌道に乗ってきている。こうした工業の業種特性や立地企業による影響とともに、テクノポリス地域の最近の変化に大きく関わっていると考えられるものが地域イノベーションである。

　テクノポリス政策の下で各地域に設けられた財団や推進機関の多くは、テクノポリス法が廃止された後も、名称変更や他の機関との統合を経ながらも残され、21世紀に入って新たに登場してきたクラスター政策に対応してきた。ただし、経済産業省の「産業クラスター計画」は、地方経済産業局単位の広域的な範囲で実施されたために、それぞれのテクノポリス地域との関係をみるのが難しい。これに対し、文部科学省の「知的クラスター創成事業」や「都市エリア産学官連携促進事業」「地域イノベーション戦略支援プログラム」は、比較的狭い空間スケールで展開されてきた。表3-6-1は、それらのプロジェクトに、テクノポリス地域がどのように採用されてきたかをまとめたものである。大きくはライフサイエンスとナノテクとに分けられつつ、多くの地域で活発な動きがみられるが、継続して国の支援を受けてきた事例として、函館地域と久留米・鳥栖地域を取り上げてみよう。

324　第3部　問題地域の活性化と地域政策

表3-6-1　テクノポリス地域における地域イノベーション施策の実施状況

地域イノベーション施策	知的クラスター創成事業		都市エリア産学官連携促進事業							地域イノベーション戦略支援プログラム				
	第1期	第2期	一般型				発展型			A	B	C	D	E
地域名	02-06	07-11	02-04	03-05	04-06	05-07	06-08	07-09	08-10	11-15	11-15	12-16	09-13	10-12
道央	◇	◇												◎
函館							◎						◎	
青森				◎				◎			◎		●	
北上川			●					◎						
秋田								◎						
山形			●				◎							
仙台北部	◇	◇◎	◎											
郡山										●	◎		◎	
宇都宮							□							
信濃川					●		◎	●		●	◎			
甲府		●□	●	□										
浜松							□			□				
富山										●				
西播磨									◎		●			
吉備高原	◎			◎	□						◎			
広島中央	◎										●		●	
宇部	◎										◎		◎	
香川									◎					
愛媛														
久留米・鳥栖												□		
環大村湾						◎●								
県北国東			●		●									
熊本			●◎								●			
宮崎									◎		◎			
国分隼人														

（注）　1.　欄内の記号は各地域が文部科学省の支援を受けた事業および期間を示す。
　　　◎はライフサイエンス、バイオ、●はナノテク、医療機器、●は有機EL、その他部材、◇は情報通信、□はその他を示す。
　　　2.　地域イノベーション戦略支援プログラムは、2011年度から順次地域指定がなされ、5年間の支援が行われている。
　　　Aは国際競争力強化地域、Bは研究機能・産業集積高度化地域を示す。Cは東日本大震災復興支援型として、被災地域が対象とされた。
　　　DとEは知的クラスター創成事業等の支援を継続する地域で、Dはグローバル型、Eは都市エリア型を示す。
　　　3.　支援事業の下の数字は、事業実施期間の年度を示す。
（出所）　文部科学省資料より作成。

函館地域では、函館市、七飯町、旧上磯町、旧大野町（現在の北斗市）の1市3町が1983年のテクノポリス法施行により指定を受けた。1984年に財団法人テクノポリス函館技術振興協会（2001年に函館地域産業振興財団に名称変更）が設立され、86年には北海道立工業技術センターが設立された。同センターは、全国的にも珍しい公設民営の公設試験研究機関で、函館市テクノパーク内に立地し、全国から優秀な人材を集め、メカトロニクス、材料・真空技術、バイオテクノロジーを中心に、新技術・新製品開発に取り組んでいる[14]。

2003年度から2013年度まで、文部科学省の「都市エリア産学官連携促進事業」を中心に、切れ目なく国の支援を受けて、マリンバイオクラスター関係の地域イノベーションに取り組んできた。中心となる技術は真空技術で、函館の水産関連産業や実験用真空装置などへの展開をめざしている。もう一つが「かごめ昆布」でさまざまな加工食品への応用が図られてきている。このように函館地域では、地域資源を活かした地域イノベーションの取り組みが行われてきているが、その源にテクノポリス政策があったのである。

久留米・鳥栖地域は、福岡・佐賀両県にまたがる圏域でのテクノポリスとして注目された地域であるが、1983年に財団法人久留米・鳥栖地域技術振興センター（テクノ財団）が設立され、84年にテクノポリス地域の指定を受けた。87年には、福岡県リサーチ・コア整備基本構想が策定され、同年には株式会社久留米リサーチ・パークが設立された。88年にはいわゆる「民活法」の整備計画が認定され、89年には久留米リサーチセンタービルが完成した。その後、1999年にテクノポリス法が廃止になり、2001年度末には財団法人久留米・鳥栖地域技術振興センターは解散し、センターの事業・財産を統合し、新たに株式会社久留米リサーチ・パークを中心とした新事業創出支援体制が築かれていくことになった[15]。函館地域と同様に、久留米地域では、2003年度から2013年度まで、文部科学省の支援を受けて、久留米大学医学部を核とする研究開発、がん治療を核とした発展的な研究開発に取り組んできた。また2003年には、福岡県のバイオバレー構想を受けて「久留米アジアバ

イオ計画」が構造改革特区に認定され、2004年には福岡バイオインキュベーションセンターが完成、2007年には福岡バイオファクトリーが完成するなど、創薬と機能性食品を中心としたバイオの拠点整備が進められてきている。こうした県の施策もあり、地域イノベーションの動きは久留米地域が中心になっているが、「久留米・鳥栖地域産学官テクノ交流会」が毎年開催されるなど、広域的な交流が継続されている点は注目に値する。

　以上、2地域における地域イノベーションの取り組みを取り上げてみたが、こうした取り組みが、先にみたテクノポリス地域の従業者数や出荷額の変化、地域経済の構造変容にいかに関わるのかについては、より厳密な実態分析が必要になる。こうした特定地域についての「深掘り作業」とともに、テクノポリス地域間の比較も求められよう。いずれにしても、ハイテク工業の誘致という第1ステージのテクノポリス政策は終了したものの、多くの地域では、先端技術を活かした産学官連携による地域経済の再構築という第2のステージに入っているとみることが可能であろう。テクノポリス地域の今日的意義は、まさにこの点にあるように思われる。

注
1）伊東維年『テクノポリス政策の研究』日本評論社、1998年。なお、同書の巻末には、テクノポリス関係文献目録が掲載されている。
2）山﨑朗「テクノポリス計画の成果と課題（Ⅲ）」『彦根論叢』滋賀大学経済学会、第272号、1991年10月、76ページ。
3）鈴木茂「愛媛テクノポリス開発計画の特徴と現状」『松山大学論集』第10巻第5号、1998年12月、75ページ。同様の主張は、鈴木茂「富山テクノポリス（2）―内発型テクノポリスの可能性―」『松山大学論集』第9巻第3号、1997年8月、45ページでもみられる。
4）「テクノポリス法」は、「頭脳立地法」とともに、1998年に成立した「新事業創出促進法」に統合され、さらに、「新事業創出促進法」は、2005年に成立した「中小企業新事業活動促進法」に統合された。
5）松原宏編『日本のクラスター政策と地域イノベーション』東京大学出版会、2013年。
6）日本立地センター『テクノポリス推進調査研究報告書』1995年、同『テクノポリス推進調査研究報告書』1996年、同『テクノポリス・頭脳立地構想推進の歩み』1999年。
7）テクノポリス地域では、租税特別措置法により高度技術工業の機械設備の特別償却が認められており、その対象業種としてテクノポリス法制定直後に70業種が定められた。

8) 出荷額と同様に、3期間における工業従業者数の増減率をみてみた。1980〜1991年では、ほぼ同じ地域で、出荷額と同様な変化を示した。これに対し、1991〜2002年では、道央以外のすべての地域でマイナス20％前後を示した。2002〜2013年では、出荷額と増減率に違いはあるものの、地域的傾向は出荷額と同様であった。
9) 富山、西播磨、吉備高原、香川、愛媛の各地域については、2002年〜2013年の出荷額の伸びが全国平均よりも高くなっているが、第3類型の地域と比べると相対的に低く、また市町村合併による増加の影響も大きいと考えられることから、ここでは第2類型に含めることにした。
10) デンソー（株）ニュースリリース（2012年4月27日）による。なお、1980年代以降の北上市における地域産業政策の変化については、佐藤正志「地域産業政策の形成過程と政府間関係—企業立地促進法に着目して—」『E-journal GEO』日本地理学会、Vol.9、No.2、2014年、65〜88ページが詳しい。
11) 新興工業都市諫早市の特徴とソニー長崎 TEC の動向については、外枦保大介「新興工業都市：長崎県諫早市」松原宏編著『地域経済論入門』古今書院、2014年、158〜168ページを参照。
12) 上田・坂城地域の産業集積の特徴については、古川智史「上田・坂城地域における産業集積の構造変化」『平成27年度広域関東圏における主要産業集積地域の構造変化と将来の発展方向に関する調査研究報告書』日本立地センター、2016年、115〜149ページを参照。
13) 宇部地域における産学官連携による企業城下町の構造変化については、外枦保大介「企業城下町における地域イノベーション」松原宏編『日本のクラスター政策と地域イノベーション』東京大学出版会、2013年、173〜194ページを参照。
14) 工業技術センターの研究体制や技術開発の成果については、大沼盛男「テクノポリスにおける技術開発（R&D）と技術移転—函館テクノポリスの実態を中心として」『開発論集』北海学園大学開発研究所、第47号、39〜65ページが詳しい。
15) 久留米・鳥栖地域技術振興センターの財産継承の経緯については、久留米市 Web サイトの久留米市地域産業技術振興基金についての説明による。

第7章
国土計画と観光

米浪信男

はじめに

　国土計画は、国土の利用、整備および保全を推進するための方向性を示す計画であり、そのなかには観光に関する資源の保護、施設の利用・整備も含んでいる。わが国では、「国土総合開発法」に基づき、「全国総合開発計画」「新全国総合開発計画」「第三次全国総合開発計画」「第四次全国総合開発計画」「21世紀の国土のグランドデザイン」が策定され、その後同法を改正した「国土形成計画法」に基づき、「国土形成計画」、新「国土形成計画」が策定された。

　国土計画策定の背景、基本目標、開発方式は、最初の計画以降第7回目の現行計画まで半世紀の間に変化した。一方、毎回の国土計画のなかで必ず言及される観光に関しても半世紀の経済・社会情勢の変化に伴い、そのあり方が変化してきた（図3-7-1参照）。本章では、現在までに公表された7回の国土計画における観光および観光関連の記述を手掛かりに、国土計画における観光地域の整備、観光振興による地域の活性化の現状と課題を明らかにする。

1　「全国総合開発計画」と観光

　「全国総合開発計画」（以下、全総と略す）（1962年）は、同計画の根拠法

第7章　国土計画と観光　329

図3-７-１　国土計画と観光略年表

	1960年代	1970年代	1980年代	1990年代	2000年代	2010年代	2020年代
（ ）内は目標年次	全国総合開発計画 1962年(1970年)	新全国総合開発計画 1969年(1985年)	第三次全国総合開発計画 1977年(1987年)／第四次全国総合開発計画 1987年(2000年)	21世紀の国土のグランドデザイン 1998年(2010〜2015年)		国土形成計画 2008年(2018年)	新国土形成計画 2015年(2025年)
観光のあり方	マスツーリズム →		持続可能な観光（サステナブルツーリズム）→ アーバンツーリズム →	エコツーリズム → グリーンツーリズム → エスニックツーリズム → ヘリテージツーリズム → 地域主導型観光（コミュニティ・ベースド・ツーリズム）→	着地型観光 →	スポーツツーリズム → メディカルツーリズム →	
観光略年表	'63 観光基本法成立／'64 海外観光旅行自由化	'70 国鉄ディスカバー・ジャパンキャンペーン／'71 国内海外旅行者数が1日100万人を超える	'78 国鉄「いい日旅立ち」キャンペーン／'86 '87 運輸省「総合保養地域整備法」制定／海外旅行者数が500万人を超える計画策定	'90 運輸省海外旅行者数倍増計画策定／'91 海外旅行者数が1000万人を超える／'95 観光政策審議会「観光交流拡大プラン」21提言	'00 運輸省「新ウェルカムプラン21」公表／'02 国土交通省「グローバル観光戦略」公表／'03 訪日外国人旅行者数500万人を超える／'06 「観光立国推進基本法」成立／'08 観光庁前身設置／'09 「観光立国推進基本計画」策定	'12 '13 '15 '16 観光立国推進基本計画／訪日外国人旅行者数1000万人を超える／訪日外国人旅行者数2000万人を超える	

（出所）石森秀三他著『観光振興実務講座』（社）日本観光協会、1997年、516〜528ページ、おびよび山下晋司編『観光学キーワード』有斐閣、2011年、113〜167ページより筆者作成。

である「国土総合開発法」(1950年) の制定から12年後に策定された。同計画は、高度経済成長のなかで都市の過大化の防止と地域間所得格差の縮小のため、工業拠点を開発し、地方にその効果を波及させる拠点開発方式によって地域間の均衡ある発展を図ろうとしていた (図3-7-2、表3-7-1参照)。

「国土総合開発法」は、国土を総合的に利用、開発、保全することを意図しており、国土総合開発計画 (以下、国土計画と略す) では観光に関する資源の保護、施設の規模・配置に関する事項を含んでいた。したがって、本章ではこれから国土計画と観光の関連についてこの限定された枠内で論じる。

全総で観光についてまとまって言及しているのは、第7章「観光開発の方

図3-7-2 国土計画と関連施策の推移

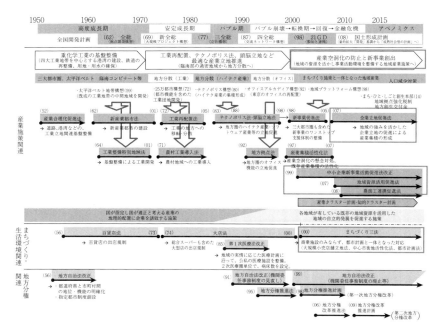

(出所) 経済産業省産業構造審議会 (第16回) 資料2「経済産業政策を検討する上での中長期的・構造的な論点と政策の方向性 (議論用) 2015年4月27日、46ページ (筆者一部加筆) (http://www.meti.go.jp/committee/summary/eic0009/pdf/016_02_00.pdf、2016年1月1日閲覧)。

表3-7-1　全国総合開発計画の比較

	全国総合開発計画（全総）	新全国総合開発計画（新全総）	第三次全国総合開発計画（三全総）	第四次全国総合開発計画（四全総）	21世紀の国土のグランドデザイン
閣議決定	1962年10月5日	1969年5月30日	1977年11月4日	1987年6月30日	1998年3月31日
策定時の内閣	池田内閣	佐藤内閣	福田内閣	中曽根内閣	橋本内閣
背景	1　高度成長経済への移行 2　過大都市問題、所得格差の拡大 3　所得倍増計画（太平洋ベルト地帯構想）	1　高度成長経済 2　人口、産業の大都市集中 3　情報化、国際化、技術革新の進展	1　安定成長経済 2　人口、産業の地方分散の兆し 3　国土資源、エネルギー等の有限性の顕在化	1　人口、諸機能の東京一極集中 2　産業構造の急速な変化等により、地方圏での雇用問題の深刻化 3　本格的国際化の進展	1　地球時代（地球環境問題、大競争、アジア諸国との交流） 2　人口減少・高齢化時代 3　高度情報化時代
目標年次	1970年	1985年	1977年からおおむね10年間	おおむね2000年	2010—2015年
基本目標	地域間の均衡ある発展	豊かな環境の創造	人間居住の総合的環境の整備	多極分散型国土の構築	多軸型国土構造形成の基礎づくり
開発方式等	拠点開発構想 目標達成のため工業の分散を図ることが必要であり、東京等の既成大集積と関連させつつ開発拠点を配置し、交通通信施設によりこれを有機的に連絡させ相互に影響させると同時に、周辺地域の特性を生かしながら連鎖反応的に開発をすすめ、地域間の均衡ある発展を実現する。	大規模プロジェクト構想 新幹線、高速道路等のネットワークを整備し、大規模プロジェクトを推進することにより、国土利用の偏在を是正し、過密過疎、地域格差を解消する。	定住構想 大都市への人口と産業の集中を抑制する一方、地方を振興し、過密過疎問題に対処しながら、全国土の利用の均衡を図りつつ人間居住の総合的環境の形成を図る。	交流ネットワーク構想 多極分散型国土を構築するため、①地域の特性を生かしつつ、創意と工夫により地域整備を推進、②基幹的交通、情報・通信体系の整備を国自らあるいは国の先導的な指針に基づき全国にわたって推進、③多様な交流の機会を国、地方、民間諸団体の連携により形成。	参加と連携 —多様な主体の参加と地域連携による国土づくり—（4つの戦略） 1　多自然居住地域（小都市、農山漁村、中山間地域等）の創造 2　大都市のリノベーション（大都市空間の修復、更新、有効活用） 3　地域連携軸（軸状に連なる地域連携のまとまり）の展開 4　広域国際交流圏（世界的な交流機能を有する圏域の形成）

（注）閣議決定、目標年次の元号は、西暦に改めた。
（出所）国土交通省国土計画局総合計画課「新しい国土形成計画について」1ページ
（http://www.mlit.go.jp/kokudokeikaku/.../New_NLSP_060515.J.pdf、2016年1月1日閲覧）。

向」[1]である。そこでは、高度経済成長に対応する観光開発について、次の2点を考慮しなければならないとしている。第1は、都市の過大化、ストレスの増加、所得水準の向上、余暇の増大に伴って国民生活において観光の必需化と国際交通の活発化に伴う国際観光の拡大であり、観光需要の拡大と必需化に見合う観光開発の必要性を強調している。第2は、工場の無秩序な進出による産業公害によって自然環境だけでなく、文化遺産の損壊をもたらすことになるため、観光資源の保護と利用について広域的な視野から観光への配慮をしなければならないとしている。

　観光開発の方向としては、次の二つを挙げている。第1は、自然資源を中心とする低開発地域の観光開発である。地域住民からみた場合、観光開発が行われることにより、経済効果だけでなく、社会効果も含めた開発効果が期待でき、地域格差の縮小に貢献するとしているが、経済効果はプラスの効果ばかりではなく、マイナスの効果もあることを認識しなければならない。第2は、都市およびその周辺の観光開発（都市観光開発）である。都市観光は、国内の旅行者にとって重要であるだけではない。外国人旅行者が日本を訪れることによる国際収支の改善、国際文化の交流などの観光の意義は大きいので、観光開発にあたり留意する必要がある。しかし、ここで使用されている都市観光という用語は、地方の観光に対して「都市における観光」という意味で使用されているにすぎず、1980年代以降わが国で本格的に使用されるようになる都市観光とは異なる。

　わが国の観光の向かうべき新たなみちを明らかにし、観光に関する政策の目標を示した「観光基本法」は、1963年に制定された。海外旅行が自由化されたのは1964年で、渡航は1年1回、外貨持ち出し額は500ドルまでの制限付きであったため、海外旅行者は少なく、全総が策定された1962年から目標年次の1970年までは、訪日外国人旅行者数が海外旅行者数を上回っていた。

2 「新全国総合開発計画」と観光

　「新全国総合開発計画」（以下、新全総と略す）（1969年）は、全総の7年後に策定された。新全総は、人口と産業の大都市への集中の結果生じた過密問題と地方における人口流失によって集落の維持ができなくなる過疎問題、そして全総から引き続く地域格差問題に対処することを課題としていた。この課題に対して採用された開発方式が、大規模プロジェクト構想[2]であった。同構想は、全国に大規模な農業開発基地、工業基地、流通基地、観光開発基地を建設、整備する大規模産業開発プロジェクトとこのプロジェクトの各基地を通信網、航空網、高速幹線鉄道網、高速道路網、港湾で結ぶ全国的なネットワーク整備のプロジェクト、そしてこれら両プロジェクトと関連して自然環境の保全、地方都市や農山漁村の環境保全に関する環境保全プロジェクトから構成されていた。

　新全総では全総とは違い、観光や観光関連の記述は少なく、大規模産業開発プロジェクトのなかで観光開発基地の建設、整備が位置づけられ、第1部第4の2-4「観光レクリエーションの主要計画課題」[3]で、自然観光レクリエーション地区の整備と大規模海洋性レクリエーション基地の建設に言及しているにすぎない。すなわち、高度経済成長が続くなかで、所得水準の上昇に伴い、消費水準が向上し、1960〜70年代にはマスツーリズムの時代を迎え、増大する観光需要に応えるため、新全総では目標年次の1985年に登山、スキーなどに必要とされる自然観光地域の総面積は約500万haで、キャンプ場、ホテル、ゲレンデなどの施設が完備した自然観光レクリエーション地区を約5万ha整備するとしている。さらに、同じ目標年次に海水浴、ヨットなどの海洋性レクリエーションに必要とされる海岸線延長は約1000kmになり、ヨットハーバー、海中公園などの施設を含む大規模海洋性レクリエーション基地を数箇所建設するとしている。

　日本人の国内旅行、海外旅行は拡大の一途をたどったが、その反面、「旅の恥はかき捨て」と言われるような観光客のマナーの悪さ、観光地の自然破

壊、風紀紊乱などの弊害が目立つようになった。そのため、新全総では自然の保護・保全と利用に際して、自然保護制度の拡充、受益者負担・利用者負担制度[4]について検討する必要があると指摘している。また、海外旅行ブームに乗って日本人の海外旅行者数は急増したが、訪日外国人の受け入れ体制は不十分であったため、訪日外国人旅行者数の増加率は低く、1971年に日本人の海外旅行者数が訪日外国人旅行者数を上回って以降、両者の格差は拡大傾向を示した。

3 「第三次全国総合開発計画」と観光

　全総と新全総は、経済企画庁の下で策定されたが、「第三次全国総合開発計画」（以下、三全総と略す）（1977年）は、国土庁（1974年）の下で策定された。三全総は、1970年代に入り、人口の地方定住、産業の地方分散の兆候がみられるなかで、大都市への人口と産業の集中を抑制する一方、過密過疎問題に対処しながら、全国土の利用の均衡を図りつつ、自然環境、生活環境、生産環境が調和のとれた人間居住の総合的環境の形成[5]を図ることを基本目標とした。三全総では、この目標を達成するための開発方式を「定住構想」と呼び、50～100世帯で形成される「居住区」（全国に約30～50万ある）、そして小学校区を単位とする「定住区」（全国に約2～3万ある）があり、この定住区が複合して形成する全国で約200～300の「定住圏」を整備する[6]ことを意図していた。

　三全総においても新全総と同様、観光や観光関連についてまとまって記述している箇所は見当たらない。せいぜい、第2「定住構想のフレーム」の3「生活様式と水準」のなかでレクリエーション[7]についての記述が目に留まるにすぎない。すなわち、高度経済成長の結果、物質的・量的な豊かさを実現した国民は、石油ショック（1973年）後の安定成長へ移行するなかで生活の質的充実を希求することになった。そして、豊かな生活を実現する過程でレクリエーション需要が増大し、1985（1990）年には登山、スキーなどに必

要とされる自然レクリエーション地域は、約570万 ha（約600万 ha）、さらに海水浴、ヨットなどの海洋性スポーツに必要とされる海洋性レクリエーション地域は、海岸線延長で約1300km（約1500km）になると試算している。土地は有限であるため、特定の地域に特定の活動が集中することによって問題が生じる恐れがある。そのため、レクリエーションスペースと他の土地利用との調整や、自然環境の保全とレクリエーション利用との調整が重要な課題となる。

　1970年代には石油危機、世界的異常気象による食料危機があり、資源の有限性が顕在化した。観光においても1980年代に入ると、1960〜70年代のマスツーリズム批判とともにそれに代わる観光（オルタナティブツーリズム）の諸形態が登場した。観光開発にあたっては、自然環境への負荷をできる限り少なくし、自然環境の保全に配慮するとともに、次世代に良好な状態の自然環境を引き継ぐという意味で、「持続可能性」（Sustainability）が必須要件となった。また、従来は観光の枠組みとして都市（観光市場）は出発地、その他地域は観光目的地という位置づけをされていたが、1980年代に入ってからは都市も都市観光資源を有しており、観光地になりうるとの認識が広がり、都市観光（アーバンツーリズム）が注目されるようになった。

4　「第四次全国総合開発計画」と観光

　「第四次全国総合開発計画」（以下、四全総と略す）（1987年）は、バブル経済の膨張期に本格的な国際化が進展し、東京への人口と中枢管理機能の集中がみられるなかで、特色ある機能をもつ地域が交流し、地域相互の分担と連携を図る交流ネットワーク構想を推進することによって多極分散型国土の形成[8]を基本目標とした。

　四全総では観光についてのまとまった記述はみられないが、観光関連のそれとしては第Ⅳ章第3節「新しい豊かさ実現のための産業の展開と生活基盤の整備」のなかで余暇活動空間の充実とリゾート地域等の整備について言及

している。前者については、労働時間の短縮、長寿化の進展などで国民一人当たりの余暇活動時間の増加と余暇活動の多様化が進むだけでなく、休暇の長期化に伴い、余暇活動領域は一層拡大するため、余暇・レクリエーションのための空間整備に取り組むとしている。後者は、「総合保養地域整備法」（1987年6月9日公布・施行）に基づいて「総合保養地域」（以下、リゾートと略す）の整備が行われた。リゾートは良好な自然的条件を有する地域に滞在し、スポーツ、レクリエーションなどの多様な活動を行うことができる地域である点に特徴がある。リゾートの整備を行おうとする地域が「特定地域」であり、そのなかにスポーツ、レクリエーションなどの多様な活動を行うことができる施設のある「重点整備地区」が整備された。

　四全総が策定された時期は、バブル経済の膨張期であり、リゾート開発の最盛期とほぼ一致しており、地方自治体、民間企業は何かに取り憑かれたかのように、リゾート開発に突進していった。しかし、リゾート開発は長期的な事業であり、資金が潤沢なこの時期にこそ、地方自治体、民間企業は腰を据えて、じっくりリゾート開発に取り組むべきであった。この当時、わが国では「日本型リゾート」の主張がみられたが、リゾートは普遍性、つまり世界に通用する国際性をもつものであり、リゾートの普遍性に立脚してヨーロッパ、アメリカ、アジア、オーストラリアなどの地域的独自性をもったリゾートが存在するのである。リゾートの普遍性を閑却して「型」を剔出することは、特殊日本的リゾートを主張することと同じである。バブル経済の崩壊後、リゾート開発ブームは終息したが、リゾートが無用になったわけではない。われわれはわが国にとってどのようなリゾートのあり方が望ましいのかを改めて考究しなければならない[9]。

5　「21世紀の国土のグランドデザイン」と観光

　戦後からバブル経済崩壊までのわが国は、経済の量的拡大「開発」基調にあったが、バブル経済崩壊後は、人の活動と自然との調和を含めた質的向上

を目指す段階に入った。このような経済・社会状況の変化を踏まえ、21世紀の国土構造のあるべき姿を提示しようとしたのが、「21世紀の国土のグランドデザイン」(以下、21GDと略す)(1998年)であった。21GDは、東京という一極、太平洋ベルト地帯という一軸に集中した現在の国土構造が活気に乏しい地方での生活、ゆとりのない大都市での生活、劣化した自然、美しさの失われた景観などの問題を抱えていることから、複数の国土軸[10]が相互に連携することにより形成される多軸型の国土構造への転換を基本目標とし、多様な主体(公的主体、民間主体)間で役割分担をしつつ、参加と連携による国土づくりを目指した[11]。

　全総では観光について章を立て、記述していたが、新全総から四全総までは節すら立てることはなかった。21GDでは第2部第2章第3節「国内及び国外からの観光の振興」と題する節を立て、記述している。5回目の国土計画で観光の振興について言及した背景[12]としては、第1に観光は人と人との交流機能として重要な役割を担っていること、第2に観光の振興が地域づくりと切り離せないことが挙げられる。わが国では1996年時点で、訪日外国人旅行者数は日本人の海外旅行者数の4分の1以下の水準にとどまっているうえ、訪問地は東京・大阪中心で、地方の観光地への訪問は少ない。21GDでは国際観光の振興[13]に関しては、外国人向け各種割引制度の拡充、宿泊料金の低廉化、ビザの発行の簡素化などの外国人観光客の増加に向けた施策を展開すること、そして地域の特色を生かしたテーマに即した広域観光ルートの開発、サービスや受け入れ環境の改善、ボランティアによるガイドの配置などにより地方圏への外国人観光客の誘致を図ることを挙げている。一方、国内観光の振興に関しては、観光需要の個性化、多様化に対応した観光産業の高度化に向けた取り組み、旅行需要の拡大に向けた環境整備、観光による地域の活性化と地域からの情報発信を促進する必要があると指摘している。

　全総から21GDまで5回の国土計画は、①「国土総合開発法」を根拠法としていたこと、②人口増加社会を前提としていたこと、③計画体系として

は、全国計画・地方計画ともに国主導の計画であったことが特徴である。計画の特徴は、前述したように、全総から四全総までは量的拡大「開発」基調であったが、21GDでは人の活動と自然との調和を含めた質的向上を特徴としていた。21GDでは、国土計画の根拠法である「国土総合開発法」は制定から半世紀が経過し、これまで同法の理念が「実際の国土計画と乖離してきている」[14]との指摘があったことから、抜本的に見直し、国土計画の理念の明確化、地方分権、行政改革などの21世紀に向けた要請に応え得る新たな国土計画体系の確立を目指す[15]との決意を表明している。

6 「国土形成計画」と観光

　三全総から21GDまでの国土計画は、国土庁が策定したが、「国土形成計画」(2008年)(表3－7－2参照)は、中央省庁の再編成で建設省、運輸省、国土庁が統合した国土交通省(2001年発足)の下で策定された。全総から21GDまでの国土計画の根拠法は、すべて「国土総合開発法」であったが、「国土形成計画」は「国土形成計画法」(2005年)に基づき、人口減少社会を前提に策定され、計画のあり方は量的拡大「開発」基調から成熟社会型の計画へ、国主導の計画から全国計画と広域地方計画の二層の計画体系(分権型の計画づくり)[16]へと変化した。

　「国土形成計画」は、(1)本格的な人口減少社会の到来を踏まえ、国土のあり方をどのように再構築するか、(2)一極一軸型の国土構造からの転換をどのように図るか、(3)都道府県を超える広域的課題にどのように取り組むかという問題意識の下で、①東アジアとの円滑な交流・連携、②持続可能な地域の形成、③災害に強いしなやかな国土の形成、④美しい国土の管理と継承、⑤「新たな公」*を基軸とする地域づくりを戦略的目標として、多様な広域ブロックが自立的に発展する国土の構築[17]を目指している。

　「観光基本法」(1963年)制定後、40年以上が経過し、①観光旅行者の需要の高度化、②観光旅行形態の多様化、③観光分野における国際競争の一層の

表3-7-2　新旧国土形成計画の比較

計画別 項目別	国土形成計画	新国土形成計画*
閣議決定	2008年7月4日	2015年8月14日
策定時の内閣	福田康夫内閣	安倍晋三内閣
背　景	1．本格的な人口減少社会の到来、急速な高齢化の進展 2．グローバル化の進展と東アジアの経済発展 3．情報通信技術の発達	1．急激な人口減少、少子化と地域的な偏在の加速 2．異次元の高齢化の進展 3．変化する国際社会の中での競争 4．巨大災害の切迫、インフラの老朽化 5．食料・水・エネルギーの制約、地球環境問題 6．ICT（情報通信技術）の劇的な進化等技術革新の進展
目標年次	2008年から概ね10年間	2015年から概ね10年間
基本目標	多様な広域ブロックが自立的に発展する国土の構築	「対流促進型国土」の形成
新しい国土像実現のための戦略的目標、具体的方向性	1．東アジアとの円滑な交流・連携 2．持続可能な地域の形成 3．災害に強いしなやかな国土の形成 4．美しい国土の管理と継承 5．「新たな公」を基軸とする地域づくり	1．個性ある地方の創生 2．活力ある大都市圏の整備 3．グローバルな活躍の拡大 4．安全・安心と経済成長を支える国土の管理と国土基盤 5．国土づくりを支える参画と連携

（注）＊本計画の正式名称は、「国土形成計画」であるが、2008年策定の同名の計画と区別するため、本名称を使用している。
（出所）各計画より筆者作成。

激化[18]などわが国の観光を取り巻く状況の変化を踏まえ、国家目標としての観光立国の実現を目指した「観光立国推進基本法」が議員立法により2006年12月13日に参議院本会議で成立し、2007年1月1日から施行された。また、同法第10条の規定に基づき、観光立国の実現に関する施策の総合的かつ計画的な推進を図るため、「観光立国推進基本計画」が2007年6月29日に策定された。「国土形成計画」では、「観光立国推進基本法」の趣旨、「観光立国推進基本計画」の計画目標を踏まえ、観光に関して第2部第3章第2節「観光振興による地域の活性化」[19]で次のように記述している。すなわち、

第1に、観光は地域資源と密接に関連しており、地域の自然、伝統文化、産業遺産などの地域資源を活用し、国内外へ情報発信することにより、個性あふれる国際競争力のある魅力的な観光地づくりを進めていくことが重要である。第2に、近年の旅行ニーズの多様化を踏まえ、知的欲求を満たす文化観光やものづくりの現場を見学し、ものづくりを体験する産業観光などの新たな観光スタイルを創出するとともに魅力的な観光地づくりに携わる人材育成に取り組む必要がある。第3に、「観光立国推進基本計画」の5年間の計画期間における基本的な目標として、①訪日外国人旅行者数を2010年までに1000万人にすること（2006年733万人）、②わが国における国際会議開催件数を2011年までに5割以上増やすこと（2005年168件）を挙げた。この目標達成のためには外国人旅行者の受け入れ体制の強化が必要であり、国際観光交流が拡大することによって、国や地域の活性化だけでなく、国際相互理解の増進につながることも期待された。

わが国の観光行政を所管する観光庁は、国土交通省総合政策局観光部に属する6課を元に同省の外局として2008年10月1日に発足した。観光庁は観光に関する権限をすべて集中しているわけではなく、グリーンツーリズム、ブルーツーリズムは農林水産省、産業観光、産業遺産観光は経済産業省、文化観光は文化庁がそれぞれ所管している。わが国で将来、観光省が誕生することがあれば、現在各省庁に分散している観光行政が観光省に一元化されるであろう。

7　新「国土形成計画」と観光

新「国土形成計画」[20]（2015年）は、急激な人口減少、高齢化の進展、30年以内の発生確率が70％とされる首都直下地震、南海トラフ巨大地震などの巨大災害の切迫、グローバル化の進展の下での競争の激化などの国土を取り巻く状況の変化を背景として、多様な地域性を持つ地域間のヒト、モノ、カネ、情報の活発な流れである「対流」が全国各地で起こり、イノベーション

の創出を促す「対流促進型国土」の形成を基本構想（基本目標）としている。そのための国土構造、地域構造のあり方（基本コンセプト）が、生活に必要な各種サービス機能を一定地域にコンパクトに集約化し、地域間のつながりを重視する「コンパクト＋ネットワーク」の形成である。そして、この国土の基本構想を実現するための施策の方向性としては、①個性ある地方の創生、②活力ある大都市圏の整備、③グローバルな活躍の拡大（グローバル化に対応した国土の形成）、④災害に対して安全・安心で、かつ経済成長を支える国土の管理と国土基盤の整備、⑤地域づくり、国土づくりへのさまざまな主体の参画と連携を挙げている。

　本計画は「平成23年（2011年）東北地方太平洋沖地震」（2011年3月11日）による東日本大震災後に策定されたことから、巨大災害への防災・減災のための国土基盤の整備を重視している。災害に対して粘り強く、しなやかな国土を形成するために、「強くしなやかな国民生活の実現を図るための防災・減災等に資する国土強靭化基本法」が2013年12月11日に公布・施行された。政府は災害に対する備えを怠ることなく、安全・安心な国土の形成に努めなければならないが、防災・減災を錦の御旗とする公共事業費の節度のない増額に対して国民は監視の目を光らせる必要がある。

　本計画では観光に関して、前計画同様、第2部第3章第2節「観光振興による地域の活性化」[21]で、次のように記述している。すなわち、第1に、近年訪日外国人旅行者数は急増しているが、訪問先は大都市に偏重しているため、全国各地を訪問してもらえるよう官民が連携して魅力的な観光地域づくりを進めることが重要である。また、観光を軸としたサービス産業の付加価値生産性の向上を図るとともに、地域におけるインバウンド消費の拡大に取り組む必要がある。第2に、外国人旅行者の出入国手続きの迅速化、円滑化、観光地へのアクセスや観光地間の対流を支える交通基盤を整備するなど、先手を打って、「攻め」の受け入れ環境の整備を促進する。第3に、多様な国・地域からの観光客の誘致を促進するとともに訪日外国人旅行者に満足してもらえる日本文化体験プログラムを提供し、質の高い観光を通じた対

流の拡大を図る必要がある。第4に、「観光立国推進基本計画」[22]（2012年3月30日閣議決定）では、2020年初めまでに訪日外国人旅行者数2500万人を目標にしており、急増する訪日外国人旅行者の安全・安心を守り、移動の円滑化を図るなどの受け入れ体制を整備し、観光立国に対応した国土づくりをする必要がある。

2013年現在の世界各国・地域の「国際観光客到着数」で10位までの国（フランス、アメリカ、スペイン、中国、イタリア、トルコ、ドイツ、イギリス、ロシア、タイ）のうちドイツとロシアを除く8か国は、「国際観光収入」においても10位以内に入っている[23]。つまり、国際観光客到着数の多い国は、国際観光収入も多く、観光で稼いでいる。一方、わが国の国際観光客到着数が第26位、国際観光収入は第21位である現状を鑑みると、訪日外国人旅行者数の増加目標だけにとどまらず、観光産業の付加価値生産性の向上に官民一体となって取り組み、稼げる観光産業を実現しないかぎり、観光先進国への仲間入りは難しい。

むすび

国土計画は、全総から新「国土形成計画」まで半世紀の間に7回策定された。国土計画は、戦後の歴史とともに歩んできたと言える。政治、経済、社会の変化とともに国土計画も変化を遂げてきた。国土計画では多岐にわたる分野に対応した国土づくりの方向性を示しており、これまでその方向性を巡ってさまざまな議論が展開されてきた。たとえば、「開発－抑制」「集中－分散」「選択と集中－多様性」「量的拡大－質的充実」「大都市重視－地方重視」「中央集権－地方分権」などである。これらは一方が正しく、他方が誤りという単純なものではない。自動車にアクセルとブレーキがあるように、経済、社会の発展段階に応じて、アクセルの踏み加減、ブレーキの掛け具合を調整していかなければならない。

国土計画には観光に関する資源の保護、施設の利用・整備を含んでいる。

国土計画のなかでの観光の取り扱いをみると、全総では章を立てて記述していたが、新全総から四全総までは節すら立てられなかった。その後、21GDから新「国土形成計画」までは節を立てて記述しており、観光立国に対応した国土づくりの重要性の認識が高まってきている。わが国が観光立国の基盤を整備し、観光先進国の仲間入りをするためには、観光の量的拡大を求めるだけでなく、質的充実が重要である。国土計画策定の間隔は、これまで7～11年であることから、次の国土計画策定は2020年東京オリンピック・パラリンピック以降と想定される。その時には、国土計画のなかで観光先進国に対応した国土づくりの方向性が示されることを期待したい。

注
1) 経済企画庁編『全国総合開発計画』大蔵省印刷局、1962年、46～49ページ。
2) 経済企画庁編『新全国総合開発計画』大蔵省印刷局、1969年、42～45ページ。
3) 同前、28～29ページ。
4) 同前、77ページ。
5) 国土庁編『第三次全国総合開発計画』大蔵省印刷局、1977年、7ページ。
6) 同前、27ページ。
7) 同前、17ページ。
8) 国土庁編『第四次全国総合開発計画』大蔵省印刷局、1987年、7ページ。
9) 米浪信男「リゾート開発と地域経済」『神戸国際大学経済経営論集』第15巻第2号、1995年12月、69～70ページ。
10) 国土庁編『21世紀の国土のグランドデザイン』大蔵省印刷局、1998年、8ページ。国土軸とは、「国土の縦断方向に長く連なる軸上の圏域」をいう。
11) 同前、20ページ。
12) 国土庁計画・調整局監修『21世紀の国土のグランドデザイン－新しい全国総合開発計画の解説－』時事通信社、1999年、200ページ。
13) 前掲注10)、54～55ページ。
14) 下河辺淳『戦後国土計画への証言』日本経済評論社、1994年、343ページ。
15) 前掲注10)、31ページ。
16) 国土交通省「国土形成計画（全国計画）の概要」2008年7月、1ページ（http://www.mlit.go.jp/common/001106581.pdf、2016年1月1日閲覧）。
17) 国土交通省「国土形成計画（全国計画）」2008年7月、1～30ページ（http://www.mlit.go.jp/common/001106582.pdf、2016年1月1日閲覧）。
　＊「新たな公」とは、行政だけでなく多様な民間主体が、従来の公の領域に加え、公共的価値を含む私の領域や、公と私との中間的な領域で協働することをいう（27～28ページ）。

18) 国土交通省編『観光白書（平成19年版）』（株）コミュニカ、2007年、1〜6ページ。
19) 前掲注17)、67〜69ページ。
20) 国土交通省「国土形成計画（全国計画）」2015年8月、1〜56ページ（http://www.mlit.go.jp/common/001100233.pdf、2016年1月1日閲覧）。
21) 同前、102〜105ページ。
22) 観光庁「観光立国推進基本計画」2012年3月30日、9ページ（http://www.mlit.go.jp/common/000208713.pdf、2016年1月1日閲覧）。
23) デービッド・アトキンソン『新・観光立国論』東洋経済新報社、2015年、50〜51ページ。

第8章
東日本大震災・原子力災害と地域経済
——県民経済計算による経済活動別の地域動向から——

山川充夫

はじめに：東日本大震災による経済的被害推計

　東日本大震災からすでに5年半が経過した。内閣府は東日本大震災による経済的被害（毀損資本ストック）を16.9兆円と推計した[1]。しかし、福島原発事故による被害は含まれていない[2]。政府はこれらの被害推計額に基づいて、東日本大震災被災地域の復旧・復興に向けて、2011～15年度を「集中復興期間」と定め、この間に総額23.5兆円の事業を行うと見込んだ。こうした損害額の推計と復興予算の計上について、齊藤誠らは阪神淡路大震災との比較によって東日本大震災の被害額が過大に積算されていると批判し、「津波被災市区町村」ではなく「津波浸水地域」に絞り込むことによって、「被害額推計の上限」を11.7兆円として仕切り直すべきと提言している[3]。しかしこれらの被害額にも原子力災害は含まれていない。

　本章の目的は東日本大震災及び東京電力福島第一原子力発電所事故被害（以下、震災原災）を契機とする経済的被害と復旧復興需要が、日本経済の地域構造と震災原災地の地域経済にどのような影響を与えたのかにかかわり、先行研究を参考にしつつ、震災原災後に地域経済に影響を及ぼす震災復興予算や原子力損害賠償がどのように執行されたのか追い、県民経済計算（2010年度／2011年度／2012年度）の統計数値を活用し、経済活動別にどのような影響をもたらしたかについて、特に主要な被災地である福島県、宮城県、岩手県の県民経済計算の分析を通じて考察したい。

1 震災原災の経済的被害・復旧のとらえ方

(1) 震災復旧のマクロ指標による復旧状況分析

　徳永澄憲・沖山充・阿久根優子は、鉱工業生産指数の推移から、①震災後3か月で被災4県（岩手・宮城・福島・茨城県）の製造業の生産量が26％減と大きく落ち込んだが、半年後には10％減、1年後には6％減、2年後には2％減と落ち込みが小さくなってきたこと、②業種別では石油化学関連（44％減）が最も落ち込みが大きく、非耐久消費財（32％減）、自動車（30％減）、設備基盤（26％減）、食料品・たばこ（22％減）、電子通信機器（19％減）、一般機械（10％減）の順で落ち込みが大きかったこと、③震災前水準には、一般機械が半年後、自動車が1年後、食料品・たばこが2年後に戻ったが、その他の製造業はなお回復できないこと、④最も回復が遅れたのはサプライチェーンの寸断を最も大きく受けた電子通信機器であること、を明らかにした[4]。

　また沖山・徳永・阿久根は、被災4県（岩手・宮城・福島・茨城県）では、①第1次・2次産業よりも第3次産業の家計所得への波及効果が大きいこと、②第1次産業は他地域に比べてその変化による波及効果が大きいこと、③被災による輸出減少が生産を6.5兆円減少させ、家計所得を2兆円（1世帯当たり66万円）減少させたこと、④農業と漁業の生産活動がそれぞれ2.6％と77.1％減少し、こうした被害が被災4県の総生産を全体で0.5兆円減少させたこと、⑤国が被災4県の地方政府に対して1兆円の所得移転を実施した場合、被災4県の産業に2.5％前後のプラス効果をもたらす一方で、他地域は0.1％のマイナスの影響を受けることなど、を推計した[5]。

(2) パネルデータの活用による震災原災の影響分析

　地域経済活動の変動による企業レベルへの影響については東北活性化研究センターの研究がある。ここでは、①産業連関的に東北を牽引する重要な産業が農業、飲食料品、パルプ・紙・木製品、電気機械、精密機械などである

こと、②密接な県間取引関係（塊）を形成している産業が農業と飲食料品電気機械などであると分析している[6]。

齊藤有希子は「東日本大震災において、被災地以外の企業がどの程度の割合で被災地の企業とつながりを持っているのか、約80万社の企業間の取引関係データを用いて分析した。分析の結果、東北以外の地域でも、被災地の取引先の割合は3％未満に過ぎないが、取引先の取引先まで含めると5～6割、さらなる取引先まで含めると9割近くなり、被災地の企業と関係を持たない企業はほとんどいない」[7]ことを確認している。

岩手県・宮城県・福島県・八戸市内の企業に焦点を絞ったパネル調査として、東北大学大学院経済学研究科地域産業復興調査プロジェクトの『震災復興企業実態調査』がある。その集計結果によると、①東北3県の産業部門別の業況感は復興特需に関連した産業である建設業と不動産業では、2013年度の業況感が高いが、2014年度には失速が始まり、2015年度には大きく落ち込んでいること、②製造業では2014年度に回復の兆しがみえたこと、③農林漁業や通信・運輸業では震災原災で壊滅的被害を受けたが、その後は4年連続で業況感が回復していること、④卸・小売業では2014年度まで3年連続で業況感が低下し、2015年度においても低迷から抜け出せていない[8]。

東日本大震災の家計レベルへの影響については、慶應－京大グローバルCOEがパネル調査「東日本大震災に関する特別調査」を実施した。震災後3か月間の家計生活行動については、①全国的には買い溜め行動と買い控え行動が見られたこと、②特に東北・関東では行楽・観光行動が自粛されたこと、③東北3県では財・サービスの支出・購入の増減が他地域よりも激しかったこと、などを指摘している[9]。

（3）　原子力災害の地域経済連関的波及

福島県における原発停止がどのような産業連関効果をもらすのかを計測したのが、増田聡・和田賢一の研究である。増田らは原子力災害の主たる影響を原発運転停止、県外避難による人口減少、観光業の風評被害の三つに絞

り、その産業連関効果を調べた結果、原発運転停止が7635億円減、人口減少が816億円減、風評被害が2807億円減、合計で1兆1258億円減をもたらすと推計した。この減少幅は福島県内総生産7兆1263億円（2010年度）の8％に相当している[10]。

また藤本典嗣によれば、原災前の福島の産業構造は「電力業＋製造業」を基軸としていたが、原災による原発操業の停止により「電気業」総生産が約5400億円減少した。福島復興政策のもとで産業構造は「除染集約型」の公共事業に再編強化され、「地方出先機関が所在する仙台市、復興局が置かれている福島市、盛岡市といったところで、公共事業を中心とした取引が行われ」[11]ているので、東北地方の都市の上位階層性がさらに強化されると展望している。

2　東日本大震災復興予算執行と原災賠償額

「東日本大震災からの復興の基本方針」（2011年7月29日決定・8月11日改定）は復興期間を10年間とし、当初の5年間を「集中復興期間」と位置づけ、2015年度末までの事業費は国・地方（公債分）合わせて、19兆円程度と見込んだ。実際には集中復興期間に25.5兆円の事業費用が組まれ、その内訳

表3-8-1　復興予算とその執行状況

(単位：億円、％)

年度 項目	国による執行状況			現場での執行状況				
	予算現額 (A)	配分額 (B)	執行率 C=B/A	配分額 (年度末累計) (D)	当該年度までの想定執行額 (E)	想定執行率 F=E/D	契約額 (G)	契約額執行率 H=G/F
2011・12年度	18,480	15,701	85%	15,701	5,809	37%	3,066	53%
2013年度	9,306	4,502	48%	20,203	9,271	46%	9,271	68%
2014年度	8,441	5,445	65%	25,648	20,453	80%	(調査中)	
2015年度	6,168	---	---	---	---	---	---	---

(出所) 復興庁「復興交付金の成果と残された課題」2015年5月12日。

は、「住宅再建・復興まちづくり」が10.0兆円、「産業・生業（なりわい）の再生」が4.1兆円、「被災者支援（健康・生活支援）」が2.1兆円、「原子力災害からの復興・再生」が1.6兆円、「その他（震災特別交付金など）」が7.8兆円であった。これらのほとんどは「基幹事業」と銘打つ土木・建設のハード事業である。これらを県別でみると、宮城県が1兆8618億円で最も多い58％を占め、これに岩手県8156億円、福島県4024億円が続き、その他の都道府県は1137億円であった。

しかし事業は予算通りには執行されていない。予算は「現額」として組まれたものの、現場において契約できたのは2013年度末累計で9271億円にとどまった。この契約額率は現場での対想定執行額の68％、対現場配分額の46％であり、対2013年度末累計予算現額の33％にとどまった[12]。

「原子力災害からの復興・再生」に絞ると、2011年度から2013年度の累計予算額2兆7861億円のうちで最も多いのは、除染等1兆7493億円（執行額1兆965億円、執行率63％）であり、これに研究開発拠点整備等4297億円（同4173億円、97％）、風評被害対策・食の安全確保等3838億円（同3349億円、87％）、ふるさとの復活1394億円（同405億円、29％）、その他837億円（同377億円、45％）であり、「原子力災害からの復興・再生」全体の3分の2弱は除染等の「土木作業」であった[13]。

こうした復旧・復興への取り組みにより、2015年3月現在で仮設住宅の建設（約5万3千戸）と民間アパートなどが見なし仮設住宅（約7万戸）として提供された。住宅の自己再建は約11万戸、また災害復興公営住宅が約1万戸完成した。しかしなお約8万2000人がプレハブ型仮設住宅に入居している（2015年1月）。瓦礫処理は避難指示区域を除き概ね完了し、道路・鉄道・上下水道・電気・通信等の公共インフラは一部を除き復旧し、学校・病院施設の復旧率は9割である。岩手・宮城・福島3県の産業と生業の再生は、鉱工業生産指数では震災前の水準にほぼ回復し、津波被災農地では営農再開が7割で可能となり、水産加工業では8割で業務が再開され、有効求人倍率では震災直前の0.45から1倍超へ改善した[14]。

原子力災害による放射能汚染と避難指示に伴う原子力賠償は、原則として強制避難者に対する賠償である。これは、原子力損害賠償紛争審査会の中間指針（2011年8月5日）及び中間指針第4次追補（2013年12月）に拠り、東京電力が財物賠償、精神的損害賠償等、生活の再建を図るための住居確保に係る賠償、一括慰謝料の賠償を行っている。損害賠償の累計額は2016年3月末現在で6.1兆円であり、その内訳は個人賠償1.9兆円、法人個人事業主賠償2.4兆円、共通・その他1.4兆円、仮払補償金0.2兆円であった。

3　震災原災前後での経済活動別総生産への影響（2010年度〜2012年度）

　東日本大震災は2011年3月11日に発災した。『県民経済計算』は4月から翌年3月までの年度計算であるので、被災前の状況は2010年度、被災直後の状況は2011年度、被災復旧の状況は2012年度によって観察できる。震災原災前後の県内総生産の都道府県合計は、2010年度から2011年度にかけては495兆円から498兆円へと増加したが、2011年度から2012年度にかけては497兆円に減少した[15]。

　活動部門別で2年間連続して総生産が増加したのは鉱業、建設業、不動産業、運輸業、サービス業、対家計民間非営利サービスなどである。これらはいずれも震災津波被害からの復旧復興におけるハード整備（鉱業、建設業、不動産業、運輸業）やソフト支援（サービス業、対家計民間非営利サービス）にかかわる部門である。2年間連続して総生産を減少させた産業部門は、原発が全面停止に追い込まれた電気を含む電気・ガス・水道業と、地震や津波被災で巨額の保険金支払いを請求された金融・保険業である。

　2011年度には総生産を増加させたものの、2012年度には減少に転じた産業部門は製造業、政府サービス生産者、卸売・小売業、情報通信業などである。製造業は復旧復興での製品需要の一時的増大とその後の定常への戻りを反映している。情報通信業は震災による情報通信網の復旧投資とその完了を

反映している。卸売・小売業は復興支援に生活物資等の供給が増えたことによる。政府サービス生産者は復旧復興への財政出動の仕方を反映している。他方、農林水産業部門は逆の増減を示した（図3-8-1）。

4 福島県：地震・津波・原発事故の複合災害

　2010年度から2011年度の県内総生産減少率が最も大きかったのは福島県である。福島県の総生産は6兆9450億円から6兆3184億円へと15.1％低下した。低下の大きな要因は電気・ガス・水道業と製造業と農林水産業での減少であり、それぞれ3727億円減、3775億円減、265億円減であった。卸売・小売業、金融・保険業、情報通信業、サービス業も総生産が100億円前後減少した。対前年度比で増加したのは、建設業1796億円増、政府サービス生産者

図3-8-1　東日本大震災前後（2010年度〜2012年度）部門別総生産変動（全国）

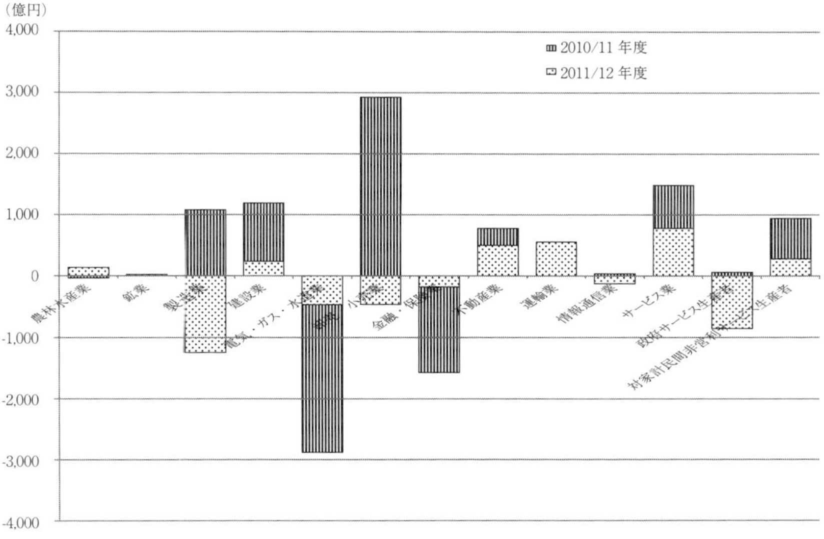

（出所）内閣府『県民経済計算（平成13年度-平成24年度）』

391億円増、対家計民間非営利サービス生産者53億円増、運輸業15億円増、鉱業8億円増であり、いずれもハード面及びソフト面での復興需要に直結する経済分野であった（図3-8-2）。

　2011年度から2012年度にかけては、復興需要によって福島県の総生産は4433億円増加した。経済活動別で総生産が増加したのは、情報通信業と政府サービス生産者とを除くすべての分野だが、ハード面及びソフト面での復興需要に直結しない部門では、経済活動は震災前の水準にはもどっていない。特に電気・ガス・水道業は616億円の回復にとどまり、対震災前水準では3111億円減であった。製造業は1904億円の回復だが、1871億円の減少であり、農林水産業は25億円の回復したが、241億円の減少であった。

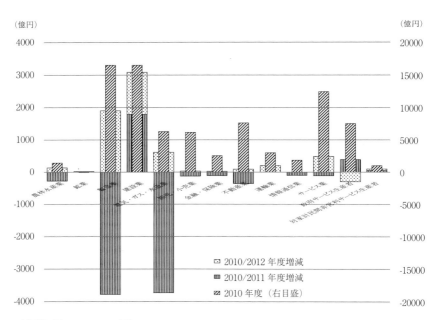

図3-8-2　東日本大震災前後（2010年度〜2012年度）部門別総生産変動（福島県）

（出所）図3-8-1に同じ。

5　宮城県：女川原発の稼働停止が総生産回復の足かせ

　2010年度から2011年度の総生産減少が福島県に次いで大きかったのは宮城県であり、7兆8626億円から7兆7005億円へと1621億円減（対前年度比－2.3％）であった。宮城県内総生産の減少は、製造業2013億円減、電気・ガス・水道業1083億円減、不動産業863億円減、運輸業1214億円減などに起因している。ただし宮城県は福島県よりも早く復興需要が発現しており、建設業1976億円増、卸売・小売業873億円増、情報通信業406億円増、サービス業251億円増、政府サービス生産者139億円増となった。しかし津波被害による総生産の減少はなお補塡できていない（図3－8－3）。

6　岩手県：復興需要で総生産が2年連続の増加

　震災被害の大きかった3県のなかで唯一、岩手県の県内総生産は2010年度4兆1138億円から2011年度4兆1543億円へと405億円増加した。その理由は福島県や宮城県よりも製造業と電気・ガス・水道業での減少がかなり小さかったことにある。岩手県は製造業立地の主力が臨海部ではなく内陸部であること、県内に原子力発電所がなく稼働停止という影響がないことによっている。また総生産が増加したのは建設業であり、復興需要によりその総生産は1287億円増加した（図3－8－4）。

　2011年度から2012年度にかけて、岩手県内総生産は1958億円増となり、2年連続で総生産を伸ばした。経済活動別において2年連続で総生産を伸ばしたのは、建設業、サービス業、対民間非営利サービス生産者である。対前年度の増加額が対前々年度の減少額を上回っているのは、農林水産業、鉱業、運輸業である。また、対前々年度の減少を補塡できていないが、対前年度において増加に転じたのは、製造業、電気・ガス・水道業、卸売・小売業、金融業、情報通信業、不動産業などである。対前々年度比で増加したものの、対前年度比でそれを上回る落ち込みを見せたのは、政府サービス生産者であ

354 第3部 問題地域の活性化と地域政策

図3-8-3 東日本大震災前後（2010年度〜2012年度）部門別総生産変動（宮城県）

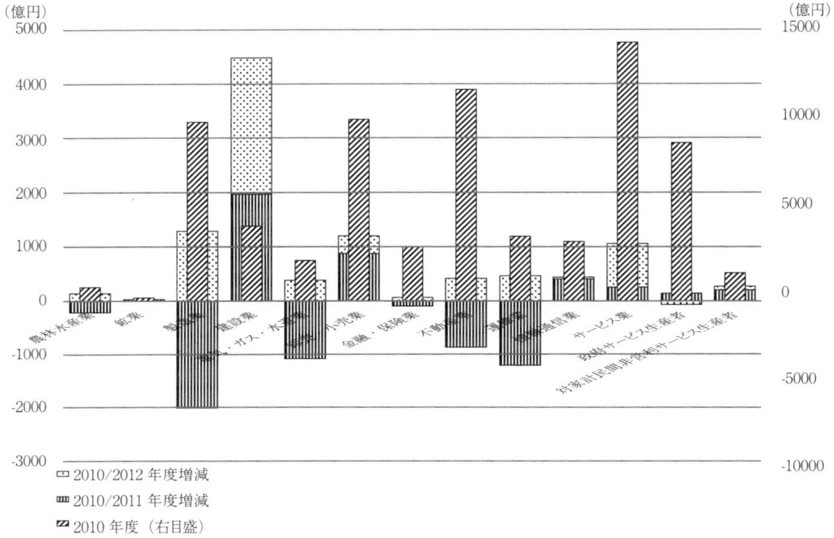

凡例：
- 2010/2012年度増減
- 2010/2011年度増減
- 2010年度（右目盛）

（出所）図3-8-1に同じ。

った。

まとめにかえて：震災原災復興と日本経済の地域構造

東日本大震災の被害と復興が日本経済の総生産の地域構造にどのような影響を与えているのであろうか（図3-8-5）。震災原災前後において東日本諸県では、被害状況と経済活動構造の違いによって総生産の動きは複雑である。栃木・千葉では2年連続で減少する一方で、青森・宮城・福島では直後には減少したものの、その後増加に転じている。また岩手・茨城では2年連続で増加している。これに対して東京以西の都府県では、愛知を除いて、震災直後には経済活動を補完するように総生産を増加させ、その後は減少させるという動きを示した。大きな例外は愛知であり、震災後2年間連続して総

第8章 東日本大震災・原子力災害と地域経済 355

図3-8-4 東日本大震災前後（2010年度～2012年度）部門別総生産変動（岩手県）

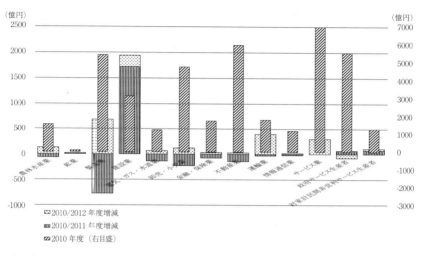

(出所) 図3-8-1に同じ。

図3-8-5 2010年度～2012年度の都道府県内総生産の増減

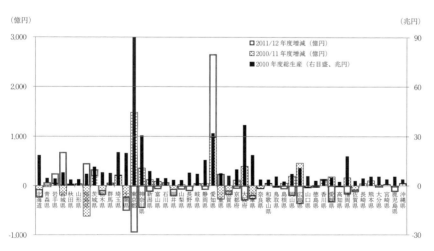

(出所) 図3-8-1に同じ。

生産を増加させている。こうした都道府県間増減を経済活動別変動と関連させて整理をすると、概ね以下の5つにまとめることができる。

第1に、明確な変化は電力業であり、原発立地道県においてその総生産の大幅な減少がみられる[16]。これは東日本大震災にともなう福島第一原発事故による稼働停止の直接的な影響を受けている。原発立地県における年度による総生産変動の違いは、福島を除けば、定期点検の時期の違いを反映しているが、規制基準の強化と国民県民の強い批判によって、いずれも再稼働できなかったことを要因としている。今後、廃炉の道をたどるのか再稼働の道が開けるのか、すべての原発が再稼働できるわけではないので、電力業の総生産配置は大きく変動していくことになる。

第2は、農林水産業や製造業であり、被災あるいはサプライチェーン分断による供給不足は、他産地や他工場によって補完されたという動きが明確にみられる。農業については被災地以外の東日本の産地によって、林業・漁業については西日本の産地によって補完された。製造業については、ガソリン供給基地が被災したため西日本から供給され、輸送用機械や電気機械も同様である。これらは翌年度には以前の地域的配置への回復傾向をみることができるが、福島の第1次産業の減少と愛知における輸送用機械の増加とが、農業と製造業の地域配置を微妙に変動させている。

第3は、同じ補完であっても都市階層性にかかわる変動である。震災原災直後、首都や地方中枢都市を抱える都道府県で卸売業や情報通信業の総生産が大きく伸びた。これに対して金融保険業の総生産は東京で大きく落ち込んだ。これらは2012年度には被災地の卸売業を除き、逆方向に動いている。

第4は、震災原災被災地の復興事業予算の動きを正の相関で反映する建設業・鉱業・不動産業・公務などである。これは復興予算の多くがハード整備事業であることから、建設業の総生産変動が最も敏感であり、それに比べて鉱業・不動産業の総生産変動は比較的緩慢である。また公務の総生産増加は復興予算執行にかかわる公務労働の増加に起因している。これらはいずれも年を経るにつれて震災前の地域配置に収斂していく。

第5は、震災原災のみの直接的影響だけでは総生産の地域配置を変動させることがほとんどない経済活動である。これには電気・ガス・熱供給・水道業（公的・民間部門）や、学術・開発研究機関、宿泊・飲食サービス（例えば給食センターや国公立義務教育学校からの委託）、学校教育、社会教育、職業訓練などのサービス業（公的）、さらに対家計民間非営利サービス、対個人サービス（民間）、対事業所サービス、放送業などが入っている。

　このように震災原災による地域経済活動への影響は、原子力災害を契機とする原発稼働停止や放射能汚染が電気業や第1次産業に対して中期的ないしは長期的な減少をもたらし、逆に復興予算の執行がハード整備事業を通じて建設業・鉱業・不動産業・運輸業・公務に増加をもたらしている。これらに対して、製造業・情報通信業・卸売業などは被災地を除けば、補完活動を通じて従前の集積地を活発にしたという動きをもたらしたといえよう。

（付記）　本章は日本学術振興会科学研究費補助金基盤研究（S）「東日本大震災を契機とした震災復興学の確立」（代表者：山川充夫、課題番号：25220403、期間：2013～2017年度）の研究成果の一部である。

注
1）内閣府『平成23年度　年次経済財政報告』2011年。
2）蓮江忠男・大沼久美「東日本大震災の県別被害状況」福島大学国際災害復興学研究チーム編著『東日本大震災からの復旧・復興と国際比較』八朔社、2014年。
3）齊藤誠編『震災と経済』東洋経済新報社、2015年。
4）徳永澄憲・沖山充・阿久根優子「東日本大震災によるサプライチェーン寸断効果と自動車産業クラスターによる復興分析：地域CGEモデルを用いて」『RIETI Discussion Paper Series』独立行政法人産業経済研究所、13-J-068、2013年9月。
5）沖山充・徳永澄憲・阿久根優子「東日本大震災の被災地域への負の供給ショックと復興の経済波及効果に関する乗数分析－2地域間SAMを用いて－」『RIETI Discussion Paper Series』独立行政法人経済産業研究所、12-J-024、2012年7月。
6）財団法人東北活性化研究センター『産業連関分析による産業政策の方向性　概要』2012年。
7）齊藤有希子「被災地以外の企業における東日本大震災の影響－サプライチェーンにみる企業間ネットワーク構造とその含意－」『RIETI Discussion Paper Series』独立行政法人経済産業研究所、12-J-020、2012年7月、1ページ。
8）東北大学大学院経済学研究科・地域産業復興調査研究プロジェクト編『東日本大震災

からの地域経済復興への提言―被災地の大学として何を学び、伝え、創るのか―』河北新報出版センター、2012年；同編『東北地域の産業・社会の復興と再生への提言―復興過程の現実に向き合い、地域の可能性を探る―』河北新報出版センター、2013年；同編『震災復興政策の検証と新産業創出への提言―広域的かつ多様な課題を見据えながら「新たな地域モデル」を目指す―』河北新報出版センター、2014年；同編『震災復興は東北をどう変えたか―震災前の構造的問題、震災から5年目の課題、これからの東北の新たな可能性―』南北社、2016年。

9）坂本和靖・石野卓也・萩原里沙・曺成虎・小林徹・何芳「景気回復基調下における家計行動と震災による家計行動への影響― KHPS2011調査、「東日本大震災に関する特別調査」から―」瀬古美喜・照山博司・山本勲・樋口美雄・慶應 - 京大連携グローバル COE 編『日本の家計行動のダイナミズム[Ⅷ]―東日本大震災が家計に与えた影響―』慶應義塾大学出版会、2012年。

10）増田聡・和田賢一「産業再生と地域経済復興に関わる幾つかの論点」東北大学大学院経済学研究科・地域産業復興調査研究プロジェクト編『震災復興政策の検証と新産業創出への提言―広域的かつ多様な課題を見据えながら「新たな地域モデルを目指す―」』河北新報出版センター、2014年。

11）藤本典嗣「福島県の地域構造の変遷―震災前と震災後―」星亮一・藤本典嗣・小山良太『フクシマ発　復興・復旧を考える県民の声と研究者の提言』批評社、2014年、157ページ。

12）復興庁「復興交付金の成果と残された課題」2015年。

13）復興推進会議「今後の復旧・復興事業の規模と財源について」2013年。

14）復興庁「復興4年間の現状と課題」2015年。

15）ここでは経済活動別の数値との整合性（すなわち輸入品に課される税・関税及び総資本形成に課される消費税を含んでいる）を図るために、経済活動別県内総生産「小計」の数値を使っている。また経済活動別の総生産において秘匿都道府県がある場合は、それ以外を累計した数値を都道府県合計とした。

16）山川充夫「脱原発・再エネ導入と地域経済循環の確立」『地理』第61巻第3号、2016年3月、60～68ページ。

伊東維年教授　略歴・社会貢献・研究業績

略歴

1945年10月1日	佐賀県佐賀市に生まれる
1969年3月	佐賀大学文理学部法学経済学課程経済学専修卒業（社会学士）
1974年3月	九州大学大学院経済学研究科修士課程修了（経済学修士）
1977年3月	九州大学大学院経済学研究科博士課程単位取得満期退学
1977年4月	九州大学経済学部助手（農業政策講座）採用
1978年4月	九州大学産業労働研究所助手（経済・経営部門）に配置換え
1979年3月	九州大学産業労働研究所助手辞職
1979年4月	熊本商科大学経済学部講師採用（経済地理学担当）
1988年10月	熊本商科大学経済学部助教授（経済地理学担当）
1993年4月	熊本商科大学経済学部教授（経済地理学担当）
1993年4月	九州大学経済学部非常勤講師採用（経済地理学担当）（1994年3月まで）
1994年4月	熊本商科大学の名称変更により熊本学園大学経済学部教授
1995年5月	博士（経済学）（九州大学、経済博乙第108号）の称号を受ける
1996年4月	熊本学園大学大学院経済学研究科経済学専攻修士課程教授（地域産業論特殊研究担当）
1998年1月	熊本学園大学付属産業経営研究所所長（2001年12月まで）
1998年10月	熊本県立大学総合管理学部非常勤講師採用（地域産業論担当）（2003年12月まで）
2005年4月	熊本学園大学大学院経済学研究科経済学専攻博士後期課程教授（地域開発論研究指導担当）
2016年3月	熊本学園大学名誉教授（第54号）の称号を受ける
2016年3月	熊本学園大学定年退職
2016年4月	熊本学園大学経済学部特任教授採用（経済地理学担当）
	現在に至る

社会貢献

1. 熊本県農村地域工業等導入促進審議会委員（1989年2月～2003年6月）
2. 熊本県先端技術波及促進協議会幹事（1994年8月～1995年7月）
3. 平成8年度「大牟田市地場産業創出・育成ビジョン策定委員会」委員（1996年8月～1997年3月）
4. 財団法人熊本テクノポリス技術開発基金及び、財団法人熊本テクノポリス財団に係わる研究開発助成審査委員会委員（1998年2月～1999年3月）
5. 平成10年度熊本県地域工業構造活性化事業に伴う総合アドバイザー（1998年7月～1999年3月）
6. 熊本市産業政策懇話会座長（1998年7月～1999年3月）
7. 財団法人九州経済調査協会研究委員（2001年8月～2013年2月）
8. 菊池市都市計画審議会会長（2003年3月～現在まで）
9. 九州半導体・エレクトロニクスイノベーション協議会会員（2007年3月～2016年3月）
10. 菊池市まちづくり交付金評価委員会委員長（2008年11月～2010年11月、2013年2月～2015年2月）

研究業績
I　著書
＜単著＞
1. 『戦後地方工業の展開―熊本県工業の研究―』ミネルヴァ書房、1992年
2. 『テクノポリス政策の研究』日本評論社、1998年
3. 『地産地消と地域活性化』日本評論社、2012年
4. 『シリコンアイランド九州の半導体産業　リバイタリゼーションへのアプローチ』日本評論社、2015年

＜編著＞
　『日本のIC産業　シリコン列島の変容』ミネルヴァ書房、2003年

＜共編著＞
1. 『先端産業と地域経済』ミネルヴァ書房、1989年
2. 『熊本県産業経済の推移と展望　自立と連携をめざす地域社会』日本評論社、2001年
3. 『地域ルネッサンスとネットワーク』ミネルヴァ書房、2005年

4.『地域産業の再生と雇用・人材』日本評論社、2006年
5.『産業集積の変貌と地域政策』ミネルヴァ書房、2012年
6.『グローバルプレッシャー下の日本の産業集積』日本経済評論社、2014年

＜共著（分担執筆を含む）＞
1.『地域経済の変容過程―熊本県の経済と社会―』ミネルヴァ書房、1984年
2.『テクノポリスと地域開発』大月書店、1985年
3.『九州経済と国際化・情報化』大月書店、1989年
4.『総合研究 天草 Ⅰ部』熊本商科大学産業経営研究所研究叢書16、熊本商科大学産業経営研究所、1990年
5.『肥後・熊本の地域研究』大明堂、1992年
6.『地方自治体の経済政策―九州地域を中心として―』熊本商科大学産業経営研究所研究叢書21、熊本商科大学産業経営研究所、1994年
7.『転換期の地方都市産業』中央経済社、1994年
8.『地域産業の情報化』同文舘出版、1995年
9.『検証・日本のテクノポリス』日本評論社、1995年
10.『西南日本の経済地域』ミネルヴァ書房、1995年
11.『ベンチャー支援制度の研究』文眞堂、2002年
12.『現代の金融と地域経済』新評論、2003年
13.『地産地消　豊かで活力のある地域経済への道標』日本評論社、2009年
14.『グローバル化する九州・熊本の産業経済の自立と連携　熊本学園大学付属産業経営研究所設立50周年記念共同研究』日本評論社、2010年
15.『現代の地域産業振興策―地域産業活性化への類型分析―』ミネルヴァ書房、2011年
16.『熊本の地域研究』成文堂、2015年

＜翻訳書（共訳）＞
　O・フィルマン、U・ヴッパーフェルト、J・ラーナー著『ベンチャーキャピタルとベンチャービジネス』日本評論社、2000年

Ⅱ　論文

1.「経済地理学の方法論の基礎的問題点―チューネン『孤立国』の立地論を中心として―」（修士論文）、九州大学大学院経済学研究科、1974年3月
2.「チューネン『孤立国』研究の一視角―地代論を中心にして―」『九州経済学会年報』1977年号、1977年11月

3．「チューネン『孤立国』の主要課題、方法と地代理論（Ⅰ）―主要課題と方法―」『經濟學研究』九州大学経済学会、第43巻第5号、1978年4月
4．「チューネン『孤立国』の主要課題、方法と地代理論（Ⅱ）―地代概念―」『産業労働研究所報』九州大学、第73号、1979年3月
5．「チューネン『孤立国』の主要課題、方法と地代理論（Ⅲ）―「土地地代」の二様の役割―」『海外事情研究』熊本商科大学海外事情研究所、第8巻第2号、1981年2月
6．「農村地域工業導入と農協の対応（Ⅰ）」『産業経営研究』熊本商科大学産業経営研究所、第2号、1984年3月
7．「農村地域工業導入と農協の対応（Ⅱ）」『産業経営研究』熊本商科大学産業経営研究所、第3号、1985年3月
8．「工業導入に伴う地域農業の変容と農家の意向（Ⅰ）―熊本県大津町の事例考察―」『産業経営研究』熊本商科大学産業経営研究所、第4号、1987年5月
9．「工業導入に伴う地域農業の変容と農家の意向（Ⅱ）―熊本県大津町の事例考察―」『産業経営研究』熊本商科大学産業経営研究所、第5号、1987年11月
10．「変動期の地方IC産業―熊本県IC産業実態分析―」『現代経済学の諸問題Ⅱ　熊本商科大学経済学部開設20周年記念論文集』熊本商科大学、1988年3月
11．「熊本県の工業発展と先端産業」『熊本商大論集』熊本商科大学、第35巻第1号、1988年9月
12．「産業構造の転換と地方都市の工業（上）―熊本県八代市の実態―」『熊本商大論集』熊本商科大学、第37巻第2号、1991年1月
13．「戦後熊本県の工業開発政策の展開過程―開発計画の変遷をたどって―」『産業経営研究』熊本商科大学産業経営研究所、第10号、1991年3月
14．「日本経済の構造変化と産業別動向」（井上吉男・山中進・出家健治・田中利彦との共著）『産業経営研究』熊本商科大学産業経営研究所、第10号、1991年3月
15．「戦後熊本県の工業立地の展開過程」『熊本商大論集』熊本商科大学、第38巻第1号、1991年7月
16．「戦後熊本県工業の展開過程」『熊本学園創立50周年記念論集　熊本商科大学経済学部編』熊本商科大学、1992年5月
17．「「テクノ優等生」熊本の光と影　インフラは整備されても、進出企業に偏り」『週刊エコノミスト』毎日新聞社、第70巻第30号、1992年7月
18．「テクノポリス建設と先端技術産業の立地動向―熊本テクノポリスの場合―」『都市問題』財団法人東京市政調査会、第84巻第3号、1993年3月

19. 「産業構造の転換と地方都市の工業（下）―熊本県八代市の実態―」『産業経営研究』熊本商科大学産業経営研究所、第12号、1993年3月
20. 「テクノポリス政策の総決算」『産業経営研究』熊本商科大学産業経営研究所、第13号、1994年3月
21. 「地域情報化政策の再検討―地域ソフトウェアセンターとソフトウェア技術者の育成をめぐって―」『經濟學研究』九州大学経済学会、第60巻第3・4合併号、1994年12月
22. 「テクノポリスと研究開発機能の整備」『URC都市科学』財団法人福岡都市科学研究所、第22巻、1994年12月
23. 「九州のテクノポリス建設と開発機構の課題」『九州経済調査月報』財団法人九州経済調査協会、第50巻第2号、1996年2月
24. 「今後のテクノポリス建設とテクノポリス開発機構の課題」『産業経営研究』熊本学園大学産業経営研究所、第15号、1996年3月
25. 「テクノポリスと研究開発助成事業」『産業立地』財団法人日本立地センター、第36巻第2号、1997年2月
26. 「テクノポリス政策の軌跡とその基本的問題」『地域経済学研究』日本地域経済学会、第8号、1997年12月
27. 「二〇〇〇年を目指す第二期熊本テクノポリス」『旬刊経理情報』中央経済社、通巻第862号、1998年9月
28. 「IC産業の脱DRAM化・アジアとの関係強化とシリコンアイランド九州」『熊本学園大学経済学部開設三十周年記念論文集』熊本学園大学、2000年3月
29. 「テクノポリスから新事業創出へ―地域産業政策の転換と地域雇用」『都市問題』財団法人東京市政調査会、第91巻第5号、2000年5月
30. 「90年代のシリコンアイランド九州のIC産業」『産業学会研究年報』産業学会、第16号、2001年3月
31. 「1990年代初頭以降のシリコンアイランド九州のIC産業」『熊本学園大学経済論集』熊本学園大学経済学会、第8巻第1・2合併号、2002年2月
32. 「半導体製造装置メーカーのネットワーク分業―東京エレクトロン九州のネットワーク分業を形成するユニットメーカー、機能ブロックメーカーの諸相―」『産業経営研究』熊本学園大学産業経営研究所、第22号、2003年3月
33. 「外資系大手半導体検査装置メーカーの地方進出とその事業展開」『海外事情研究』熊本学園大学海外事情研究所、第32巻第2号、2005年2月

34．「九州の IC 産業および半導体製造装置産業の雇用動向」『熊本学園大学経済論集』熊本学園大学経済学会、第11巻第１・２・３・４合併号、2005年３月
35．「半導体メーカーの再編と後工程企業の変容」『熊本学園大学経済論集』熊本学園大学経済学会、第13巻第３・４合併号、2007年３月
36．「九州の半導体設計企業の分析」『熊本学園大学経済論集』熊本学園大学経済学会、第14巻第１・２・３・４合併号、2008年３月
37．「大分大山町農協の地産地消活動―農協による広域型地産地消活動の事例考察―」『産業経営研究』熊本学園大学産業経営研究所、第28号、2009年３月
38．「地産地消に対する農協の基本方針と農協の農産物直売所の実態」『産業経営研究』熊本学園大学産業経営研究所、第28号、2009年３月
39．「地産地消と地域経済循環・推進方策・ネットワーク」『産業経営研究』熊本学園大学産業経営研究所、第28号、2009年３月
40．「間伐問題と国の間伐促進政策・間伐材利用促進政策の展開―間伐材の地産地消に向けて―」『熊本地理』熊本地理学会、第20巻、2009年９月
41．「カーエレクトロニクス化の進展とその課題」『産業経営研究』熊本学園大学産業経営研究所、第29号、2010年３月
42．「秋田県の間伐問題と間伐材の地産地消」『熊本学園大学経済論集』熊本学園大学経済学会、第17巻第１・２合併号、2011年３月
43．「九州の自動車関連産業の企業集積の拡大と自動車部品１次サプライヤー（Tier1）の半導体関連産業への参入」『産業経営研究』熊本学園大学産業経営研究所、第32号、2013年３月
44．「日本の半導体産業・半導体メーカーの凋落と再生のための方策」『産業経営研究』熊本学園大学産業経営研究所、第33号、2014年３月
45．「日本の半導体産業の凋落下で飛躍を遂げる OSAT 企業―大分県臼杵市に本社を置くジェイデバイス―」『商工金融』一般財団法人商工総合研究所、第64巻第５号、2014年５月

Ⅲ　研究ノート

１．「呼子町の人口の推移と産業構成の変容―水産物の地産地消の事例研究に向けて―」『産業経営研究』熊本学園大学産業経営研究所、第30号、2011年３月
２．「呼子町の漁業と観光―続・水産物の地産地消の事例研究に向けて―」『熊本学園大学経済論集』熊本学園大学経済学会、第18巻第１・２合併号、2011年９月

Ⅳ　調査報告書

1. 『地場産業実態調査報告書』（分担執筆）熊本県、1981年3月
2. 『球磨川が人吉地域経済に及ぼす影響についての調査報告書』（分担執筆）熊商大産経研資料第83号、熊本商科大学産業経営研究所、1983年3月
3. 「IC産業及び関連産業の企業分析―「熊本県IC産業実態調査」（1986年）結果報告―」（分担執筆）『産業経営研究』熊本商科大学産業経営研究所、第7号、1989年3月
4. 「サービス化・情報化と八代市の産業動向―「経済のサービス化・情報化と事業所の動向に関する実態調査」（1990年）結果報告―」（井上吉男、出家健治、山中進、田中利彦との共著）『産業経営研究』熊本商科大学産業経営研究所、第11号、1992年3月
5. 『熊本県の半導体・自動車関連製造業の動向』（分担執筆）日本政策投資銀行九州支店、2002年3月
6. 「［間伐材の地産地消］間伐材で作った学習机椅子セットの導入効果・問題点―「間伐材で作った机椅子セットに関する実態調査」報告―」『熊本学園大学経済論集』熊本学園大学経済学会、第16巻第3・4合併号、2010年3月
7. 「【調査研究】九州における自動車部品1次サプライヤー（Tier1）の半導体関連産業への参入―アイシン九州株式会社の事例―」『熊本学園大学経済論集』熊本学園大学経済学会、第19巻第1・2合併号、2012年9月

Ⅴ　書評

1. 「鈴木茂著『ハイテク型開発政策の研究』」『経済地理学年報』経済地理学会、第47巻第4号、2001年12月
2. 「田中利彦（2014）：『先端産業クラスターによる地域活性化―産学官連携と地域ハイテクイノベーション―』」『経済地理学年報』経済地理学会、第61巻第2号、2015年6月
3. 「根岸裕孝（2014）：『中小企業と地域づくり　社会経済構造転換のなかで』」『経済地理学年報』経済地理学会、第61巻第4号、2015年12月

Ⅵ 事典

1．「工業開発指定地域、電気機器工業」『熊本県大百科事典』熊本日日新聞社、1982年
2．「テクノポリス」ほか6項目『21世紀の九州・山口経済社会事典』財団法人九州経済調査協会、2000年

Ⅶ 学会報告

1．「チューネン『孤立国』研究の一視角―地代論を中心にして―」九州経済学会（長崎県立国際経済大学）、1976年11月
2．「熊本テクノポリスの進捗状況と諸問題」九州地理学会（熊本大学）、1989年8月
3．「転換期の地方 IC 産業―熊本県 IC 産業実態分析―」経済地理学会関西支部熊本例会（熊本商科大学）、1990年3月
4．「産業構造の転換と地方都市の工業―熊本県八代市の実態―」経済地理学会西南支部熊本例会（熊本商科大学）、1993年3月
5．「テクノポリス政策の総決算」日本地域経済学会（松山大学）、1993年10月
6．「テクノポリスと債務保証事業」産業学会西部研究部会（九州国際大学）、1995年3月
7．「久留米・鳥栖テクノポリスと内発的産業開発〜共同研究開発事業の分析を中心に〜」九州都市学会久留米大会（久留米大学）、1999年11月
8．「IC 産業の脱 DRAM 化・アジアとの関係強化とシリコンアイランド九州」産業学会全国研究会（九州大学）、2000年6月
9．「地方における大手半導体製造装置メーカーの存立構造―東京エレクトロン九州のネットワーク分業の検討―」産業学会全国研究会（日本大学）、2003年6月

Ⅷ 受賞歴

1．『テクノポリス政策の研究』により2000年度日本都市学会賞（奥井記念賞）を受賞、2000年10月
2．共著『ベンチャー支援制度の研究』により2002年度中小企業研究奨励賞準賞（財団法人商工総合研究所主催）を受賞、2003年2月
3．『地産地消と地域活性化』により第10回法政大学地域政策研究賞優秀賞を受賞、2012年11月

IX　その他

1. 「地方の工業振興に求められるもの」『日経地域情報』日経産業消費研究所、第316号、1999年4月
2. 「地域産業振興のためのサイエンスパーク」『DIK ウインドゥ』財団法人地域流通経済研究所、通巻122号、2001年3月
3. 「熊本県産業連関表をもとにした県産業のタイプ別分類とその特徴」『DIK ウインドゥ』財団法人地域流通経済研究所、通巻123号、2001年4月
4. 「21世紀の熊本県経済のあり方を探る」『DIK ウインドゥ』財団法人地域流通経済研究所、通巻124号、2001年5月
5. 「「成熟」期を迎えたシリコンアイランド九州のIC産業」『DIK ウインドゥ』財団法人地域流通経済研究所、通巻125号、2001年6月
6. 「半導体企業の経営・立地戦略の転換と半導体生産拠点の変容」（肥塚浩・柳井雅也との共著）『経済地理学年報』経済地理学会、第47巻第4号、2001年12月
7. 「熊本に根づく外資系半導体検査装置メーカー―テラダイン日本事業部―」『Innovation 通信』九州半導体イノベーション協議会、Vol.1、2003年7月
8. 「九州シリコン・クラスターとネットワークづくり」『Innovation 通信』九州半導体イノベーション協議会、Vol.2、2003年10月
9. 「産業間の「融合」とネットワーク化の進展」『商工金融』財団法人商工総合研究所、第55巻第7号、2005年7月
10. 「TPP を契機に農業・地域産業の再構築を」『商工金融』財団法人商工総合研究所、第61巻第2号、2011年2月
11. 「日本メーカー再活性化の鍵を握るマーケティング力」『評論』日本経済評論社、第195号、2014年4月

あとがき

　伊東維年先生は2016年3月をもって熊本学園大学を退職された。1977年3月に九州大学大学院経済学研究科博士課程を満期退学されて、同年4月より九州大学経済学部農業政策講座の助手になった。その後、1978年4月に同大学産業労働研究所（経済・経営部門）の助手に配置換えとなり、1979年3月に同研究所を辞職した。同年4月からは熊本商科大学（1994年に熊本学園大学名称変更）経済学部の講師（経済地理学）となり、1988年10月には助教授、1993年4月からは教授に昇格した。1995年5月には九州大学より博士（経済学）の称号を得て、1996年4月には修士課程の教授、1998年1月からは同大学付属産業経営研究所の所長（2001年12月まで）に就任した。2016年3月に同大学名誉教授として退職された。九州大学の助手時代から通算すると約40年の永きにわたって教官と教員として御勤務、本当にご苦労さまと申し上げたい。

　これまでの伊東先生の御研究、教育および学内での御仕事、そして社会への貢献は後述するように大きな成果となって実を結んでいる。伊東先生の研究業績をみると、著書は単著4冊、編著1冊、共編著6冊、共著（分担執筆を含む）16冊、翻訳書（共訳）1冊、学術論文45篇、研究ノート2篇、調査報告書7篇、書評3篇となっている。また事典も2項目を執筆されている。

　それぞれの研究論文を読めば、その研究の緻密な論理構成と豊かな成果に、多くの読者に気づくだろう。その証左に伊東先生は、2000年10月に『テクノポリス政策の研究』（日本評論社、1998年）で日本都市学会賞（奥井記念賞）、共著『ベンチャー支援制度の研究』では2002年度中小企業研究奨励賞準賞（財団法人商工総合研究所主催）、さらに2012年11月には『地産地消と地域活性化』が第10回法政大学地域政策研究賞優秀賞を受賞されている。

伊東先生は「心臓病のため佐賀大学卒業後も職に就くこともままならず、入院生活と自宅療養を繰り返していた」（下平尾勲編著『現代の金融と地域経済』新評論、2003年、p.529）と述べていた。この心臓病といまだ付き合いながらも、このような数々の輝かしい業績を残されてきたのである。その強靭な精神力と粘り強い研究姿勢に感銘を受けざるを得ない。

伊東先生の御研究は、1974年の修士論文でとりあげたチューネン『孤立国』の方法論と地代論の研究からスタートした。教授に昇格された1984年を画期に、次第に理論研究から実態調査による論理的解明に向かっていった。それは『産業経営研究』に発表された「農村地域工業導入と農協の対応」ⅠとⅡ（それぞれ1984年、1985年）、「工業導入に伴う地域農業の変容と農家の意向」ⅠとⅡ（いずれも1987年）に代表される。この理論研究と実態調査の「足場固め」がその後の4つの研究領域に展開していったと考えられる。

それは主に熊本県や九州地方を舞台に、地方工業の展開、テクノポリス政策と地域経済、半導体およびIC産業の地方展開、地産地消の実態と課題という4つの研究関心領域に整理できる。この4領域は地域政策との関連で捉えられているところに共通点が見いだせる。

まず、地方工業の展開については『地域経済の変容過程―熊本県の経済と社会―』（ミネルヴァ書房、1984年）が始まりだと考える。この分野は『戦後地方工業の展開―熊本県工業の研究―』（ミネルヴァ書房、1992年）において、新産業都市建設法等による地方産業の育成を、熊本県不知火・有明地区のテクノポリスを通じて分析を行っている。この領域の研究は2015年現在も、先端産業または新産業（太陽電池）、国際化あるいはグローバル化、情報化、ベンチャー等をキーワードにして継続中である。

テクノポリス政策と地域経済の研究については、1985年の『テクノポリスと地域開発』（大月書店、1985年）が始まりと考えられる。そして1992年の「「テクノ優等生」熊本の光と影　インフラは整備されても、進出企業に偏り」『週刊エコノミスト』（毎日新聞社、第70巻第30号、1992年7月）頃から本格化した。関連論文は1993年が1篇、1994年が2篇、1995年には田中利

彦、中野元、鈴木茂と共著で『検証・日本のテクノポリス』(日本評論社、1995) がでている。翌96年には3篇、97年が2編、そして1998年に単著『テクノポリス政策の研究』(日本評論社) に結実している。

　半導体およびIC産業の地方展開の研究は、前述の『戦後地方工業の展開―熊本県工業の研究―』でもすでに取り上げられてはいたが、研究が本格化したのは「IC産業の脱DRAM化・アジアとの関係強化とシリコンアイランド九州」『熊本学園大学経済学部開設三十周年記念論文集』(熊本学園大学、2000年) 頃からと考えられる。これ以降、2008年にかけてほぼ毎年研究論文が発表されているからである。シリコンアイランド九州を中心に、取り上げられたテーマは、脱DRAM化、半導体製造装置、後工程の変化、半導体設計企業、カーエレクトロニクス化、グローバル化、臼杵市の企業事例等多様である。これらは九州の半導体産業の再活性化策を考察した『シリコンアイランド九州の半導体産業　リバイタリゼーションへのアプローチ』(日本評論社、2015年) に結実している。

　地産地消の実態と課題に関する研究は2009年頃から本格化した。伊東先生は以前より、この分野の研究に着手予定だったと推察されるが、この研究の契機となったのは、2007年に逝去された下平尾勲先生 (福島大学名誉教授、福島学院大学元学長) の御遺稿を基に、伊東先生と私の3人が上梓した『地産地消　豊かで活力のある地域経済への道標』(日本評論社、2009年) だったと思う。これは後に『地産地消と地域活性化』(日本評論社、2012年) に結実している。

　4つの領域について素描してみたが、1987年までの「足場固め」と対比させつつ研究を眺めてみれば、「農村地域工業導入」が地方工業、テクノポリス、半導体およびIC産業に「展開」し、それらは相互に関連して取り上げられることもありその逆もあることである。一方、受け皿となる「地域農業と農家」は地産地消研究に「昇華」していった。この「展開」と「昇華」が、伊東先生の研究のフレームとその流れになっていると考えられる。

　ここからはいくつかの著作に絞って伊東先生の業績をより深く振り返る。

まず共著『地域産業の情報化』（同文舘、1995年）で、伊東先生が分担執筆された序章「本書の分析課題と構成」では、企業活動における情報化には「産業の情報化」と「情報の産業化」の2つの側面があるとしている。ここで、情報化の進展には二重の意味で格差が存在することを指摘している。一つは大企業と中小企業の企業間格差である。これは情報関連機器・システムの費用負担力の脆弱性や情報システム構築に係わる人材不足、組織体制の不備などが関係している。もう一つは地域間格差である。これは大都市圏に比べ地方の情報化が相対的に遅れていることを指している。その原因は中小企業の比率、市場規模、人材確保、経営者の意識構造の差異などが関係しているとしている。

　5章「地域ソフトウェアセンターとソフトウェア技術者の育成」で伊東先生は、九州（主に熊本県）の地域ソフトウェア供給力開発事業をとりあげている。この事業は人材育成事業と効率化プログラム普及事業から構成されている。前者はシステムエンジニアとしての素養を身に付けるためのもので、後者は利用者を対象に比較的高度なプログラム業務を斡旋する、取引斡旋事業が設定されている。地域ソフトウェアセンターは、既存事業者に任せることなく設置されたので、初期投資が膨大になって採算性の問題を抱えるようになっていること等、数多くの課題を指摘している。そのため、伊東先生は「地域ソフトウェアセンターのようなものを新たに作る必要性はどこにあったのだろうか。」（同書 p.189）と疑問を呈している。

　『テクノポリス政策の研究』（日本評論社、1998年）は、日本のテクノポリス政策全般について、政策理念と諸施策の特徴、国による施策の変遷と変質、地域事例による検証、それらを踏まえた政策提言を行っているところに特徴がある。本書の評価は6点に整理される。1つは当政策が先行する政策の一部を継続していることと、その問題点を引きずったままであることを明らかにしたことである。2つ目は内発的開発がうまくいっていないことを国の政策レベル、地方の開発レベルで論理的かつ実証的に明らかにしたことである。3つ目は、前述したように政策理念の基本的な問題・矛盾を摘出し

(p.27)、そのような制約下で行われる地方の取り組みが期待したほどの効果をあげていないことを明らかにしたことである。4つ目は、3期にわたる政策の見直しによって、初期の政策理念から施策が乖離して効果を薄くしていった様子を明らかにしたことである。5つ目は、内発的開発の観点から様々な政策提言を行っていることである。6つ目に、今後の展望として売れ残った団地などを有効活用して真の意味での内発的開発を提唱していることである。

『シリコンアイランド九州の半導体産業　リバイタリゼーションへのアプローチ』（日本評論社、2015年）は、伊東先生の長年の半導体およびIC産業の研究成果が活かされた著作である。本書は日本の半導体産業・半導体メーカーの凋落の実態と凋落の要因を探り、その中で九州の半導体産業・関連産業の推移、自動車産業との関連、ファブライト化に伴う工場閉鎖・早期希望退職者募集等を分析している。また、リバイタリゼーションの観点から「シリコンシーベルト（SSB）福岡プロジェクト」やアンケート調査を通じて、ファブレスベンチャーの起業・育成についても明らかにしている。また、OSAT（半導体組立検査受託）企業の分析を通じてその成長要因を探っている。本書はめまぐるしく変化する半導体業界の経営環境と経営戦略の中で、地方における半導体産業の再活性化を提言した野心作となっている。

『地産地消と地域活性化』（日本評論社、2012年）は、下平尾氏の地産地消に係る主張と軌を一にした考察と実証を行っているところに特徴がある。つまり、地域を活性化する一つの方法として地産地消を捉え、地域内の産業連関（例えば水産業と観光）を重視し、その地理的範囲を都道府県程度としていることである。大分大山町農協の地産地消活動では、地産地消の取り組みが崩れてきている事実や、経営規模拡大の過程で生産者と消費者の「顔の見える関係」が薄れてきていることを指摘している。能代バイオマス発電所では、木質バイオマス発電は補助金や寄付金なしには成立しない産業であることを指摘するにとどまらず、木質原料の確保難や発電コストの高さなど経営単体では解決できない課題が数多く存在することを指摘している。また呼子

の事例分析では、伊東先生は何度も現地に足を運び、アンケートも何度も問い合わせをしてやっと論文にまとめた研究と伺っている。ここでは呼子朝市が地産地消の媒介機能を喪失していることを指摘し、徐々に衰退の様相を呈していることを指摘している。また、宿泊施設を介した水産物の地産地消を拡大することは、近年の観光客の動向から見てかなりの難問だとも述べている。

この著書とは相前後するが、鈴木康夫氏は『地産地消　豊かで活力のある地域経済への道標』（日本評論社、2009年）の書評で、「『地産地消』ビジョンを個別の地域単位でどのように描き、仕組みや仕掛けをどう構築していくべきなのか。これらに対する答えは、伊東が第4章で分析・考察しているような個別事例研究を積み重ね、体系化してこそ得られるのではないだろうか。」『熊本学園大学経済論集』（2010年、p.75）と、伊東先生の研究手法を高く評価している。

以上のことから、伊東先生の研究は足場を築いてそれを「展開」と「昇華」してきたわけであるが、その手段は、市場環境を踏まえた技術変化、産業・個別企業の動向についての丹念な調査とフィールドワークによって行われ、それが手堅く精緻な研究を支える「伊東メソッド」となっている。もし定年が人生の通過点とするならば、今後も益々の成果を期待したいと思っているのは私だけだろうか。

さて、教育および学内での御仕事であるが、あいにく私は伊東先生の学内での教育のご様子を知らない。しかし、本の編集作業を通じて、その徹底した仕事ぶりは私を含む後進の者には学ぶことが大きいと考えている。本書は入稿前の段階で数値、言い回し等は伊東先生が入念にチェックされている。何度か共著でお付き合いさせていただいているが、毎回そうである。また、伊東先生は熊本学園大学付属産業経営研究所所長としても活躍されてきた。その後も学内研究費を獲得して後進の研究者に勉強と執筆の機会を与え続けてきた。伊東先生の研究姿勢をみていると、かつて下平尾勲先生が「本を書くという行為そのものが優れて実践的で教育的である」と言っていたことを

思い出す。

　伊東先生は社会貢献でも多大の成果を出されている。熊本県農村地域工業等導入促進審議会委員（1989年2月〜2003年6月）を皮切りに、大牟田市や熊本市の産業振興、菊池市の都市づくり、熊本県のテクノポリス政策等で活躍されてきた。

　伊東先生は芯が強く穏やかでいたずらに無駄な言葉を発しない。研究論文を読めばそのお人柄は簡単に看取できるだろう。しかし、少しお話をすれば朗らかで柔らかい思考の持ち主だということにすぐ気付くだろう。そんな伊東先生なので、今回の本書への執筆依頼も、みなさんが二つ返事ですぐに応じてくれたのだと思う。

　本出版の編集には鈴木茂先生、田中利彦先生、根岸裕孝先生と私の4名がかかわった。伊東先生のご退職から時間が経ち執筆者はじめ伊東先生にはご心配をおかけした。本書の内容とその後の評価で挽回することが一番だと考えている。また、本出版を快くお引き受け下さり、最後まで何かとご配慮いただいた日本経済評論社の鴇田祐一氏には感謝を表したい。伊東先生には、どうか健康に留意されながら、引き続きよい研究成果を後進の者に伝え続けて欲しい。そして伊東先生のご研究生活を陰ひなたに支えてこられた奥様、公子様に感謝する次第である。

　2016年11月21日

伊東維年教授退職記念論集
世話人を代表して
柳井雅也

執筆者一覧 （執筆順）

伊東維年（いとう・つなとし）	熊本学園大学経済学部特任教授
田中利彦（たなか・としひこ）	熊本学園大学経済学部教授
中野元（なかの・はじめ）	熊本学園大学社会福祉学部教授
友澤和夫（ともざわ・かずお）	広島大学大学院文学研究科教授
山本健兒（やまもと・けんじ）	九州大学大学院経済学研究院教授
豆本一茂（とうもと・かずしげ）	阪南大学経済学部准教授
鈴木茂（すずき・しげる）	松山大学経済学部教授
根岸裕孝（ねぎし・ひろたか）	宮崎大地域資源創成学部准教授
外川健一（とがわ・けんいち）	熊本大学法学部教授
鈴木洋太郎（すずき・ようたろう）	大阪市立大学大学院経営学研究科教授
柳井雅人（やない・まさと）	北九州市立大学経済学部教授
宮町良広（みやまち・よしひろ）	大分大学経済学部教授
久野国夫（ひさの・くにお）	九州大学大学院経済学研究院教授
柳井雅也（やない・まさや）	東北学院大学教養学部教授
荒木一視（あらき・ひとし）	山口大学教育学部教授
鈴木康夫（すずき・やすお）	東海大学経営学部教授
岡橋秀典（おかはし・ひでのり）	広島大学大学院文学研究科教授
出家健治（でいえ・けんじ）	熊本学園大学商学部教授
鹿嶋洋（かしま・ひろし）	熊本大学文学部教授
松原宏（まつばら・ひろし）	東京大学大学院総合文化研究科教授
米浪信男（こめなみ・のぶお）	神戸国際大学経済学部教授
山川充夫（やまかわ・みつお）	帝京大学経済学部教授

編著者紹介

伊東維年(いとうつなとし)

1945年　佐賀県佐賀市に生まれる
1977年　九州大学大学院経済学研究科博士課程単位取得満期退学
1995年　博士（経済学）九州大学
現　在　熊本学園大学経済学部特任教授
主　著
　単　著　『戦後地方工業の展開』（ミネルヴァ書房、1992年）
　　　　　『テクノポリス政策の研究』（日本評論社、1998年）2000年度日本都市学会賞（奥井記念賞）受賞
　　　　　『地産地消と地域活性化』（日本評論社、2012年）
　　　　　『シリコンアイランド九州の半導体産業』（日本評論社、2015年）
　編　著　『日本のIC産業　シリコン列島の変容』（ミネルヴァ書房、2003年）
　共編著　『先端産業と地域経済』（ミネルヴァ書房、1989年）
　　　　　『熊本県産業経済の推移と展望』（日本評論社、2001年）
　　　　　『地域ルネッサンスとネットワーク』（ミネルヴァ書房、2005年）
　　　　　『地域産業の再生と雇用・人材』（日本評論社、2006年）
　　　　　『産業集積の変貌と地域政策』（ミネルヴァ書房、2012年）
　　　　　『グローバルプレッシャー下の日本の産業集積』（日本経済評論社、2014年）
　共　訳　O・フィルマン、U・ヴッパーフェルト、J・ラーナー著『ベンチャーキャピタルとベンチャービジネス』（日本評論社、2000年）

グローカル時代の地域研究──伊東維年教授退職記念論集

2017年2月3日　　第1刷発行　　　　定価（本体5600円＋税）

編著者　伊　東　維　年
発行者　柿　崎　　　均

発行所　株式会社　日本経済評論社
〒101-0051　東京都千代田区神田神保町3-2
電話　03-3230-1661　FAX　03-3265-2993
E-mail：info8188@nikkeihyo.co.jp
URL：http://www.nikkeihyo.co.jp/
印刷＊藤原印刷・製本＊誠製本

装幀＊渡辺美知子

乱丁落丁本はお取替えいたします。　　　　Printed in Japan
© T. ITO 2017　　　　　　　　　　　　ISBN978-4-8188-2450-8

・本書の複製権・翻訳権・上映権・譲渡権・公衆送信権（送信可能化権を含む）は、㈱日本経済評論社が保有します。
JCOPY　〈㈳出版者著作権管理機構　委託出版物〉
本書の無断複写は著作権法上での例外を除き禁じられています。複写される場合は、そのつど事前に、㈳出版者著作権管理機構（電話 03-3513-6969、FAX 03-3513-6979、e-mail: info@jcopy.or.jp）の許諾を得てください。

グローバルプレッシャー下の日本の産業集積
　　伊東維年・山本健兒・柳井雅也編著　本体 3500 円

若年者の雇用問題を考える
　——就職支援・政策対応はどうあるべきか——
　　樋口美雄・財務省財務総合政策研究所編著　本体 4500 円

国際比較から見た日本の人材育成
　——グローバル化に対応した高等教育・職業訓練とは——
　　樋口美雄・財務省財務総合政策研究所編著　本体 4500 円

グローバリゼーションと東アジア資本主義
　　郭洋春・關智一・立教大学経済学部編　本体 5400 円

余剰の政治経済学
　　　　　　　　　　　沖公祐著　本体 3600 円

新生活運動と日本の戦後
　——敗戦から1970年代——
　　　　　　　　　大門正克編著　本体 4200 円

現代国際通貨体制
　　　　　　　　　奥田宏司著　本体 5400 円

EU の規制力
　　　　　遠藤乾・鈴木一人編　本体 3600 円

越境するケア労働
　——日本・アジア・アフリカ——
　　　　　　　　　佐藤誠編　本体 4400 円

グローバル資本主義論
　——日本経済の発展と衰退——
　　　　　　　　　飯田和人著　本体 3800 円

危機における市場経済
　　　　　　　　　飯田和人編著　本体 4700 円

日本経済評論社